Shereen El Feki

SEX UND DIE ZITADELLE

Liebesleben in der sich wandelnden arabischen Welt

Aus dem Englischen von
Thorsten Schmidt

Hanser Berlin

Die Originalausgabe erschien 2013
unter dem Titel *Sex and the Citadel. Intimate Life in a Changing Arab World*
bei Pantheon Books in New York.

2. Auflage 2018

ISBN 978-3-446-25383-4

Umschlag: Peter-Andreas Hassiepen, München,
unter Verwendung einer Kalligraphie von Wissam Shawkat,
www.wissamshawkat.com.
Satz: Greiner & Reichel, Köln
Druck und Bindung: CPI books GmbH, Leck
Printed in Germany

FSC
www.fsc.org
MIX
Papier aus verantwortungsvollen Quellen
FSC® C083411

Für meine Eltern

Dabei ist sie [diese Wissenschaft] ein Gebiet, das unbedingt mehr bekannt sein sollte. Nur unwissende Dummköpfe mit geringer Einsicht werden dies leugnen oder sich darüber lustig machen.

Abu 'Abdallah Muhammad an-Nafzawi,
Der duftende Garten zur Erbauung des Gemüts (15. Jahrhundert)

Die Sexualität [ist] doch nun einmal das Urphänomen, um das das ganze übrige Leben der Menschheit mit all seinen Einrichtungen kreist.

Magnus Hirschfeld,
Die Weltreise eines Sexualforschers (1933)

INHALT

EINE ANMERKUNG ZUR SPRACHE

Vor ein paar Jahren war ich bei einer Stiftung für Frauenrechte in Kairo eingeladen. Die Mitarbeiter und ich unterhielten uns auf Englisch, was sie viel fließender sprachen als ich Arabisch. Am Ende einer eindrucksvollen Führung versuchte ich mich der Situation gewachsen zu zeigen. »Danke, dass Sie mich in Ihr Frauenzentrum eingeladen haben«, rang ich mir in meinem besten Arabisch ab. Betretenes Schweigen und befremdete Blicke von meinen Gastgebern, aber der Moment ging schnell vorüber, und wir verabschiedeten uns händeschüttelnd und nach allen Seiten lächelnd, ganz im Geiste der berühmten ägyptischen Gastfreundschaft.

Erst einige Zeit später, als ich ägyptischen Freundinnen die Geschichte erzählte und sie schallend auflachten, begriff ich den Grund der Verwirrung. »Aber Shereen, du hast ihnen dafür gedankt, dass sie dich in ihr Schlampen-Zentrum eingeladen haben!« Eine geringfügig fehlerhafte Aussprache des arabischen Worts für »Frau« hatte genügt, um ihre Organisation einem gänzlich anderen Wirtschaftszweig zuzuordnen.

Aufgrund solcher Abenteuer in und mit der arabischen Sprache tue ich mein Möglichstes, um dem Leser arabische Wörter in der richtigen Schreibweise zu präsentieren. Daher habe ich mich in diesem Buch bei der Transliteration ins Englische an den Goldstandard des *International Journal of Middle East Studies* gehalten; allerdings habe ich der Einfachheit halber diakritische Zeichen weggelassen. Zwei arabische Buchstaben, die mir im Lauf der Jahre eine Menge Ärger einbrachten – und die obige Episode ist ein Beispiel dafür –, werden mit ' für ' *ayn* und ' für *hamza* wiedergegeben.

Wenn ich über Ägypten spreche, bin ich manchmal vom *IJMES* abgewichen und habe Wörter entsprechend ihrer lokalen Aussprache transliteriert. So schreibe ich etwa *ahwa* statt *qahwa*, Gamal statt Jamal und so weiter. Es gibt zwangsläufig Ausnahmen von dieser Ausnahme. Wenn etwa arabische Wörter Eingang ins Englische gefunden haben, werden sie nicht kursiv gesetzt, und ich habe mich in den meisten Fällen entschieden, sie nicht zu ägyptisieren – das heißt, ich verwende zum Beispiel die Form »Hijab«, nicht *hegab*. Das Gleiche gilt für Pluralformen. Bei Wörtern, die Eingang ins Englische gefunden haben, bilde ich den Plural mit *s*; im Übrigen habe ich die ursprüngliche arabische Pluralform beibehalten: also schreibe ich »Abaya« und »Abayas« (nicht *Abayaat*); *faqih* und *fuqaha'* (nicht *faqihs*). Ich habe auch die eingebürgerte Schreibweise von Ortsnamen und von Namen bekannter zeitgenössischer und historischer Personen beibehalten.

EINLEITUNG

»Was ist das?«

Sechs dunkle Augenpaare starrten mich an. Vielmehr nicht mich, sondern einen kurzen lilafarbenen Stab in meiner Hand.

»Das ist ein Vibrator«, antwortete ich auf Englisch und zermarterte mir das Hirn nach dem richtigen arabischen Wort. »Ein Ding, das sich sehr schnell dreht«, fiel mir ein. Da diese Beschreibung aber auch auf einen Handmixer zutrifft, beschloss ich, bei meiner Muttersprache zu bleiben, um der zunehmenden Verwirrung, die ich in dem Raum spüren konnte, entgegenzutreten.

Eine der Frauen, die es sich auf einem Divan neben mir gemütlich machte, begann ihren Hijab abzustecken, worauf das schwarze Haar wie in einer Kaskade ihren Rücken herabfiel, während sie das Kopftuch sorgfältig zur Seite legte. »Was tut dieses Ding?«, fragte sie.

»Nun, es vibriert«, antwortete ich. Ich nippte an meinem Minztee und biss in ein Stück siruptriefendes Baklava, um mir vor der unvermeidlichen Nachfrage eine kurze Atempause zu verschaffen.

»Aber wozu?«

Wie es dazu kam, dass ich bei einem morgendlichen Kaffeeklatsch von Hausfrauen in Kairo Sextoys vorführte, ist eine lange Geschichte. In den letzten fünf Jahren habe ich viele Länder der arabischen Welt bereist und Menschen Fragen rund um das Thema Sex gestellt: Was sie selbst tun, was sie nicht tun, was sie über Sexualität denken und warum. Je nach Sichtweise mag sich dies nach einem Traumjob oder aber nach einer recht anrüchigen Beschäftigung anhören. Für mich ist es etwas völlig anderes: Sex ist die Linse, durch die ich die Vergangenheit und Gegenwart eines Teils der Welt betrachte und analysiere, über den so viel geschrieben und der zugleich noch immer so wenig verstanden wird.

Zugegeben: Angesichts der spektakulären Volksaufstände überall in der arabischen Welt seit dem Jahr 2010, bei denen einige der Regime, die besonders fest im Sattel zu sitzen schienen – Ägypten, Libyen, Tunesien und Jemen in vorderster Reihe –, hinweggefegt und andere aufgerüttelt wurden, mag Sex als eine etwas eigenartige Themenwahl erscheinen. Einige Beobachter gingen jedoch sogar so weit zu behaupten, die Proteste seien überhaupt erst von der starken sexuellen Energie der Jugend entfacht worden.[1] Ich bin da nicht so sicher. Obwohl ich Ägypter oft sagen hörte, ihre Landsleute verbrächten 99,9 Prozent ihrer Zeit damit, an Sex zu denken, waren in den stürmischen Tagen Anfang 2011 Liebesspiele ausnahmsweise mal das, was die Menschen am wenigsten interessierte.

Trotzdem glaube ich nicht, dass Sex völlig in den Hintergrund getreten war. Sexuelle Einstellungen und Verhaltensweisen sind eng mit Religion, Tradition, Kultur, Politik und Ökonomie verknüpft. Diese sind ein integraler Bestandteil der Sexualität – das heißt des Sexualaktes und all dessen, was damit zusammenhängt, einschließlich Geschlechterrollen und Geschlechtsidentität, sexueller Orientierung, Lust und Intimität, Erotik und Fortpflanzung. Als solche ist die Sexualität ein Spiegel der Verhältnisse, die zu den Volksaufständen führten, und an ihr wird sich ablesen lassen, wie die hart errungenen Reformen in den kommenden Jahren voranschreiten. In seinen Reflexionen über die Geschichte des Abendlandes bezeichnete der französische Philosoph Michel Foucault die Sexualität als einen »besonders dichte[n] Durchgangspunkt für die Machtbeziehungen: zwischen Männern und Frauen, zwischen Jungen und Alten, zwischen Eltern und Nachkommenschaft, zwischen Erziehern und Zöglingen, zwischen Priestern und Laien, zwischen Verwaltungen und Bevölkerungen«.[2] Das Gleiche gilt für die arabische Welt: Wenn Sie ein Volk wirklich verstehen wollen, beginnen Sie damit, dass Sie einen Blick in seine Schlafzimmer werfen.

Ohne die Ereignisse vom 11. September 2001 hätte ich diese Tür vielleicht nie aufgemacht. In dem Jahr, in dem die Welt aus den Fugen geriet, arbeitete ich bei dem britischen Wirtschaftsmagazin *The Economist*. Bevor ich Journalistin wurde, hatte ich Immunologie studiert, und als Redakteurin für Gesundheit und Naturwissenschaften war ich weit weg von den großen politischen Debatten der Zeit. Ohne direkt involviert zu sein, hatte ich die Chance, mich zurückzulehnen und meinen Kollegen dabei zuzusehen, wie sie sich mit den Komplexitäten der arabischen Welt herumschlugen. Ich sah, wie ihr fester Glaube an die angloamerikanische Macht und ihr Überschwang in dem anfänglichen Nachglanz des Irakkriegs nach und nach Zweifeln und schließlich Fassungslosigkeit wichen. Warum begrüßten die Iraker diese neue Weltordnung nicht mit offenen Armen? Weshalb folgten sie nur selten dem Drehbuch, das in Washington und London geschrieben wurde? Weshalb entsprach ihr Verhalten in keiner Weise den Erwartungen des Westens? Kurzum: Wie tickten sie?

Das sind für mich keine Fragen der Geopolitik oder der Anthropologie; vielmehr geht es hier um meine persönliche Identität. Die arabische Welt liegt mir im Blut: Mein Vater ist Ägypter, und durch ihn erstrecken sich die Wurzeln meiner Familie von der Betonlandschaft Kairos bis zu den Baumwollfeldern tief im Nildelta. Meine Mutter stammt aus einem fernen grünen Tal – einem ehemaligen Bergarbeiterdorf in Südwales. Dies macht mich zur Halbägypterin, obgleich die meisten Menschen in der arabischen Welt den Kopf schütteln, wenn ich ihnen das sage. Sie sehen darin nichts »Halbes«; da mein Vater ein hundertprozentiger Ägypter ist, bin ich es auch. Und weil er Muslim ist, bin auch ich als Muslima geboren. Die Familie meiner Mutter ist christlich: Mein Großvater mütterlicherseits war ein baptistischer Laienprediger, und mein Onkel brachte es – in einem Sprung anglikanischer Aufwärtsmobilität – sogar zum Vikar der Church of Wales. Meine Mutter konvertierte jedoch zum Islam, als sie meinen Vater heiratete. Sie hätte es nicht tun müssen; muslimische Männer dürfen *ahl al-kitab* (»Leute des Buches«) heiraten, zu denen auch Juden und Christen zählen. Meine Mutter wurde aus Überzeugung, nicht durch äußeren Zwang, zur Muslimin.

Ich wurde in England geboren und wuchs in Kanada auf, lange bevor »Muslime im Westen« ein Thema war. Auf der Schule und an der Uni gab es ein paar Muslime, aber ich habe nie besonders viel darüber nachgedacht. Andererseits wuchs ich auch nur mit einer Prise Islam in einem ansonsten westlichen Lebensstil heran: Ich machte einen Bogen um Schweinefleisch und Alkohol und lernte *al-Fatiha* – die Eröffnungssure des Korans – auswendig, die mich meine Eltern vor unseren sehr britischen Sonntagsessen aufsagen ließen. Als die einzigen Muslime in der Straße waren wir immer die Ersten, die weihnachtliche Lichterketten anbrachten, und Ostern verging nie ohne ein Nest mit Schokoeiern.

Was Ägypten anlangt, so besuchten wir jedes Jahr meine Großmutter Nuna Aziza und den großen Kreis von Tanten, Onkeln, Cousins und Cousinen. Wir fielen aus dem Rahmen: Meine Mutter war die einzige *khawagayya* – ägyptisches Arabisch für »westliche Frau« –, die in die Familie eingeheiratet hatte, und in meiner Kindheit waren wir die einzigen Familienmitglieder, die außerhalb Ägyptens lebten. Dank des Ansehens meines Vaters als ältester Sohn und meiner eigenen exotischen Abstammung aalte ich mich im Rampenlicht. Die Wohnung meiner *nuna* war ein regelrechter Gedenkschrein für den winzigen Zweig der Familie im Exil; zwischen Plastikpflanzen und Petit-Point-Bildern mit Possen treibenden Schäfern und schamhaften Jungfern steckten unsere Fotos auf Kaffee- und Wandtischchen, deren vergoldete Zierbeine für das ganze Gewicht der großmütterlichen Zuneigung zu schwach zu sein schienen. Mit zunehmendem Alter begann ich, Ägypten zu lieben und den Islam zu respektieren, aber ich dachte nie daran, hinter die Oberfläche zu blicken.

In Kanada kritisierten viele der ägyptischen Freunde meines Vaters seine Entscheidung, sein einziges Kind nicht strenger im Glauben zu erziehen. Weder brachte man mir *salat* bei, das muslimische Gebetsritual, noch lernte ich Arabisch. Nicht aus mangelnder Überzeugung meines Vaters. Er ist ein frommer Muslim, der fünfmal am Tag betet und jeden Morgen den Koran aus dem Gedächtnis rezitiert; er ist ein *Haddsch*, ein Mann, der die Pilgerfahrt in die heiligen Städte Mekka und Medina unternommen hat; in jedem Ramadan hält er penibel das Fastengebot ein, und er zahlt immer die *Zakat*, das Almosen für die Armen. Mein Vater sah jedoch, wie seine Freunde den Islam und ihre eigene arabische Erziehung ihren Kindern – insbesondere ihren Töchtern – aufdrängten, wie um sie gegen die vermeintlichen Übel des Westens zu immunisieren. Doch oftmals sahen die Kinder in dem, worin diese Eltern eine Gefahr erkannten, eine großartige Gelegenheit, und viele wandten sich von einem religiösen und kulturellen Erbe ab, das ihnen als eine starke Medizin in zu hoher Dosierung erschien. Meine Eltern dagegen gaben mir die Freiheit, mich zu meinen eigenen Bedingungen und dem mir geeignet erscheinenden Zeitpunkt meiner Religion und meinen Wurzeln zuzuwenden.

Dieser Zeitpunkt kam nach dem 11. September 2001. Wie so viele andere, die einen Spagat zwischen Ost und West versuchen, sah ich mich gezwungen, mich eingehender mit meiner Herkunft zu beschäftigen. Dass ich Sexualität als meine Linse auswählte, ist ungewöhnlich, aber angesichts meines beruflichen Werdegangs nachvollziehbar. Als Redakteurin beim *Economist* schrieb ich unter anderem über Aids, und dazu gehörte auch die betrübliche Aufgabe, über den Stand der globalen Epidemie zu berichten. Jedes Jahr publiziert UNAIDS, die für die Datenerhebung und Politikkoordinierung im Bereich Aidsbekämpfung zuständige UN-Organisation, einen aktuellen Bericht voller beängstigender Statistiken über HIV-Infektionen. Bemerkenswert fand ich allerdings nicht die sehr hohen Zahlen für Sub-Sahara-Afrika, Osteuropa und Asien, sondern die verschwindend geringen Zahlen im arabischen Raum, die nur einem Bruchteil der Infektionsraten in anderen Regionen der Welt entsprachen. Wie konnte in einem Zeitalter der Massenmigration und -mobilität ein Teil der Welt scheinbar immun gegen HIV bleiben? War es möglich, dass Menschen in der arabischen Region einfach keine risikobehafteten Verhaltensweisen praktizierten – keine gemeinsame Nutzung von Injektionsnadeln, kein Gebrauch HIV-verseuchter Blutkonserven und kein ungeschützter Sex?

Als ich damit anfing, Fragen zu stellen, stieß ich auf die Kluft zwischen öffentlichem Anschein, wie er sich in den amtlichen Statistiken niederschlug, und privater Wirklichkeit. Während viele Leute mir sogleich versicherten, Aids sei in der arabischen Welt kein Problem und könne hier auch niemals zu einem Problem wie in anderen Regionen werden, lernte ich Familien kennen, in denen alle infiziert waren, und ich lauschte den immer dringlicheren Bitten derjenigen, die sich im Stillen darum bemühten, die weitere Ausbreitung der Epidemie zu verhindern. Je genauer ich hinsah, umso deutlicher erkannte ich, dass die Kluft zwischen Anschein und Wirklichkeit hauptsächlich auf Sex und den kollektiven Widerwillen zurückzuführen ist, sich mit einem Verhalten auseinanderzusetzen, das nicht dem Ehe-Ideal genügt, ein Widerstreben, das durch religiöse Interpretation und gesellschaftliche Konvention untermauert wird.

Dieses sexuelle Klima entspricht in groben Zügen jenem, das kurz vor der sexuellen Revolution im Westen herrschte. Und viele der gleichen grundlegenden Kräfte, die den Wandel in Europa und Amerika antrieben, sind auch in der modernen arabischen Welt anzutreffen, wenn auch nur im Keim: das Ringen um Demokratie und Grundrechte, das rasche Wachstum von Städten und die zunehmende Auflösung familiärer Strukturen, die Lockerung der sozialen Kontrolle über das individuelle Verhalten, ein sehr hoher Anteil junger Menschen, deren Einstellungen sich von denen ihrer Eltern unterscheiden, die sich wandelnde Rolle der Frau, die ökonomische Expansion und Liberalisierung, die Sex zu einem Konsumgut machen. Hinzu kommt der durch Medien und Migration vermittelte stärkere Kontakt mit den sexuellen Sitten anderer Weltregionen. All dies wirft die Frage auf: Folgt auf die gegenwärtigen politischen Umwälzungen in der Region eine sexuelle Revolution?

Wegen grundlegender historischer, religiöser und kultureller Unterschiede liefert der Westen keine Orientierungshilfe hinsichtlich der Frage, wohin die Veränderungen in der arabischen Welt letztlich führen werden. Entwicklung ist ein langsamer Prozess, kein Rennen, und verschiedene Gesellschaften schlagen verschiedene Wege ein. Allerdings sind einige Ziele erstrebenswerter als andere. Ich glaube, dass eine Gesellschaft, die Menschen nicht nur erlaubt, eigenständige Entscheidungen zu treffen und ihr sexuelles Potenzial auszuschöpfen, sondern ihnen auch die Bildung, die Instrumente und die Chancen vermittelt, um dies zu verwirklichen, während sie zugleich die Rechte anderer respektiert, ein fruchtbarerer Boden für Entwicklung ist. Ich glaube nicht, dass dies grundsätzlich unvereinbar ist mit den gesellschaftlichen Wertvorstellungen in der arabischen Welt, die früher einmal offener für das gesamte Spektrum der menschlichen Sexualität war und dies wieder werden könnte. Und es widerspricht auch nicht zwangsläufig der tonangebenden Religion der Region: Durch ihre *Interpretationen* des Islam haben viele Muslime sich selbst und ihrer Religion Fesseln angelegt.

In diesem Buch kommen diejenigen zu Wort, die die Fesseln abstreifen wollen: Forscher, die es wagen, die gelebte Sexualität zu erforschen; Gelehrte, die altüberlieferte Texte, welche Menschen heute in ihrer Entscheidungsfreiheit stark einschränken, neu interpretieren; Juristen, die für ausgewogenere Gesetze kämpfen; Ärzte und Therapeuten, die die negativen körperlichen und seelischen Folgen aufzufangen versuchen; mutige religiöse Führer, die Toleranz predigen, statt wie früher von Verdammnis zu sprechen; Aktivisten, die auf den Straßen unterwegs sind und sich bemühen, Sex sicher zu machen; Schriftsteller und Filmemacher, die die Grenzen der sexuellen Ausdrucksmöglichkeiten hinterfragen; Blogger, die einen neuen Raum für die öffentliche Debatte schaffen. Aber wir hören auch die Stimmen derjenigen, die sich ihnen entgegenstellen; die sich wandelnde politische Landschaft der arabischen Region eröffnet nach Jahren des Stillstandes neue Chancen für beide Seiten.

Es dauerte mehr als tausend Tage, diese Geschichten zusammenzutragen, und wie in *Tausendundeine Nacht* sind sie in oftmals überraschender Weise miteinander verwoben. In Kapitel 1 helfen sie uns zu verstehen, wie sich Einstellungen zur Sexualität in Ost und West im Lauf der Zeit verändert haben; in Kapitel 2 verdeutlichen sie die Schwierigkeiten der Ehe, innerhalb und außerhalb des Schlafzimmers. In Kapitel 3 zeigen sie uns das sexuelle Minenfeld der Jugend, und in Kapitel 4 zeigen sie Möglichkeiten auf, wie man es mit Sexualerziehung, Verhütung und Abtreibung sicher durchqueren kann und was sich tun lässt, wenn man doch auf eine Mine tritt und als unverheiratete Frau Mutter wird. Kapitel 5 untersucht die vielen Nuancen der Sexarbeit in der Region und ihre mögliche zukünftige Entwicklung; in Kapitel 6 betrachten wir diejenigen, die die heterosexuelle Norm sprengen, und die Veränderungen, die sie sich wünschen. Schließlich ordnet Kapitel 7 den gegenwärtigen Zustand in eine umfassendere Perspektive ein und wendet sich der Frage zu, wie in den kommenden Jahrzehnten eine ausgewogenere und bedürfnisgerechtere Sexualkultur entstehen könnte. Trotz all der Nöte, die diese Geschichten verdeutlichen, ist dies nicht ein weiteres Buch darüber, was in der arabischen Region falsch läuft. Es zeigt vielmehr das, was gelingt: wie Menschen in den einzelnen Ländern ihre Probleme lösen, und zwar in einer Weise, die sich oftmals von den Antworten in anderen Regionen der Welt unterscheidet. Dies ist weder ein akademischer Schmöker noch ein Panoptikum arabischer Exotika. Es ist letztlich ein Album mit Schnappschüssen aus der ganzen Region, aus dem Blickwinkel einer Person, die versucht, die Region besser zu verstehen, um sich selbst besser zu verstehen. Diejenigen, die nach einer Enzyklopädie oder einer Peepshow suchen, sollten sich anderweitig umtun.

Bislang habe ich von der arabischen Welt als einer kollektiven Einheit gesprochen, so als könnte man die 22 Länder, 350 Millionen Menschen, drei Hauptreligionen, Dutzenden kleinerer Religionsgemeinschaften und ethnischer Gruppen in einen Topf werfen. Die Bezeichnung »Middle East« (Naher und Mittlerer Osten) ist geographisch sogar noch weiter gespannt und fasst nicht nur die arabischsprachigen Länder Nordafrikas, die Arabische Halbinsel und das Östliche Mittelmeer, sondern auch die nichtarabischen Länder Türkei, Iran, Afghanistan und manchmal sogar Pakistan zu einer Einheit zusammen. Zwar gibt es grundlegende Übereinstimmungen in den sexuellen Einstellungen und Verhaltensweisen zwischen den arabischen Ländern, aber es bestehen auch gewichtige Unterschiede in der Art und Weise, wie Gesellschaften diese Herausforderungen angehen oder nicht. Solche Unterschiede gehen über die Sexualität hinaus und spiegeln sich eindeutig in den verschiedenen Richtungen des politischen Wandels wider, der durch die Volkserhebungen dieses Jahrzehnts ausgelöst wurde.

Von jetzt an also genauere Angaben. Dieses Buch dreht sich um Ägypten und insbesondere um Kairo, das ein verkleinertes Abbild der Bevölkerung des ganzen Landes und ihres gesamten sozialen Spektrums ist. Ägypten ist ein Schwerpunkt, der sich von selbst anbietet, nicht nur aus Gründen meiner persönlichen Geschichte, sondern auch deshalb, weil es das bevölkerungsreichste Land in der arabischen Region ist, von strategischer geopolitischer Bedeutung, und weil es nach wie vor in der gesamten Region einen starken politischen, ökonomischen, sozialen und kulturellen Einfluss ausübt. Als ich meine Reise begann, teilten nur wenige im arabischen Raum – soll heißen: außerhalb Ägyptens – meine Meinung. Fast sechzig Jahre Militärdiktatur nach dem Zweiten Weltkrieg hatten den Stern Ägyptens, das jahrhundertelang Zentrum der arabischen Welt gewesen war, immer tiefer sinken lassen, während die ökonomische, politische und kulturelle Bedeutung seiner Nachbarn wuchs. Ägypten war wegen seiner Armut, seines engstirnigen Islamismus, seiner zerfallenden Infrastruktur, seines kulturellen Niedergangs, der grassierenden Korruption und politischen Erstarrung als ein hoffnungsloser Fall abgeschrieben worden. Oder, wie es mein Taxifahrer in Rabat, der Hauptstadt Marokkos, mit vernichtender Einfachheit ausdrückte: »Ägypter, so selbstgefällig. Und weshalb?«

Ägypten, so hieß es, habe den Faden verloren. Aber kaum dass sich seine Millionen gegen das Regime erhoben, rühmten dieselben Stimmen das Land als ein Fanal des Wandels in der gesamten Region. Weiter entfernt versuchten Demonstranten von der Wall Street bis nach Sydney die Erhebung in Ägypten in ihre Heimatländer zu importieren. Seit 2011 haben weltweite Solidaritätskundgebungen, die Nervosität in westlichen Hauptstädten, die Ängste arabischer Führer und die anhaltende globale Medienberichterstattung sattsam bewiesen, dass das, was in Ägypten passiert, noch immer von Belang ist, nicht nur für seine eigenen Bürger, sondern auch für den Rest der Welt. Ägypten hat sein geopolitisches Selbstbewusstsein wiedergefunden und dadurch eine langfristige Chance erhalten, seine Gesellschaft einschließlich ihrer Sexualkultur umzugestalten – Veränderungen, die seine Nachbarn sehr genau beobachten werden.

Bei vielen der schwierigen Fragen im Zusammenhang mit Sexualität findet man sozusagen »vor der Haustür« Vorbilder für Veränderungen. Das ist eine Frage von Pragmatismus, nicht von Chauvinismus. Während andernorts im Globalen Süden in Fragen der Sexualität beachtliche Fortschritte gemacht wurden, aus denen sich viel lernen ließe, ist es nur verständlich, dass Ägypter Veränderungen eher schätzen und übernehmen, wenn sie diese in einer ihnen vertrauten »Verpackung« sehen. Und so habe ich mich etwas weiter weg in Marokko und Tunesien im Westen sowie im Libanon im Osten umgesehen, die Ägypten Modelle dafür anbieten, wie es zumindest einige seiner kollektiven sexuellen Probleme lösen könnte. Ich habe auch die Länder am Golf bereist – unter anderem die Vereinigten Arabischen Emirate (VAE), Katar und Saudi-Arabien. Diese Region übt durch Medien, Geld und Migration einen starken Einfluss auf Ägypten aus und hat in den letzten fünfzig Jahren die gesellschaftlichen und sexuellen Einstellungen in Ägypten maßgeblich geprägt (beziehungsweise verzerrt, wie einige behaupten würden). Schließlich werden Sie auf diesen Seiten auch Stimmen aus anderen Teilen der arabischen Welt hören, deren Situation ein Schlaglicht auf die Lage der Dinge in Ägypten wirft.

»Ich bitte um Nachsicht, wenn ich manchmal nur einen Hinweis auf die Namen der Helden meiner Anekdoten gebe und sie nicht ausdrücklich erwähne. Es genügt, wenn ich nur die Namen derjenigen nenne, die durch die namentliche Nennung keinen Schaden erleiden und deren Erwähnung uns oder ihnen keine Schande bringt; entweder weil die Angelegenheit so berüchtigt ist, dass Verschleierung und Aussparung eindeutiger Details dem Betroffenen keinen Nutzen bringen wird, oder aber aus dem einfachen Grund, dass die Person, über die berichtet wird, recht zufrieden damit ist, dass ihre Geschichte in die Öffentlichkeit getragen wird, und ihre namentliche Erwähnung in keiner Weise missbilligt.« Diese Vorbemerkung stammt von Ibn Hazm, einem muslimischen Philosophen, der im 10. und 11. Jahrhundert in Spanien wirkte und dessen berühmte Abhandlung *Das Halsband der Taube* den Leser sachkundig in die Kunst des Verliebens und Entliebens einführt.[3] Ein Jahrtausend später werde ich es genauso halten: Wo in diesem Buch nur der Vorname erscheint, wurde der Name geändert.

Ich war zuerst Naturwissenschaftlerin, dann Journalistin, und dieses Buch spiegelt diesen Werdegang wider. Wenn möglich, habe ich persönliche Geschichten durch präzise Daten ergänzt; als stellvertretende Vorsitzende der Global Commission for HIV and the Law, einem von den Vereinten Nationen eingesetzten Gremium, das sich weltweit für die Reform von Gesetzen, einschließlich Gesetzen, die das Sexualverhalten regeln, einsetzt, erhielt ich bevorzugten Zugang zu beiden. In der arabischen Welt kommt man nur schwer an solche Informationen, weil das Sexualverhalten hier im Vergleich zu anderen Teilen der Welt noch immer wenig erforscht ist. Viele drängende Fragen harren ihrer Beantwortung, und falls es doch einmal Daten gibt, verschwinden diese oftmals in der Schublade.

Dieses Buch möchte mithelfen, dies zu ändern, und so einen Beitrag leisten zu einer neuen Ära der Offenheit und intellektuellen Freiheit, die sich Millionen von Menschen überall in der arabischen Welt erhoffen. Zu diesem Zweck habe ich, begleitend zu diesem Buch, eine Website eingerichtet, www.sexandthecitadel.com, wo Sie, gemäß den Hinweisen in den Anmerkungen, eine Fülle zusätzlicher Fakten, Zahlen und Befunde über die hier behandelten Themen finden. Diese Website soll eine Art Tauschbörse für Informationen zur Sexualität in der arabischen Region sein; ich ermuntere Leser dazu, diese Website nicht nur zu besuchen, sondern selbst etwas beizusteuern, indem sie themenbezogene Nachrichten, Ereignisse und Forschungsergebnisse in Englisch, Arabisch oder Französisch posten. Das Verständnis der Sexualität führt einen zum Kern einer jeden Gesellschaft, und Veränderungen des Sexualverhaltens haben Auswirkungen, die weit über das Schlafzimmer hinausgehen. Und so hoffe ich, dass *Sex und die Zitadelle* eine Ressource für all diejenigen sein wird, die die Vergangenheit und die Gegenwart verstehen und gemeinsam eine bessere Zukunft für kommende Generationen schaffen wollen. *Sex und die Zitadelle* ist keineswegs das letzte Wort über Sex in der arabischen Welt, sondern nur ein erster Schritt an einem Wendepunkt in der Geschichte der Region – andere mögen dieses Anliegen weiter voranbringen.

Kairo, November 2012

SEX UND DIE
ZITADELLE

I
(EIN)STELLUNGEN IM WANDEL DER ZEITEN

Wer mit seiner Vergangenheit bricht, ist verloren.
Meine Großmutter über die Erinnerung an die eigenen Wurzeln

Jede Fahrt durch Kairo ist eine bewegende Lektion in Geschichte. Ich meine damit nicht die uralten Denkmäler der Stadt oder ihren mittelalterlichen Souk, ihre kolonialen Villen oder ihre Wolkenkratzer des 21. Jahrhunderts. Und auch nicht die außerordentliche modische Vielfalt ihrer mindestens 20 Millionen Einwohner – Männer in Turbanen und Galabiyas (Dschellabas, traditionellen Gewändern) neben Jungs in abgewetzten Jeans und trendigen T-Shirts, Frauen in Abayas und Niqabs (langem Umhang und Gesichtsschleier), kulturellen Importen vom Persischen Golf und Zeichen wachsender Religiosität, Schulter an Schulter mit Mädchen, die die neueste westliche Mode und wallendes Haar tragen.

Wenn ich mich durch das Gewühl der Stadt schlängele, konzentriere ich mich – abgesehen von den tückischen Gehsteigen und den kniehohen Bordsteinen – auf die Straßenschilder. Nicht allein deshalb, weil es, wenn man sich in Kairo verläuft, Stunden dauern kann, um aus dem Labyrinth herauszufinden, sondern auch, weil diese dunkelblauen Tafeln mit ihren weißen kalligraphischen Aufschriften so viel über die Vergangenheit des Landes erzählen. Auf einem einzigen Bummel durch die Innenstadt kann man unter der Brücke des 6. Oktober hindurchgehen, die des gesichtswahrenden Angriffs Ägyptens auf Israel im Jahr 1973 gedenkt, in der Ramses Street prächtige Zeugen aus der Zeit der Pharaonen bewundern, ehe man in die Straße des 26. Juli einbiegt, die an den Sturz des letzten Monarchen Ägyptens erinnert. Auf der Champollion Street, die nach dem

Mann benannt ist, der den Stein von Rosetta entzifferte, wird man dann in die Zeit des Ägypten-Feldzugs Napoleons versetzt, bevor man auf dem Tahrir(Befreiungs)-Platz landet, der an den Aufstand der Ägypter gegen die britischen Besatzer und deren autokratische Herrschaft erinnert.

Tahrir macht heute Überstunden. Im Winter 2011 strömten Hunderttausende von Ägyptern auf diesen sonst von Verkehrslärm erfüllten, von Abgasen verpesteten Platz, eine berüchtigte Todesfalle für Fußgänger im Herzen Kairos, und verlangten nichts Geringeres als eine nationale Erneuerung. Der Tahrir-Platz war das Epizentrum der Volkserhebung gegen die dreißigjährige Herrschaft von Präsident Hosni Mubarak. Während sich der Aufstand rasch immer weiter im Land ausbreitete, zog der Tahrir-Platz die Aufmerksamkeit der Welt auf sich – und das, was Millionen von Demonstranten taten, wurde live im Fernsehen gesendet, getweetet und gebloggt. Der Tahrir-Platz wurde zu einer achtzehntägigen revolutionären Realityshow, in der man mitverfolgen konnte, wie sich die Protestierer verschanzten, im Freien kampierten und sich gegen ihren eigenen Big Brother, das Regime Mubarak, wehrten. »Wir sind ein Ägypten«, riefen die Menschen, als die jahrzehntelange Frustration über die politische und gesellschaftliche Erstarrung Reich und Arm, Muslime und Christen, Männer und Frauen, Eltern und Kinder zu einer geschlossenen Front zusammenschmiedete. Der Erfolg des Tahrir-Platzes war nicht bloß seine großartige politische Bewegung, sondern die vielen kleinen persönlichen Schlachten, die gegen die Verwerfungen geschlagen und gewonnen wurden, die die ägyptische Gesellschaft zermürbten: zwischen Religionen, Schichten, Geschlechtern und Generationen.

In den kommenden Jahren wird der Erfolg der jüngsten Erhebung in Ägypten weitgehend danach beurteilt werden, wie diese Millionen von Minisiegen aus dem Treibhaus des Tahrir-Platzes in die kalten Realitäten des Alltagslebens übertragen werden. Dies gilt auch für den Rest der arabischen Region, wo Nationen ihren je eigenen Weg durch die politischen Umwälzungen suchen, die in diesem Jahrzehnt begannen. Um ermessen zu können, ob es womöglich zu einer Blütezeit kommen wird, müssen wir den Boden kennen, in dem diese Errungenschaften Wurzeln treiben. Und einer der steinigsten Orte ist dabei das Sexualleben.

In der heutigen arabischen Welt ist der einzige allgemein akzeptierte, gesellschaftlich anerkannte Rahmen für Sexualität die staatlich registrierte, von der Familie abgesegnete, religiös sanktionierte Ehe. Alles andere ist *'ayb* (schändlich), *illit adab* (ungehörig), *haram* (verboten) – ein endloser Wortschatz des Tadels. Die Tatsache, dass es weiten Teilen der Bevölkerung in den meisten Ländern der Region schwerfällt, dieser Norm zu genügen – jungen Menschen, die es sich nicht leisten können zu heiraten, Karrierefrauen, die nicht den Geschlechterrollenerwartungen entsprechen, Männern und Frauen in gleichgeschlechtlichen Beziehungen, denjenigen, die Sex verkaufen, um über die Runden zu kommen –, wird in zunehmendem Maße anerkannt, aber es gibt einen verbreiteten Widerstand gegen jegliche Alternative. Selbst im Ehebett ist Sex etwas, das man tut, nichts, worüber man spricht. Dieses kollektive Unbehagen gegenüber Sexualität macht es umso schwerer, die negativen Auswirkungen zu bewältigen, etwa Gewalttätigkeit, erhöhte Infektionsrisiken, Ausbeutung, sexuelle Funktionsstörungen, Unzufriedenheit in der Ehe und völlige Unwissenheit. »In der arabischen Welt ist Sex das Gegenteil von Sport«, sagte mir ein ägyptischer Gynäkologe. »Jeder spricht über Fußball, aber kaum einer spielt Fußball. Sex dagegen hat jeder, aber niemand will darüber sprechen.«

Wer in der arabischen Welt aufwächst, dem wird schon frühzeitig beigebracht, sich von den »roten Linien« fernzuhalten; gemeint sind damit Tabus rund um Politik, Religion und Sex, die in Wort oder Tat nicht in Frage gestellt werden dürfen. Diese Linien sind freilich keine isolierten Striche. Wie kalligraphische Schriftzüge fließen sie ineinander und vermischen sich; wenn man einen Teil davon entfernt, ändert sich die Bedeutung des Restes. Das »Erwachen Arabiens«, das in diesem Jahrzehnt begann, setzte einen Meißel an die rote Linie der Politik und begann mit dem langwierigen Prozess, altüberkommene Überzeugungen abzutragen: Die Demokratie sei für die Völker der arabischen Region aufgrund ihrer Religion, Kultur und Tradition eine ungeeignete Regierungsform; sie würden die Obrigkeit niemals in Frage stellen; ihre Furcht vor instabilen Verhältnissen sei stärker als ihr Wunsch nach Veränderung und den damit einhergehenden Unsicherheiten; sie könnten nicht mit Freiheit umgehen. Jetzt, da diese Ketten zerbrochen sind, ist es nur natürlich zu fragen, ob andere Tabus folgen werden.

Seit der Erhebung ist Kairo zu einer großen Anschlagtafel für Menschenrechte geworden. »Freiheit«, »Gerechtigkeit« und »Würde« sind nur einige der Schlagwörter in den Graffiti, die man überall in der Stadt sieht. Aber die Ausweitung dieser Rechte – sowie von Gleichheit, Achtung der Privatsphäre, Selbstbestimmung und dem Recht auf körperliche Unversehrtheit – auf das Liebesleben aller Bürger ist eine ganz andere Sache. »Sexuelle Rechte« bedeuten in der Praxis die Freiheit, sexual- und reproduktionsmedizinische Dienstleistungen zu nutzen, Ansichten über Sexualität offen zu äußern und zu veröffentlichen und sich ungehindert Informationen zu verschaffen. Es ist das Recht, sich seinen Partner/seine Partnerin selbst zu wählen und in einvernehmlichen Beziehungen sexuell aktiv zu sein oder nicht. Es ist die Freiheit zu entscheiden, ob und wann man ein Kind haben will. Es ist das Recht, über den eigenen Körper frei zu verfügen, und die Freiheit, nach einem befriedigenden, geschützten und lustvollen Sexualleben zu streben. All dies ohne Zwang, Diskriminierung oder Gewalt – das ist überall auf der Welt ein sehr hoher Anspruch.[1]

Sexuelle Rechte sind unveräußerliche Menschenrechte; sie sind keine nachrangigen Rechte, die man nach Belieben annehmen oder ablehnen könnte, ohne die Freiheit und Menschenwürde des anderen zu missachten. Die Ausübung des »sexuellen Bürgerrechts« – die Freiheit, Entscheidungen eigenverantwortlich zu treffen und Rechenschaft von den Trägern öffentlicher Gewalt zu fordern, und zwar unabhängig von der Hautfarbe, von Schicht- und Religionszugehörigkeit, Geschlecht oder sexueller Orientierung – ist mehr als nur Ausdruck eines demokratischen Systems. Es ist ein Mittel, um ein solches System aufzubauen, indem man diese Prinzipien im Kern der menschlichen Existenz verankert, wo sie ihrerseits Einstellungen und Handlungen in anderen Bereichen prägen.

»Sexuelle Rechte« aber sind in der arabischen Welt ein Minenfeld; für viele Menschen sind sie ein Kürzel für eine westliche gesellschaftspolitische Agenda, die gleichbedeutend ist mit Homosexualität, freier Liebe, Prostitution, Pornographie und einer gefährlichen Tendenz zur Unterminierung des Islam und »traditioneller« arabischer Werte. Solche Unterschiede spiegeln sich in World Values Surveys – in bestimmten Abständen erfolgende weltweite Umfragen über Wertvorstellungen – wider, bei denen Einstellungen zu einem breiten Spektrum von Fragen in über neunzig Ländern erfasst werden. Als Pippa Norris und Ronald Inglehart, zwei amerikanische Wissenschaftler, die Ergebnisse von Erhebungen, die zwischen 1995 und 2001 durchgeführt wurden, auswerteten, stellten sie fest, dass die größten Meinungsunterschiede zwischen den islamischen Ländern, in denen Umfragen durchgeführt wurden (unter anderem Marokko, Jordanien und Ägypten), und dem Westen (Nordamerika, Australasien und Westeuropa) nicht demokratische Werte betrafen, sondern Geschlechterrollen und Sexualität – etwa die Akzeptanz von Abtreibung, Scheidung und Homosexualität. Bei anschließenden Erhebungen der World Values Surveys zeigten sich kaum Veränderungen in diesen Einstellungen.[2] Die Autoren zogen das Fazit: »Die kulturelle Kluft, die den Islam vom Westen trennt, betrifft Eros viel stärker als Demos.«[3]

Platztausch

Schon seit langem zieht die Sexualität einen Graben zwischen der arabischen Welt und dem Westen. Heute scheint Erstere vor allem damit beschäftigt zu sein, die Fleischeslust zu verleugnen, während sich Letzterer darin zu gefallen scheint, sie hemmungslos zur Schau zu stellen. Was bei diesen gegenseitigen Beschuldigungen oftmals übersehen wird, ist indes die Tatsache, dass solche Einstellungen wandelbar sind; zu anderen historischen Zeiten haben Ost und West die Plätze getauscht.[4] Zwei Reisen, die in der ersten Hälfte des 19. Jahrhunderts stattfanden – die eine unternahm ein Franzose, die andere ein Ägypter –, verdeutlichen diesen Wandel.

Im Jahr 1849 bereiste Gustave Flaubert, der Autor von *Madame Bovary* und anderen klassischen Romanen, Ägypten, von Alexandria im Norden bis Wadi Halfa im Süden. Abgesehen von den Ruinen in Luxor war Flaubert von Denkmälern nicht sehr beeindruckt (»Überlegung«, schrieb er im März 1850 in sein Tagebuch, »die ägyptischen Tempel gehen mir furchtbar auf die Nerven.«)[5], noch interessierte er sich besonders für seinen offiziellen Auftrag, Informationen für das französische Landwirtschafts- und Handelsministerium zu sammeln. (»Ganz nah, etwa zehn Millimeter entfernt, liegen meine ministeriellen Anweisungen, die scheinbar kaum den Tag erwarten können, an dem ich sie als Toilettenpapier benutzen werde«, schrieb er an einen Freund in Frankreich.)[6]

Für einen Mann von Flauberts romantischen Neigungen und breitgefächerten Gelüsten war das Zusammentragen trockener wirtschaftlicher Daten eine unbefriedigende Beschäftigung. Was den angehenden Schriftsteller wirklich interessierte, waren intime Einblicke in die derberen Seiten des Lebens der Einheimischen. Zu Flauberts großer Freude schenkte ihm Ägypten in dieser Hinsicht »Farbe satt«, wie er es ausdrückte.[7] Besonders unternehmungslustig war ein bestimmtes Körperteil. Kaum in Kairo angekommen, verbrachte Flaubert die erste Nacht in einem Bordell mit türkischen Prostituierten, die er lakonisch skizziert. »Auf dem Mattengeflecht: festes Fleisch, bronzefarbener Arsch, rasiertes Möschen, trocken, wenn auch fett …«[8]

Flaubert fickte sich sozusagen nilaufwärts. Er schreibt ausführlich über die Prostituierten in dem südägyptischen Dorf Esneh und vor allem über sein Zusammentreffen mit Ruchiouk-Hanem: »ein großes, prächtiges Geschöpf, hellhäutiger als eine Araberin … ihre Haut, besonders am Körper, ist leicht kaffeebraun. Wenn sie sich seitlich setzt, zeigen sich an ihren Hüften bronzene Polster. Ihre Augen sind schwarz und übergroß … feste Schultern, üppige Brüste, Adamsapfel.«[9] Der Besuch in Hanems Freudenhaus schloss Musikspiel und Striptease mit ein (eine gänzlich entblößte Version eines traditionellen ägyptischen Tanzes, des »Bienentanzes«), bevor man zum anstehenden Geschäft kam.[10]

Wenn Flaubert keinen Sex hatte, beobachtete er ihn auf Schritt und Tritt. Kairos unzüchtiges Straßenleben beflügelte seine Phantasie – Skizzen über Huren und arschfickende Esel; spielende Kinder, kleine Mädchen, »die mit ihren Händen Fürze erzeugten«, und ein Knirps, der seine Mutter verkuppelt: »Wenn Sie mir fünf Paras* geben, bring ich Ihnen meine Mutter zum Ficken. Ich wünsche Ihnen das Allerbeste, vor allem eine lange Latte.«[11] Zusätzlich zu dem üblichen Rundgang durch Moscheen und Pyramiden besichtigte Flaubert auch einige eher ungewöhnliche Orte. Im Qasr-al-Aini-Krankenhaus, wo Verwandte von mir noch

* Eine alte Währungseinheit, ein Vierzigstel eines Piasters, heute die kleinste Stückelung der ägyptischen Währung.

heute als Ärzte tätig sind, machte er einen Rundgang durch die Syphilis-Station; auf ein Zeichen des Arztes hin »stellten sich [die männlichen Patienten] aufrecht in ihren Betten, lösten ihre Hosengürtel (es wirkte wie ein Militärmanöver) und öffneten mit den Fingern den Anus, um ihre Schanker zu zeigen«.[12]

Dies schreckte Flaubert aber keineswegs von gleichgeschlechtlichen Abenteuern ab. Wie er einem Freund schrieb: »Hier ist es weitgehend akzeptiert. Man steht zu seiner Sodomie, und bei Tisch im Hotel spricht man darüber. Manchmal leugnet man es ein bisschen, und dann wird man von allen geneckt, bis man schließlich gesteht. Da wir zu Bildungszwecken reisen und einen Auftrag der Regierung haben, hielten wir es für unsere Pflicht, uns diese Form des Ergusses zu gönnen. Bislang hat sich die Gelegenheit noch nicht geboten. Wir halten aber weiterhin danach Ausschau.«[13] Flauberts Feldforschungen bezogen auch die Tanzdarbietungen von männlichen Prostituierten in Kairo ein (»... die Augen waren mit Antimon geschminkt ... laszive Körperbewegungen ... ähnlich einer Frau, die sich hingibt ...«) sowie einen interessanten Aufenthalt im Hammam, dem öffentlichen Bad, wo der Masseur »meine *boules d'amour* anhob, um sie zu säubern, während er dann fortfuhr, meine Brust mit der linken Hand abzureiben, begann er, mit der Rechten an meinem Schwanz zu ziehen, und während er ihn hoch- und runterzog, lehnte er sich über meine Schulter und sagte: ›Bakschisch, Bakschisch*‹« – ein Angebot, das Flaubert ablehnte, weil der Mann für seinen Geschmack nicht jung oder hübsch genug war.[14]

Heute stehen Flaubert und andere Kommentatoren der arabischen Sexualkultur im 19. Jahrhundert ganz weit oben auf der »orientalistischen« Hitliste. Orientalismus, ehedem ein neutraler Terminus, der die Verwendung nah- und fernöstlicher Motive in der bildenden Kunst bezeichnete, wurde zu einem regelrechten Schimpfwort, nachdem Edward Said Ende der siebziger Jahre sein gleichnamiges Werk veröffentlichte. Darin tadelte Said Generationen westlicher Gelehrter dafür, dass sie die arabische Region durch ihr Prisma rassischer und religiöser Vorurteile und politischer Interessen dargestellt hätten und so den Orientalismus zu einem

* Trinkgeld.

»westlichen Stil der Beherrschung, Beschränkung und des Autoritätsanspruchs über den Orient« machten.[15] Dies führte laut Said dazu, dass der Orient in ein »lebendes Tableau der Fremdartigkeit« verwandelt wurde, das auch seine sexuellen Sitten betraf; dadurch habe der Westen seine Überlegenheit zur Geltung gebracht und seine Vorherrschaft über die Region und ihre Menschen gerechtfertigt. Said kritisierte insbesondere westliche Kommentatoren und ihre verklärenden Schilderungen des Lebens in Arabien; sie hätten die Kolonien auf der Suche nach prickelnden sexuellen Abenteuern bereist, die sie in der sittenstrengen Atmosphäre ihrer Heimatländer nicht finden konnten.

Während Flaubert und seine Zeitgenossen der sexuellen Ungezwungenheit des Orients viel Beifall zollten, fanden einige arabische Besucher, aus entgegengesetzten Gründen, manche Aspekte der europäischen Sexualkultur bewundernswert. Im Jahr 1826 traf Rifa'a Rafi' al-Tahtawi, ein ägyptischer Imam, als Mitglied einer vierzigköpfigen Delegation ägyptischer Studenten in Paris ein, wo sie während eines fünfjährigen Aufenthalts die Sprache lernen und sich andere nützliche Fertigkeiten aneignen sollten. Al-Tahtawi war einer der begabtesten Schüler, ein fähiger Schriftsteller und Übersetzer, der später einer der Wegbereiter der Bildungsreform in seinem Heimatland wurde. Sein Bericht über diese staatlich finanzierte Bildungsreise ist teils aufschlussreiche Beobachtung, teils banaler Führer durch Europa. Al-Tahtawi war unglaublich wissbegierig und schrieb über alles Mögliche, von Politik bis zu Restaurants, von Galabällen bis zu Schlachthöfen. Bestimmte Seiten des französischen Nationalcharakters lobte er (Pünktlichkeit, Ehrlichkeit und Dankbarkeit), während er andere verachtete (Zuchtlosigkeit sowie die Tatsache, dass man Philosophen hier mehr Glauben schenkte als Propheten).

Al-Tahtawi betrachtete die Beziehungen zwischen Männern und Frauen in seiner neuen Heimat mit Skepsis. »Unter den französischen Frauen sind solche von großer Tugendhaftigkeit und andere, die eher das Gegenteil zeigen. Letztere sind in der Mehrzahl, da die Herzen der meisten Menschen in Frankreich, ob Männer oder Frauen, der Liebeskunst hörig sind.«[16] Auch war er nicht sonderlich erbaut von ihrer Einstellung zu vorehelichen Beziehungen, die sie »zu den [menschlichen] Fehlern und Lastern zählen, statt darin eine Todsünde zu sehen«.[17] Trotzdem schien al-Tahtawi eine Schwäche für die Damen zu haben, diese »Inbilder von Schönheit und Anmut«, und er machte in erster Linie die Schwäche ihrer Männer, die ihnen seines Erachtens zu viele Freiheiten gaben, für ihre Unzulänglichkeiten verantwortlich.[18]

Mochten ihre Beziehungen zu Frauen auch fragwürdig sein, so hatte al-Tahtawi doch nichts als Lob für die Standhaftigkeit der französischen Männer in ihrem Verhältnis zueinander. »Sie haben keinerlei Neigung zur Knabenliebe oder zur Verklärung dieses Zeitvertreibs. Dies ist eine Regung, die sie nicht kennen und die ihrer Natur und Moral zutiefst widerstrebt. Zu den Vorzügen ihrer Sprache und ihrer Poesie gehört es, dass sie die homosexuelle Liebe nicht rühmen. Tatsächlich ist es in Frankreich für einen Mann gänzlich unziemlich zu sagen: ›Ich habe mich in einen Knaben verliebt.‹ Dies würde als abstoßend und peinlich angesehen werden.«[19]

Al-Tahtawi ging ausführlich auf die Null-Toleranz der Franzosen in diesem Punkt ein. »Die Franzosen halten die Homosexualität für eine der widerwärtigsten Obszönitäten. Daher erwähnen sie diese auch nur sehr selten in ihren Büchern, und wenn sie es tun, dann immer verhüllt. Man wird nie Menschen darüber sprechen hören.«[20] In seinem Bericht wies al-Tahtawi darauf hin, dass die Abneigung der Franzosen gegen die Homosexualität »die einzige Sache ist, die sie wirklich mit den Arabern gemeinsam haben«.[21] Das ist jedoch eine Beschönigung, wenn man bedenkt, wie gut gleichgeschlechtliche Beziehungen im Kairo des 19. Jahrhunderts dokumentiert sind, nicht nur bei neugierigen Ausländern wie Flaubert, sondern auch bei lokalen Chronisten.[22]

Das Interessante an dieser Ebbe und Flut der Geschichte ist der Wandel der Stereotype. Die arabische Welt, die einst im Westen für sexuelle Freizügigkeit berühmt war, beneidet von einigen, von anderen verachtet, wird heute wegen ihrer sexuellen Intoleranz weithin kritisiert. Nicht nur westliche Liberale sind dieser Auffassung; es ist auch ein Leitmotiv in einigen der »islamophoben« Diskurse von Konservativen in Amerika und Europa geworden, das selbsterklärte letzte Gefecht in einer Schlacht um »westliche« Werte und die Verwüstungen des »radikalen« Islam, insbesondere in Bezug auf die Rechte von Frauen.[23] Und der Westen, den früher manche in der arabischen Welt für seine unnachgiebige Haltung zu gleichgeschlechtlichen Beziehungen rühmten, gilt heute vielen als eine Strahlenquelle der sexuellen Ausschweifung, gegen die die Region abgeschirmt werden müsse. Wahrnehmungen, wie verzerrt sie auch sein mögen, werden maßgeblich von der Einstellung geprägt. Die westliche Sicht der arabischen Sexualität und umgekehrt hat sich zum Teil deshalb verändert, weil sich auch die Einstellungen innerhalb ihrer jeweiligen Gesellschaften gewandelt haben.

Die Ereignisse in der westlichen Welt sind allgemein bekannt. Ich habe die Sexuelle Revolution nicht selbst erlebt, aber aus Erzählungen meiner Mutter weiß ich, was für ein dramatischer Bruch mit der Vergangenheit sie gewesen ist. Als sie in den 1930er und 1940er Jahren im ländlichen Wales aufwuchs, war Sex ein absolutes Tabu, aber alle wussten, dass züchtige Mädchen bis zur Hochzeit damit warteten. Im Zeitalter vor der Pille, als Verhütung eine unsichere Sache war und Abtreibung verboten und schwer zugänglich, war dies ebenso sehr eine Frage der praktischen Durchführbarkeit wie der Moral. Als meine Mutter im Teenageralter war, wurde jeglicher Kontakt mit jungen Männern streng überwacht, Ausgehverbote wurden rigoros durchgesetzt, und bei dörflichen Tanzveranstaltungen waren Begleitpersonen die Regel. Homosexualität war ein großes, dunkles Geheimnis, und meine Mutter, die einmal von einer Lehrerin angemacht wurde, war umso perplexer, als sie von einem solchen Verhalten noch nie gehört hatte.[24]

Wenn ich diese Geschichte meinen unter vierzigjährigen ägyptischen Freundinnen erzähle, staunen sie. Als eine Generation, die mit amerikanischen Filmen, später Musikvideos und heute dem Internet – allesamt nach der sexuellen Revolution aufgekommen – groß geworden ist, können sie einfach nicht glauben, dass die westliche Gesellschaft in sexuellen Dingen einmal so konservativ gewesen ist, wie es ihre eigene heute ist. Die Parallelen sind verblüffend: Vorehelicher Sex, Masturbation, Homosexualität, uneheliche Kinder und Abtreibung sind in der heutigen arabischen Welt tabuisiert, und eine Kultur der (Selbst-)Zensur und des Schweigens, die von der Religion gepredigt und durch soziale Konventionen verstärkt wird, ist dort genauso wirkmächtig, wie es in der Jugend meiner Mutter im Westen der Fall war.

Gleichermaßen überrascht sind sie aber auch, wenn ich ihnen Geschichten aus der Jugend meines Vaters im Kairo der 1930er bis 1950er Jahre erzähle oder ihnen die reiferen Sprüche meiner Großmutter auftische – Anekdoten und Redensarten, die sich durch dieses Buch ziehen und in denen sich sexuelle Einstellungen und Eskapaden widerspiegeln, die nicht weit von Flauberts Beschreibungen entfernt sind, wie sehr Anti-Orientalisten auch dagegen protestieren mögen. »Faszinierenderweise waren unsere arabischen Vorfahren nicht so wie wir, und ihre Einstellung zur Sexualität war sehr frei und offen«, schrieb Salah al-Din al-Munajjid, einer der ersten modernen arabischen Historiker, die sich das sexuelle Erbe der Region genauer ansahen und dabei die 1950er Jahre mit früheren Zeiten verglichen. »Es war ihnen nie peinlich, über Frauen und über Sex zu reden oder darüber zu schreiben. Ich glaube, dass diese große Freiheit, die sie genossen, die Ursache der Strenge ist, die wir heute vorfinden.«[25]

Niedergang und Fall

Was ist der Grund für diese Reaktion? Wieso kam es in der arabischen Welt zu einer solchen Kehrtwende in Sachen Sexualität? Auf der Suche nach Antworten begab ich mich zu dem Mann, der ein Buch über genau dieses Thema geschrieben hat. Abdelwahab Bouhdiba ist ein tunesischer Soziologe, der sich vor allem mit seinem 1975 erschienenen Buch *La Sexualité en Islam* einen Namen machte. Zwar hatten vor ihm schon andere Bücher über dieses Thema geschrieben, und seither sind viele weitere erschienen, aber Bouhdibas Werk ist zweifellos das bekannteste und wurde in mehr als ein halbes Dutzend andere Sprachen übersetzt.

Ausgehend von seiner Interpretation des Korans und der Hadithe – Überlieferungen der Worte und Taten des Propheten Mohammed – sowie anderer Quellen behauptete Bouhdiba, dass die Sinnlichkeit im Allgemeinen und die Sexualität im Besonderen nicht nur mit dem Islam vereinbar, sondern dass sie wesentliche Elemente des Glaubens seien. »Die Ausübung der Sexualität war ein Gebet, ein Sichschenken, ein Akt der Nächstenliebe«, schrieb er. »Den Sinn der Sexualität wiederzuentdecken bedeutet, den Sinn Gottes wiederzuentdecken und umgekehrt.«[26] Aber im Lauf der Zeit hätten die Araber diese spirituelle Dimension verloren: »Diese offene Sexualität, die mit Blick auf die Erfüllung des Daseins voller Freude praktiziert wurde, wich nach und nach einer verschlossenen, lustfeindlichen, unterdrückten Sexualität ... Verstohlenes, heimlichtuerisches, heuchlerisches Verhalten nahm einen immer größeren Raum ein ... Die ganze Frische und Spontaneität wurden schließlich wie von einer Dampfwalze plattgemacht.«[27] Um in politischer, gesellschaftlicher, ökonomischer, spiritueller und sexueller Hinsicht wieder auf den richtigen Weg zu kommen, bedarf es laut Bouhdiba eines tiefgreifenden Umdenkens: »Um diesen Missstand zu überwinden, müssen wir um jeden Preis den Sinn der Sexualität, das heißt den Sinn des Dialogs mit unserem Partner und den Sinn des Glaubens neu entdecken, das heißt den Sinn des Dialogs mit Gott ... denn eine Sexualität, die angemessen praktiziert wird, ist gleichbedeutend mit gelebter Freiheit.«[28]

In brauner Cordhose und Jacke mit Hahnentrittmuster, akkurat gebundener Krawatte und kurzgeschnittenem grauem Haar sieht Bouhdiba nicht wie jemand aus, der in Fragen der Sexualität radikale Ansichten vertritt. Mit seinen sorgsam gewählten Worten und wohlüberlegten Pausen wirkt er eher wie ein Universitätsprofessor – was er bis zu seiner Emeritierung tatsächlich auch war. »Ich bin niemand, der provoziert ... mein Stil ist maßvoll, ich sage schockierende Dinge, aber mit viel Diskretion«, erklärte er. Es hat sich als ein erfolgreiches Rezept erwiesen: *La Sexualité en Islam* wurde selbst im arabischen Raum gut aufgenommen. Bei allem Lob, welches das Buch in akademischen Kreisen fand, kam die für Bouhdiba erfreulichste Rezension von unerwarteter Stelle. »Ich war gerade in Djerba [in Südtunesien] und wartete auf die Fähre nach Tripolis [in Libyen]«, erinnerte er sich. »Da sagte jemand: ›Sind Sie nicht Bouhdiba? Autor des Buches *La Sexualité en Islam*?‹, und er begann mich zu umarmen. Er war Professor an der Universität Sarajewo. Er sagte, er habe mein Buch bei Kerzenschein übersetzt, mit einem Gewehr in einer Hand und einem Kuli in der anderen. Er verkaufte innerhalb von fünfzehn Tagen 2000 Exemplare. Er sagte: ›Ich habe in diesem Buch zwei Dinge gefunden: Stolz auf unsere Zugehörigkeit zu einer offenen Religion und eine *joie de vivre*, zwei Dinge, die wir heute dringend benötigen.‹«

Bouhdiba weist darauf hin, dass beides im Abbasiden-Reich, dessen Goldenes Zeitalter vom 8. bis zum 10. Jahrhundert währte und das sich einst von den Küsten des Mittelmeers bis an die Grenzen Indiens erstreckte, reichlich vorhanden war. In seiner Hauptstadt, Bagdad, entfaltete sich eine Blüte des arabischen Denkens und der arabischen Hochkultur, wie sie die Region seither nie mehr erlebt hat. Die Stadt beherbergte das *Bayt al-hikma*, das Haus der Weisheit, eine Akademie, deren Gelehrte die klassischen Werke des griechischen und persischen Denkens vor dem Vergessen bewahrten. Die antiken Giganten der Mathematik, Medizin, Astronomie, Chemie und Technik boten breite Schultern, auf denen nachfolgende Generationen stehen sollten. Die Epoche der Abbasiden war eine Zeit der lebhaften religiösen Debatte, als die vier Hauptschulen der islamischen Rechtsgelehrsamkeit (*fiqh*), die die Grundsteine der Rechtsprechung in der heutigen arabischen Welt bilden, entstanden und die eigenständige, vernunftgeleitete Auslegung religiöser Schriften (*ijtihad*) gepflegt wurde. Dichtkunst und Literatur – darunter auch Werke mit einem starken sexuellen Einschlag – erlebten eine Blütezeit.

Es gibt eine lange, glanzvolle Geschichte arabischer Schriften über Sexualität – Literatur, Poesie, medizinische Abhandlungen, Selbsthilfe-Handbücher –, die in einem Großteil der arabischen Welt in Vergessenheit geraten ist. Viele dieser bedeutenden Werke wurden von religiösen Persönlichkeiten verfasst, die Glaube und Sexualität nicht als unvereinbar ansahen. Tatsächlich geziemte es sich für sie als Gelehrte, über sexuelle Praktiken und Probleme genauso umfassend Bescheid zu wissen wie über die kniffligen Fragen der islamischen Glaubenslehre. Diese Schriften haben keinen akademischen Charakter: Mit erstaunlicher Offenheit und oftmals entwaffnendem Humor behandeln sie praktisch alle sexuellen Themen, die man sich vorstellen kann, und noch einiges mehr. In *Playboy, Cosmopolitan* oder *Freude am Sex* – jedem beliebigen tabubrechenden Werk der sexuellen Revolution und darüber hinaus – findet sich herzlich wenig, was diese Schriften nicht schon vor über tausend Jahren berührten.

Für Bouhdiba ist diese sexuelle Aufgeschlossenheit ein wesentliches Element der geistigen Blüte jener Zeit. In ihrem Zenit in der frühabbasidischen Epoche waren die Araber ein selbstbewusstes und kreatives Volk, und in dem vorurteilsfreien Nachdenken über Sexualität spiegelte sich dies wider. »Es ist kein Zufall, dass die Hochzeit der islamischen Kultur zugleich eine sexuelle Blütezeit war«, sagt er. »Es ist eine Synthese aller Gebiete. Die Rehabilitierung der Sexualität ist die Rehabilitierung der Wissenschaft innerhalb der Rehabilitierung des Islam.« Heute dagegen gibt es eine tiefverwurzelte Tendenz, den Zusammenhang zwischen diesen Elementen zu bestreiten, und viele Menschen, die sich die Geschichte der arabischen Welt nach eigenem Gutdünken zusammenstückeln wollen, indem sie sich das herauspicken, was heute als die respektable Seite des Goldenen Zeitalters Arabiens gilt – Wissenschaft und Technik zum Beispiel –, und den Rest beiseitelassen. Bouhdiba dagegen ist der Meinung, diese Facetten ließen sich nicht voneinander trennen.

Man liest leicht zu viel in die arabische erotische Literatur hinein. Spiegelte ihre Offenheit tatsächlich die der Gesellschaft insgesamt wider oder bloß die Anschauungen der sexuell verfeinerten Elite? Schließlich wurden viele der berühmtesten Bücher der arabischen Liebeslehre für Herrscher geschrieben. Bouhdiba ist überzeugt davon, dass diese Werke nicht bloß Esoterika für die Elite waren, sondern etwas Allgemeines über den Zeitgeist aussagen. Um diesen Punkt zu verdeutlichen, führt er die Religion ins Feld: »Diese Eliten wurden von den Massen nie angeprangert; ihre Gesellschaften akzeptierten sie mehr oder weniger, vielleicht nicht aktiv, aber jedenfalls passiv. Es ist ein wenig wie der Sufismus, der eine Elite repräsentierte, aber schließlich anerkannt wurde. Manchmal wurden sie als Häretiker behandelt, manchmal wurden sie ausgepeitscht, aber letztlich standen sie für eine tiefe Strömung in der Gesellschaft.« Bouhdiba hat keine Zweifel daran, dass diese Werke in weiten Kreisen gelesen wurden: »Diese Bücher wurden für Herrscher geschrieben, aber sie zirkulierten im einfachen Volk.«

Am Ende des 19. Jahrhunderts jedoch war dieses freimütige und oftmals lobpreisende Schreiben über Sexualität dann so gut wie versiegt. Bouhdiba meint, dieser sexuelle Winterschlaf sei nur ein Element eines umfassenderen geistigen Niedergangs, der während der Kolonialzeit an Dynamik gewann. »Seit Napoleon erleben wir eine negative Entwicklung muslimischer Gesellschaften. Insbesondere in den letzten fünfzig Jahren, seit dem Zusammenbruch des Nasserismus und Nationalismus [im Anschluss an die Niederlage der arabischen Streitkräfte im ›Sechstagekrieg‹ von 1967 gegen Israel], sind unsere Gesellschaften in der Defensive, in einem Prozess der Selbstabschottung«, bemerkt er, insbesondere sei alles, was das Leben in der Familie und Frauen betreffe, streng tabuisiert worden.

Es gibt in Ägypten einen Ausdruck, der diesen Zustand sehr gut auf den Punkt bringt: *'uqdit al-khawaga* – »Ausländerkomplex«. Es ist ein Gefühl der Unterlegenheit gegenüber dem Westen, und sein Ursprung liegt im Jahr 1798, als Napoleon in Ägypten einmarschierte. In einem Feldzug, der an den Irakkrieg von 2003 erinnert, kam Napoleon mit dem Versprechen nach Ägypten, ein Volk zu befreien, das von einer grausamen und unberechenbaren Militärdiktatur unterdrückt wurde – in diesem Fall einer importierten Kaste von Militärsklaven, den sogenannten Mamluken, die schließlich die Macht in einem Großteil des Abbasiden-Reichs an sich rissen. Die Mamluken waren sich ihres Sieges über die Franzosen völlig sicher: Schließlich erinnerten sie sich daran, dass die letzte Begegnung mit Europa – die Kreuzzüge – für die Gäste kein gutes Ende genommen hatte. Doch diesmal bereiteten die Franzosen mit ihrer überlegenen Waffentechnik und ihrer auf massive Demoralisierung abzielenden »Schocktaktik« den Mamluken eine vernichtende Niederlage. Obgleich sich das Blatt für Napoleon dann sehr schnell wieder wendete, markierte dieser Sieg auf arabischem Boden eine neue Phase der Konfrontation, in der die arabische Welt schnell gegenüber dem Westen an Einfluss verlor. Die in Wellen verlaufende koloniale Expansion der europäischen Mächte begann mit der Invasion Algeriens durch Frankreich im Jahr 1830 und schwappte 1882 mit der britischen Okkupation über Ägypten hinweg.

Als arabische Denker im späten 19. und frühen 20. Jahrhundert nach den Gründen für den Aufstieg Europas suchten, fragten sie sich, ob ihre Neigungen – insbesondere Homosexualität – etwas mit ihrem Niedergang zu tun hätten. Die Abbasiden-Dynastie, die einst die islamische Welt beherrschte, begann um das 10. Jahrhundert herum an Einfluss zu verlieren; während einige Autoren in der sexuellen Freizügigkeit unter den Abbasiden ein Symptom von Dekadenz und Niedergang sahen, erkannten andere darin eine direkte Ursache dafür.[29] Als arabische Intellektuelle sich mehr und mehr durch fremde Augen betrachteten, fingen sie nach Meinung einiger Historiker auch damit an, die eigene Sexualgeschichte nach einer europäischen Vorlage umzuschreiben.[30]

Mit dem Aufkommen des islamischen Fundamentalismus beschleunigte sich dieses Umschreiben. Die Gründung der Muslimbruderschaft im Ägypten der 1920er Jahre war weitgehend eine Reaktion auf die koloniale Besatzung, und auch ihre Vertreter sahen in der sexuellen Sittenlosigkeit eine der Ursachen für den Niedergang des Landes. Hassan al-Banna, ihr Gründer, gelangte zu der Überzeugung, Ägypten habe seine Unabhängigkeit verloren, weil die Menschen vom rechten islamischen Weg abgekommen seien, und dem könne man nur durch die Rückkehr zur Scharia, zum islamischen Gesetz, abhelfen. Der Islamismus in seinen vielen modernen Schattierungen nimmt eine harte Haltung gegenüber der Sexualität ein, die er oftmals in bewusster Opposition zu westlichen Sichtweisen konstruiert. Der Mann, der diese Ansichten maßgeblich prägte, Sayyid Qutb, war ein Lehrer und Autor, der sich in den 1950er Jahren den Muslimbrüdern anschloss. Er wurde rasch zu einer bekannten öffentlichen Figur, bevor er zusammen mit den Muslimbrüdern während der Regierungszeit von Staatspräsident Gamal Abdel Nasser in Ungnade fiel; Qutb wurde inhaftiert und schließlich 1966 gehängt.

Im Gefängnis schrieb Qutb eine Reihe von Büchern, die wichtige Inspirationsquellen für einige der Ableger des glühenden islamischen Fundamentalismus wurden, die in der zweiten Hälfte des 20. Jahrhunderts entstanden. Seine Ideen sind bekannter als sein Name. Vielleicht haben Sie noch nie von Qutb gehört, aber dank al-Qaida ist Ihnen vermutlich sein Denken vertraut; Ayman al-Zawahiri, die graue Eminenz der Organisation und der Nachfolger von Osama Bin Laden, wurde stark von Qutbs Werk beeinflusst.

Obwohl Qutb seine Ansichten in Nassers Gefängnissen ausarbeitete, wurden sie maßgeblich durch eine Reise geprägt, die ihn in den späten 1940er Jahren in die Vereinigten Staaten führte. Als entschiedener Gegner der britischen Herrschaft über Ägypten stand Qutb, schon lange bevor er seinen Fuß auf westlichen Boden setzte, den Europäern und ihrem Einfluss auf die Kultur und die Werte Ägyptens sehr ablehnend gegenüber. Sein Besuch in Amerika bot ihm die Gelegenheit, sich aus direkter eigener Anschauung ein Bild von der westlichen Gesellschaft zu machen, und je mehr er sah, desto mehr fühlte er sich in seinen Überzeugungen bestätigt. »Amerika ist nichts Besonderes, sondern nur ein Ast des satanischen

Baums und ein Zweig der verdorbenen Pflanze«, schrieb er 1949 an Freunde in Ägypten.[31]

In Briefen, Aufsätzen und Büchern geißelte Qutb mit glühender Schärfe die »Primitivität« Amerikas, wie er es nannte – eine verkommene, brutale Gesellschaft ohne spirituelles oder moralisches Fundament, die besessen war von materiellem Gewinnstreben. Qutb war entsetzt über die sexuelle Freizügigkeit, die »Zuchtlosigkeit« der Amerikaner, der er bereits auf der Überfahrt begegnete. Auf dem Weg nach New York tauchte an seiner Kabinentür eine hübsche, leichtbekleidete und stark angetrunkene Dame auf, die nach einer Übernachtungsmöglichkeit suchte. »Ihre körperlichen Vorzüge waren sehr verlockend«, schrieb Qutb, da ihre Einladung jedoch mit seinem frisch erwachten islamischen Glaubenseifer kollidierte, wies er sie ab.[32]

Solche sexuellen Abenteuer gingen an Land weiter. Selbst in Greeley, Colorado, der Kleinstadt, die er besuchte, waren junge Frauen sexuell sehr aufgeschlossen, wie ihm eine College-Studentin verriet: »Die Frage der Sexualität ist keine Frage der Moral, es ist ausschließlich eine biologische Frage. Und wenn wir sie unter diesem Aspekt betrachten, stellen wir fest, dass man die Sexualität, wenn man Wörter wie Sünde und Tugend, gut und schlecht für sie verwendet, falsch einordnet; und wenn man dies tut, dann wirkt das auf uns sehr komisch.«[33] Qutb seinerseits war eher bestürzt als amüsiert. Auf Schritt und Tritt sah er zur Schau gestellte Körper, Männer, die mit ihren Muskeln protzten, und Frauen, die offen ihre Reize darboten. Laut Qutb setzten sogar die Kirchen auf Sex. Die Priester seien ganz versessen auf den regelmäßigen Kirchgang hübscher Mädchen, weil diese Jungs anlockten und so dafür sorgten, dass sich die Bänke füllten. Nach dem Gottesdienst würden oft Kirchentänze aufgeführt, bei denen »Arme sich in Arme einhaken, Lippen Lippen berühren, Brüste Brüste, und eine buhlerische Atmosphäre herrscht«.[34]

Diese Aktivitäten überschritten nicht nur die Grenze des *halal* (dessen, was im Islam als erlaubt angesehen wird), die Einstellung der Amerikaner zur Sexualität raubte dieser nach Qutbs Überzeugung auch ihre moralischen und spirituellen Dimensionen und reduzierte sie auf einen körperlichen Vorgang des Lustgewinns, wie es in dieser hypermaterialistischen Gesellschaft mit allem geschah. Die Folge dieses ausschweifenden

Lebenswandels, so sagte er vorher, sei die »vollständige Auslöschung« Amerikas: Familien, die durch Scheidung zerrissen würden, die junge Generation, die durch Drogen, Alkohol und sexuelle »Abweichung« verdorben würde, gefolgt von einem massiven Bevölkerungsrückgang, sobald die Fortpflanzung zum Erliegen komme. »Ich habe Filme gesehen, die von dem Leben im Dschungel handeln … Männer bespringen Frauen, und Frauen springen auf Männer, Paar für Paar und Gruppe für Gruppe … dieser große sexsüchtige Wald, diese fiebrigen Körper und gierigen Blicke, tierische Lust«, schrieb er. »Hier in Amerika ist es genau wie im Dschungel, nur dass der Dschungel nicht voller Fabriken, Labore, Schulen und Bars ist.«[35]

Zurück zu den Wurzeln

Qutbs Darstellung des Westens als einer Jauchegrube des sexuellen Chaos und moralischen Zerfalls – eine Art von umgekehrtem Orientalismus – klingt noch heute in der Rhetorik vieler islamischer Konservativer nach. Nur eine Wiedergeburt der muslimischen Gesellschaften, so Qutb, könne sie gegen eine Ansteckung schützen, und hierzu bedürfe es einer Rückbesinnung auf die Lehren der *salaf* – das heißt der Gründungsväter des Islam – beziehungsweise einer Interpretation, die sich an der Zeit des Propheten orientiert.

Die Jahrzehnte währende Diktatur in Ägypten wirkte wahre Wunder, was die Stärkung dieser konservativen Strömung anlangt. Die Menschen wandten sich dem Islam und seinen sozialen und politischen Organisationen zu, nicht nur, um darin Trost angesichts des sich verschärfenden alltäglichen Überlebenskampfes zu finden oder um grundlegende Güter und Dienstleistungen zu erhalten, die der Staat nicht bereitstellte, sondern auch als eine Form des Protests und eine Gelegenheit zu bürgerschaftlichem Engagement in einem Land, dessen politisches Regime wenig Raum für beides ließ. Die Folge davon sind die überwältigenden Siege islamistischer Kandidaten bei etlichen der ersten Wahlen nach den Volkserhebungen, von Parlamenten bis zu Berufsverbänden, in den Ländern, die direkt Revolten erlebt haben – unter anderem Ägypten und

Tunesien –, und denjenigen, die indirekt betroffen waren, darunter Marokko und Kuwait.

Es ist eine Wissenschaft für sich, den islamischen Konservatismus in seinen vielfältigen Erscheinungsformen verstehen zu wollen. Aber vor Ort, im Ägypten nach Mubarak, zeichnet er sich vor allem durch Stärke und Schnelligkeit aus. Die sichtbarste Manifestation ist die besonders starke, ultraschnelle Salafisten-Bewegung, die in den letzten Jahrzehnten in Ägypten immer mehr Zulauf erhielt, sich offiziell aber erst nach der Revolution von 2011 mit wehenden Bärten und Gesichtsschleiern »outete«. Diese Männer und Frauen wollen Ägypten schnellstmöglich gemäß ihrer Interpretation des Islam umgestalten, wobei sie stark von religiösen Strömungen in den Golfstaaten beeinflusst werden. Und das beinhaltet auch eine Neufassung von Gesetzen gemäß einer strengen Auslegung der Scharia.

Sex ist etwas, das die Salafisten sehr beschäftigt. »Ich befürchte, dass das Volk der Wollust frönt und sich selbst zerstört«, warnte mich Mahmoud al-Masry. Al-Masry ist ein prominenter Salafist, ein lächelnder Scheich, dessen heiteres Gesicht und aufgeräumte Art man auf religiösen Fernsehkanälen in Ägypten und der weiteren arabischen Welt sehen kann. Wir saßen in seiner teuren Villa in einer bewachten Wohnanlage am Stadtrand von Kairo – Feuer und Schwefel, süßlich verbrämt, haben sich als ein lukratives Geschäft erwiesen. Al-Masry missbilligt *ikhtilat*, die Vermischung der Geschlechter, auf die er eine ganze Reihe von Missständen zurückführt, etwa Ehebruch, Infektionskrankheiten und sexuelle Ausbeutung. Trotzdem konnten wir uns treffen, weil seine Frau – eine lebhafte Expertin für Massenkommunikation, die als seine Geschäftsführerin arbeitet – als unsere Anstandsdame fungierte.

»Eine Frau ist für mich wie ein Diamant, den man hüten muss. Wir unterdrücken die Frau nicht, wir tun ihr keine Gewalt an – ich will sie beschützen«, sagte al-Masry, während seine Gattin energisch nickte. »Wenn man sie allein lässt, ist sie womöglich verloren, denn sie ist schlicht und emotional, jeder könnte sie verletzen.« In al-Masrys Büchern bedeutet dies Ja zur Verschleierung, wenn es irgend geht; Ja zu Frauen, die ihren Männern in allen weltlichen Angelegenheiten gehorchen; und Nein zur Berufstätigkeit von Frauen, es sei denn, diese ist absolut notwendig, aber selbst dann unter keinen Umständen in Gemeinschaft mit Männern und keinesfalls in weisungsbefugten Positionen. »Ein Volk kann es zu nichts bringen, wenn es von einer Frau geführt wird«, sagte mir al-Masry, einen populären – und umstrittenen – Hadith zitierend. »Die emotionale Komponente wirkt sich auf den größten Teil ihrer Persönlichkeit aus. Wenn sie daher Richterin oder Herrscherin ist, wird sie zu dieser Zeit [während ihrer Periode] mit ihren Emotionen regieren, und dies wäre ungerecht gegenüber dem Volk.«

Al-Masry und seine salafistischen Gesinnungsgenossen scheinen wenig Vertrauen in ihre muslimischen Glaubensbrüder zu haben. So wie sie es schildern, schäumen Männer und Frauen, nicht zuletzt aufgrund der Globalisierung, über vor Wollust, welche, wenn die Quellen der Versuchung nicht beseitigt werden, die Gemeinschaft ins Chaos stürzt. Tatsächlich hatte sich der Staub auf dem Tahrir-Platz kaum gelegt, als auch schon selbsternannte salafistische Gottesschwadronen – nach dem Vorbild der berüchtigten saudischen Religionspolizei, der »Behörde für die Verbreitung von Tugendhaftigkeit und Verhinderung von Lastern« – durch die Straßen zogen und versuchten, Frisörsalons zu schließen, Statuen zu verhüllen und händchenhaltende Paare zu terrorisieren. Die Mehrheit der Ägypter außerhalb der Salafisten-Bewegung findet solche Aktionen wahlweise amüsant oder ärgerlich. Sollten freilich diese Ultrakonservativen jemals die Kurve kriegen, haben sie dank der neu gefundenen Präsenz in der politischen Landschaft nach Mubarak das Zeug dazu, mehr als nur ein Witz oder ein Ärgernis zu sein.

Wie groß der politische Einfluss der Salafisten letztlich sein wird, hängt von den wirklichen Schwergewichten in der neuen Ordnung ab, den Muslimbrüdern und ihrem politischen Arm, *Freiheit und Gerechtigkeit.* »Wir unterscheiden uns von den Salafisten nur in Bezug auf die Art und Weise, wie wir [diese Ideen] umsetzen«, sagte Ali Fath al-Bab, wichtiges Führungsmitglied der Bruderschaft und langjähriger Abgeordneter im ägyptischen Oberhaus. »Wir haben den gleichen Hintergrund und das gleiche Wissen, aber sie haben keine politische Erfahrung.« Die Bruderschaft hat welche. Die staatliche Verfolgung über vier Generationen hinweg, die Aufstände und Niederschlagungen waren eine harte, aber sehr effektive Schule für die Muslimbrüder, die heute dank ihres erdrutschartigen Sieges bei den ersten Parlamentswahlen der Post-Mubarak-Ära im turbulenten politischen Zentrum Ägyptens stehen.

Angesichts der langjährigen Mitgliedschaft Fath al-Babs bei den Muslimbrüdern bereitete ich mich sorgfältig auf unser Treffen vor. Ich verschränkte die Finger, als ich in einem der angesagten Kairoer Cafés saß und ihn näher kommen sah, um so besser dem Impuls zu widerstehen, ihm die Hand zu reichen – eine Lektion, die ich auf unsanfte Weise lernte, als ich einmal einen ägyptischen Imam allein durch eine herzliche Begrüßung in einen vorübergehenden Zustand der Lähmung versetzte. Dabei hätte ich mir keine Sorgen machen müssen – Fath al-Bab drückte meine Hand überschwänglich und setzte sich auf den Stuhl neben mir; als schließlich sein Caffé latte eintraf, hatte er die Position der Muslimbrüder zu so drängenden Themen wie Geschlechterrollen und sexuelle Rechte bereits weitgehend dargelegt.

Im Vergleich zu den Schnellspur-Salafisten sehen sich Fath al-Bab und seine Kollegen als ein langsam wirkendes Heilmittel gegen die Übel Ägyptens. Für sie kommt der gesellschaftliche Wandel – durch Bildungs-, Wirtschafts- und andere grundlegende Reformen – vor der Neugestaltung der Rechtsordnung. Dieser schrittweise Ansatz könne sich auf ein gewichtiges historisches Vorläufermodell berufen. »Zur Zeit des Propheten Mohammed gab es viele Freudenhäuser. Aber er hat sie nicht sofort verboten, vielmehr ließ er sie offen, bis sich die Gesinnung der Menschen veränderte und sie von selbst nicht mehr hingingen.« Die Muslime Ägyptens seien noch nicht reif für die Scharia, so Fath al-Bab, und solange dies der Fall sei, habe es keinen Sinn, Gesetze zu verabschieden, wie es die Salafisten verlangten, da sie ja doch nur gebrochen würden. »Freiheit und Gleichheit sind unsere Grundsätze, aber innerhalb der vom Islam und der Gesellschaft gezogenen Grenzen oder Schranken«, sagte er mir. »Freiheit innerhalb eines Rahmens«, so beschreiben viele innerhalb und außerhalb der Bruderschaft ihren Traum von einer neuen Ordnung für Ägypten. Aber ich frage mich, ob wirklich nur der Rahmen vorgegeben werden soll oder auch – verbindlich – die Silhouetten der Gedanken und Handlungen der Menschen.

»Die Scharia ist ein Text, der im Sinne sexueller Freiheit oder im Sinne der Unterdrückung interpretiert werden kann. Wenn die Politiker für sexuelle Freiheit optieren, finden die islamischen Gelehrten einen Weg«, lautet die Antwort von Abdessamad Dialmy auf diese Frage. Er ist ein marokkanischer Soziologe und einer der wenigen Wissenschaftler in der arabischen Welt, die sich auf das Thema Sexualität spezialisiert haben. In den letzten vierzig Jahren hat Dialmy das gesamte Spektrum der Einstellungen und Aktivitäten in der Region erforscht – von der Sexarbeit über Homosexualität bis zur Rolle der Sexualität im islamischen Fundamentalismus. Wie er selbst einräumt, kann man seinen Lebensunterhalt leichter verdienen: »Der arabische Forscher auf diesem Gebiet erhält wenig Anerkennung für seine harte Arbeit … er leidet unter Einsamkeit, Ausschluss, Einschüchterung und Verfolgung.«[36]

Als wir auf der Terrasse eines geschäftigen Cafés im Herzen der *ville nouvelle* von Rabat saßen, im Schatten von Kastanienbäumen, fragte ich Dialmy, wie er zu seiner ungewöhnlichen Berufung kam. »Ich las Wilhelm Reich 1971. Ich war 22 Jahre alt und Lehrer an einem Gymnasium. Ich war bereits verheiratet, ein *petit bourgeois*, mit Haus und Hund«, sagte er mir. »Dann las ich dieses Buch, und es erschütterte mich, es erschütterte mich zutiefst. Wegen dieses Buchs ließ ich mich von meiner Frau scheiden. Ich erkannte, dass die Ehe im Grunde ein Gefängnis ist.«

Wilhelm Reich war einer der provokativsten und exzentrischsten Denker des 20. Jahrhunderts. Sein bahnbrechendes Werk *Die sexuelle Revolution*, das 1936 in Deutschland erschien, war eine Anklage gegen die »bürgerliche Sexualmoral« und die kapitalistischen Institutionen, die diese aufrechterhielten, wie etwa die Ehe. Dialmy reagierte auf Reichs »Idee der Revolution, seinen Angriff auf traditionelle Moralvorstellungen, seinen Appell, frei zu sein und die eigene Sexualität auszuleben«, wie Dialmy es formulierte, indem er seine Frau verließ und nach Frankreich ging, um dort seine Studien fortzusetzen – innerhalb und außerhalb der Hörsäle. »Ich habe echt gelebt. Ich hab's jeden Tag mit anderen Frauen getrieben. Es war verrückt«, erinnerte er sich.

Als Dialmy Mitte der 1970er Jahre nach Marokko zurückkehrte, stellte er seine Dissertation über die weibliche Sexualität fertig und setzte seine Arbeit als sexueller »Kämpfer« fort. »Ich lebte diese Revolution in meinem persönlichen Leben; das war damals möglich«, sagte er. Heute verhält es sich anders, in Ägypten ebenso wie in Dialmys Heimatland. »In den siebziger Jahren hatten die Intellektuellen in den linken Parteien Marokkos liberale Ansichten zur Sexualität. Ihre Praktiken waren nicht so liberal; ihre Reden waren ihrem Verhalten voraus. Heute ist es umgekehrt. Heute sind die Menschen in ihren sexuellen Praktiken sehr liberal, aber in ihrem Denken sind sie nicht so offen.«

Wilhelm Reich hatte eine Theorie darüber entwickelt, die einiges zur Erklärung der jüngsten Sexualgeschichte in Ägypten und seinen Nachbarstaaten beiträgt. Reich begann seine Karriere als Psychoanalytiker in Wien, wo er zur gleichen Zeit wie Sigmund Freud arbeitete, und im klinischen Alltag sah er so viel sexuelles Unglück, dass ihn die Erinnerungen daran sein ganzes Leben lang nicht mehr losließen. Was bringt es, so fragte Reich, solche Störungen bei einem Patienten nach dem anderen zu behandeln, wenn die Gesellschaft diese Komplexe schneller en masse produziert, als man sie jemals therapieren kann? Infolgedessen wandte Reich sich jenseits der Couch den gesellschaftlichen Verhältnissen im Allgemeinen zu. Und was er sah, besitzt große Ähnlichkeit mit den sexuellen Verhältnissen in der heutigen arabischen Welt: kategorische Verdammung außerehelicher Sexualität, junge Menschen, die, da sie keine Arbeit finden, es sich nicht leisten können zu heiraten, und die keine privaten Rückzugsräume haben, die oft nur flüchtige Beziehungen ohne angemessene Verhütung oder ausreichende Aufklärung haben und deren weiteres Leben von sexuellen Problemen überschattet ist; die sexuellen Bedürfnisse von Frauen, jenseits der Fortpflanzung, werden ignoriert oder unterdrückt, sie müssen dem moralischen Gebot der Jungfräulichkeit vor der Ehe und der Züchtigkeit in der Ehe entsprechen, und angesichts des sozialen Stigmas der Scheidung haben sie kaum eine realistische Chance, aus unglücklichen, unbefriedigenden Verbindungen auszubrechen. Da Abtreibung illegal, Selbstbefriedigung geächtet und Sexualerziehung verpönt ist, herrscht schlichtweg die »Sexualnot der Massen«.[37]

Weshalb nehmen Menschen das einfach hin, fragte Reich – nicht nur die sexuelle Unterdrückung, sondern auch ökonomische und politische Unterwerfung? Weshalb finden sie sich mit autoritären Regimen ab, begrüßen diese sogar, statt ihre Fesseln abzustreifen? Reich glaubte, eine Antwort gefunden zu haben, in der die Sexualität Hand in Hand ging mit politischen und ökonomischen Interessen einerseits und Religion und Tradition andererseits – alles in dem Bestreben der herrschenden Klasse, sich selbst an der Macht zu halten und die bestehende soziale Hierarchie zu zementieren.

Ein autoritäres Regime ist auf fügsame Untertanen angewiesen, und Reich hielt die patriarchalische Familie, in der sich die Machtbeziehungen zwischen dem Staatsoberhaupt und seinen Untertanen in den Bindungen zwischen dem Familienoberhaupt und den von diesem abhängigen Familienmitgliedern widerspiegeln, für die effizienteste Fabrik solcher Untertanen. »Der autoritäre Staat hat als seinen Vertreter in jeder Familie den Vater, wodurch sie sein wertvollstes Machtinstrument wird«, schrieb Reich. Und der Vater erzeuge »seine Untertanenstellung zur Obrigkeit … neu in seinen Kindern, besonders seinen Söhnen«.[38] Die wirksamste Methode eines Vaters, seine Kinder auf Linie zu halten, so Reich, bestehe darin, vom ersten Tag an rigoros ihre sexuellen Triebe zu unterdrücken. Die Institutionen des autoritären Systems helfen Vätern, die sexuelle Freiheit ihrer Schützlinge einzuschränken: die herausragende Bedeutung der Ehe, die Frauen unter Kontrolle hält; die Kirche, die nicht der Fortpflanzung dienenden und außerehelichen Sex als eine Sünde verdammt; und Schulen, die den Schülern die Botschaft sexueller Abstinenz eintrichtern. Das Ergebnis beschreibt Reich so: »Die moralische Hemmung der natürlichen Geschlechtlichkeit des Kindes … macht ängstlich, scheu autoritätsfürchtig, gehorsam, im autoritären Sinne ›brav‹ und ›erziehbar‹; sie lähmt, weil nunmehr jede lebendig-freiheitliche Regung mit schwerer Angst besetzt ist, die auflehnenden Kräfte im Menschen, setzt durch das sexuelle Denkverbot eine allgemeine Denkhemmung und Kritikunfähigkeit; kurz, ihr Ziel ist die Herstellung des an die autoritäre Ordnung angepaßten, trotz Not und Erniedrigung sie duldenden Untertans.«[39]

Die repressiven Systeme waren nach Reichs Ansicht Kapitalismus und Faschismus, aber er hielt sexuelle Unterdrückung für ein Kennzeichen von Diktaturen jeglicher Schattierung. Seiner Überzeugung nach bestand der erste Schritt zu einer grundlegenden Gesellschaftsreform darin, den Menschen ihre sexuelle Unterjochung bewusst zu machen, denn dieses Bewusstsein erzeuge Handlungsbereitschaft. Im Zusammenhang mit Ägypten und vieler seiner arabischen Nachbarn sind seine Ideen interessant, denn sie könnten, zumindest teilweise, erklären, weshalb die Menschen so lange miserable Regierungen tolerierten. Sexuelle Unterdrückung trug vermutlich mit dazu bei, dass die Ägypter jahrelang zu Hause blieben, auch wenn das Bewusstsein der sexuellen Repression – selbst in einem Zeitalter der Massenmedien und der Sofort-Kommunikation – letztlich nicht das war, was sie auf die Straßen trieb. Wut über Ungerechtigkeit, Korruption, Armut, Ungleichheit und viele andere Missstände der alten Regime befeuerten diese Aufstände; Sex war lediglich eine der vielen Facetten der Frustration.

Nach Ansicht von Dialmy wird die Thematisierung der sexuellen Nöte der Gesellschaft ein wichtiger Bestandteil des Aufbaus einer besseren Gesellschaftsordnung in der gesamten arabischen Region sein. »Wir müssen über das Recht des Individuums auf ein Sexualleben, auf sexuelle Lust sprechen. Wenn wir eine echte Demokratie haben wollen, ist dies wichtig«, sagte er mir. Oder, wie es sein Held, Reich, ausdrückte: »Kein Freiheitsprogramm hat Aussicht auf Erfolg, wenn der Mensch nicht sexuell umgebaut wird.«[40] Reich warnte Möchtegern-Revolutionäre, dass das eine nicht zwangsläufig aus dem anderen folge. Man kann das politische System verändern, doch das bedeutet nicht, dass sich die sexuelle Ordnung mitverändert; aber wenn man die sexuelle Ordnung nicht verändert, dann wird die Freiheit niemals Bestand haben.

Wettrennen zum Pol

In der sich abzeichnenden neuen Gesellschaftsordnung Ägyptens kämpfen eine liberale Minderheit, die ähnlich wie Dialmy denkt, und eine konservative Mehrheit, die auf einer Wellenlänge mit Fath al-Bab liegt, auf allen Gebieten um die Vorherrschaft. Dazu gehört auch die strittige Frage der persönlichen Freiheiten, insbesondere was ihr Verhältnis zur

»Moral« betrifft – deren Definition weitgehend auf Frauen und Sexualität eingeschränkt gewesen ist, im Gegensatz zu den umfassenderen Fragen der politischen, ökonomischen und sozialen Gerechtigkeit. In der Ära nach Mubarak lassen sich politische Gegner mit am leichtesten durch Sex diskreditieren: Liberale dadurch, dass man ihnen anhängt, sie würden »ausländische«, das heißt westliche Ideen über sexuelle Freiheit propagieren, Islamisten dadurch, dass man sie Kavaliersdelikten und Perversionen bezichtigt, von der Nutzung des Autostrichs bis zu Nekrophilie.

»In einer Welt, in der Frustration, Aggression und Angst den Alltag bestimmen«, bemerkte Bouhdiba, »sind Hypersexualität und religiöser Puritanismus zweifellos bequeme Wege, um uns unserer Verantwortung zu entziehen und unser Versagen zu kaschieren.«[41] Er ergänzte: »Wenn eine Gesellschaft mit Schwierigkeiten konfrontiert ist, kehrt sie zu ihren Ursprüngen zurück oder zerstört diese. Die beiden großen Pole der politischen Entwicklung [im Nahen Osten] sind Mustafa Kemal [Atatürk] in der Türkei, der mit allem brechen wollte, und Abd al-Aziz ibn Saud [der Gründer von Saudi-Arabien], der zu seinen Wurzeln zurückkehren wollte. Dies sind die beiden Pole, zwischen denen sich die muslimischen Gesellschaften heute befinden.«

Die große Frage ist, von welchem Pol sie angezogen werden. Bouhdiba glaubt, gesellschaftliche Veränderungen innerhalb der Region würden letztlich nicht das Ergebnis dramatischer Konflikte sein – ausgelöst zum Beispiel durch Kundgebungen radikaler Feministinnen oder Gay-Pride-Märsche –, sondern vielmehr eines langfristigen Wettbewerbs der Ideen zwischen Gesellschaften, die in einem kulturellen Wettstreit miteinander stehen, ohne sich gegenseitig zu bekämpfen. Denjenigen, die heute an der Macht sind und die die Sexualität am liebsten unter den Gebetsteppich kehren würden, sagt er: »Ihr interpretiert die Kultur- und Rechtsgeschichte unserer Region falsch. Ihr könnt euch ohne weiteres auf beides beziehen und ganz beruhigt sein, dass ihr nicht gegen die Religion verstoßt, wenn ihr sexuelle Sachverhalte erörtert.« Für diejenigen aber, die glauben, die weitere Entwicklung könne nur dem westlichen Weg folgen, hält er ebenfalls warnende Worte bereit: »Wir müssen über Aids, In-vitro-Fertilisation, neue sexuelle Verhaltensweisen und Abtreibung sprechen. Dies sind Probleme, aber wir müssen unter Beachtung der moralischen

Werte des Korans darüber sprechen. Die westlichen Modelle [der sexuellen Selbstverwirklichung], die [Sex] im Kino und auf der Straße offen zur Schau stellen, helfen uns da leider nicht weiter.«

Für Bouhdiba liegt die Zukunft der arabischen Region, innerhalb und außerhalb des Schlafzimmers, darin, die eigene Geschichte umfassend zu verstehen. »Ich persönlich bin gläubig«, erklärte er, »und weil ich dies bin, denke ich über meinen Glauben nach. Der Glaube von heute ist nicht der Glaube von gestern. Was bedeutet es, ein Muslim zu sein, was bedeutet es, gläubig zu sein, in der Sexualität, in der Barmherzigkeit [in anderen Elementen des islamischen Lebens]? Gläubig zu sein bedeutet heute nicht, die alten Botschaften zu reproduzieren, sondern diese Botschaften zu verstehen und sie in Verhaltensweisen zu integrieren, die den Forderungen unserer Zeit gerecht werden. Erneuerung, darum geht es.«

Die arabische Region begann dieses Jahrzehnt mit einem politischen Urknall; wie sich dieser auf das Sexualleben auswirken wird und seinerseits vom Sexualleben beeinflusst werden wird, ist eine offene Frage. Die Ordnung des Liebeslebens in der heutigen arabischen Welt gleicht unserem Sonnensystem: Die Ehe ist die Sonne, deren Anziehungskraft das Ganze zusammenhält; sie wird von Planeten auf immer ferneren Bahnen umlaufen, von vorehelichem Sex über Sexarbeit bis zu gleichgeschlechtlichen Beziehungen, der äußersten Grenze in den dunklen Randgebieten des Kosmos. Um diese Welt zu verstehen, müssen wir sie erkunden. Beginnen wir mit ihrem glühend heißen Kern: dem Eheleben.

2
DESPERATE HOUSEWIVES

Eine Frau sagte zu ihrer Tochter: »Ich bin froh, dass du jetzt in ehrbarer Weise verheiratet bist.« Ihre Tochter antwortete: »Mutter, ich wünschte, ich könnte wieder so schamlos leben wie früher.« *Meine Großmutter, über die Ehe*

Als ich 2008 nach Kairo zog, stellte mich eine gemeinsame Freundin Azza vor, einer Ägypterin, die sich erbot, mir Arabischunterricht zu geben. Trotz ihres Humors und ihrer Wissbegierde wunderte sich Azza zunächst ein wenig über den Wortschatz, den ich lernen wollte: Ich bin mir sicher, ich wäre genauso misstrauisch, wenn eine Schülerin von mir ein solch ausgeprägtes Interesse daran hätte zu erfahren, wie Genitalien, Abtreibung oder Akte sexueller Gewalt auf Englisch heißen. Mit meinem Wissen über ägyptische Empfindlichkeiten beschloss ich, nur wenig über mein Forschungsprojekt verlauten zu lassen, wodurch ich bei Azza den Eindruck erweckte, ich interessierte mich nur für Freizeit und Erholung, und die Vorstellungen der Einheimischen darüber bestätigte, was geschieht, wenn wohlanständige ägyptische Mädchen in den Westen gehen.

Doch als wir uns dann besser kennenlernten und ich ihr mehr von meiner Arbeit erzählte, wuchs Azzas Neugierde. Obwohl sie zuerst noch ein bisschen schüchtern war, begann sie schon bald Fragen zu stellen und von ihren eigenen Erfahrungen zu berichten. Bald darauf stellte sie mich Verwandten und Freunden vor als »*Doctura* Shereen, die Dame, die Reproduktionsmedizin und eheliche Beziehungen erforscht« – eine höfliche Umschreibung für »Sex«. Dies erwies sich als die ultimative Visitenkarte, ein Sesam-öffne-dich für die Schatztruhe der Sexualkultur.

Jede Woche bescherte mir jetzt neue Erzählungen über die »Sexualangst« von Azza und ihrem Kreis, gleich einem modernen *Tausendundeine*

Nacht: die Nachbarin, die ihren Mann im Schlafzimmer dabei erwischte, wie er Telefonsex mit ihrer Freundin hatte; die Schwester, die auf dem Laptop ihres Ehemanns Pornofilme fand und den Spieß umdrehte, indem sie heiße Fotos von sich selbst hochlud – zu seinem großen Entsetzen; der ältere Bruder, die seine Frau per SMS verstieß, als sie ihn nicht ranließ, und der sich jetzt eine zweite, schärfere, quasioffizielle Ehefrau zugelegt hat; der jüngere Bruder, der seine Braut, als sie in der Hochzeitsnacht einen Hauch von Eigeninitiative zeigte, aus dem Bett zerrte und sie auf den Koran schwören ließ, sie sei bis zu dieser Stunde gänzlich unbeleckt; die Schwägerin, deren Gemahl den Liebesakt so kurz und heftig vollzieht, dass es fast einer Vergewaltigung gleichkommt.

Azza ist eines von acht Geschwistern, in deren Eheleben sich die Veränderungen widerspiegeln, die Ägypten und viele seiner arabischen Nachbarn in den letzten fünfzig Jahren durchmachten, aber auch die Spannungen, die sich bei den Aufständen im Jahr 2011 auf den Straßen entluden. Azza, die heute in ihren Vierzigern ist, ist ein Kind der *infitah*, der Politik der »offenen Tür«, die Präsident Anwar Sadat seit den frühen 1970er Jahren betrieb. Unter seinem Vorgänger, Gamal Abdel Nasser, waren weite Teile der ägyptischen Volkswirtschaft im Namen der nationalen Entwicklung verstaatlicht worden. Sadat korrigierte diese Politik, öffnete die ägyptische Wirtschaft den Weltmärkten, und dieser Prozess beschleunigte sich noch unter der dreißigjährigen Ägide seines Nachfolgers, Hosni Mubarak.

Einige Leute wurden durch die *infitah* sehr reich; einer Schätzung zufolge gehören 10 Prozent der Bevölkerung fast 30 Prozent des Volksvermögens, während 20 Prozent unter der Armutsgrenze von zwei Dollar pro Tag leben.[1] Diese Superreichen standen wegen ihrer engen Verbindungen zum Regime Mubarak während des Aufstands in der Schusslinie, und viele von ihnen finden sich inzwischen wegen Korruptionsvorwürfen hinter Gittern wieder. Unterdessen hat die Armut nicht abgenommen, und die große Kluft zwischen Arm und Reich innerhalb der ägyptischen Gesellschaft wird sich so schnell nicht beseitigen lassen.

Azza und ihre Familie sind irgendwo im sich abmühenden Mittelfeld angesiedelt. Ihnen geht es in materieller Hinsicht weitaus besser als ihren Großeltern, die aus einem *'izba* stammen, dem ländlichen Herkunftsort der Familie westlich von Kairo; wie fast die Hälfte der ägyptischen Bevölkerung leben auch die meisten Verwandten Azzas mittlerweile in einer Stadt. Sie sind auch besser gebildet: Azza und all ihre Geschwister haben studiert – sie gehören zu den Nutznießern von Nassers Politik, die auch jenen Ägyptern ein Studium eröffnete, die nicht der Elite angehören. Leider hat das Angebot an Arbeitsplätzen nicht mit der starken Zunahme von Universitätsabsolventen Schritt gehalten, und ihre Ausbildung hat mit den Anforderungen des Marktes nicht Schritt gehalten: Während die amtlichen Statistiken die Arbeitslosigkeit auf eine niedrige zweistellige Zahl beziffern, legen inoffizielle Schätzungen die Vermutung nahe, dass die Quote wohl eher bei einem Viertel der erwerbsfähigen Bevölkerung liegt, wobei Hochschulabsolventen am stärksten betroffen sind. Aber selbst wenn man Arbeit hat, ist es schwer, über die Runden zu kommen: Die jährliche Inflation bewegt sich heute ebenfalls im zweistelligen Bereich.

Die Ausläufer dieser tiefgreifenden Umwälzungen in der ägyptischen Gesellschaft erschüttern auch Azzas eheliches Schlafzimmer, auch wenn die Erde höchstwahrscheinlich nicht bebt, wenn sie und ihr Mann sich lieben. »Manchmal hat er eine Erektion, und nach zwei Minuten …«, Azza spitzte den Mund und ahmte einen Reifen nach, aus dem die Luft entweicht. »Jetzt scheut er sich, mir nahezukommen. Früher haben wir es alle fünf Tage gemacht. Jetzt ist es schon über einen Monat her.« Ein Arzt, den Azzas Mann auf ihr Drängen schließlich aufsuchte, bescheinigte ihm, dass ihm organisch nichts fehle. Sie fragt sich, ob ihre Probleme vielleicht etwas mit ihrer Arbeit zu tun haben.

Wie ein Viertel aller Ägypterinnen in ihrem Alter ist auch Azza berufstätig; sie verdient fast dreimal so viel wie ihr Mann, da sie bei einem ausländischen Unternehmen arbeitet, während er ein mittlerer Angestellter bei einem maroden Staatsbetrieb ist. Den größten Teil der laufenden Haushaltsausgaben – und das ist ein ganz schöner Batzen – finanziert sie. Azza und ihre Familie sind in den Sog der florierenden Konsumkultur Ägyptens geraten; bei all den Privatschulgebühren (in Anbetracht des schlechten Niveaus der öffentlichen Schulen geradezu eine notwendige Ausgabe), den Mitgliedsbeiträgen für Sportvereine (eigentlich kein Luxus, wenn man bedenkt, dass es in ganz Kairo kaum öffentliche Plätze gibt, auf denen man gefahrlos Sport treiben kann) und den Aufwendungen für Handys und neue Kleidung für drei Kinder sind mindestens zwei Gehälter nötig, um die Fixkosten zu decken. Azza lebt mit Mann und Kindern in einer bescheidenen Wohnung mit zwei Schlafzimmern in einem der scheußlichen Betonsilos, die in den letzten zehn Jahren, in denen sich Kairo immer weiter in die Wüste ausgedehnt hat, aus dem Boden gestampft wurden. Sie würden gern umziehen – die Schlafsituation hat Azzas Liebesleben nicht gerade befördert, seitdem sie und ihr Ehemann ein Schlafzimmer mit ihrem jüngsten Kind teilen –, aber die Immobilienpreise sind in den letzten zehn Jahren in die Höhe geschnellt, so dass die nächste Sprosse auf der Immobilienleiter für sie praktisch unerreichbar ist.

Azza gehört einer Generation und einer Schicht von Frauen an, die in der Zwickmühle stecken. Einerseits hat sie von den Anstrengungen des ägyptischen Staates profitiert, den Zugang von Mädchen und Frauen zum Bildungssystem zu verbessern; über 70 Prozent der Ägypterinnen können heute lesen und schreiben – das entspricht einer Verdreifachung gegenüber der Zeit, als Azza geboren wurde –, und die Hälfte hat mindestens eine Sekundarschule besucht.[2] Sie hat – zumindest auf dem Papier – mehr Rechte, als ihre Mutter in Azzas Alter besaß, und viel mehr Rechte als die Frauen in den meisten Nachbarstaaten Ägyptens: Will Azza zum Beispiel verreisen, kann sie einen eigenen Reisepass beantragen, ohne dafür die Erlaubnis des Ehemanns zu benötigen, und sie kann ihre ägyptische Staatsbürgerschaft an ihre Kinder weitergeben. Diese hart erkämpften Rechte haben allerdings viele Haken, und Männer genießen de jure und de facto noch immer weit mehr Freiheiten als Frauen.[3]

Ungeachtet all dessen, was Azza und ihre Geschlechtsgenossinnen erreicht haben, ist die ägyptische Gesellschaft noch immer stark patriarchalisch geprägt, und diese Grundeinstellung wurde seit den 1970er Jahren durch den Aufstieg des islamischen Konservatismus wieder verstärkt, der sich verschworen hat, Frauen auf ihre traditionelle Rolle festzuschreiben, die nach Ansicht von vielen religiös sanktioniert ist. »[Mein Mann] mag es nicht, dass ich mit Ausländern arbeite, aber mein Geld mag er«, sagte Azza. »Er mag es nicht, dass ich mehr verdiene als er, dass ich die meisten Entscheidungen in Bezug auf Geld oder die Kinder treffe.« Er ist nicht der Einzige: Bei einer landesweiten Umfrage unter erwachsenen Ägyptern befürworteten zwar 60 Prozent, dass Frauen einer Erwerbsarbeit nachgehen, zugleich aber sind über 75 Prozent der Befragten – darunter die Mehrzahl der Frauen – der Ansicht, dass bei einem Mangel an Arbeitsplätzen Männer die Stellen bekommen sollten. Fast die Hälfte der Befragten stimmte der Aussage zu, dass eine Ehe befriedigender ist, wenn sowohl der Mann als auch die Frau berufstätig sind und sich gemeinsam um die Kinder kümmern; doch in der Praxis bedeutet das, dass am Ende arbeitende Frauen wie Azza die Doppelbelastung von Familie und Beruf schultern müssen.[4]

Von jeher haben ägyptische Frauen bei innerfamiliären Entscheidungen ein gewichtiges Wort mitzureden; meine Großmutter zum Beispiel war eine Kraft, mit der an der häuslichen Front zu rechnen war (auch wenn sie, wie viele Frauen heute, dafür sorgte, dass es so aussah, als hätte mein Großvater das letzte Wort gehabt).[5] Wie immer das Machtgleichgewicht hinter verschlossenen Türen aussehen mag – wie wir im vorherigen Kapitel gesehen haben, besteht vielerorts eine ausgeprägte Abneigung dagegen, dass Frauen jenseits von Heim und Herd Stärke demonstrieren; mehr als die Hälfte der Befragten in einer weiteren landesweiten Umfrage aus jüngster Zeit sprachen sich dagegen aus, dass Frauen als Richter oder Bürgermeister tätig sind, ganz zu schweigen vom Amt des Staatspräsidenten.[6] Während Azzas Erwerbstätigkeit also eine ökonomische Notwendigkeit ist, stellt ihr beruflicher Erfolg eine Belastung für ihre Ehe dar – im Bett und außerhalb desselben.

Unterdessen hat Samar, Azzas Schwägerin, ihre eigenen Schwierigkeiten. Ihr Ehemann, ein Kleinunternehmer, war gerade von einer Reise nach Italien zurückgekehrt. Als Azza ein Kind war, reisten Ägypter nur selten ins Ausland; heute hat sich das geändert. Azzas Bruder war voll des Lobes für Italien, insbesondere für die schlanken, eleganten Italienerinnen, mit denen er seine Frau, in deren Anwesenheit, recht unvorteilhaft verglich. Seither hat Samar, Hausfrau und Mutter, versucht, sich aufzumöbeln, und ein paar Pfunde abgespeckt, unter beträchtlichem Kostenaufwand; Kairo ist voller Schlankheitskliniken, Fitnessstudios und Zentren für plastische Chirurgie, in denen Körper in Form geschnitten, gezogen und gesaugt und gegenwärtig auch immer mehr nach den scharfen Kurven libanesischer Sexbomben wie Haifa Wehbe modelliert werden, Popsängerin und panarabisches Pin-up-Girl. Aber Samar kommt gegen ihre naturgegebene Fülle kaum an. Und als wäre das nicht genug, klagt ihr Gatte jetzt auch noch, sie wäre langweilig im Bett. Samar weiß nicht, was genau er damit meint; soweit sie weiß, gab es immer nur eine Stellung – flach auf dem Rücken, empfangsbereit. Sie vermutet – hofft vielmehr! –, dass er seine Maßstäbe von Porno-DVDs und aus dem Internet bezieht und nicht aus Echtzeit-Erfahrungen im wirklichen Leben.

Startrampe fürs Leben

Die Ehe ist das Fundament der ägyptischen und, ganz allgemein, der arabischen Gesellschaft und gilt bei 90 Prozent der Ägypter, quer über alle Alters-, Geschlechter- und Bildungsunterschiede hinweg, als der natürliche und wünschenswerte Zustand.[7] Es sind vor allem der Druck der Familie und religiöse Faktoren, die diesen starken Drang zur Eheschließung erklären. Der Koran misst der Ehe einen sehr hohen Stellenwert bei und ermahnt Gläubige, den Bund der Ehe möglichst schnell und einfach zu schließen: »Verheiratet die Ledigen unter euch, auch die von euren Sklaven und Sklavinnen, die rechtschaffen sind. Wenn sie arm sind, wird ihnen Gott von seiner Huld reichlich zuteilen. Gott ist umfassend, wissend.«[8] Auch der Prophet ermunterte Muslime zur Eheschließung: »Wer heiratet, hat die Hälfte dieses Glaubens erfüllt; für die zweite Hälfte fürchte er Gott«, ist einer der vielen Hadithe über dieses Thema.[9]

Bei alldem sind natürlich Lust und Pflicht nicht zu vergessen. Im Islam wird Sexualität in wohlgeordneten Strukturen kanalisiert, und eine davon ist die Ehe. Dieser Zusammenhang ist sogar in der Sprache selbst verankert. So bedeutet ein und dasselbe Wort im klassischen Arabisch, *nikah*, sowohl Heirat als auch Geschlechtsverkehr; in der saloppen ägyptischen Umgangssprache bedeutet *niik*, eine abgekürzte Form, »ficken«. Sexuelle Beziehungen außerhalb dieser Ordnungsrahmen sind *zina*, das heißt Unzucht, ein Vergehen, das die Grenze des Statthaften (*hadd*) im Islam überschreitet. Die Scharia sieht als Strafe für Ehebruch die Steinigung für verheiratete Partner und 100 Peitschenhiebe für Unverheiratete vor – vorausgesetzt, vier Augenzeugen bestätigen dies, oder es liegt ein nicht erzwungenes Geständnis vor. Und so öffnet die Ehe in Ägypten – wie in der ganzen arabischen Welt – die Tür zu einem gesellschaftlich sanktionierten (und daher normkonformen) Sexual- und Fortpflanzungsverhalten. Sie ist auch das Tor zum Erwachsensein und zu etwas mehr Unabhängigkeit von der Familie – sofern es die Finanzen erlauben, gibt einem die Ehe einen Freibrief, aus dem Elternhaus auszuziehen, und grünes Licht, um seinen eigenen, halb autonomen, abgespaltenen Staat zu gründen.

All dies erklärt vielleicht eines der etwas ungewöhnlicheren Transparente, die man bei den Protestkundgebungen auf dem Tahrir-Platz während des Aufstands von 2011 sah. Ein junger Mann hielt es hoch. »Geh!«, befahl es Präsident Mubarak. »Ich will heiraten!« Für einen Revolutionär mag das eine seltsame Forderung scheinen, aber wenn man weiß, was in den letzten Jahrzehnten in Ägypten mit der Ehe passiert ist, dann ist sie vollkommen verständlich.

Zur Zeit meiner Großeltern wurden Ehen größtenteils von der Familie und innerhalb der Familie arrangiert – gewöhnlich zwischen Cousins und Cousinen väterlicherseits. Heute dagegen sagt etwa die Hälfte der verheirateten Ägypter unter dreißig Jahren, sie hätten ihre(n) Partner(in) über einen Freund oder Verwandten kennengelernt; für Studenten und Akademiker sind diese persönlichen Netzwerke heute der wichtigste Weg, um einen Partner oder eine Partnerin zu finden.[10] In meiner eigenen Familie etwa heiratete mein Onkel eine Cousine, und mein Vater war ebenfalls einmal mit seiner Cousine verlobt. Aber ungeachtet der ausgeklügelten Pläne meiner Großmutter, die alle ihre Enkelkinder verkuppeln wollte, als wären es Pärchen für die Arche Noah, hat niemand von uns in der Verwandtschaft geheiratet. Gleichwohl hat die Tradition nach wie vor ihr Gewicht: Rund ein Drittel der Ägypter unter dreißig – hauptsächlich arme junge Landbewohner mit geringem Bildungsniveau aus dem konservativeren Süden des Landes – heiraten noch immer innerhalb der Verwandtschaft.[11]

In Umfragen scheint bei der Partnerwahl die Achtbarkeit die Romantik auszustechen: Bei einer aktuellen landesweiten Befragung ägyptischer Jugendlicher unter dreißig Jahren gaben über 75 Prozent der Frauen (und 90 Prozent der Männer) an, »höflich« – das heißt wohlerzogen – sei für sie die wichtigste Eigenschaft eines künftigen Ehegatten, dicht gefolgt von »religiös«; »Bildung« und »Liebe und Verständnis zwischen Mann und Frau« standen weiter unten auf der Liste.[12] Solche Ergebnisse müssen in Ägypten, wie in der gesamten arabischen Region, allerdings mit Vorsicht interpretiert werden; je nach Thema äußern Menschen bei Umfragen oftmals das, von dem sie glauben, dass es von ihnen erwartet wird, insbesondere wenn die Erhebung von einer Behörde durchgeführt wird, und nicht ihre wirkliche Meinung. Eine Vielzahl anekdotischer Befunde deutet darauf hin, dass sich junge Männer und Frauen, ungeachtet aller großen Unterschiede innerhalb der Region, sehr wohl unter anderem auch Liebe wünschen, wenn es um die Ehe geht.

In Ägypten zu heiraten ist so, wie wenn man eine Rakete auf den Mond schießt – es gibt mehrere Stufen, die abgetrennt werden müssen, bevor die Rakete in eine Umlaufbahn eintritt. Familien sind der Treibstoff für den Start. Eine Freundin, eine erfolgreiche Geschäftsfrau in Kairo, öffnete mir die Augen. »Wenn du heiraten willst, gibt es bestimmte Orte, die man frequentiert, und bestimmte Wege, die man nimmt. Du musst sicherstellen, dass der Typ ein standesgemäßer Ehemann ist«, erklärte sie. »Es muss über die Familie laufen, also über seine Mutter, seine Tante, seine Schwester, wen auch immer. Von Anfang an müssen seine und deine Familie eingeweiht sein. Das ist der offizielle Weg, nur kein Herumgemurkse.«

Die Verlobungsphase beginnt, wenn die Eltern eine Beziehung öffentlich bekanntmachen und ihren Segen dazu geben, dass die beiden Partner Zeit miteinander verbringen; in liberaleren Haushalten bedeutet dies, dass die zwei auch miteinander allein sein können. Die Verlobung ist eine flexible Absprache; ich kenne Frauen, die mehrere Verlobte »durchlaufen« haben, ohne auch nur mit der Wimper zu zucken – die Einbeziehung der Familie ist eine notwendige, aber keine hinreichende Bedingung mehr, um sein Ziel zu erreichen. Mission Marriage schwenkt mit *katb al-kitab* (»dem Schreiben des Buches«), der förmlichen islamischen Eheschließung, in eine höhere Umlaufbahn ein; dies ist in der Regel eine kleine Familienfeier, bei der die Verbindung von einem *ma'dhun* – Heiratsnotar – offiziell beurkundet wird. Schließlich findet die *farah*, die öffentliche Hochzeitsfeier, statt. Es gilt als schlechtes Benehmen, eine Verbindung vor der abschließenden *farah* zu vollziehen, auch wenn ich sehr viele Paare kenne, die ihre Kickstufe nach *katb al-kitab* vorzeitig gezündet haben.

Sollten Freunde, Verwandte oder Nachbarn keinen heiratsfähigen Kandidaten beibringen, ist es Zeit, Experten hinzuzuziehen. *Khatba*, professioneller Heiratsvermittler, ist ein traditioneller Beruf in Ägypten und der weiteren arabischen Welt. Während weniger als 1 Prozent der verheirateten jungen ÄgypterInnen angeben, sie hätten ihren Partner oder ihre Partnerin über bezahlte Vermittler kennengelernt, würde man dies nicht glauben, wenn man ein »Büro zur Erleichterung der Eheschließung«, also eine professionelle Heiratsvermittlung, in der Innenstadt von Kairo aufsucht.[13] Unter einem Foto der *Kaaba** in Mekka lagen auf einem großen Tisch Hunderte von Papieren, auf denen persönliche Daten vermerkt worden waren, samt Fotos von Männern und Frauen, die teils lächelten, teils ernst dreinblickten. »An einem normalen Tag kommen vierzig Klienten, zu gleichen Teilen Männer und Frauen, aus allen Altersklassen, von achtzehn bis siebzig«, sagte Amr Abdel Megeid, ein fröhlicher Mann in den Vierzigern, während er auf den Berg von Antragsformularen neben sich deutete.

Abdel Megeid gründete sein Eheanbahnungsinstitut Anfang der 1990er Jahre. Von neumodischen Methoden wie etwa Internet-Partnervermittlungen hält er nicht viel. »Im Internet wimmelt es von frivolen Angeboten«, schnaubte er. »Im Netz kann man flüchtige Beziehungen finden, aber wer es ernst meint, der kommt zu uns.« Gegen eine geringe Aufnahmegebühr (und steigende Honorarzahlungen, die an bestimmte Fortschritte auf dem Weg zur Ehe gekoppelt sind) füllen Bewerber ein Formular mit ihren persönlichen Angaben und ihren Wunschvorstellungen bezüglich ihres künftigen Partners aus. Dann machen sich Abdel Megeid und seine Kollegen an die Arbeit. »Wir haben die genauen Profile in den Akten, und ich kombiniere sie entsprechend meinen Erfahrungen nach Alter, Beruf und anderen Kriterien«, erklärte er, wobei er berücksichtigt,

* Das schwarze quaderförmige Gebäude im Zentrum der Al-Haram-Moschee in Mekka und die heiligste Stätte des Islam, die von Muslimen im Rahmen ihrer Pilgerreise siebenmal umrundet wird.

dass Frauen in Ägypten im Hinblick auf Bildung, Vermögen und Alter gern »nach oben« heiraten. In der anfänglichen Kennenlernphase finden die Begegnungen unter der Aufsicht des Instituts statt; während Frauen in der Regel von einem Verwandten begleitet werden, erscheinen Männer meist allein, worin sich ihr größerer persönlicher Entscheidungsspielraum widerspiegelt.[14] »Auch nachdem wir sie miteinander bekanntgemacht haben, achten wir darauf, dass Männer die Situation nicht ausnutzen. Beim geringsten Verdacht werfen wir sie raus«, so Abdel Megeid.

Megeid zufolge ist der soziale Wandel in Ägypten gut fürs Geschäft. Er sollte es wissen; als studierter Soziologe sieht er das Heiratsvermittlungsgewerbe als Teil des großen Ganzen; seines Erachtens füllt es die Lücken aus, die dadurch entstanden sind, dass sich die wechselseitigen Bande zwischen Bürgern und Staat immer stärker gelockert haben. »Eines der größten Probleme in Ägypten ist die tiefe Kluft zwischen den Herrschenden und dem Volk gewesen. Es findet kein Austausch zwischen ihnen statt. Entscheidungen, die Probleme der Bevölkerung betreffen, werden im luftleeren Raum gefällt. Alle Kommunikationswege sind versperrt, bis auf die Möglichkeit, über Mittelsmänner mit den Herrschern in Kontakt zu treten.« Diese Kluft in der Politik spiegele sich im Privatleben wider. »Die blockierten Kommunikationswege führen zu vielen Problemen. Zum Beispiel konnte man sich [früher] auf seine Freunde verlassen, wenn man Hilfe brauchte. Heute hat jeder seine eigenen Probleme und keine Zeit, dir zu helfen. In Beziehungen geht es nur noch um den eigenen Vorteil. Dies hat eine Abwärtsspirale in Gang gesetzt.«

Abdel Megeid und seine Heiratsvermittlung sind die Nutznießer einer weitverbreiteten Angst in Ägypten und der gesamten arabischen Welt vor dem Niedergang der Ehe. In Ägypten lösen regierungsamtliche Mitteilungen über die Zahl unverheirateter Personen über dreißig (mehr als eine Million laut der Volkszählung von 2006) besorgte Debatten über den Verfall von Familienwerten aus.[15] Wenn man aber in den Statistiken etwas tiefer bohrt, findet die Panik doch ein wenig Linderung: Die Heiratsraten, die von den 1950er Jahren bis zur Mitte der Nullerjahre um ein Drittel zurückgegangen waren, sind in den letzten Jahren wieder gestiegen, und die allermeisten Ägypter sind verheiratet – etwa 90 Prozent im Alter von 35 Jahren.[16]

Es ist keineswegs so, dass die Menschen nicht mehr heiraten würden, sie heiraten nur später. Das durchschnittliche Heiratsalter in Ägypten beträgt rund 29 Jahre für Männer und 24 für Frauen, drei Jahre später als jenes Alter, das die jungen Menschen selbst als optimal erachten.[17] Eine solche Verschiebung des Heiratsalters – von einem Experten »Warteschleife« genannt – ist heute in vielen Ländern der Region zu beobachten.[18] Der Extremfall ist Tunesien, wo das mittlere Heiratsalter in den vergangenen zwanzig Jahren allmählich angestiegen ist, auf Anfang dreißig für Männer und Ende zwanzig für Frauen.[19]

Die Tatsache, dass Männer und Frauen heute später heiraten, ist in Ägypten wie im größten Teil der arabischen Region ein markanter Bruch mit dem ehemals weitverbreiteten Brauch, Frauen schon im Teenageralter zu verheiraten. Meine eigene Großmutter galt mit 18 Jahren schon als schwer vermittelbar und konnte von Glück sagen, dass mein Großvater sie überhaupt noch heiratete; zwei meiner Tanten heirateten mit sechzehn, ihre Töchter und Enkeltöchter dagegen, die berufstätige Akademikerinnen sind, heirateten mit Anfang bis Mitte zwanzig. In den nationalen Statistiken spiegelt sich dieser Trend wider: Heute sind etwa ein Viertel der jungen Ägypterinnen im Alter von 18 Jahren verheiratet, verglichen mit etwa einem Drittel in der Generation ihrer Mütter.[20]

Vielerorts ist die Zufriedenheit über die sinkende Zahl von Frühehen – die gut ist für die Stärkung der Frauenrechte wie für die Kontrolle des Bevölkerungswachstums – einer wachsenden moralischen Sorge gewichen. Voreheliche Beziehungen sind kein so drängendes Problem, wenn die meisten jungen Frauen bereits wenige Jahre nach ihrer Pubertät (und junge Männer mit Mitte zwanzig) verheiratet sind. Außerdem ist es für Frauen in Ägypten und dessen arabischen Nachbarländern von entscheidender Bedeutung, verheiratet zu sein: Das gesellschaftliche Ansehen einer Frau ist noch immer aufs Engste mit ihrem Status als Ehefrau und Mutter verknüpft, ganz gleich, wie talentiert oder beruflich erfolgreich sie sein mag. In den letzten Jahren befassen sich immer mehr Facebook-Gruppen, Blogs, Bestseller und Fernsehserien mit dem Phänomen der *'unusa* – der unverheirateten Frau. Denn in Ägypten heißt es noch immer: »Der Schatten eines Mannes ist besser als der Schatten einer Mauer.«

Fragt man ägyptische Männer, warum sie mit dem Heiraten so lange warten, kommt die Antwort prompt. »Das Problem besteht darin, dass unsere Gesellschaft sehr materialistisch geworden ist«, sagt Abdel Megeid. »Geld steht an erster Stelle; wir haben unsere alten Werte verloren.« Eheaspiranten und frischverheiratete Ehemänner sind in ihrem Urteil weniger zurückhaltend. »Die Familien der jungen Damen sind übergeschnappt«, sagte mir ein frischgebackener Hochschulabsolvent, der selbst kürzlich geheiratet hatte. »Sie verlangen zu viel – für *shabka* [Schmuck], den Goldflitter, den Solitärdiamanten, solche Dinge. Plus eine Wohnung, außerdem muss der Zukünftige alle Haushaltsgeräte beschaffen, den *mu'akhkhar* nachweisen [er muss im Ehevertrag vermerken, dass er im Fall der Scheidung diesen Geldbetrag zahlen wird], die *mahr* [die Brautgabe] aufbringen, plus, plus, plus, plus, plus«, sagte er, die gängige Liste von Vermögenswerten aufzählend, die der Bräutigam beschaffen muss, ehe er von der Familie seiner Zukünftigen grünes Licht bekommt.

Dies ist allerdings nicht das erste Mal, dass Ägypten wegen der Schwierigkeiten junger Leute bei der Heirat in Panik verfiel und die wirtschaftliche Lage dafür verantwortlich machte. Schon in den ersten Jahrzehnten des 20. Jahrhunderts beklagten sich Männer aus der Mittelschicht darüber, dass sie nicht heiraten könnten – ihr Einkommen reiche nicht, die Arbeitslosigkeit sei zu hoch, und die Familien der Bräute hätten zu hohe Ansprüche. »Es ist unbestritten«, hieß es in einem Zeitungsartikel von damals, »dass die große Mehrzahl der jungen Männer arm ist. Bevor sie daran denken können zu heiraten, müssen sie daran denken, ihren Lebensunterhalt zu verdienen. Wenn dies nicht möglich ist, sind sie gezwungen, einstweilen auf die Heirat zu verzichten.«[21] Solche Klagen sind den heutigen erstaunlich ähnlich, und sie waren in vergleichbarer Weise in eine umfassendere Kritik an der Wirtschaftspolitik, dem Verlust moralischer Werte, dem Konsumdenken und der Verwestlichung eingebunden.

Wie schon ihre Urgroßväter tragen auch die heutigen Bräutigame das Gros der Heiratskosten. Die finanzielle Verantwortung der Männer innerhalb der Ehe ist im Islam verankert: »Die Männer stehen für die Frauen ein, deshalb, weil Gott den einen von ihnen den Vorzug vor den anderen gewährte und weil sie etwas von ihrem Vermögen aufgewendet haben.«[22] In jüngster Vergangenheit hat sich diese Zahlungsbilanz ein wenig verschoben: Bei Paaren unter dreißig Jahren trägt die Seite des Bräutigams – der zukünftige Gatte und seine Familie – etwas weniger als 60 Prozent der Kosten, während die Familie der Braut den Rest übernimmt; die Bräute selbst tragen nur etwa 5 Prozent der Gesamtaufwendungen – was nicht weiter erstaunlich ist, wenn man (abgesehen von der Tradition) bedenkt, dass nur wenige junge Frauen einer geregelten Berufstätigkeit nachgehen.[23]

Im Lauf der Jahre sind die Erwartungen stetig größer geworden. Diejenigen, die die heutigen Auswüchse bei den Hochzeitskosten kritisieren, zitieren oftmals einen Hadith, in dem der Prophet einen armen Mann ermunterte zu heiraten, obgleich die einzige *mahr*, die er seiner Zukünftigen anbieten konnte, darin bestand, ihr die Suren aus dem Koran beizubringen, die er auswendig gelernt hatte.[24] Als meine Eltern in den 1960er Jahren heirateten, brachte mein Vater einen Kühlschrank und ein Besteckset in die Verbindung ein – ihre *mahr* betrug 25 Ägyptische Piaster (was heute nominell etwa 5 Cent entspräche), die meine Mutter bis zum heutigen Tag bei sich trägt. Aber das waren die mageren Jahre des Nasser-Regimes; heute genügen ein Kühlschrank und eine Gabel nicht mehr, wenn es darum geht, eine Ehe zu besiegeln. Die durchschnittlichen Heiratskosten in Ägypten – ohne Wohnungskosten – reichen von etwa 20 000 EGP (Ägyptischen Pfund, etwa 2700 Euro) bei den ärmsten Familien bis zu knapp 60 000 EGP in den oberen Gesellschaftsschichten.[25] Dies ist eine enorme Investition; laut einer Studie bräuchten die ärmste Gruppe von Männern und ihre Familien religiös bedeutsame sieben Jahre, um genug Geld für die Heirat auf die Seite zu legen.[26]

Die unter dreißig Jahre alten Ägypter sagen, die größte Heiratshürde seien die Kosten für eine Wohnung und Möbel sowie das Finden eines Jobs, mit dem sich das alles bezahlen lasse. Auf die Frage, wie sich diese Hindernisse am besten beseitigen ließen, antworteten mehr als die Hälfte, die Regierung müsse mehr tun beziehungsweise sie solle zurücktreten, wie es der Demonstrant mit seinem Pro-Heirat-Transparent auf dem Tahrir-Platz forderte.[27] In Ägypten und der gesamten Region wurden verschiedene Maßnahmen erprobt – einige öffentlich finanziert, andere mit privaten Spendengeldern –, um Menschen die Eheschließung zu erleichtern, ein Vorgehen, für das sich die Muslimbrüder und ähnlich eingestellte Gruppen einsetzen. Dazu gehören auch staatlich subventionierte Gruppen-Heiraten, die allerdings bei Journalisten, die auf eine packende Story aus sind, zweifellos beliebter sind als bei Bräuten, die sich auf ihren großen Tag freuen.[28]

Nur wenige Regierungen haben einen derart konzertierten Angriff auf Singles gestartet wie jene der Golfstaaten. Der Heiratsfonds der Vereinigten Arabischen Emirate zum Beispiel gewährt einkommensschwachen Bräutigamen (denjenigen, die weniger als 19 000 AED [Vereinigte-Arabische-Emirate-Dirham] oder umgerechnet 3965 Euro im Monat verdienen!) Zuschüsse in Höhe von 70 000 AED (14 600 Euro).[29] Um zu ermessen, wie viel oder wie wenig ein Bräutigam damit kaufen kann, besuchte ich die Abu Dhabi Bride Show (die größte Messe für Brautmode und Brautbedarf im Mittleren Osten). Dieses Ereignis versammelt Hunderte von Ausstellern, von Brautkleiddesignern und Juwelieren bis zu Chocolatiers und Make-up-Künstlern in einem Gebäude von der Größe eines Fußballstadions. Meine Neugierde war ebenso persönlicher wie professioneller Natur. Auch ich plante eine Hochzeit – nämlich meine eigene. Mein Verlobter und ich hatten uns für eine schlichte Feier mit weniger als hundert Gästen entschieden, und ich wollte unbedingt wissen, wie meine eigenen bescheidenen Arrangements im Vergleich zu den ortsüblichen Gepflogenheiten abschnitten. Auf der Brautschau lernte ich Salwa und Annous kennen, zwei Schwestern Mitte zwanzig aus Abu Dhabi; Annous wollte in ein paar Monaten heiraten. Sie waren dabei, Fotografen auszuwählen und Designer-Abayas anzuprobieren, wobei sie sich keinerlei Gedanken darüber machten, wie viel die Hochzeit kosten könnte.

Ein Unternehmen, das die Zahlen auswendig kennt, ist Carnation, ein in Dubai ansässiger Event-Veranstalter. Die Geschäfte brummen überall in den Vereinigten Arabischen Emiraten während der »Saison«, die von Oktober bis April reicht. Die Kosten von Hochzeitsfeiern belaufen sich schnell mal auf Millionen von AED – und das nur für den Veranstaltungsort, die Speisen, die Unterhaltung und die Dekoration. Königliche Hochzeiten innerhalb von und zwischen Herrscherfamilien der Emirate, zu denen Tausende von Gästen geladen werden, können locker einige zehn Millionen AED verschlingen. Etliche junge Emiratis klagen, dadurch werde die Messlatte für Hochzeitsfeiern unerschwinglich hoch gelegt, und die Ansprüche von Bräuten und deren Familien würden immer höher geschraubt.[30]

Selbst weniger extravagante Hochzeitsfeiern sind in der Golfregion eine große Sache; 500 Gäste gelten in den Büchern von Carnation als ein diskretes Event – meine eigene Feier wäre wohl glatt durch ihr Raster gefallen. In den Vereinigten Arabischen Emiraten werden die Gäste und die Kosten auf zwei verschiedene Feiern aufgeteilt. In Ägypten (und im Übrigen auch in den meisten anderen arabischen Ländern) sind Hochzeiten heute Veranstaltungen, bei denen sich Männer und Frauen beim Essen und beim Tanzen weitgehend miteinander mischen. Nicht so am Golf, wo der Brauch getrennter Feiern für Männer und Frauen – was zu den Zeiten meiner Großeltern auch in Ägypten üblich war – unverändert fortbesteht. Hochzeitsplaner beschrieben die Feier der Männer als eher unspektakulär, mit einem einfachen Essen und ein bisschen einheimischer Musik; um Mitternacht ist die Party praktisch vorbei. Das Fest der Frauen ist eine viel längere und aufwendigere Sache, mit einem üppigen Bankett, einer Reihe von Sängern und Sängerinnen, zu denen berühmte Namen gehören können, die aus den arabischen Entertainment-Hochburgen Kairo und Beirut eingeflogen werden, sowie blendenden Mengen an glitzernden Klunkern. Bei der Bride Show zeigten Hochzeitsveranstalter, was sie draufhatten, indem sie originalgetreue Nachbildungen von Hochzeitsdekor ausstellten, das sich am besten als »Bordell-Schule« der Innenarchitektur beschreiben lässt: jede Menge Gold, Talmi, Kristall, Samt, Schmuck, Federn, Blumen, Perlen, Spitzen und Satin, die es in ihrer Gesamtheit darauf anzulegen scheinen, beim Besucher durch Reizüberflutung eine psychosomatische Schockstarre auszulösen.

Im Vergleich dazu war die Präsentation von Carnation angenehm zurückgenommen. Osama Mistal, ein Manager des Unternehmens, und ich saßen auf einem riesigen weißen gesteppten Ledersofa, Pelzvorleger zu unseren Füßen, eingetaucht in ein zartes rosafarbenes Licht. Vor uns erstreckte sich ein Laufsteg, auf dem am Abend der Hochzeit nach einem späten, dramatischen Auftritt die Braut umherstolzieren würde. Das Brautkleid ist offensichtlich eine Hauptattraktion, und nach den Abendkleidern zu urteilen, die auf der Show lebhaft gehandelt wurden (von

35 000 AED an aufwärts), schien »Opulenz trifft Dekadenz« die modische Leitlinie zu sein: schulter- und rückenfrei und tief ausgeschnitten. Weibliche Gäste, insbesondere die heiratsfähigen, sind ebenfalls aufgedonnert und offenbaren ihre Aktivposten in einer Art Showroom für zukünftige Bräute, wo potenzielle Schwiegermütter auf der Party sich einen guten Überblick darüber verschaffen können, was sie für ihre eigenen Söhne ergattern könnten. Gegen Mitternacht tauchen der Bräutigam und seine engen männlichen Verwandten kurz an der Seite der Frauen auf. Die Frauen feiern dann weiter, nachdem das Paar in einem Hotel verschwunden ist, bevor es an ein fernes Reiseziel jettet. (In einer tadellosen, wenn auch vielleicht etwas optimistischen Ausstellung vermarktete sich Südkorea auf der Bride Show als ein heißer Tipp für die Flitterwochen.)

Wie Mistal erklärte, ist es nicht nur die Hochzeit, die heute die Bank für Männer sprengt: »Da ist der Goldschmuck, da ist die Kleidung, das Haus, die Möbel, Brautgeschenke während der Verlobung wie Parfüm, Uhren, Kleidung … so viele Ausgaben.« Die Golfstaaten haben sich der ungeminderten Wucht des globalen Kapitalismus geöffnet; da ist es nicht weiter verwunderlich, dass der soziale Status heute derart eng an den Besitz gebunden ist und dass Hochzeiten zu einem Fest des Prestigekonsums geworden sind. »Wo Sie [im Westen] waren, da stehen wir heute«, bemerkte Mistal. »Was brauchten Kinder vor zwanzig Jahren? Sie gingen zur Schule und kamen nach Hause. Heute brauchen sie ein eigenes Zimmer, einen Laptop und Spiele, ein Handy. So viele Wünsche. Und es kommen immer mehr dazu.«

Vor vierzig Jahren, bevor die Emirate und andere Golfstaaten auf der Wohlstandswelle der fossilen Brennstoffe zu reiten begannen, konnten sich die meisten Familien die verschwenderischen Ausgaben, wie sie heute üblich sind, gar nicht leisten. Die Mütter und Großmütter der heutigen Bräute erinnern sich an ihre eigenen, schlichten Hochzeiten, bei denen die ausreichende Verköstigung der Gäste und insbesondere die Bewirtung der ärmeren Mitglieder des eigenen Stammes die Hauptsorgen waren.[31] Einige dieser Traditionen leben in den heutigen Hochzeitsfeiern weiter, wobei der neu hinzugekommene globale Anstrich sie teurer macht denn je. So mögen die Hochzeiten von Wüstenlagern in Fünfsternehotels verlegt worden sein, aber Kamelfleisch steht auch heute noch auf der

Speisekarte, nur dass man jetzt für die riesige Gästeschar eine ganze Herde benötigt.

Am deutlichsten aber kommt diese Mischung aus Alt und Neu bei den Bräuten selbst zum Vorschein. Annous ist ein gutes Beispiel. Sie heiratet mit 22 Jahren, nachdem sie ihr Studium abgeschlossen hat – was in früheren Generationen, in denen schon im Teenageralter geheiratet wurde und in denen Frauen in Annous' Alter bereits – oft mehrfache – Mütter waren, eine Seltenheit war. Heute dagegen studieren weit mehr Frauen als Männer in den Vereinigten Arabischen Emiraten, und sie erobern sich kontinuierlich ein immer größeres Stück des Arbeitsmarktes.[32] Annous spricht hervorragend Englisch, ist weit gereist und kennt die neuesten Kinofilme und Modetrends am Golf und im Westen. Trotzdem wählte ihr Vater ihren Bräutigam aus, einen entfernten Verwandten, dem sie nur einmal begegnet ist; ihre ältere Schwester, die unlängst heiratete, sah ihren eigenen Ehemann erstmals bei ihrer Hochzeit. Das ist nicht ungewöhnlich in den Vereinigten Arabischen Emiraten, in denen, wie Studien zeigen, arrangierte Ehen, in der Regel mit Cousins ersten Grades, noch immer die Norm sind; offensichtlich glaubt man, dass die finanziellen und sozialen Vorteile der Verwandtenehe schwerer wiegen als die bekannten medizinischen Risiken für Kinder, die aus solchen Verbindungen zwischen Blutsverwandten hervorgehen.[33]

Annous verlässt sich bei der Wahl eines Ehemanns lieber auf das Urteil ihres Vaters, obwohl sie ganz genau weiß, wie sich Paare im Westen kennenlernen und zusammenfinden. Ich fragte sie, ob sie nicht eine »Liebesgeschichte« vorzöge – in Ägypten eine Umschreibung für eine nicht arrangierte Ehe. »Wenn er aus der Familie ist, hast du das Gefühl, dass es in Ordnung ist«, sagte sie. »Wer aus Liebe heiratet, lässt sich auch wieder scheiden. Wir kennen einige Frauen, die aus Liebe geheiratet haben, aber selbst wenn sie sich nicht scheiden lassen, bringt das in unserer Kultur nur Probleme. Es ist besser, wenn es ein Verwandter ist.«

Trotzdem sind Bräute heute sehr viel wählerischer als früher. Im Islam hat die Frau das Recht, einen Heiratskandidaten abzulehnen, auch wenn in der Praxis viele nicht die Chance haben, von dem Recht Gebrauch zu machen. Salwa gehört jedoch einer neuen Generation von Frauen an, die in diesem Punkt Stärke demonstrieren. Sie hat eine Reihe von Angeboten abgelehnt, weil sie auf den Richtigen wartet: Moralisch integer soll er sein, solide sowieso, fleißig, höflich und nachweislich nicht mit einer anderen Frau verheiratet. Ich kenne einige junge Karrierefrauen in den Golfstaaten, die sich entschieden haben, Zweitfrau zu werden, was ihnen die Vergünstigungen der Ehe, Mutterschaft und Zeit für eine Karriere gewährt, während sie die Vollzeitbeschäftigung des Kochens, Saubermachens und anderweitiger Dienstleistungen im Bereich »Gattenpflege« der Erstfrau überlassen. Salwa sieht es aber nicht so, und in diesem Selbstbewusstsein liegt nach Meinung einiger der Kern der Heiratsprobleme in den Vereinigten Arabischen Emiraten.

Emiratis sind in ihrem eigenen Land praktisch eine bedrohte Art; über 80 Prozent der Einwohner sind Ausländer, die ins Land geholt wurden, um die Nation aufzubauen. Während die Planer darunter den Bau von Wolkenkratzern und den Aufbau einer diversifizierten Wirtschaft verstanden, gehört dazu mittlerweile auch die Familiengründung: Emiratische Männer gehen heute 20 Prozent ihrer Ehen mit Ausländerinnen ein, hauptsächlich aus anderen arabischen Ländern und Asien.[34] Weniger als ein Zehntel der emiratischen Bräute nehmen einen Ausländer zum Ehemann, aber diese Zahl steigt ebenfalls, unterstützt durch eine kürzliche Änderung der Staatsbürgerschaftsgesetze, die, wie in Ägypten, jetzt Frauen erlauben, ihre Staatsbürgerschaft – und alle materiellen Vorteile, die damit verbunden sind – an ihre Kinder weiterzugeben.

Im offiziellen Diskurs werden ökonomische Motive für das Phänomen der Eheschließung mit Ausländerinnen in den Vordergrund gerückt: Ausländische Bräute haben keine statusbewussten Familien, die den Bräutigamen mit der Hochzeit des Jahrhunderts und der Traumvilla im Nacken sitzen.[35] Und so wurde die Ehe Teil der nationalen Kampagne zur Bewahrung der emiratischen Identität und zur Bekämpfung des vermeintlichen Zerfalls der Familie. Wie Salwa und Tausende ähnliche Fälle jedoch belegen, sind bei der Ehefrage zweifellos noch andere Kräfte im Spiel, die kein noch so großer Geldbetrag aus der Welt schaffen wird.

Zurück in Ägypten kam es auf dem Höhepunkt des Aufstands zu einigen Sofort-Heiraten auf dem Tahrir-Platz, als Paare ihre revolutionäre Gesinnung unter Beweis zu stellen versuchten, indem sie mit den Auswüchsen des *Ancien Régime* brachen. »Dies ist das neue Ägypten«, erklärte ein Bräutigam seinen zukünftigen Schwiegereltern, als er darauf bestand, am nächsten Tag seine Verlobte zu heiraten. »Wir brauchen dieses ganze Zeugs nicht«, sagte er, womit er das schmückende Beiwerk der Heirat meinte. Aber während Ägypten um eine neue Ordnung ringt, ist die große Hochzeitssause nach wie vor in Mode, wenn auch etwas weniger opulent.

Kurzfristig hat diese Zurückhaltung mehr mit ökonomischer Unsicherheit und dem Wunsch, den eigenen Reichtum öffentlich nicht allzu sehr zur Schau zu stellen, als mit einem postmaterialistischen Bewusstseinswandel zu tun, mehr mit einer neuen Furcht, in dem Sicherheitsvakuum im Gefolge des Aufstands Opfer eines Gewaltverbrechens zu werden, sowie mit dem Wunsch, nicht in Verdacht zu geraten, sich durch allzu große Nähe zum früheren Regime illegal bereichert zu haben. Selbstverständlich gibt es Paare, die aus diesem ganzen materiellen Karussell am liebsten aussteigen würden, aber die Fahrt lässt sich kaum stoppen. Eine angehende Braut, eine Studentin aus der Mittelschicht in Kairo, lauschte gebannt, als ich meine eigenen Arrangements beschrieb: Mein Verlobter und ich würden uns die Kosten teilen; meine symbolische *mahr* von 25 Cent und ein Paar Perlenohrringe als *shabka*; neues Eheglück in einer bescheidenen Mietwohnung, kein Auto, einige wenige Haushaltsgeräte und ein paar eigene Möbel. »Super, das ist total cool«, sagte sie bewundernd. »Das wäre in Ägypten unmöglich.«

Eine einfache Angelegenheit

Der Wille, unter keinen Umständen *zina* – Unzucht – zu begehen, selbst wenn eine große weiße Hochzeit nicht zu erwarten ist, ist so stark, dass Paare sich alle Mühe geben, ihre sexuellen Beziehungen mit dem islamischen Gesetz in Einklang zu bringen. Neben der »amtlichen« Heirat, zu deren Drum und Dran auch behördliche Formalitäten gehören, gibt es eine Reihe »inoffizieller« Formen der Ehe, die im Islam zulässig sind: Einige davon werden staatlich registriert, einige nicht, aber sie müssen gewisse Mindestbedingungen erfüllen, um sie in Einklang mit den islamischen Vorschriften zu bringen. Doch nur weil sie *halal* sind, sind diese Verbindungen noch nicht unbedingt gesellschaftlich akzeptiert.

Die wohl einfachste dieser Vereinbarungen ist *zawaj mut'a* (Heirat der Freude), bei der ein Paar eine Verbindung auf Zeit eingeht, die von Stunden bis zu Jahren reichen kann, wobei körperliche Intimität im Allgemeinen mit dazugehört. Bei einer *zawaj mut'a* kann es genügen, ein paar Zeilen aufzusagen, um einen Vertrag wirksam zu schließen. Auch bedarf es keiner Scheidung, da die Verbindungen von vornherein auf Zeit geschlossen sind. Frauen behalten das Geld, das sie bei der Heirat erhielten. Während »Frauen auf Zeit« keine Erbansprüche gegenüber ihren Ehemännern haben, besitzen alle Kinder, die aus dieser Verbindung hervorgehen, theoretisch dieselben Rechte wie diejenigen, die einer offiziellen Ehe entstammen, vorausgesetzt, ihre Väter erkennen die Vaterschaft an.

Die *mut'a*-Ehe ist im schiitischen, nicht aber im sunnitischen Islam erlaubt. Zumindest nicht mehr, seitdem sie in der Frühzeit des islamischen Reichs abgeschafft wurde – was bis in die Gegenwart hinein für erhebliche Diskussionen sorgt.[36] Heute wird die *mut'a*-Ehe von den schiitischen Muslimen in ihren arabischen Kerngebieten praktiziert – Irak, Libanon, Bahrain unter anderen –, auch wenn man nur schwer an zuverlässige statistische Daten über diese Form der Ehe kommt.[37] Studien haben eine Vielzahl von Motiven aufgedeckt, angefangen von jungen Leuten, die die Möglichkeit haben wollen, sich gegenseitig kennenzulernen, bis hin zu verheirateten Männern und geschiedenen oder verwitweten Frauen – deren Zahl im kriegsverwüsteten Irak besonders hoch ist –, die nach sexueller Befriedigung unter einem islamischen Deckmantel in schwierigen ökonomischen Verhältnissen streben. Obgleich die *mut'a*-Ehe religiös anerkannt ist, genießt sie nicht das gleiche gesellschaftliche Ansehen wie die offizielle Ehe, der sie auch rechtlich nicht gleichgestellt ist – und sie gehört nicht zu den Dingen, welche eine Frau, die einen Ruf zu verlieren hat, in ihrem Lebenslauf erwähnen würde. Dies hängt damit zusammen, dass es bei der *mut'a* nicht darum geht, eine Familie zu gründen; sie versucht gar nicht erst, ihren letztlichen sexuellen Charakter zu kaschieren.

Noch umstrittener ist die ägyptische Variante der informellen Ehe, die *zawaj 'urfi* oder eheähnliche Gemeinschaft. In den letzten Jahrzehnten wurde die *'urfi*-Ehe zu einem Blitzableiter für Befürchtungen über die Sexualmoral im Besonderen und den gesellschaftlichen Zusammenbruch im Allgemeinen. Diese inoffiziellen Heiraten, die nicht standesamtlich registriert werden, waren bis in die 1930er Jahre, als die amtliche Registrierung eingeführt wurde, die übliche Form der Eheschließung. Die *'urfi*-Ehe wurde bis in die Jugendzeit meines Vaters hinein weiterhin praktiziert, aber sie war selten und wurde hauptsächlich von Witwen genutzt, die befürchteten, bei der Wiederverheiratung die Pensionen ihrer Ehemänner zu verlieren, von Schauspielern und Künstlern mit einem Hang zum Unkonventionellen und von Männern aus der Mittelschicht, die alles haben wollten – mit ihren Sekretärinnen schlafen, ihr Gewissen beruhigen und die Liaison vor ihren Frauen geheim halten.

Doch in jüngerer Zeit ist die *'urfi*-Ehe zur Jugend durchgesickert, nicht nur in Ägypten, sondern in der gesamten arabischen Region.[38] Man kann nur darüber spekulieren, wie verbreitet sie mittlerweile ist; niemand weiß es genau, weil im Unterschied zu der Zeit meiner Urgroßeltern *'urfi*-Ehen heutzutage im Allgemeinen heimlich geschlossen werden. In Ägypten belaufen sich die Zahlen, die »amtlichen Quellen« zugeschrieben werden, auf einige Zehn- bis einige Hunderttausend solcher Eheschließungen pro Jahr. Solche Zahlen schüren, wie die der unverheirateten Frauen, in der Öffentlichkeit panische Ängste, aber empirische Untersuchungen zeichnen ein anderes Bild. Bei einer Studie, an der über 4500 Ägypter im Alter zwischen 18 und 30 Jahren teilnahmen, schätzte man, dass höchstens 6 Prozent der Befragten in einer solchen Beziehung waren; die tatsächliche Häufigkeit liegt irgendwo zwischen dem, was die jungen Leute zugeben wollen, und dem, was die Älteren befürchten.[39]

»Viele meiner Freundinnen führen *'urfi*-Ehen«, sagte mir Laila, eine freundliche und sanfte Studentin der Medienwissenschaften an einer der führenden Universitäten Ägyptens. Sie spricht aus eigener Erfahrung: Als Teenager schloss Laila eine *'urfi*-Ehe mit einem Mann, der zehn Jahre älter war als sie. Sie erzählten es ihren Freunden, hielten es aber vor ihren Familien geheim. Es lief sehr einfach ab: Laila unterzeichnete einen Vordruck, den ihr Freund besorgte – sie erinnert sich nicht mehr genau daran, was dort stand, und sie hat ohnedies keine Kopie behalten. Lailas *'urfi*-Vereinbarung war regelrecht bürokratisch im Vergleich zu den exotischeren Formen, wie etwa der »Blutheirat«, bei der das Paar den Vertrag mit angestochenen Fingerkuppen besiegelt, »Tattoo-Heirat« und anderen erfindungsreichen Versprechen.[40]

Eine offizielle Heirat wäre nie in Frage gekommen, sagte Laila. Sie stammt aus einer oberen Mittelschichtfamilie, hat kultivierte Eltern und besuchte eine private Fremdsprachenschule, als sie ihren Freund kennenlernte, einen von Millionen von Drogenkonsumenten in Ägypten. »Ich wusste, dass diese Beziehung nicht von Dauer sein würde, und meine Eltern würden niemals einen Drogenabhängigen akzeptieren«, sagte sie mir. Überdies war ihr Freund selbst stärker an einem *'urfi*-Bund als einer offiziellen Ehe interessiert. »Er redete mir zu, weil er sich nicht verantwortlich fühlen wollte. In einer *'urfi*-Ehe wird all das, was zu den wesentlichen Dingen einer normalen Ehe gehört, nicht von ihm verlangt.«

Von Anfang an machte sich Laila keine Illusionen über die Vereinbarkeit ihres Arrangements mit der islamischen Moral. Aber sie hat es nicht deshalb getan. »Ich weiß, dass es in meiner Religion nicht *halal* ist, aber es ist ein Zeichen der gegenseitigen Verpflichtung«, erklärte sie. »Es ist für das Paar. Es ist ein Papier, das nichts wert ist, aber sie glauben, dass es etwas ist, was sie miteinander verbindet.« Sie war sich darüber völlig im Klaren. »Ich weiß, dass meine Religion die *'urfi*-Ehe nicht anerkennt; ich hab es getan, um mich besser zu fühlen, aber ich weiß, dass es nicht richtig ist. In meiner Religion geht es in der Ehe um mehr als bloßen Lustgewinn. Es geht um den gemeinsamen Lebensweg zweier Menschen, die sich miteinander verbunden haben … Vielleicht wollen Eltern, dass es ihre Kinder später einmal gut haben, und aus diesem Grund akzeptieren sie es nicht.«

Laila sieht die *'urfi*-Ehe kritischer als einige der islamischen Rechtsgelehrten Ägyptens. Die Frage der religiösen Zulässigkeit der *'urfi*-Verbindung führt uns zurück zum Wesen der Ehe im islamischen Verständnis. Je nachdem, wen man fragt, erhält man unterschiedliche Auskünfte darüber, welche Mindestanforderungen an eine Ehe gestellt werden. Einige Gelehrte sagen, es komme entscheidend auf die Absicht an, sich häuslich niederzulassen und eine Familie zu gründen. Andere behaupten, *ishhar* – die öffentliche Bekanntmachung – sei ausschlaggebend dafür, ob die Verbindung den islamischen Vorschriften genüge; wieder andere behaupten, das Einverständnis des *wali* (offiziellen Vormunds) der Frau sei unabdingbar. Einige Gelehrte stehen jedoch auf dem Standpunkt, dass der Antrag, die Einwilligung, *mahr* (über deren Höhe sich das Paar frei verständigen kann – ja sie kann sogar völlig entfallen, wenn die Braut einverstanden ist) und zwei Zeugen genügten, um eine Ehe nach islamischem Recht wirksam zu begründen – eines *wali* bedürfe es nicht, sofern eine Frau reif ist und weiß, was sie will.[41]

Abgesehen von religiösen Bedenken konzentriert sich die Kritik an *'urfi*-Ehen in Ägypten auch auf ihre unklare Rechtsstellung. Obwohl sie nicht standesamtlich registriert werden, können Gerichte auf Antrag der Frau die Scheidung einer *'urfi*-Ehe aussprechen, sofern sie Beweise (Zeugen oder einen schriftlichen Vertrag) dafür beibringen kann, dass die Verbindung tatsächlich bestanden hat – eine paradoxe Situation, in welcher der Staat Frauen aus etwas entlässt, was er eigentlich gar nicht anerkannt hat. Frauen haben keinerlei Ansprüche auf finanzielle Unterstützung (oder auch Erbansprüche) während oder nach einer *'urfi*-Ehe, und die Kinder aus solchen Ehen können in eine sehr missliche Lage geraten.[42] Daher werden *'urfi*-Ehen im Allgemeinen als etwas dargestellt, was Frauen benachteiligt.

Doch manche Frauen sehen die *'urfi*-Ehe anders; Suhaila, eine Witwe Anfang dreißig, die mit einer jungen Tochter in Kairo lebt, ist eine von ihnen. Suhaila scheint alles zu haben, was sich ein Mann wünscht: Bildung, Geld, gutes Aussehen und fröhliches Naturell. Da ist es nicht weiter verwunderlich, dass einer von Azzas Brüdern, ein verheirateter Mann mit halbwüchsigen Kindern, sich auf den ersten Blick in sie verliebte. Um ihre Beziehung fortzusetzen, gingen die beiden auf Suhailas Wunsch eine *'urfi*-Ehe ein. Ihr bringt diese Vereinbarung den Vorteil, dass sie einen attraktiven männlichen Liebhaber bekommt, der zugleich ihr Haus beschützt, ohne dass sie dafür die materiellen Komplikationen einer offiziellen Ehe auf sich nimmt.

In Azzas Familie ist die *'urfi*-Ehe ihres Bruders alles andere als ein Geheimnis, da er einen schriftlichen Ehevertrag, einen Anwalt und zwei Zeugen hatte. Sie ist aber der Anlass für scheinbar endlose Diskussionen beziehungsweise, genauer gesagt, Streitigkeiten zwischen Familienmitgliedern. Wie nicht anders zu erwarten, ist Azzas offizielle Schwägerin unglücklich über diesen informellen Bund, aber sie kann wenig dagegen tun, wenn sich ihr Gatte kaum blicken lässt, weil er den Großteil der Woche mit Suhaila in deren Wohnung verbringt. Die meisten seiner Brüder und Schwestern sind verärgert; für sie ist das kaum verhüllter Ehebruch. Und obwohl Suhaila in dieser Beziehung die meisten Trümpfe in der Hand hält, lässt sie sich nicht in die Karten blicken: Ihren Freundinnen und ihrer Tochter hat sie gesagt, es sei eine offizielle Ehe.

Ihre Verbindung steht einer weiteren islamischen Spielart der Ehe näher – der *zawaj misyar*, der sogenannten Reisenden-Ehe. Diese Vereinbarungen sorgen für ziemlichen Wirbel in der arabischen Region, insbesondere in Saudi-Arabien. Sie gleichen der offiziellen Ehe insoweit, als sie in einigen Ländern mit umfassenden Nachweisen und vor Zeugen amtlich registriert werden und die Frau sowie sämtliche Kinder, die aus der Ehe hervorgehen, die gleichen Erbansprüche haben wie bei einer offiziellen Ehe. Der Hauptunterschied besteht darin, dass der Ehemann nicht verpflichtet ist, seine *misyar*-Frau, die in ihrer eigenen Wohnung bleibt, während der Verbindung finanziell zu unterstützen. In Ägypten wurde die *misyar*-Ehe durch einen Erlass der Dar al-Ifta, der staatlichen Fatwa-Behörde, gebilligt, zur Bestürzung von Frauenrechtsgruppen, die darin eine minderwertige Form der Ehe sehen, welche Frauen schlechter absichert.[43]

Letztlich geht es bei den Debatten über die verschiedenen Formen eheähnlicher Gemeinschaften nicht wirklich darum, ob sie *halal* oder *haram* sind, oder um gesetzliche Rechte. Vielmehr werden informelle Ehen insbesondere unter jungen Leuten weithin zugleich als ein Symptom und eine Ursache für den Zerfall der Familie betrachtet. Weil sie ohne Wissen, geschweige denn Zustimmung der Eltern geschlossen werden, verstoßen sie gegen die soziale Konvention und umgehen die familiäre Kontrolle. Darin liegt ein Großteil des Problems, denn sie fordern die patriarchale Autorität heraus – was die Familie und in weiterer Folge auch den Staat beunruhigt. Einige Leute beschreiben die *'urfi*-Ehe als einen innovativen Mittelweg zwischen der vermeintlichen sexuellen Freizügigkeit des Westens und traditionellen islamischen Kodizes, der Frauen einen etwas größeren Spielraum gewährt als die herkömmliche Ehe. Aber die Mehrheit scheint – zumindest in der Öffentlichkeit – von alternativen Verbindungen nicht gerade begeistert zu sein: Bei einer landesweiten Umfrage unter ägyptischen Jugendlichen sahen weniger als 10 Prozent der Männer und Frauen unter dreißig in *'urfi* eine Lösung für die Eheprobleme in Ägypten.[44] Die meisten Leute, von denen ich weiß, dass sie solche Ehen eingegangen sind, halten sie bestenfalls für eine vorübergehende Notlösung, so lange, bis sie das wahre Eheglück finden; es ist noch nicht so weit, dass informelle Ehen als eine Frage des Lebensstils und nicht als eine Art letzter Ausweg betrachtet würden.

Bettgeflüster

Trotz all der Anstrengungen, die Ägypter unternehmen, um zu heiraten, steht im Ehebett nicht alles zum Besten. Die Dampfdruckkessel-Atmosphäre der letzten Jahre – die sich bei den Protesten 2011 entlud – nimmt im Eheleben weiter zu. Für Azza und ihren Kreis bedeutet dies, dass es in ihren Beziehungen nicht wirklich zur Sache geht. Die wenigen Untersuchungen über das Sexualleben ägyptischer Paare und ihrer Pendants in der gesamten Region zeigen, dass sie und ihre Freundinnen nicht allein sind.[45]

Langweiliger Sex ist regelrecht unislamisch. Eine Vielzahl der überlieferten Aussprüche und Taten des Propheten Mohammed rühmen die Freuden der Sexualität für Ehemänner und -frauen. »Keiner von euch soll über seine Frau herfallen wie ein Tier, und es soll ein Bote zwischen ihnen sein«, soll der Prophet gesagt haben. »Wer ist dieser Bote, o Gesandter Gottes?«, fragte ein ahnungsloser Gläubiger. »Der Kuss und [süße] Worte«, antwortete er.[46] Nach einer anderen Darstellung zählte der Prophet gebieterisches Vorspiel und das Unvermögen, seine Partnerin sexuell zu befriedigen, zu den schwerwiegenden Unzulänglichkeiten eines Mannes. Tatsächlich spielte der regelmäßige Rat des Propheten zu den praktischen Details des Sexuallebens eine zentrale Rolle in den mittelalterlichen christlichen Angriffen auf den neuen Glauben, dessen schamlose Sinnlichkeit als ein gerissener Trick angesehen wurde, um Konvertiten zu gewinnen und die sittenstrengere offizielle Linie des Christentums zu untergraben, die Jungfräulichkeit, Keuschheit und Monogamie pries. »Wer seine Anhänger zu sinnlichen statt zu geistlichen Dingen aufreizt, kann unmöglich ein wahrer Bote Gottes sein«, schnaubte der spanische Philosoph Ramon Llull im 13. Jahrhundert.[47]

Eine Frau, die Ehebeziehungen diesen Pioniergeist wieder einhauchen will, ist Heba Kotb, die bekannteste Sextherapeutin der arabischen Welt. »Man lebt nur einmal. Und wir haben in dieser Welt nicht viel Zeit. Und da wir Sex haben, sollte es guter Sex sein«, schwärmte sie. »Wir sollten ihn zu einem Dynamo für unser Leben und unser Glück machen.« Kotb und ich begegneten uns zum ersten Mal in ihrer Klinik in einem schicken Kairoer Stadtteil. »Derzeit bin ich drei Monate im Voraus ausgebucht. Ich sehe zwischen 10 und 20 [Patienten] pro Tag. Im Sommer [wenn im Ausland lebende Ägypter und arabische Touristen aus anderen Ländern Kairo besuchen] ist es für gewöhnlich chaotisch«, sagte sie mir. Ihre ägyptischen Patienten kommen aus allen Schichten, Regionen und Altersgruppen; obwohl von Frauen traditionell erwartet wird, dass sie mit dem Beginn der Wechseljahre (die in Arabisch *sinn al-ya's,* »Alter der Verzweiflung«, genannt werden) in den sexuellen Winterschlaf fallen, gehören zu Kotbs Klientel auch ein paar Frauen im fortgeschrittenen Rentenalter.

Die Patienten waren nicht immer so mitteilsam. Als Kotb 2001 ihre Praxis aufmachte, waren die wenigen Personen, die den Mut hatten, Hilfe in Anspruch zu nehmen, sehr darauf bedacht, nicht gesehen zu werden. »Als ich meine Praxis eröffnete, war absolute Vertraulichkeit für die Leute sehr wichtig. Ein Mann fragte mich, ob er in meiner Praxis gesehen werden könnte oder nicht [und] ob ich an diesem Tag einen anderen Patienten hätte und sich die beiden Termine nicht überschnitten. Es war eine sehr heikle Frage«, erinnerte sie sich. »Jetzt ist es anders. Im Wartezimmer sitzen zehn bis fünfzehn Patienten gleichzeitig, und sie haben kein Problem damit, dass die anderen sie sehen. Die Dinge ändern sich.«

Dieser Wandel ist zum Teil auf Kotb selbst zurückzuführen. Im Jahr 2006 platzte sie mit *Kalam Kabiir* (»Großes Geplauder«), einer wöchentlichen Fernsehserie über sexuelle Probleme, die von einem der privaten Satellitensender Ägyptens ausgestrahlt wurde, in die arabischen Haushalte. Die etwa ein Dutzend Folgen der Serie wagten sich an Themen heran, die anderen Moderatoren zu heiß waren – beispielsweise Online-Pornographie, Oralsex und Angst vor der Hochzeitsnacht. Eine knappe Stunde lang erteilte eine einfach gekleidete Kotb – Haar und Hals vollständig von einem Hijab bedeckt – Ratschläge zu unterschiedlichen Themen; ihre weitschweifigen Monologe wurden nur von gelegentlich geladenen

Experten und einem Imam unterbrochen, der die islamische Sichtweise des jeweiligen Problems erläuterte, sei es Masturbation oder Voyeurismus.

Kotbs Fernsehserie war wie ein Spiegel ihrer Erfahrungen mit Patienten. Und nach diesen Erfahrungen steht fest, dass der sexuelle Dynamo der Region kaputt ist. »Männer und Frauen wissen nicht, dass sie über ihre sexuellen Wünsche kommunizieren sollten. Sie wissen nicht, dass Sexualität etwas ist, worüber wir reden können«, bemerkte sie. »Sie glauben fest daran, dass es ein Trieb ist. Aber nur bei Tieren ist es ein Trieb, wir als Menschen – gelobt sei Gott der Allmächtige – müssen kommunizieren.«

Kotb schilderte mir eine typische Beratung: »Es ist ein nettes Paar, sie wollen, dass die Frau zufriedener ist, [also] kommen sie zusammen. Er sagt, sie habe kein Interesse an Sex – sie sei nicht spontan. Dann beschuldigen sie sich gegenseitig. [Sie sagt], er wolle nur seinen Spaß, und in fünf Minuten wäre alles vorbei, er sei egoistisch.« Kotb verbringt viel Zeit damit, Paare dazu zu bringen, sich wieder auf das Wesentliche zu besinnen. »Ich bringe ihnen Techniken bei, Masters & Johnson, Kinsey. Anhand von Bildern in einem Buch oder auf dem Computer zeige ich ihnen … da ist etwas, was Klitoris genannt wird, da sind die Schamlippen, probieren Sie es aus … das hier reagiert empfindlich auf dies und das … Quer-, Längs- und kreisende Reibung, etc.« Im Verlauf der fünf, sechs Sitzungen ermuntert Kotb Paare, ihre Körper zu erkunden. »Manchmal gebe ich ihnen Übungen auf … fordere sie auf, sich selbst und ihren Partner kennenzulernen. Und mir beim nächsten Mal zu erzählen, wie es gewesen ist. Wenn sie mir sagen, es sieht so aus, weiß ich, dass sie es ausprobiert haben, dass sie nicht lügen.« Auf dem Lehrplan stehen nicht nur Anatomie und Physiologie; Kotb verbringt auch viel Zeit damit, ihre Klienten psychologisch zu schulen – Männern die hohe Kunst beizubringen, wie sie ihre Frauen ins Bett hinein- und aus dem Bett rauslocken.

Bei manchen Frauen sind Überstunden erforderlich. Kotb sieht in ihrer eigenen Praxis viele Fälle von Vaginismus – drei oder vier Patientinnen täglich, die an einer Erkrankung leiden, die dazu führt, dass sie sich während des Geschlechtsverkehrs verkrampfen, was das Eindringen schmerzhaft, wenn nicht unmöglich macht. Eine Vielzahl von Studien aus Ägypten zeigen, dass sexuelle Funktionsstörungen bei Frauen relativ häufig sind. Eine Studie an fast tausend verheirateten Frauen – hauptsächlich Hausfrauen mit Oberschulabschluss – in einer Region nördlich von Kairo kam zu dem Ergebnis, dass etwa 70 Prozent an irgendeiner sexuellen Dysfunktion leiden; etwa die Hälfte von diesen berichtete über ein schwaches sexuelles Verlangen und Schwierigkeiten, zum Orgasmus zu gelangen, und etwa ein Drittel berichtete über unzureichende sexuelle Erregung oder Schmerzen beim Geschlechtsverkehr.[48] Eine vergleichbare Studie über Frauen in Südägypten fand gleich hohe Raten an sexuellen Funktionsstörungen; auf Nachfrage gab über die Hälfte dieser Frauen an, sie seien sexuell unbefriedigt.[49] Aber die Enttäuschung der einen Frau kann die Erfüllung einer anderen sein. Andere Studien in Ägypten haben gezeigt, dass einige Frauen ihren eigenen sexuellen Lustgewinn danach definieren, ob es ihren Ehemännern im Bett Spaß macht – für sie spielt es schlichtweg keine Rolle, ob sie selbst einen Orgasmus haben.[50]

Allerdings hat Kotb im Lauf der Jahre eine Veränderung bei den Frauen festgestellt, die zu ihr in die Praxis kommen. Am Anfang waren es vor allem Ehemänner, die ihre Frauen zu den Beratungsgesprächen schleiften; nach dem Aufstand, so ihr Eindruck, kehrte sich die Situation um. »Frauen sind jetzt mutiger, wenn es darum geht, ihren Ehemännern vorzuwerfen, sie seien nicht gut [im Bett]. Es ist der Geist der Revolution – ich muss zurückweisen, ablehnen, verneinen [dass ich dafür verantwortlich bin]«, sagte sie mir. »Heute war ein Paar hier, wo er sie nur einmal im Monat um Sex bittet. Wenn er sich ihr nähert, verliert er manchmal seine Erektion. Und so beschwert sie sich: ›Ich nehme das nicht länger hin, wir leben wie Bruder und Schwester zusammen, du musst dich ändern.‹«

Kotbs Ratschläge an Paare sind von ihrem Glauben geprägt. »Ich liebe den Islam«, sagte sie mir. »Ich bewundere die Religion. Im radikalen Christentum ist Sex nichts Gutes, nicht einmal innerhalb der Ehe. Aber das ist nicht logisch. Menschen begehren nun einmal, und da fühlen sie sich in dieser Religion nicht aufgehoben und kehren ihr den Rücken. Im Islam ist es das genaue Gegenteil: Sex ist etwas, das empfohlen wird, das einem geradezu aufgedrängt wird … Dadurch werden die Menschen religiöser, und sie lieben diese Religion stärker, die ihnen so viel Freiraum, all diese Freuden und auch den Lohn in diesem Leben und im Jenseits gibt.«

Kotb ist in ihren Vierzigern; wie bei vielen Ägyptern ihrer Generation erwachte ihr Interesse am Islam auf der Universität. »Ich wurde erst in einem gewissen Alter religiös. Ich wuchs in einem sehr liberalen Elternhaus auf; bis nach meiner Heirat trug ich einen Badeanzug.« Ihr zukünftiger Ehemann, den sie beim Medizinstudium kennenlernte, stammte aus einem noch weltlicheren Elternhaus, aber zusammen, so sagte sie, »beschlossen wir, uns und unsere zukünftige Familie besser zu machen, als es unsere alten Familien waren. Also begannen wir religiöse Bücher zu lesen, den Koran zu studieren, ihn auswendig zu lernen.«

Ungefähr zu dieser Zeit beschloss Kotb, den Hijab anzulegen, zur Bestürzung ihrer Eltern – damals waren Kopftücher etwas für Hausmädchen, nicht für ehrgeizige Chirurginnen.

Ihre Karriere als Sexualwissenschaftlerin kam später. Eine frühe Gelegenheit ging an ihr vorbei, als der einzige Kurs über dieses Thema während ihres gesamten Studiums an der medizinischen Fakultät der Universität Kairo aufgrund eines schweren Unwetters abgesagt wurde. Doch nach dem Studienabschluss ergab sich unerwartet eine zweite Chance. Als berufstätige Mutter entschied sich Kotb, statt in der Chirurgie in der weniger zeitaufwendigen Rechtsmedizin zu arbeiten. Dort war sie auch mit Fällen des sexuellen Missbrauchs von Kindern – sowohl Opfern als auch Tätern – konfrontiert, und auf diesem Umweg entstand ihr wissenschaftliches Interesse an der Sexualität. Im Verlauf ihrer Forschungen über sexuellen Missbrauch wurde Kotb eine der ersten Sex-Surferinnen Ägyptens. »Ich begann über Sexualität zu lesen«, erinnerte sie sich, »beschaffte mir einige Bücher aus dem Ausland. Das Internet war gerade aus der Taufe gehoben worden. Es war damals äußerst schwierig, einen Anschluss zu bekommen, aber meine Schwiegermutter kannte jemanden in der Armee, also suchte ich eine [geheime] Sperrzone auf, um mir dort im Internet Informationen über Sexualität zu beschaffen.« Eine Promotion in den USA über Sexualität im Islam rundete ihre Ausbildung ab. Sie baute sich einen Patientenstamm in Kairo auf, der sich heute auch auf mehrere Golfstaaten erstreckt, und selbst aus Kanada erreichen sie immer mehr Anfragen. Kotb ist für einige offenbar eine Inspirationsquelle; ich habe selbst gesehen, wie Fremde in der Öffentlichkeit auf sie zukamen, um sich bei ihr für die Sendung zu bedanken. Wie viele dieser

Fans ihre Ratschläge beherzigen, ist eine andere Frage; viele der Frauen, die ich gefragt habe, haben zu Kotbs Sendungen das gleiche Verhältnis, das ich zu Kochshows habe – interessant in der Theorie, aber nichts, was man jemals praktisch ausprobieren würde. »Ich mag Heba Kotb, weil sie alles auf sittsame und hilfreiche Weise erklärt. Ich schau mir die Sendung immer an, aber meine Mutter mag sie nicht«, sagte mir eine verheiratete Frau Anfang zwanzig in einem Arbeiterviertel Kairos. »Sie sagt, wir Frauen sollten unsere sexuellen Rechte einfordern. Aber ich kann das nicht tun, weil mein Ehemann nicht einverstanden sein wird oder weil er das Gefühl hätte, ich wäre schamlos.«

Nach heutigen Maßstäben erscheinen Kotbs' Ratschläge vielen gewagt. Angesichts neuerer Fatwas – Rechtsgutachten islamischer Autoritäten –, die Oralsex oder Nacktheit im Ehebett verbieten, haben ihre Ratschläge, wie man den ehelichen Beziehungen etwas mehr Würze verleihen kann, konservative Gegner auf den Plan gerufen. Bei genauerer Prüfung zeigt sich allerdings, dass Kotb schwerlich radikal genannt werden kann – was sie wiederum in die Schusslinie anderer, liberalerer Sexualforscher im arabischen Raum gebracht hat. So ist sie zum Beispiel aus psychosexuellen wie aus religiösen Gründen eine unerbittliche Gegnerin von vorehelichem Geschlechtsverkehr. Und obwohl sie Frauen ermuntert, ihre gottgegebenen sexuellen Rechte auszuüben, stehen die Männer in Kotbs Buch noch immer an erster Stelle. »Frauen will ich sagen, dass ein Mann andere sexuelle Bedürfnisse hat als eine Frau. Versuchen Sie, statt Sex nur passiv zu empfangen, ein aktiver Partner zu sein«, riet sie. »Er ist außer Haus vielen Verlockungen ausgesetzt. Seien Sie bereit, ihm eine Freude zu machen, und geben Sie ihm keinen Grund, zwischen Ihnen und dem Höllenfeuer zu wählen.«[51]

Die Ratschläge von Kotb und anderen islamisch inspirierten Sexualtherapeuten verblassen im Vergleich zu der kraftvollen Herangehensweise der Vergangenheit. Nehmen wir zum Beispiel *Die Enzyklopädie der Lust.* Wir wissen wenig über ihren Autor, 'Ali ibn Nasr al-Katib, außer der Zeit und dem Ort seines Wirkens: das Bagdad des ausgehenden 10. oder beginnenden 11. Jahrhunderts. Das ist schade, denn er scheint genau der Typ Mann zu sein, den ich gern kennenlernen würde.

Die *Enzyklopädie* ist wirklich atemberaubend. Abgesehen von Cybersex und Pornovideos behandeln ihre 43 Kapitel alle erdenklichen sexuellen Praktiken – Heterosexualität, Homosexualität (männliche und weibliche), Bisexualität, die Sexualität der Tiere, Pflanzen und Mineralien –, was immer Sie wollen, alles steht drin. Abschnitte wie »Über die Arten und Techniken des Beischlafs«, »Über die Eifersucht«, »Über die Vorzüge einer Nicht-Jungfrau gegenüber einer Jungfrau«, »Über die Steigerung der sexuellen Lust von Mann und Frau« und »Beschreibung des Geschlechtsverkehrs und anzüglicher Sex« vermitteln Ihnen eine Vorstellung von dem breiten Themenspektrum. Die Botschaft von 'Ali ibn Nasr ist klar: Sex ist ein Geschenk Gottes an die Menschheit, und wir sollen ihn genießen. Zwar verfolgt das Buch durchaus ernste Absichten, aber sein Stil ist nicht nur erregend, sondern oft auch höchst amüsant. In dem Raritätenzimmer einer Londoner Bibliothek zog ich eine Menge böser Blicke anderer Leser auf mich, als ich bei der Lektüre von Anekdoten wie dieser in schallendes Lachen ausbrach:

> Hubba al Madaniyyah zum Beispiel sagte, eines Tages sei sie in Begleitung eines Burschen, der einen jungen Hund hatte, aus dem Bad gekommen. Der Zufall wollte es, dass der Welpe, als er ihre Vulva und ihre Schamlippen sah, zwischen ihre Beine sprang und ihr Organ zu lecken begann. Sie ging in die Hocke, um dem Tier die Arbeit zu erleichtern. Doch als sie zum Orgasmus kam, plumpste sie schwer auf den Welpen hinunter und vermochte sich erst wieder zu erheben, nachdem das hilflose Tier erdrückt worden war.[52]

Ein Großteil der *Enzyklopädie* basiert auf Werken älterer – arabischer und nichtarabischer – Schriftsteller, und sie enthält auch ein paar freizügige Ratschläge von weiblichen Autoritäten.[53] In der *Enzyklopädie* wimmelt es von Frauen – Konkubinen, Sklavinnen, Prostituierten und Ehefrauen –, die ihrem Sexualtrieb freien Lauf lassen. Die sexuelle Unersättlichkeit von Frauen war schon lange vor 'Ali ibn Nasr ein altbekannter Topos. Der Koran erzählt die Geschichte von Suleika, der Frau eines Beamten am Hof des Pharaos, die Joseph zu verführen versuchte, damals ein junger, gutaussehender Sklave. Als er sich ihren Avancen widersetzte, behauptete sie, er habe sie belästigt, doch ihre Lüge wurde durchschaut, als den Menschen auffiel, dass sein Hemd von hinten zerrissen war, was darauf hindeutete, dass er vor ihr floh, nicht andersherum.[54]

Die *Enzyklopädie* will den weiblichen Sexualtrieb dennoch keineswegs zügeln, vielmehr gibt sie sich alle Mühe, Lesern und Leserinnen Ratschläge zu geben, wie er sich voll und ganz entfalten lässt. Es beginnt mit hemmungsloser Romantik – Liebesbriefe »voller süßer Worte, wohlgefällige Gedichte und zartfühlende Komplimente«, ganz abgesehen von Geduld, Freundlichkeit und Taktgefühl sowie dem gelegentlichen Geschenk. Das Buch besticht mit verblüffenden Einsichten in die weibliche Wesensart und hält für verwirrte Liebhaber folgenden Rat bereit:

> Es sollte auch bekannt sein, dass es in der Natur der Frau liegt, einem Mann vollkommen grundlos zu zürnen. In diesem Fall sollte der Mann sich das gefallen lassen, weil sie von sich aus wieder in ihren normalen Zustand zurückkehren wird. Außerdem gehört es zum Wesen der Frau, dass sie der Täuschung verfällt, ein Mann sei schuldig, und ohne weitere Untersuchung seine Schuld für bewiesen hält. Wenn die Frau zornig wird und den Mann aufgrund ihrer Täuschung unfreundlich behandelt, sollte er klug genug sein, dies einfach über sich ergehen zu lassen und ihren Wahn nicht ernst zu nehmen.[55]

Die *Enzyklopädie* zeigt auch ein hervorragendes Verständnis der weiblichen Physiologie; sie enthält detaillierte Klassifikationen der Libido und Orgasmustypen von Frauen. Der höchste Lohn ist dem Autor zufolge der gleichzeitige Orgasmus, der »immerwährende« Liebe gewährleistet, wie er den Lesern versichert, und das Buch ist voller nützlicher Hinweise, wie man dieses Ziel erreichen kann. Zungenküsse und Cunnilingus stehen ebenfalls auf der Empfehlungsliste, und als wäre das noch nicht frauenfreundlich genug, beziehen sich weitere Tipps auf postkoitale Gespräche und Liebkosungen, die das Zeichen eines zivilisierten Liebeslebens seien.

Es ist verlockend, die sexuellen Komplexe Azzas und ihrer Geschlechtsgenossinnen mit den unbekümmerten, lebenslustigen Frauen der *Enzyklopädie* zu vergleichen. Man sollte allerdings bedenken, dass dies kein mittelalterlicher Masters & Johnson ist; ʻAli ibn Nasr erzählt Geschichten und formuliert keinen Leitfaden für das weibliche Sexualverhalten. Seine Geschichten mögen übertrieben oder frei erfunden sein, aber darum geht es nicht. Aus der Perspektive des 21. Jahrhunderts ist das Bemerkenswerte an seinem Werk nicht die Frage, ob sich Frauen im 11. Jahrhundert tatsächlich so verhielten, sondern die Tatsache, dass es als wünschenswert angesehen wurde, dass sie ihre Sexualität auslebten – zumindest im häuslichen Rahmen –, und dass es gesellschaftlich akzeptabel war, so frei, unverblümt und ausführlich darüber zu schreiben.

Szenen sexueller Natur

Dieser Geist lebt weiter, zumindest in der Fiktion. Einige der sexuell ausdrucksstärksten Werke in der arabischen Welt handeln nicht nur von Frauen, sondern stammen auch von Frauen. Überall in der Region nehmen Schriftstellerinnen seit Jahrzehnten auf Papier kein Blatt mehr vor den Mund: Nawal El Saadawi, die berühmte ägyptische Feministin, die mittlerweile über achtzig ist; ihre literarischen Töchter, die Romanautorinnen Hanan al-Shaykh aus dem Libanon, Ghada Samman aus Syrien, und jüngere Stimmen, wie die von Samar al-Muqrin, einer saudischen Schriftstellerin, und Mona Prince, einer ägyptischen Romanautorin und ehrgeizigen Präsidentschaftskandidatin, sind nur einige der Frauen, die die Freuden und Leiden der weiblichen Sexualität darstellen.[56]

Wenn es darum geht, die Grenzen sprachlicher Ausdrucksformen von Sexualität zu erweitern, genießen dies nur wenige so öffentlich wie Joumana Haddad, eine in Beirut lebende Dichterin, Zeitungsredakteurin und Verlegerin. »Wenn ich erregt bin, sage ich immer, dass ich eine Erektion habe«, sagte sie mir unverblümt, als wir in ihrem Büro bei *An-Nahar*, einer der führenden Zeitungen des Libanon, saßen. Die Erregung könne dabei körperlicher, aber auch geistiger Natur sein. »Schreiben ist ein orgasmischer Akt der Ejakulation. Auch wenn ich einen weiblichen Körper habe und ihn mag, habe ich auch viel Männlichkeit in mir. Und die mag ich genauso. Wir sind alle Hybride, Mischgebilde aus Geschlechtern, Rassen, Nationalitäten und Ländern, es ist zu begrenzend und engstirnig, sich nur an einer Kategorie festzuklammern.«

Wenn man den wildesten Träumen und den tiefsten Ängsten eines arabischen Mannes über weibliche Sexualität Leben einhauchen wollte, dann würde man bei einer Person landen, der Haddad sehr nahe kommt. Ihr Körper ist der Inbegriff überzeitlicher sexueller Attraktivität: leuchtende schwarze Augen, wallende Locken und verheißungsvolle Kurven. Der tunesische Autor Muhammad an-Nafzawi, der im 15. Jahrhundert das Buch *Der duftende Garten* schrieb, eines der bekanntesten Werke der arabischen Liebeslehre, brachte ihren Sexappeal auf den Punkt: »Wenn du sie von vorne siehst, betört sie, und wenn sie sich abwendet, richtet sie dich zugrunde.«[57] Allerdings war an-Nafzawi auch der Meinung, die ideale Frau solle schweigen, zu Hause bleiben und für ihren Ehemann leben, »ihren einzigen Verlass«, ein zählebiges Stereotyp, gegen das Haddad in ihrer Autobiographie mit dem Untertitel *Confessions of an Angry Arab Woman* wetterte.

An-Nafzawis Glaube an den starken Sexualtrieb von Frauen trifft auf Haddad schon eher zu. »Ich erfasse die Welt durch die Sexualität«, so Haddad. »Auch wenn ich schreibe, schreibe ich immer mit meinem Körper, meinen Fingernägeln. Ich bin kein sinnlicher Mensch, ich bin ein sexueller Mensch«, sagte sie. Haddads halbes Dutzend arabische Gedichtbände atmen diesen Geist. Nehmen wir zum Beispiel *Liliths Wiederkehr*, ein Buch, in dem die legendäre erste Frau Adams beschworen wird, die für ihr Selbstbewusstsein genauso berühmt ist wie für ihre Libido. Lilith und Haddad waren füreinander geschaffen, und die daraus entstandene Poesie ist sehr explizit: »Aus der Flöte meiner beiden Schenkel erhebt sich mein Gesang, Flüsse entströmen meiner Lust. Weshalb sollten die Fluten nicht schwellen, wenn ein Lächeln zwischen meinen senkrechten Lippen prangt?«[58]

Haddad schrieb ihr erstes Gedicht mit elf Jahren, und Sexualität ist eines ihrer Dauerthemen. »Ich bin immer das gewesen, was man verständnisvoll oder missbilligend ein ›böses Mädchen‹ nennen würde«, schrieb sie in ihrer Autobiographie. »Jedes Mal, wenn ich die Gelegenheit hatte, allein zu sein, haben mich nur zwei Dinge interessiert: Lesen und Masturbieren.«[59] Zumindest Ersterem frönte sie als Heranwachsende leidenschaftlich mit Ausflügen in die entlegeneren Gefilde des Bücherschranks ihrer Familie. »Ich wuchs in einer konservativen Familie auf.

Mein Vater, der ein großer Intellektueller, aber sehr traditionell war, versteckte alle gefährlichen Bücher auf den oberen Regalen«, sagte sie mir. »Ich wartete immer, bis sie das Haus verließen, dann stellte ich einen Stuhl davor und stieg hinauf, weil alle interessanten Sachen dort oben waren. Ich wollte mir die *Geschichte der O*, *Emmanuelle*, Marquis de Sade und Henry Miller ansehen.«

Lange Zeit fühlte sich Haddad wohler, wenn sie über diese Themen in Französisch oder Englisch las oder schrieb. Erst in ihren Zwanzigern wandte sie sich ihnen auch in Arabisch zu. Man hört es immer wieder von Schriftstellern, Wissenschaftlern und Aktivisten, wie Haddad erklärt: »In Englisch oder Französisch können wir Dinge sagen, bei denen uns der Atem stockte, wenn wir sie in Arabisch hörten. Eine Fremdsprache ermöglicht eine Distanzierung, eine Flucht. Aber ich will nicht ausweichen, ich will mich diesen Worten stellen.«

Mit der Lancierung von *Jasad* im Jahr 2008 bezog Haddad ganz klar öffentlich Stellung. Es ist ein vierteljährlich erscheinendes dickes Hochglanzmagazin, das sich genau dem widmet, was auf dem Cover steht – *jasad* bedeutet auf Arabisch »Körper«. Seine Kombination aus Essays, Reportagen, Rezensionen und Kunst befasst sich nicht nur mit Sex – Themen von Sucht bis zu Tätowierung werden ebenfalls behandelt. Aber Sex bildet einen Schwerpunkt – angefangen von dem Logo mit seinen baumelnden Handschellen bis zum Inhalt: Die ersten Hefte enthielten einen Sonderteil über den Penis, einen Aufsatz, in dem Selbstbefriedigung angepriesen wurde, ein Dossier über sexuelle Gewalt und eine Galerie erotischer Illustrationen. Berichtet wird über regionale Themen (»Einblicke in Inzestfälle in Syrien«) ebenso wie über internationale Fragen (»Wie man in China vögelt«). Und es gibt regelmäßige Kolumnen – »Mein erstes Mal« und »Sein Körper, ihr Körper« –, in denen arabische Schriftstellerinnen und Schriftsteller auspacken.

Die Frauen, die Beiträge zu *Jasad* liefern, nehmen genauso wenig ein Blatt vor den Mund wie ihre männlichen Pendants. »Nein, es ist definitiv nicht leicht, eine Frau zu sein, die in einem arabischen Land beim Schreiben keine Kompromisse eingeht«, bemerkte Haddad. »Und aus diesem Grund wird jede Schriftstellerin mit chauvinistischen Beschuldigungen überhäuft. Wie oft wurden zum Beispiel scharfe Sexszenen in einem Roman, den eine Frau geschrieben hat, zu einem Vorwand, um Gerüchte über das Sexualleben und die sexuellen Abenteuer dieser Schriftstellerin zu streuen und sie so zu verunglimpfen?«[60] Sie sieht in Frauen, die sich über Sex äußern, einen wichtigen Schritt zur intellektuellen Emanzipation der Frau. »Man könnte den Eindruck gewinnen, dass ich subversive/erotische Literatur über alle anderen Genres stelle, aber das ist nicht meine Absicht«, sagt sie. »Doch eine Frau, die in der arabischen Welt erotische/pornographische Literatur schreibt, fordert Freiheit als ein elementares Lebensbedürfnis ein, im Unterschied zu vielen Arabern, die darin einen Luxus sehen.«[61]

Die öffentliche Reaktion auf *Jasad* und auf Haddad fällt gemischt aus. Wertkonservative verurteilen ihren Angriff auf die traditionelle Moral, während Aktivisten, die sich für sexuelle Grundrechte einsetzen, sie als oberflächliche Radikale kritisieren, die viel Gewese um ihre Auflehnung gegen die überkommene Sexualmoral mache, die gesellschaftlichen Zwänge aber nicht grundlegend in Frage stelle und als Angehörige der Elite die Beschränkungen, denen die große Mehrzahl der Frauen unterliegt, auch nicht wirklich kenne. Haddad ihrerseits wettert gegen diejenigen, die »unbedingt die Jungfernhäutchen an Auge, Nase, Ohr, Rachen, Sprache, Phantasie und Träumen sowie an allem anderen, was sie sich als irgendwie schützenswert zusammenphantasieren, erhalten wollen«.[62] Trotzdem wird *Jasad* im Libanon nicht zensiert und ist in ganz Beirut erhältlich, wenn auch in Kunststoff eingewickelt und mit einem Aufkleber »Nur für Erwachsene« versehen; überall sonst in der arabischen Region kann man das Magazin nur im Abonnement beziehen.

»Ich erhalte viele Beleidigungen, Drohungen und dergleichen. Ich würde die junge Generation verderben, dies seien nicht unsere Werte. Ich würde Werte aus dem Westen und dem Osten importieren … Gott wird Sie bestrafen, das Übliche halt«, sagt sie. Man droht ihr nicht nur physisch, sondern auch finanziell: Werbekunden schrecken davor zurück, in *Jasad* zu inserieren – was Haddad verblüfft in Anbetracht der Tatsache, wie gut sich Sex im Libanon verkauft, und was nichts Gutes für das Überleben ihres Magazins verheißt. Aber *Jasad* hat auch Fans.

«Ich habe in all meinen E-Mail-Konten Ordner, die ›*Jasad*-Glückwünsche‹ und die ›*Jasad*-Beleidigungen‹«, erzählte mir Haddad. »Und ich versichere Ihnen, dass die Ordner mit den *Jasad*-Gratulanten und -Unterstützern viel größer sind als die mit den *Jasad*-Beschimpfern.«

Haddad ist eine ungewöhnliche Frau, was Sex anlangt, insofern sie offen sagt, was sie tut, und umgekehrt. Und dies ungeachtet ihrer konservativen Wurzeln. »Ich bin in einer katholischen Schule erzogen worden, wo uns beigebracht wurde, dass Sex allein der Fortpflanzung dient. Da müsste ich mittlerweile ein ganzes Land bevölkern können«, lacht Haddad. Sie heiratete zweimal, das erste Mal, als sie neunzehn war – ihr Weg zur Unabhängigkeit, sagt sie. Dann hatte sie ein Verhältnis mit einem Mann, der ihr zweiter Ehemann werden sollte, noch bevor sie mit dem ersten so richtig durch war. »Schon vor der Scheidung lebte ich also in Sünde. Aber selbst nach der Scheidung bin ich überall mit ihm hingereist, mit ihm auf Partys gegangen, wir sind bei gesellschaftlichen Anlässen immer als Paar aufgetreten. Alle Leute wussten, dass wir ein Liebespaar waren, ich fand das super. Dass wir heirateten, war reine Formsache.« Wie zu erwarten, ist ihre Ehe etwas ungewöhnlich. »Wir haben beschlossen, nicht zusammenzuleben. Wir sind beide unkonventionell. Wenn ich das sage, schauen mich die Leute an, als käme ich vom Mars. Was eine Beziehung killt, ist nicht nur die morsch gewordene Institution Ehe, sondern das Zusammenleben, die fehlende Bewegungsfreiheit, die Verwechslung von Liebe mit Besitz.«

Mit ihren beiden Söhnen aus erster Ehe geht Haddad genauso unkonventionell um. Sie ermuntert sie, in *Jasad* zu schmökern, aber zu ihrem Bedauern lesen sie nicht gern. »Manchmal denke ich, es wäre besser gewesen, einige Bücher auf den oberen Regalen zu verstecken und ihnen zu sagen: ›Die rührt ihr nicht an.‹« Aber anders als ihre eigenen Eltern, die über das Thema Sex lieber schwiegen, hat sie großen Wert darauf gelegt, es mit ihren Söhnen zu besprechen.[63] Mir fallen nicht viele Mütter in der arabischen Region ein, die sich wohl dabei fühlen würden, ihren Söhnen Ratschläge über Safer Sex zu geben, aber für Haddad ist das keine große Sache. »Und jetzt bestehe ich darauf, dass sie Kondome benutzen und auch sonst aufpassen«, fügte sie hinzu, wobei sie sich an ein Gespräch mit einem ihrer Söhne erinnerte. »Er war so aufgeweckt und gut informiert. Mach dir keine Sorgen, Mama, ich zieh fünf an, eins nach dem anderen!«

Auch wenn Haddad in ihrem Privat- und Berufsleben einige Grenzen erweitert hat, ist das Gesamtbild unverändert. *Jasad*, ihre Gedichte und ihre Übersetzungen ausländischer Erotica eröffnen einen winzigen Freiraum für den Ausdruck von Sexualität – aber das geschieht noch immer weitgehend »auf Papier« und ist im Wesentlichen einer gebildeten Elite vorbehalten; heutzutage lesen so wenige Menschen in der arabischen Welt Romane oder Lyrik, dass Zensoren an sexuellen Inhalten in literarischen Werken nicht so sehr Anstoß nehmen wie an erotischen Sujets auf dem Bildschirm oder auch auf der Leinwand. Haddad geht es darum, die arabische Sprache und Literatur zu rehabilitieren, nicht um umfassende gesellschaftliche Reformen. »Wenn man ins 10. und 11. Jahrhundert zurückgeht, findet man wunderbare – sogar obszöne – arabische Texte. Und diese haben in einer ganz wunderbaren Art und Weise über den Körper gesprochen. Aber dann passierte irgendetwas, denn ab dem 17. und 18. Jahrhundert machten wir Rückschritte, mit einigen Hochs und Tiefs«, klagte sie. »Wie gelangten wir von diesem frühen Höhepunkt der Freiheit, als wir ganz natürlich über Sexualität redeten, zu unserer verklemmten Gegenwart?«, fragt sich Haddad immer wieder. »Wann begannen wir den Abhang dieser immer stärkeren Tabuisierung hinunterzurutschen?«[64]

Hilfsmittel

In diesem tabuisierten Umfeld erklärte ich schließlich Azza und ihren Schwestern die Feinheiten von Klitorisvibratoren. Wenn man nur Arabisch spricht, nicht das Geld hat, um einen Spezialisten zu konsultieren, oder über keinen leichten Zugang zum Internet verfügt, hat man nur begrenzte Möglichkeiten, sich in sexuellen Fragen Rat zu holen – erst recht, wenn man eine Frau ist. Anders als Haddad und ihre resoluten literarischen Schwestern waren Azza und ihr Kreis ratlos. In ihrem Verlangen, mehr zu erfahren, wandten sie sich an mich. »Du, Shereen«, sagte Azza, »sie haben so viele Probleme. Sie sind unzufrieden mit ihren Männern, aber sie wissen nicht, was sie tun sollen.« Ich dachte, Toys könnten vielleicht ein bisschen Spaß in die Sache bringen, auch wenn sie von einigen Sexualtherapeuten strikt abgelehnt werden. »Ich empfehle sie nicht für

Menschen im Nahen Osten. Die Männer interessieren sich dann nur noch für die Toys und lassen ihre Frauen im Stich, und umgekehrt«, warnte mich Kotb. »Wenn ich in meiner eigenen Praxis Toys anbieten würde, wäre ich Millionärin. Ich bin immer für Sex im Rahmen des Islam; zu Zeiten des Propheten Mohammed waren die Menschen mit ihrer Sexualität am zufriedensten. Und damals gab es keine Toys.« Interessanterweise spielen Sextoys in der langen Geschichte der arabischen erotischen Literatur keine große Rolle, obwohl dort fast alle erdenklichen sexuellen Praktiken behandelt werden.[65]

Es erwies sich schon als schwierig genug, überhaupt geeignete Toys zu finden. Obwohl es ein paar Läden in Kairo gibt, die diskret einige Objekte verkaufen, ist das Angebot ziemlich dürftig; ein Ladenbesitzer schilderte mir den Spießrutenlauf beim Zoll, den er über sich ergehen lassen muss, nur um die wenigen Minivibratoren, die er auf Lager hat, versteckt in seinem Koffer von Auslandsreisen mitzubringen. Jedenfalls würde Azza lieber sterben, als beim Kauf dieser Lustwerkzeuge in der Öffentlichkeit ertappt zu werden. Daher sagte ich ihnen, sie sollten im Internet recherchieren und mir eine Liste mit Artikeln geben, die ich dann von meiner nächsten Auslandsreise mitbringen könnte. Sie hatten ihre liebe Mühe damit. Ein Teil des Problems war der Zeitpunkt, da der Ramadan begonnen hatte und sie sich daher nur ungern in solche weltlichen Dinge vertieften, denn während der täglichen Fastenstunden ist Geschlechtsverkehr verboten.[66] Das größere Hindernis war jedoch ihre vollständige Verwirrung in der Welt der Online-Erotik. Trotz Azzas fast perfektem Englisch und reichhaltigen Produktillustrationen wussten sie einfach nicht, was sie sich unter einem »summenden Clit-Bunny mit rotierenden Schaftperlen und Kitzelohren« und ähnlichen Gerätschaften vorstellen sollten.

Zusammen arbeiteten wir den Katalog durch. Dildos kamen nicht in Frage; Azza riet entschieden von allzu phallischen Gebilden ab, die Ehemännern das Gefühl geben könnten, entbehrlich zu sein. Interessanterweise waren Gleitmittel nicht gewünscht, während aromatisierte Massageöle ganz oben auf der Liste standen. Ben-wa-Kugeln – im Grunde genommen nichts anderes als zwei Tischtennisbälle, die in die Vagina eingeführt werden, um die Muskeln zu stärken, aber auch zur Stimulation – stellten ein besonderes Problem dar. »Wie kriegt man die wieder raus?«, fragte Azza. »Mit der Schnur, die daran befestigt ist. Man entfernt sie wie einen Tampon«, erklärte ich. Wie sich aber herausstellte, benutzen Azza und ihre Freundinnen keine Tampons. Traditionelle Ansichten über die Unreinheit von Menstruationsblut und die vermeintlichen gesundheitlichen Risiken, die damit verbunden sein sollen, es im Körper zurückzuhalten, machen Tampons bei vielen Frauen unpopulär. Aber es hatte noch mehr damit auf sich. »Meine Freundin wollte sie vor ihrer Heirat ausprobieren, doch ihre Mutter war entsetzt. ›Du verlierst deine Jungfräulichkeit!‹«, erzählte Azza. Aber war dies für Azza und ihre Freundinnen, nachdem sie jeweils mehrere Kinder bekommen hatten, noch ein Problem? »Sie scheuen sich, diesen Bereich zu berühren. Meine Schwägerin sagt, wenn sie sich nach dem Geschlechtsverkehr da unten wäscht, hat sie Angst. Dieser Bereich ist für uns auch nach der Heirat tabu.«[67]

Ein Artikel, der bei Azza und ihren Freundinnen ganz weit oben stand, war Unterwäsche. Bevor ich ging, zeigte uns Iman, ihre Schwägerin, ihren jüngsten Kauf – ein genitalienfreies rotes Spitzenhöschen. Azza platzte vor Neugierde. »Schlägt es denn an?«, fragte sie gespannt. »Ja, er liebt es«, antwortete Iman lächelnd, während sie offensichtlich an die Reaktion ihres Mannes dachte. Iman kaufte ihre erstaunliche Unterwäsche in der Innenstadt von Kairo, in einem der vielen kleinen Geschäfte für Damenunterwäsche, die ihre ehemals prächtigen Boulevards säumen. Während die Auslagen an sich schon provozierend sind, ist das Warenangebot im Innern atemberaubend sensationell. Bloße Worte können der übersteigerten Phantasie, der mit Plastikskorpionen verzierte Stringtangas oder BHs entsprungen sind, deren mit Gänseblümchen dekorierte Körbchen bei Berührung eine Kurzversion des Songs »Old MacDonald Had a Farm« spielen, nicht gerecht werden.[68]

Als ich für meine eigene Brautausstattung shoppen ging, war ich ein wenig überrascht, mich in Gesellschaft so vieler *muhajjabat* – Hijab tragender Frauen – wiederzufinden. Wieso kaufen diese Frauen, wenn sie zum Zeichen ihrer islamischen Frömmigkeit ihren Körper bedecken, dieses schreiend nuttige Zeug? Die Dessous-Designerin, deren zauberhaft durchscheinende Kreationen ich für meine Flitterwochen auswählte (und die zum Leidwesen meines Mannes weit entfernt waren von den Stringtangas mit Schokoladeüberzug der regionalen »Issmich«-Designschule), erklärte mir den scheinbaren Widerspruch. »Hier sind die Frauen sexuell blockiert. Trotz der kulturellen Prägung befürchten alle Frauen, ihre Ehemänner könnten einer anderen Frau nachlaufen. Aus diesem Grund müssen sie ihren Mann verführen, auch wenn sie konservativ sind«, sagte sie. »Dieser Markt wird existieren, solange Menschen Sex haben. Im Bereich Damenunterwäsche gibt es keine [Finanz-]Krise.«

Wenn man darüber nachdenkt, ist es logisch. Nur weil Frauen wie Azza konservativen Verhaltensnormen islamischer Sittsamkeit unterliegen, kaufen sie überhaupt solche schrillen Dessous. Man könnte nun argumentieren, pikante Damenwäsche sei lediglich ein weiteres Instrument männlicher Unterdrückung, das Frauen zu berüschten, flaumigen Sexualobjekten degradiere, aber Azza und ihre Freundinnen sehen es nicht so: Für sie sind Dessous eines der wenigen Mittel, das sie haben, um ihr sexuelles Begehren zu signalisieren.

Um Azza und ihren Freundinnen zu helfen, das Beste aus diesem Begehren zu machen, erstand ich auf meiner Einkaufstour im Ausland auch einige britische »Lehr-DVDs«; selbst wenn sie die ernst dozierenden Offkommentare nicht verstanden, würden sie doch das Wesentliche dieser eigenartig unterkühlten Videos von Paaren erfassen, die verschiedene Stellungen und Techniken vorführten. Die Wahl der richtigen DVDs war jedoch ein Problem, denn je mehr ich mir ansah, desto mehr schätzte ich die Grenzen des Sexuallebens in der modernen arabischen Welt. Ein Video zum Beispiel ermunterte Paare, bei einem Glas Wein Zärtlichkeiten auszutauschen – etwas, was die *Enzyklopädie* schon vor tausend Jahren behandelte. Aber der Islam verbietet kategorisch den Konsum von Alkohol, und auch wenn das Gläubige bestimmt nicht davon abhält, sich ein Gläschen zu gönnen, bedeutet das konservative islamische Umfeld, in dem Azza und ihre Freundinnen leben, doch, dass sie dies ihren Ehemännern unter keinen Umständen vorschlagen könnten.

»Sex unter freiem Himmel hat seinen ganz eigenen Reiz«, äußert die Erzählerin begeistert. »Sex am Strand steht weit oben auf jeder Liste romantischer Schauplätze«, fuhr die Stimme fort, während Aufnahmen von einem nackten Pärchen, das sich im Wasser leidenschaftlich liebte, über den Bildschirm huschten, »auch wenn die Verquickung von Sand und Sex ernüchternde Folgen haben kann.« Wie wahr. Während die DVD damit Sand an unerquicklichen Stellen meinte, kann Sex am Strand in Dubai die ernüchternde Folge eines dreimonatigen Aufenthalts hinter Gittern haben, wie ein britisches Pärchen 2008 erfahren musste. Für Azza und ihre Freundinnen hätte dies nicht den geringsten Reiz.

Abgesehen von Händchenhalten und gelegentlich einem Arm um die Schulter (was – jedenfalls in Kairo – nach dem Aufstand häufiger zu sehen war) sind öffentliche Liebesbezeugungen zwischen Männern und Frauen in Ägypten im Allgemeinen verpönt, und diese öffentliche Zurückhaltung kann sich auch in privater Scheu manifestieren. Während Azzas Mann eher der knuddelige Typ ist, beklagen ihre Schwestern, dass ihre Gatten ihnen nach den Flitterwochen nur selten körperliche oder emotionale Zuneigung gezeigt haben und dass es auch sonst herzlich wenig Gemeinsamkeiten zwischen ihnen gibt. *Ana bahibbik*, »ich liebe dich«, lautet der Slogan einer Million rührseliger Songs und Musikvideos, die das urbane Ägypten flächendeckend berieseln, aber nach Azzas Erfahrung ist das nichts, was Eheleute außerhalb des Betts zueinander sagten. »Ich schwöre, keine meiner Freundinnen hört von ihrem Mann: ›Ich liebe dich‹. Nur im ersten Jahr der Ehe. Sie schämen sich zu sagen: ›Ich liebe dich‹. Männer glauben, sie seien sehr schwach, wenn sie so ihre Liebe bekennen, und Frauen wollen nicht darum betteln.«

So viel zu dem arabischen Liebhaber in den Liebesromanen des 21. Jahrhunderts. *Die Jungfrau des Sultans, In der Bettstatt des Wüstenkönigs, Der Scheich und die schwangere Braut* und Variationen über das Thema verkaufen sich hervorragend auf den englischsprachigen Märkten. Der arabische Held ist erwartungsgemäß hoch gewachsen, dunkel und attraktiv – manchmal ist es ein unbekümmerter Playboy, manchmal ein einfühlsamer Chirurg oder ein wagemutiger Geheimagent – von unerträglicher Arroganz und explosiver Männlichkeit. Die Heldinnen sind blasse Schönheiten, im Allgemeinen Amerikanerinnen oder Engländerinnen, die manchmal selbst arabische Wurzeln haben. Sie sind resolut, voller »westlicher« Ideen über Liebe, Freiheit und Gleichheit, die ihre arabischen Freier, obwohl sie selbst in Europa und Amerika gelebt und geliebt haben, gebieterisch zurückweisen.

Die ersten Wüstenromanzen, die Anfang des 20. Jahrhunderts erschienen, waren vollblütig; die berühmteste, *The Sheik* von Edith Maude Hull, war die Vorlage für die gleichnamige Leinwand-Ikone, die von Rudolph Valentino verkörpert wurde, und schildert auch plastisch das Vorspiel zu einer Serienvergewaltigung: »Unter dem starken Griff seiner mächtigen Arme wand sich ihr Körper in Schmerzen, er küsste sie wild und brutal auf den Mund. Vor Pein ballte sie die Fäuste. ›Oh Gott!‹, schluchzte sie mit siedenden Tränen, die ihre Wangen versengten. ›Zur Hölle! Zur Hölle mit ihm!‹«[69] Und so weiter, bis ihr die Sinne schwinden. Die Bücher unserer Zeit setzen die Liste der Menschenrechtsverletzungen unter anderem mit Entführung und Zwangsheirat fort. Aber der Sex ist expliziter und von verzückendem Gleichklang. »Mit irrsinniger, unfassbarer Wonne streichelte sie den wunderbaren Leib, spürte, wie der starke Rücken, das feste Gesäß, die mächtigen Schultern und prächtigen Schenkel unter ihren Händen wogten, spürte, wie das harte männliche Glied in ihr rührte ... bis, endlich, eine unbezwingbare, köstliche Wonne aus ihr herausplatzte«, so erzählt man uns verlockend in *Sheikh's Honour*.[70]

Auf den ersten Blick scheinen diese Bücher den Orientalismus auf den Kopf zu stellen: Die weichen, fügsamen Haremsfrauen, ehedem der Eckpfeiler männlicher Phantasien über das Morgenland, tauschten die Plätze mit ihren strengen, unersättlichen Herren. Aber es ist dieselbe alte Geschichte der entfesselten Begierde, ganz gleich, wer wen penetriert. Der heutige Wüstenheld ist ein unverblümtes Sexualobjekt, und sein Körper und seine Technik(en) werden bis in die Einzelheiten hinein blumig ausgemalt. Einige Kritiker behaupten, der fortdauernde Reiz des Genres liege darin, dass es weiterhin das Stereotyp eines unterwürfigen Orients bediene, da westliche Heldinnen ihre arabischen Verführer durch die Macht der Liebe zähmen und sie in nette, monogame Partner verwandeln.[71] (Als ich meinen Eltern von dieser Theorie erzählte, nickte meine Mutter beifällig: »Ach ja, genauso wie ich es mit deinem Vater getan habe« – worauf mein Vater nur schnaubte.)

Den Scheich zähmen: Das mag die Wunschphantasie einer westlichen Frau sein, aber wollen Araberinnen das wirklich? Ich gab Azza und ihren Freundinnen ein paar Bücher, um dies herauszufinden. Azza brauchte mehrere Wochen, allein um sich durch die knapp 200 Seiten von *The Sheikh's Defiant Bride* durchzuarbeiten; der Stolperstein war nicht mangelnde Sprachkenntnis, sondern Geheimhaltung. »Mein Mann oder meine Kinder durften unter keinen Umständen mitbekommen, dass ich so was las«, sagte sie lachend.

»O mein Gott, glauben sie wirklich, dass arabische Männer so sind?«, war die einhellige Reaktion. Einige machten sich über Beschreibungen der Schönheit des Helden lustig: »die Prächtigkeit seines durchtrainierten, muskulösen Körpers«. »Ich war am Golf, und mir ist niemand begegnet, der so ausgesehen hätte«, sagte mir eine Freundin. »Sie haben meistens Übergewicht. Sie essen Junkfood, und der einzige Sport, den sie treiben, sind Autorennen mit ihren Geländewagen.« Azza war überrascht, wie diese Bücher die sexuelle Leistungsfähigkeit des arabischen Protagonisten schildern, der berühmt sei »für seine Fähigkeit, einer Frau so viel Freude zu bereiten, wie eine Frau nur irgend erleben kann. Dann und erst dann verschafft er sich selbst Erleichterung.«[72] Azza schüttelte ungläubig den Kopf: »Fünf Minuten, in denen es nur um *seinen* Spaß geht.« Von wegen Zungenküsse! Von wegen Vorspiel! »Er küsst sie et cetera? Das stimmt nicht. Das macht er gerade mal eine Minute. Nach dem Küssen kommt sofort der Sex. Dann dreht er sich um und nickt ein oder sieht fern.«

Plötzlich verfiel sie ins Flüstern: »Männer in Ägypten und in den Golfstaaten wollen immer Sex am falschen Ort.« Es erwies sich, dass Azza die Anatomie, nicht die Geographie meinte – genauer gesagt: Analsex. »Sie denken, nach zehn Minuten ist sie ziemlich geweitet, was ihnen nicht gefällt. Aus diesem Grund wollen sie's andersrum. Frauen macht das aber keinen Spaß, nur Männern.«

Ein wunder Punkt

Heterosexueller Analsex gilt bei den sunnitischen Muslimen allgemein als *haram* – verboten, während einige schiitische Autoritäten ihn, wenn auch widerstrebend, für erlaubt erklären. Über die Zulässigkeit des Analverkehrs diskutieren die religiösen Autoritäten seit der Entstehung des Islam sehr kontrovers. Der Prophet Mohammed, der unter seinen Anhängern mit diesen Umtrieben zu kämpfen hatte, soll eine unmissverständliche Meinung zu dem Thema gehabt haben: »Verflucht sei, wer mit seiner Frau anal verkehrt.«[73] Trotzdem wurde in der arabischen Welt weiterhin Analsex praktiziert, wie aus den großen Werken der Liebeskunst hervorgeht, so etwa der *Enzyklopädie*, die Aussagen von Frauen über seine offenkundigen Vorteile zitiert: »Die Liebe ist ein Schloss, und Analverkehr ist der Schlüssel dazu.«[74] Heute stützen sich einige sunnitische Gelehrte, die diese Praxis verdammen, auf folgenden Koranvers: »Eure Frauen sind für euch ein Saatfeld. So geht zu eurem Saatfeld, wann ihr wollt.«[75] Für die meisten sunnitischen Gelehrten bedeutet dieses Gleichnis, dass der Mann einen Samen pflanzt und dabei zusieht, wie er wächst; aus diesem Grund ist Analverkehr, der nicht der Fortpflanzung dient, tabu. Andererseits sagen diejenigen, die die Praktik – zumindest für sich selbst – rechtfertigen wollen, dass ein Mann, wenn er auf diese Weise »in sein Saatfeld gehen« wolle, dies tun möge.

Es lässt sich schwer sagen, wie verbreitet Analverkehr unter verheirateten Paaren ist. Die wenigen Studien, die dieser sensiblen Frage nachgegangen sind, erbrachten Ergebnisse, die zu erwarten waren: Verheiratete Frauen sagen, es sei extrem selten, während ein hoher Prozentsatz der Ehemänner behauptet, sie hätten mit ihren Frauen schon Analsex gehabt.[76] Die Wahrheit liegt irgendwo zwischen weiblicher Scheu und männlicher Eitelkeit. In Ägypten selbst gibt es eine Fülle von anekdotischen Belegen, die darauf hindeuten, dass Analsex für verheiratete Frauen ein Thema ist. Sogar einige der Cousinen Azzas, die noch immer in dem Dorf der Vorfahren leben, haben sich über die Forderungen ihrer Ehemänner beklagt; ihre Männer hätten nie Analverkehr verlangt, sagen diese Frauen, bis sie zum Arbeiten in die Golfstaaten gingen.

Wenn das zutrifft, ist dies ein eher ungewöhnlicher Export aus diesem Teil der arabischen Region. Rund zwei Millionen Ägypter arbeiten in den Golfstaaten – über die Hälfte von ihnen in Saudi-Arabien.[77] In den vergangenen vierzig Jahren ist ihre Zahl in dem Maße in die Höhe geschnellt, wie ein – aufgrund des Bevölkerungswachstums und zunehmender Arbeitslosigkeit in Ägypten selbst – steigendes Angebot die wachsende Nachfrage in den Golfstaaten befriedigt hat. Diese Wanderarbeiter sind ganz überwiegend Männer; nur 10 Prozent der ägyptischen Arbeitsmigranten am Golf sind Frauen, und selbst diese Minderheit ist eine Quelle erheblichen Unbehagens unter Ägyptern, die befürchten, dass ihre Landsfrauen von den Einheimischen verdorben werden. Im Jahr 2007 beispielsweise stellte die ägyptische Regierung vorübergehend keine Arbeitserlaubnis für Ägypterinnen mehr aus, die als Haushaltshilfen in den Golfstaaten arbeiten wollten, nachdem Berichte über den sexuellen Missbrauch asiatischer und afrikanischer Wanderarbeiterinnen veröffentlicht worden waren.[78]

Die Migration in die Golfstaaten ist keine Entscheidung fürs Leben; ägyptische Arbeiter bleiben durchschnittlich fünf Jahre in der Fremde. Abgesehen von den Milliarden von Dollar, die diese Migranten Jahr für Jahr in ihr Heimatland überweisen, gibt es auch »soziale Rücküberweisungen« – das heißt Einstellungen und Verhaltensmuster, die Migranten im Ausland übernommen haben. Einige Experten behaupten, dass Ansichten über die Rolle der Frau oder häusliche Gewalt keinen nennenswerten Einfluss auf die Migration in die Golfstaaten oder die Rückkehr von dort haben – wer konservativ sei, sehe seine Überzeugungen bestätigt, und diejenigen, die eine liberalere Einstellung hätten, lernten die relativen gesellschaftlichen Freiheiten in ihrem Heimatland umso mehr zu schätzen. Andere hingegen erkennen eine klare Veränderung, etwa der ägyptische Migrationsforscher Ayman Zohry. Er stammt aus einem Dorf in Sohag, Oberägypten, wo sich viele Männer als Arbeitsmigranten in den Golfstaaten verdingen. »Als ich vor dreißig Jahren in dem Dorf war, waren nicht alle Frauen verschleiert. Heute bedecken bereits Mädchen in der Schule ihr Haar, obwohl das [religiöse] Gesetz dies nicht verlangt«, sagte er mir. »Die Menschen waren sehr offen. Meine Tanten beteten in einer Galabiya, die nur bis zu den Knien reichte; heute tragen sie eine saudische Abaya [einen langen schwarzen Umhang].« Aber nicht nur die Kleidung hat sich gewandelt. »Noch vor zwanzig Jahren behandelten mich meine weiblichen Verwandten, wenn ich das Dorf besuchte, so, als wären wir Europäer, sie umarmten mich; heute tun sie das nicht mehr. Viele Frauen geben einem Mann nicht einmal mehr die Hand.«

Zohry meint, diese Veränderungen seien zumindest zum Teil auf die Migration zurückzuführen, und diese wiederum habe den Dorfbewohnern eine neue Sicht des Islam und in der Folge auch jener Aspekte des Lebens vermittelt, die maßgeblich vom Islam beeinflusst werden. »Sie betrachten Saudi-Arabien nicht nur als das Heilige Land, sondern saudische religiöse Institutionen sind auch zu ihrer Al-Azhar geworden«, sagte er; er meinte damit, dass sie religiöse Anleitung bei Autoritäten suchen, die einer konservativeren Auslegung des Islam zuneigen, statt bei der historischen islamischen Autorität Ägyptens, der Al-Azhar-Universität. Seines Erachtens hat diese Richtung des Islam dem Dorf eine »Harem-Mentalität« beschert, wie er sich ausdrückt. »Alles wird mit Geschlechtsteilen erklärt. Der Körper der Frau ist das Hauptanliegen des salafistischen Islam (einer konservativen islamischen Strömung). Aber wenn man ein Teil verbirgt, konzentriert man sich erst recht auf dieses verborgene Teil.«

Ob Analsex einer dieser neu entdeckten Aspekte ist, wie es Azzas Cousinen behaupten, ist schwer zu sagen. In der arabischen Region kursieren jede Menge sexuelle Stereotype, und eines davon lautet, dass Männer in den Golfstaaten auf Männer stehen und dass Analverkehr eine übliche Praktik sei, ganz gleich, mit welchem Geschlecht man im Bett ist. Es lässt sich nicht leicht sagen, wie viel Wahrheit dieses Klischee enthält. In Dschidda fragte ich ein paar Ärzte, ob Frauen dort ebenfalls Opfer »deplatzierter« Interessen von Ehemännern seien. »Als Ärzte sehen wir analen Sex. Er nimmt zu«, sagte mir eine Gynäkologin. »Er wird praktiziert, wir können keine Statistiken darüber führen, aber es ist offensichtlich.« Verräterisches Anzeichen seien Frauen, die mit einer Analfissur – Rissen in der Darmwand aufgrund übermäßiger Gewaltanwendung – die Klinik aufsuchten. »Einige der Damen beschuldigen ihren Ehemann. Selbst im Islam ist es nicht erlaubt; sie gelten als geschieden, wenn sie das tun«, erklärte die Ärztin. »Sie rechtfertigen es mit einer schiitischen Fatwa. Einige Leute sagen, es sei während der Menstruation erlaubt. Sie versuchen diese Fatwa ihren Wünschen gemäß zu manipulieren.«

In diesem Punkt – was Geschlechtsverkehr während der Menstruation betrifft – bezieht der Koran ganz klar Position: »Sie ist ein Leiden. Darum meidet die Frauen, während sie die Regel haben, und nähert euch ihnen nicht, bis sie rein sind! Wenn sie sich dann gereinigt haben, geht zu ihnen, wie Gott es euch geboten hat!«[79] Dieses Tabu ist sogar in den Volksglauben eingegangen: In Ägypten zum Beispiel gilt Menstruationsblut als unrein, und Männer haben von jeher während der Periode auf vaginalen Sex verzichtet, aus Angst, das Blut würde seinen Weg in ihren eigenen Körper finden und dort Schaden anrichten.[80] Doch gibt es eine Fülle anderer, vom Islam abgesegneter Wege, um es während der Regelblutung miteinander zu treiben, wie es religiöse Autoritäten durch die Jahrhunderte hindurch empfahlen.

Was den Analverkehr ihrer Patientinnen angeht, wies die saudische Ärztin noch auf andere Wirkkräfte hin. »Ich glaube, dass einige der Männer ihre jungen Frauen nicht an der Vagina berühren dürfen, also machen sie es von hinten. Sie haben Freundinnen, mit denen sie so verfahren. Und wenn sie heiraten, wollen sie es vielleicht mit ihrer Frau auf die gleiche Weise tun. Sie versuchen ihr unmoralisches Verhalten religiös zu rechtfertigen.« Sie gab ganz entschieden den Medien die Schuld daran. »Sexfilme verändern etwas. Sogar die jüngeren Frauen sind heute anders; sie wissen alles über Sex, en detail, besser als meine Mutter und besser als ich, und ich bin Ärztin. Leider erfahren sie es auf dem falschen Kanal. Sie entnehmen es Filmen. Filme sind Filme, nicht das wirkliche Leben.«

Um den Fokus (genauer gesagt: den Lokus) der sexuellen Aktivität zu verschieben, sind Azza und ihre Freundinnen beinahe zu allem bereit. Einige von ihnen haben einen chirurgischen Eingriff zur Scheidenstraffung in Erwägung gezogen; bei geschätzten 2000 Ägyptischen Pfund für die OP würde dies ihre Haushaltskasse allerdings ziemlich belasten. Doch gibt es weniger kostspielige Alternativen.

Zizi ist eine lebenssprühende Frau Mitte zwanzig und Inhaberin eines Schönheitssalons in einer heruntergekommenen Straße in einer der neuen Vorstädte Kairos. Ihr Salon mit zwei Stühlen ist eine saubere, fröhliche kleine Insel, die Wände sind mit herausgerissenen Seiten aus Zeitschriften verziert, auf denen die neuesten Frisuren zu sehen sind – Locken, so lang und so glänzend wie ihre eigenen. Zizi hat jede Woche einige Dutzend Kundinnen – allesamt *muhajjabat* in diesem Teil der Stadt –, und es gibt immer ein paar, die nach etwas Besonderem suchen.

»Viele Frauen beklagen sich darüber, dass ihre Männer nicht von vorn wollen [sondern von hinten], und sie [die Frauen] mögen das gar nicht. Heutzutage wollen Männer seltsame Sachen, und sie verlangen von ihren Frauen, allzeit bereit zum Sex zu sein«, sagte sie mir. Wie die saudische Gynäkologin glaubt auch Zizi ganz genau zu wissen, wo die Quelle des Übels liegt: »Wegen der westlichen Pornoclips kommen viele seltsame

Gelüste auf, wie etwa, dass einige Männer voreinander Sex mit zwei Frauen haben und dass sie andere Männer bitten, es mit ihren Frauen zu tun, wenn sie selbst nicht ausreichend leistungsfähig sind.«

Zizi sieht in solchen sexuellen Ansprüchen eine wachsende Ursache für Konflikte, sowohl für den einzelnen Ehepartner als auch zwischen ihnen. »Männer hören westliche Songs und sehen sich [Video-]Clips an, aber gleichzeitig wollen sie, dass ihre Frauen gute Mütter sind und sich um die Kinder kümmern. Viele Frauen kommen in meinen Salon und sagen, dass sie es hassen, Männer oral zu befriedigen … Frauen empfinden das als beschämend, und hier fangen die Probleme an. Männer denken, wenn ihre Frauen das nicht tun, wären sie weniger wert als westliche Männer in den Videos, was sie dazu veranlasst, das mit leichten Mädchen zu praktizieren.«

Oralsex scheint während der *jahiliyya*, der Ära vor dem Aufkommen des Islam, in der Region praktiziert worden zu sein, die heute das westliche Saudi-Arabien ist. Aber auch wenn Fellatio und Cunnilingus nicht so ausführlich behandelt werden wie andere Sexualpraktiken, tauchen sie in den großen Werken der arabischen Liebeskunst auf. Aufgrund der ausländischen Pornofilme gilt Oralsex heute allerdings als ein westlicher Import. Obwohl mir viele Frauen in Ägypten gesagt haben, dass sie ihre Ehemänner nur mit Widerwillen oral befriedigen – und umgekehrt –, hat einer der prominentesten islamischen Gelehrten, Yusuf al-Qaradawi, diese Praktik für *halal* erklärt. »Muslimische Rechtsgelehrte«, so meint er, »sind der Ansicht, dass es religionsgesetzlich zulässig ist, wenn der Ehemann Cunnilingus an seiner Frau ausführt oder eine Frau den gleichen Akt an ihrem Ehemann [Fellatio] vollzieht und dass daran nichts Verwerfliches ist. Wenn das Lutschen zur Freisetzung von Sperma führt, ist es in den Augen mancher allerdings *makruh* [tadelnswert], doch gibt es keine strenge Beweisführung [um es zu verbieten].«[81]

Unterdessen sind all diese weiblichen Ängste gut fürs Geschäft. Zu Zizis Spezialprodukten gehört eine scheidenstraffende Mixtur aus Mandelöl, *shabba* (Alaun, ein bekanntes Adstringens, das bewirkt, dass sich Gewebe vorübergehend zusammenziehen – daher der straffende Effekt) und warmem Wasser, die Kundinnen »dort unten einführen sollen, um es enger zu machen«, wie sie empfiehlt. Dieses Rezept hat eine lange Tradition. Die meisten Bücher aus dem Goldenen Zeitalter der arabischen Liebeskunde gehen auch darauf ein, wie wichtig funktionstüchtige Genitalien sind, und führen eine breite Palette möglicher Abhilfen an. »Es sollte uns nicht peinlich sein, über die Vergrößerung des Penis, die Verengung der Scheide oder die Steigerung der Freuden des Beischlafs zu sprechen, denn diese Themen beziehen sich auf die Fortpflanzung«, rät *Ein Abstecher in die Kunst des Beischlafs*, ein Traktat aus dem 12. Jahrhundert.[82] »Manch eine hässliche Frau wurde einer schönen nur deshalb vorgezogen, weil Erstere eine enge Scheide hatte, während Letztere arg geweitet war«, belehrt es den Leser. »Aus diesem Grund ist es fürwahr notwendig, die Scheide zu verengen und zu wärmen.«

Solche Rezepte rangieren jedoch in Zizis Repertoire weit unten. Sie macht nämlich auch ein Supergeschäft mit *'amal*, das heißt Magie. Die Magie hat in Ägypten und im gesamten arabischen Raum eine lange Tradition. Während der Islam einige Arten von Magie (die *sihr* genannt werden) entschieden verurteilt, ist »weiße Magie« – wie sie Zizi praktiziert – ein akzeptierter Teil der Volksfrömmigkeit. Selbst gebildete Personen wie Azza und ihr Kreis sind fest von ihrer Wirksamkeit überzeugt: Zizis Salon ist auch deshalb so ordentlich, weil die Kundinnen – darunter Azza – ihr abgeschnittenes Haar mitnehmen, nur für den Fall, dass irgendjemand es als *'atar* benutzen wollte – einen persönlichen Gegenstand, an dem *'amal* vollzogen wird.

Diese Frauen sollten es wissen, denn sie bitten Zizi ständig darum, bei anderen das Gleiche zu tun. »Ich verdiene viel mit *'amal*. Manchmal geben sie mir 200 Ägyptische Pfund [rund 26 Euro] für einen«, sagt sie. Ihr beliebtester persönlicher Gegenstand ist ein *hijab* – was in diesem Fall »Amulett« bedeutet –, um dafür zu sorgen, dass Ehemänner treu bleiben. Es ist eine intime Angelegenheit: »Ich bitte sie um die Unterwäsche [ihres Mannes] und andere Dinge. Ich lese bestimmte Koranverse vor, je nach den Problemen der Frauen. In der Regel lese ich die Joseph-Sure* vor, vor allem für Frauen, die sich über ihre Ehemänner beklagen. Ich sage ihnen, sie sollen ihn [den *hijab*] unter das Kissen oder unter ihre Matratze legen. Sie tun dies, weil sie wollen, dass ihre Ehemänner nur sie sehen und nur auf sie hören.«

* 12. Sure des Korans, in der die Geschichte von Joseph und Suleika erzählt wird.

Zizi erwarb diese Fähigkeiten von ihrer Mutter, die sie ihrerseits von ihrer Mutter lernte, als die Familie in einer ländlichen Region südlich von Kairo lebte. Sie sagt, die *hijab* seien nach allem, was sie von ihren Kundinnen höre, effektiv, auch wenn sie nicht aus persönlicher Erfahrung sprechen könne. »Ich habe *'amal* oder *hijab* zuvor nie ausprobiert, weil ich eine Liebesgeschichte mit meinem Mann hatte. Ich bin seit über fünf Jahren verheiratet und habe ihn zwei Jahre vor der Heirat kennengelernt. Aus diesem Grund brauche ich *'amal* nicht.« Sie teilt ihre Philosophie kostenlos mit ihren Kundinnen. »Ich sehe, dass Frauen, die in meinen Salon kommen, nur ungern Sex mit ihren Ehemännern haben, weil ihnen ihr ganzes Leben lang eingetrichtert wurde, Sex sei *haram* und etwas Schändliches, was ich nicht glaube. Ich sage den Frauen, sie sollten ihren Männern zeigen, dass sie gern mit ihnen Sex haben, um weniger Probleme mit ihnen zu haben.«

Nachdem ich von meinen Reisen nach Kairo zurückgekehrt war, traf ich mich – eingedenk der Worte Zizis – mit Azza und ihren Schwestern. Sie waren zweifellos neugierig auf die verschiedenen Apparate in dem ausländischen Hilfspaket, das ich zusammengestellt hatte, und als die Vibratoren, Massageöle und andere Dinge von Hand zu Hand gingen, ertönte schallendes Lachen. Drei der Schwestern waren unverheiratet, und obwohl sie die kühnsten Fragen stellten, verbot ihnen Azza – die die älteste ist – strikt, eines der Toys zur weiteren Erforschung mit nach Hause zu nehmen. Die verheirateten Schwestern – Azza, Iman und Wisam – waren genauso interessiert, auch wenn sie sich unsicher waren, wie ihre Ehemänner auf derlei Neuerungen im Schlafzimmer reagieren würden. Tatsächlich waren einige andere Verwandte Azzas, die gehofft hatten, an unserem Treffen teilnehmen zu können, von ihren Ehemännern davon abgehalten worden, das Haus zu verlassen. Mehrmals pro Stunde musste sich Azza losreißen, um auf ihrem Handy Anrufe von besorgten Männern entgegenzunehmen, die sich fragten, was ihre Frauen im Schilde führten. »Ich kann es nicht glauben. Er fragt immer wieder: ›Was sagt sie [Shereen]? Was macht ihr da?‹« Azza schäumte vor Wut, als sie auch noch einen Anruf von ihrem Bruder bekam. »Sie gehen jeden Abend aus und tun was weiß ich. Aber sobald wir mal etwas für uns allein tun, beklagen sie sich.«

Männer oben(auf)

Was Männer wollen, ist eine interessante Frage. Während die Erforschung der Sexualität verheirateter Frauen große Fortschritte gemacht hat, wissen wir noch immer recht wenig über die sexuellen Einstellungen und Verhaltensweisen von Ehemännern in der arabischen Welt. Diese Kluft mag seltsam anmuten, wenn man bedenkt, wie dominant die Stellung der Männer in all diesen Gesellschaften ist; im Arabischen hat diese männliche Autorität sogar einen eigenen Namen – *qawama*. Aber ebendiese Dominanz hat dazu geführt, dass verheiratete Männer bis vor kurzem in der Sexualforschung eher eine Nebenrolle spielten. Diese Studien konzentrierten sich vor allem auf Probleme – Gewalttätigkeit, Krankheiten, Ausbeutung – in Risikopopulationen. So gesehen entsprechen verheiratete Männer – Säulen des Patriarchats – nicht unbedingt dem Bild einer verletzlichen Gruppe. Sogar das Wort für Männlichkeit – *rujuliyya* – ist eine relativ neue Schöpfung im Arabischen, und erst in den letzten Jahren haben »Männlichkeitsstudien«, die der Frage nachgehen, wie sich Männer selbst definieren und von der Gesellschaft definiert werden, auch in der arabischen Region Einzug gehalten.[83]

Die Männer in Azzas Kreis scheinen in Bezug auf Sex hin- und hergerissen zu sein – wie so viele ihrer Landsleute, wenn man neueste Studien betrachtet. Einerseits wollen sie offensichtlich unbedingt ihre Autorität an der häuslichen Front bewahren, und sie sehen es als ihre männliche Aufgabe an, ihre Frauen in intimen Dingen anzuleiten. Andererseits waren ein oder zwei der Ehemänner ziemlich frustriert über die sexuelle Passivität ihrer Gattinnen – weil dies sowohl deren sexuelle Lust wie auch ihre eigene beeinträchtigte. Sie schilderten, welche Mühe sie hatten, diese Probleme mit ihren Frauen zu besprechen – ein Kommunikationsdefizit, das bei genauerer Prüfung offenbar weit über das Schlafzimmer hinausreichte. Als jedoch einige der Frauen die Distanz zu verringern versuchten, indem sie es sexuell ein wenig forscher angingen, reagierten ihre Männer irritiert, ja einige fanden es sogar schamlos.

Einmal abgesehen von Stereotypen weiblicher Züchtigkeit hat diese lauwarme Reaktion ihre Ursache in der uralten männlichen Angst vor Impotenz. In Ägypten beginnt diese Sexualangst in der Hochzeitsnacht, mit der Furcht, *markhi* – schlaff – zu sein. Studien aus der ganzen Region zeigen, dass über 40 Prozent der älteren Männer an einer zumindest leichten Form von Erektionsstörung leiden, und auch jüngere Männer sind schon betroffen.[84] Es gibt eine Reihe von Ursachen dafür, dass Männer den Anforderungen des Schlafzimmers nicht genügen. Einige davon sind körperlicher Natur, etwa Komplikationen, die auf Diabetes, Bluthochdruck oder Rauchen zurückzuführen sind – alles sehr verbreitet unter ägyptischen Männern. Die Furcht vor Impotenz wurde sogar für die öffentliche Gesundheit eingespannt: Neueste Warnhinweise auf ägyptischen Zigarettenschachteln zeigen ein Bild einer stehenden Zigarette, die erschlafft und deren Asche gleich wie eine Lawine herunterfallen wird, begleitet von der ernüchternden Vorhersage: »Rauchen schwächt langfristig die ehelichen Beziehungen.«

Bei anderen Fällen des Unvermögens sind, wie mancher Ägypter glaubt, dunklere Kräfte am Werk. Es gibt in Ägypten ein wohlbekanntes Phänomen, *rabt* genannt, das Männer *marbut* macht. Wörtlich lässt sich *marbut* mit »beschäftigt« übersetzen, aber im Arabischen bedeutet es das genaue Gegenteil. *Rabt* macht einen Mann unfähig im Bett, weil sein Gehirn nicht die richtigen Signale aussendet, um Blut für eine Erektion in den Penis zu pumpen, so die allgemeine Anschauung. Während sich dies nach einer plausiblen Hypothese für einen neuen Wirkstoff gegen Erektionsstörung anhört, lässt sich die eigentliche Ursache von *rabt* im Reagenzglas etwas schwerer angehen. Volkstümlichen Anschauungen zufolge wird *rabt* von bösen *dschinn* – Geistern – verursacht, die von jemandem beschworen werden, der einen Groll hegt – eine vernachlässigte Erstfrau oder eine Exgeliebte –, sein Gehirn verhexen und ihn außer Gefecht setzen. (Auch Frauen können von *rabt* betroffen sein; zu den Symptomen gehören bei ihnen eine schraubstockartige Klemme der Beine, die die Penetration verhindert, Bluten beim Verkehr und, besonders markant, das sogenannte Syndrom der fehlenden Scheide, bei dem ein Ehemann sich außerstande sieht, die einschlägigen Körperteile seiner Frau zu finden.)[85]

Auch wenn traditionelle Heilerinnen und Heiler gern darüber reden, wie sie *rabt* lindern, wollten diejenigen, die ich traf, keine genaueren Auskünfte darüber geben, wie die Verhexung überhaupt geschieht. »Es wird *suflii* genannt«, sagte mir Zizi, womit sie eine Art »niedere« oder schwarze Magie meinte, die anderen Schaden zufügt – im Gegensatz zu der weißen Magie, die sie selbst praktizierte. »Es ist sehr gefährlich. Ich tue so was nicht«, sagte sie. Zizi ließ durchblicken, falls ich selbst dieser dunklen Künste bedürfe, könnte ich es ja bei einem koptischen Priester versuchen. »Es wird in den Kirchen gemacht, nicht nur für Christen, sondern auch für Muslime«, flüsterte sie. Zizis Rat ist geprägt von einem hartnäckigen Vorurteil unter ägyptischen Muslimen, wonach fragwürdige Praktiken die Domäne ihrer christlichen Verwandten seien. Darin spiegeln sich die anhaltenden Spannungen zwischen den Konfessionen wider, die in der Vergangenheit relativ harmonisch zusammenlebten, in den letzten Jahren aber in blutige Konflikte miteinander gerieten. Im Allgemeinen werden diese Zusammenstöße aus machtpolitischem Kalkül gezielt geschürt, aber sie entzünden sich oft an einem Vorfall, der einen sexuellen Bezug hat, sei es die angebliche Vergewaltigung einer muslimischen Frau durch einen christlichen Mann (oder einer Christin durch einen muslimischen Mann) oder das die Gemüter stark erhitzende Thema der interkonfessionellen Mischehe.

Von *suflii* einmal abgesehen, sind die Ergebnisse einer Handvoll medizinischer Studien eher weniger mystisch; sie zeigen, dass die meisten Fälle von Impotenz in den Flitterwochen auf psychische Faktoren zurückzuführen sind, die überwiegend mit »Leistungsangst« zusammenhängen.[86] Es wäre völlig verständlich, wenn Männer an einer Art sexuellem Lampenfieber litten. Die ökonomischen, politischen und gesellschaftlichen Zwänge, die sich während der langen, stagnierenden Jahre des Mubarak-Regimes verschärften, haben die Lage nicht unbedingt verbessert – Männer gerieten dadurch zunehmend in die Defensive, gegenüber Frauen, gegenüber der Regierung und auch untereinander. Auch Männer sind einer Vielzahl gesellschaftlicher Erwartungen ausgesetzt. »Ein Mann zu sein ist ein Privileg, aber auch eine wahnsinnige Belastung«, brachte es ein Freund von mir, Anfang zwanzig, auf den Punkt. Bedenkt man zudem, wie wenig schulischen Sexualunterricht junge Ägypter erhalten, wie wenig praktische Erfahrung sie in die Ehe mitbringen und wie versessen sie darauf sind, ihre Männlichkeit unter Beweis zu stellen, ist es ein Wunder, dass es ihnen überhaupt gelingt, die Ehe zu vollziehen.[87]

Was immer die Ursache sein mag, das Endergebnis ist jedenfalls, dass der Männer bestes Stück in Nöten ist. Azzas Ehemann erzählte, eine diskrete Umfrage an seinem Arbeitsplatz habe ergeben, dass zwanzig seiner Kollegen sexuelle Probleme hätten, von vorzeitigem Erguss bis zu gänzlichem Versiegen. Einige lasteten es der wirtschaftlichen Lage an, andere der Umweltverschmutzung, aber nach ausführlicher Diskussion gelangten sie zu dem Schluss, es handele sich um eine westlich-israelische Verschwörung. Im Büro herrschte Einigkeit darüber, dass es in Kairo von Geheimagenten wimmele, die spezielle Gürtel trugen, welche eine Art Spray oder Strahlung freisetzten, um ägyptischen Männern die Manneskraft zu rauben und dadurch die ganze Nation zu schwächen und das Bevölkerungswachstum zu verringern. Wie sich die Agenten selbst vor diesen verderblichen Wirkungen schützten, wurde nicht gefragt; vielleicht sind es ja Frauen oder aber Männer, die mit westlichen/zionistischen Spezialunterhosen ausgestattet sind, welche sie gegen die chemische Keule abschirmen?

Man kann sich über derlei Vorstellungen leicht lustig machen, und tatsächlich ist Impotenz die Zielscheibe von tausend Witzen. Doch für ägyptische Männer ist das gar nicht witzig. In der patriarchalen Kultur Ägyptens ist das männliche Selbstwertgefühl aufs Engste mit der Fähigkeit verbunden, Frauen zu versorgen – materiell, aber auch sexuell, was für viele Männer eine so knappe wie klare Angelegenheit ist: Erektion, gefolgt von Ejakulation. Versagen auf diesem Felde kann schwerwiegende häusliche Folgen haben: In der Scharia ist Impotenz ein Scheidungsgrund. Viele Ägypter glauben, dass, was die Manneskraft anbelangt, jenseits des Klassengrabens die Kräfte noch nicht angekränkelt sind. Einige meiner gebildeten Bekannten sprechen wehmütig von der Potenz der einfachen Arbeiter, auch wenn sie nur ein Stereotyp wiedergeben und es nicht aus eigener Erfahrung wissen. Umgekehrt glauben ärmere Männer, dass die Begüterten auch bezüglich der Lendenkräfte »vermögender« sind.

Ein typischer Ägypter ist diesbezüglich Mustafa, ein schmaler, kahl werdender vierzigjähriger Taxifahrer in Kairo. »Ich mach's gern«, meinte er unvermittelt, als er mich zu fortgeschrittener Stunde nach Hause fuhr. Er hob die Hände zu imaginären Zügeln und begann jene »Tschk-tschk«-

Geräusche zu machen, mit denen Reiter Pferde normalerweise auffordern, loszutraben – was fast etwas Reizendes gehabt hätte, wenn wir nicht in einem Auto, sondern einer Kutsche gesessen hätten und nicht mit 70 Stundenkilometern über die Niluferstraße gerast wären.

Kein Zweifel, Mustafa meinte Sex, und schon weihte er mich ausführlich in seine Gewohnheiten ein: »Zweimal am Tag, einmal morgens, einmal abends«, sagte er unumwunden. Als ich meinte, viele ägyptische Männer hätten mit Impotenz zu kämpfen und bräuchten Viagra, wurde er wütend. »Nein, nein«, schrie er, »ich bin natürlich, kein Viiiagra«, wobei er auf die Oberseite seines metallverkleideten Taxameters klopfte, um mir eine Vorstellung davon zu vermitteln, wie die Natur ihn erschaffen hatte.

Viagra erhält man praktisch in jeder Apotheke rezeptfrei für etwa 10 EGP (1,25 Euro) pro Tablette, nachdem die Preise nach der Erhebung jäh gefallen sind; man kann sich auch einheimische Nachahmerpräparate mit so phantasievollen Namen wie Virecta und Vigorama besorgen. Viagra war Ende der 1990er Jahre in Ägypten zunächst verboten, aber mittlerweile ist es ein so fester Bestandteil der Kultur, dass es in manchen Kreisen sogar als eine alternative Währung dient. Ich kenne einen Mann, der eine ganze Tasche voll mit Originaltabletten bei sich führt, die er in Amerika ergattert hat und als Bakschisch verwendet; besonders nützlich seien sie, um Beamte dazu anzuspornen, Formalitäten pünktlich zu erledigen. Ob die im Gefolge des Aufstands bekundete Entschlossenheit, das System von Korruption zu säubern, und die gefallenen Preise die Geschäfte auf diesem grauen – oder vielmehr: hellblauen – Markt beeinträchtigen werden, bleibt abzuwarten. Einmal ganz abgesehen von ihrem Wert als Katalysatoren von geschäftlichen und bürokratischen Prozessen, sind diese Medikamente heute ein weithin übliches Hochzeitspräsent unter männlichen Freunden, selbst jüngeren.

Der Viagra-freie Mustafa suchte trotzdem ein wenig Hilfe. »Ich will noch eine Frau. Ich will Sex, dreimal, viermal« – pro Tag, meinte er wohl. »Wenn ich mehr Geld, gutes Essen hätte, dann, ja dann …« Seiner Meinung nach hilft Geld zwar die Sorgen zu lindern, aber entscheidend ist die Ernährung: Ägypter sind fest davon überzeugt, dass Männer umso potenter sind, je mehr Eiweiß sie essen. Ich wollte wissen, was seine Frau von alldem hält. »Nichts, sie kann nichts sagen. Kein Sex zweimal am Tag, und ich sage ihr, ich gehe eine *'urfi*-Ehe ein«, erklärte er, worauf er sich zu mir umdrehte: »Wollen Sie sich vielleicht nach vorn setzen?«

Die Tiefkühltruhen in meinem lokalen Supermarkt in Kairo scheinen Mustafas Glaube an die potenzsteigernden Kräfte guter Ernährung zu bestätigen. Jeden Donnerstagabend bildet sich eine lange Schlange von Einkaufswagen in der Abteilung für Meeresfrüchte, wo sich bürgerliche Paare mittleren Alters Beutel mit gefrorenen malaysischen Garnelen schnappen.[88] Ägypten importiert jedes Jahr Hummer und Garnelen im Wert von etlichen Milliarden Dollar. Ich dachte, dies wäre Ausdruck einer vorübergehenden Begeisterung der ägyptischen Verbraucher für Krebstiere, bis mir Azza erklärte, dass ihr Mann sich nicht davon abbringen lasse, sie allwöchentlich zu kaufen, in der Überzeugung, dass sie ihn im Bett leistungsfähiger machen; aber bislang Fehlanzeige, sagte sie. Um die Ecke verkauft ein Fast-Food-Laden namens Cook Door »Viagra-Sandwiches«, zu deren »arzneilich wirksamen Bestandteilen« Krabbenstäbchen und Garnelen zählen. Bei Cook Door bekommt man sein Viagra wahlweise gebraten oder, wenn man gesundheitsbewusst ist, gegrillt; ich probierte Letzteres, und es war köstlich, wenn auch nicht libidinös. Dies ist nur eines von zahlreichen »natürlichen« Mitteln zur Steigerung der sexuellen Leistungsfähigkeit. Zu den beliebtesten gehört *gargiir*, eine Art Rucola, der außerhalb der Viagra schluckenden, Garnelen verschlingenden Schichten das Aphrodisiakum der Wahl für ärmere Ägypter ist. »Wenn Frauen die segensreichen Wirkungen von *gargiir* kennen würden, pflanzten sie es unter ihrem *siriir* [Bett] an«, heißt es auch.

Im Kairo des 21. Jahrhunderts wie in der gesamten arabischen Region wenden sich Menschen bei sexuellen Problemen noch immer an Kräuterheilkundige und Parfümeure, von denen sie weitgehend die gleichen Mittelchen bekommen wie vor Hunderten von Jahren. Einer der am stärksten frequentierten Händler ist das »Ägyptische Haus der Parfüms« mit Filialen in ganz Kairo, einschließlich einer geschäftigen Verkaufsstelle im Stadtzentrum. Auf dem Ladenschild prangt die stolze Werbebotschaft »Tausendundfünf Düfte«, und auf den ersten Blick scheint das nicht sonderlich übertrieben zu sein. Das »Haus« ist ein winziger Laden, dessen Wände vom Boden bis zur Decke mit Glasgefäßen, Schubladen, Kisten und Säcken voller Kräuter, Wurzeln und Flüssigkeiten in geheimnisvollen Farben überzogen sind und der sich mit Fässern, Schüsseln und Säcken voller Körner und Pulver auf den Gehsteig ergießt. Tausend verschiedene Gerüche verschmelzen hier zu einer Symphonie der Düfte; eine verstreute Sandelholz- oder Kreuzkümmelnote löst sich heraus aus der olfaktorischen Grundmelodie wie eine einzelne Stimme, die sich über den Verkehrslärm auf der Straße vor dem Laden erhebt.

An dem Samstagmorgen, an dem ich dort einkehrte, war das Geschäft proppenvoll, an einem kleinen Kassenschalter in einer Ecke flogen die Scheine nur so hin und her. Jung, Alt, Reich, Arm – sie alle kommen hierher: Eine junge Frau im gepflegten Hijab, die Limonenölshampoo verlangt; eine Dame mittleren Alters, die ihr zerzaustes Haar offen trägt, fragt nach *mughat*, einer Wurzel, die nachgeburtliche Blutungen stillt; und ein offensichtlich wohlhabender silberhaariger Mann in einer Safariweste, der um »ähm … das Übliche« bat. Muhammad, der Geschäftsführer, lächelte, wischte sich die Hände an seinen Jeans ab und überreichte dem Mann das Gewünschte.

»Das Übliche«, so stellt sich heraus, ist ein Pülverchen gegen sexuelle Dysfunktion. Bis zu zwanzig Personen täglich wenden sich hilfesuchend an Muhammad. Er arbeitet seit vierzehn Jahren in dem Laden, und die Zahl derjenigen, die bei sexuellen Schwierigkeiten Erleichterung suchen, hat zugenommen, so sagt er, bei Männern und Frauen, Jung und Alt. Und sie kommen auch nicht nur aus Ägypten; aufgrund von Fernsehwerbung erhält das »Haus« auch Bestellungen aus den Golfstaaten.

»Möge Gott Ihnen helfen«, sagte Muhammad zu dem Mann, der mit seinem »Üblichen« den Laden verließ. Muhammad versteht seine Arbeit ebenso spirituell wie materiell: »Wenn Gott jemandem Wissen gibt und er es vor den Menschen geheim hält, wird Gott ihn dafür bestrafen.« Nach Muhammads Meinung ist es nicht ungewöhnlich oder blasphemisch, eine höhere Macht anzurufen, wenn man Menschen bei ihrem Sexualleben helfen will, vorausgesetzt, sie erfüllen bestimmte Kriterien. Frauen, die wegen *gamagim* kommen (einem Abtreibungsmittel aus Tierschädeln, das wie getrocknete Trüffelchips aussieht), müssen ihren Ehemann oder Vormund mitbringen oder ein Rezept vorlegen. Und er fragt diejenigen, die nach sexuellen Stimulanzien suchen, ob sie auch wirklich verheiratet sind, auch wenn er für angehende Bräutigame eine Ausnahme macht. Jedenfalls praktiziert Muhammad eine abgestufte Preispolitik: Je frommer ein Kunde ist oder zumindest zu sein scheint, desto weniger zahlt er oder sie, so dass etwa *munaqqabat* – Frauen, die ihre Gesichter verschleiern – einen gewissen Bonus haben.

Als Diplomkaufmann ist Muhammad ein gebildeter Mann, und er kennt sich in Geschichte bestens aus. Die Rezepte des »Hauses« sind inspiriert von dem Werk *Die Medizin des Propheten.* Dieses Buch, das im 14. Jahrhundert von dem syrischen Theologen Ibn Qayyim al-Jawziyah geschrieben wurde, ist der bedeutendste Leitfaden zum Wohlbefinden im Islam, der Ermahnungen aus dem Koran und Hadithe mit medizinischen Ratschlägen zur Förderung des körperlichen und geistlichen Heils verbindet.[89] An der sexuellen Front hat das »Haus« zwei populäre Rezepturen. Eine besteht aus *gilingan* (Galgant, eine Wurzel), getrockneter Alfalfa, Rucola und einigen anderen Inhaltsstoffen zur Förderung des männlichen Leistungsvermögens. Nach Aussage von Muhammad hat dieses Produkt mit dem Aufkommen von Viagra sogar noch an Popularität gewonnen, weil »die chemischen Inhaltsstoffe in Viagra, wenn man es zehn Jahre lang einnimmt, schädlich sind. Alle Ägypter wissen das, und deshalb kommen sie her, weil man diese Mixtur jeden Tag anwenden kann.« Die zweite Rezeptur kombiniert Palmen- und Blütenpollen (als Energielieferant), Ginseng, Ingwer, Zimt und weißen Pfeffer (um das Blut zu erhitzen) und kann von Männern und Frauen gleichermaßen eingenommen werden – zweimal täglich ein Teelöffel.

Muhammad erklärte sich bereit, Letzteres für mich zuzubereiten; er flitzte durch den Laden, zog Schubladen auf, schwang sich Leitern hinauf, gab einen Löffel braunes Pulver hier, eine Prise grünes Pulver da und ein Gran von irgendeinem gelben Zeug dort dazu. Anschließend rührte er die Mischung in ein Glas Honig ein. Honig ist bei den meisten dieser Rezepte von entscheidender Bedeutung, und zwar aus Gründen, die in einer Sure des Korans, genannt *Die Biene*, deutlich ausgesprochen werden: »Aus ihrem Innern kommt ein Saft, verschiedenartig in den Farben. In ihm liegt Heilkraft für die Menschen. Siehe, darin liegt fürwahr ein Zeichen für Menschen, die sich Gedanken machen.«[90] Einige Arten von Honig, etwa der aus dem Jemen, gelten auch ohne Zusatz als libidosteigernd und sind in den Golfstaaten beliebte Hochzeitsgeschenke.

Während er Koranverse rezitierte, rührte Muhammad die Mixtur zu einer zähflüssigen klebrigen Paste. Er nahm ein bisschen von dieser karamellbraunen Masse weg und bot sie mir mit klaren Anweisungen an: Ich müsse *bismillah* [im Namen Gottes] sagen, ehe ich es einnehme. Das tat ich, und es schmeckte wie süßes, gewürztes Halva. »Gott gibt einigen Menschen bestimmte Kenntnisse. Dies beruht auf der Tatsache, dass Gott Ihnen antwortet, wenn Sie zu ihm beten, und dann bekommen Sie das Heilmittel durch jemanden wie mich«, erklärte er. Das mag ja sein, aber ich bezweifle, ob es mein Magen verkraften würde, wenn ich zweimal täglich einen Löffel davon zu mir nehmen würde. Doch das ist kein Problem: Muhammad bietet seinen Kunden eine Rückerstattungsgarantie.

Reproduktionsmittel

Impotenz ist nur eine von vielen Ursachen, weshalb ein verheiratetes Paar am ersten Jahrestag der Eheschließung womöglich noch keinen Nachwuchs hat. Während es bei gut ausgebildeten Akademikerpaaren einen Trend gibt, erst ein paar Jahre nach der Heirat das erste Kind zu bekommen, versuchen die meisten anderen Ägypter, sofort ein Kind zu zeugen; weniger als ein Prozent der verheirateten Frauen verhüteten vor ihrer ersten Schwangerschaft.[91] Nur einen Monat nach meiner Heirat fragten mich mehrere ägyptische Freundinnen, ob ich in guter Hoffnung sei. Abgesehen von der Tatsache, dass Ägypter im Allgemeinen sehr kinderliebend sind, hat diese Sorge auch einen pragmatischen Grund; viele Frauen erzählen, dass ein Kind – zwei bis drei gelten heute in den Augen junger Paare als optimal – wichtig ist, um einen Ehemann davon abzuhalten, sich eine weitere Frau zuzulegen.[92] Wie meine Großmutter zu sagen pflegte: »Du musst dem Vogel die Flügel stutzen, sonst fliegt er davon.«

Etwa jedes achte ägyptische Paar ist unfruchtbar, was dem weltweiten Durchschnitt entspricht.[93] Doch in Ägypten, wie in den meisten anderen Ländern der arabischen Welt, fällt der Verdacht fast immer auf die Frau, wenn ein Paar keine Kinder bekommt. Und so kam es, dass Iman, »Unsere Liebe Frau von den schrillen Dessous«, auf meinem Sofa saß und verschämt einen vibrierenden Cockring untersuchte. Ein Jahr nach der Heirat war Iman noch immer nicht schwanger – ein Grund wachsender Besorgnis für die ganze Familie. Sie hoffte, ein bisschen mehr Aufregung im Bett würde den Geschlechtsverkehr ertragreicher machen. Iman hatte bereits eine Reihe von Ärzten konsultiert, die sofort mit einer Behandlung ihrer vermeintlichen Unfruchtbarkeit begonnen hatten, was keineswegs medizinisch geboten schien, da sie noch immer in ihren Zwanzigern war und das neue Paar sich gerade mal in der »Aufwärmphase« befand. Iman war gepikst, untersucht und mit Hormonen vollgepumpt worden, ehe irgendjemand auf die Idee kam, ihren Mann zu untersuchen.

Für Männer ist es in der ägyptischen Gesellschaft sehr wichtig, ein Kind zu zeugen, und daher ist es für sie nicht leicht, Probleme mit der Zeugungsfähigkeit einzugestehen. »Als ich hier vor acht Jahren begann, hätte ich mir niemals vorstellen können, dass männliche Unfruchtbarkeit so weit verbreitet ist«, sagte Amira Badr al-Din Mehany, Leiterin des Embryo-Labors an der Abteilung für künstliche Befruchtung der Al-Azhar-Universität. Im 10. Jahrhundert gegründet, ist Al-Azhar eine der ältesten Universitäten der Welt und an die berühmte gleichnamige Moschee angegliedert; vor ihrer Haustür liegt Khan al-Khalili, der berühmte Suk Kairos. Vor den Pforten der Hochschule erstrecken sich verwinkelte Gässchen und schattige Karawansereien, wo an kleinen Verkaufsständen seit über tausend Jahren Waren feilgeboten werden. Wenn man jedoch den chirurgischen Flügel der Abteilung betritt, saust man förmlich durch die Jahrhunderte bis in die topmoderne Reproduktionsmedizin.

Operationskittel und Handschuhe tragend, sprachen Mehany und ich durch Mundschutz in einem sterilen Labor und sahen durch ein Fenster in einen Operationssaal, in dem ein Chirurg einer Patientin Eizellen entnahm. Wir sahen zu, wie Röhrchen mit einer strohfarbenen Flüssigkeit durch eine Durchreiche ins Labor gegeben wurden. Dort füllte man sie in eine Petrischale um, die unter ein Mikroskop gestellt wurde, wo eine Technikerin durch die Linse spähte und Zahlen herunterrasselte. »Drei hier«, rief sie. »Fünf weitere hier«, verkündete sie, die Ausbeute an Eizellen zählend.

Die reproduktionsmedizinische Abteilung der Al-Azhar hat sich auf ICSI, intrazytoplasmatische Spermieninjektion, spezialisiert. Diese Technik hilft Spermien, die ihrer Aufgabe nicht ganz gewachsen sind, indem sie diese durch einen mikroskopischen Schubs in die Eizelle befördert. Auf der anderen Seite des Labors drehte eine weitere Technikerin an Einstellrädern und hantierte mit zwei Kanülen unter einem Mikroskop – eine hielt die Eizelle fest, während die andere die Spermien injizierte. Mehany versuchte einen kleinen Panasonic-Bildschirm an das Mikroskop anzuschließen, damit ich den Moment der Empfängnis auf dem Bildschirm mitverfolgen konnte. Leider funktionierte der Anschluss nicht; das Einzige, was wir auf den Bildschirm bekamen, war eine unscharfe Wiederholung von *Noor*, einer äußerst populären türkischen Soapopera von 2008. Frauen aus der ganzen arabischen Welt hatten für den attraktiven Hauptdarsteller geschwärmt und sich entsprechend nach der Romantik und Partnerschaft gesehnt, an denen es in ihren eigenen Ehen im Allgemeinen mangelte.[94]

Ich fragte Mehany, wie sich die hohe Rate männlicher Unfruchtbarkeit in Ägypten erklären lasse. »Ich weiß es nicht, vielleicht ist es die Umweltverschmutzung«, antwortete sie. »Und ja, das Rauchen.« Ihre Kollegen hatten andere Erklärungen. »Es sind die Gene«, sagte mir einer von ihnen. In Ägypten gibt es zahlreiche Heiraten zwischen Blutsverwandten – wie in vielen anderen Ländern der Region –, was das Risiko von Gendefekten erhöht, die an die Kinder weitergegeben werden. Aber das meinte er nicht. »Ja, die Jeans«, erklärte er, »bewirken, dass sich die Wärme in den Hoden staut, die dadurch geschädigt werden.«

Abgesehen von Theorien über Unfruchtbarkeit, die auf Kleidung zurückgeht, spekulierten andere in der Abteilung, das Leben auf dem Bauernhof und insbesondere der Kontakt mit Agrochemikalien erklärten womöglich die große Zahl von *fellahin*, Kleinbauern, die bei ihnen landeten. Ich sah, wie sie sich in den Wartezimmern drängten, sowohl Männer als auch Frauen in Galabiyas. Al-Azhar genießt einen hervorragenden Ruf bezüglich der ICSI-Methode, aber das ist nicht der einzige Grund, weshalb arme Menschen in Scharen hierherströmen. Es gibt in Ägypten keinen Mangel an Kliniken, die In-vitro-Fertilisationen durchführen, aber die Kosten eines einzigen Behandlungszyklus belaufen sich auf 10 000 Ägyptische Pfund (etwa 1300 Euro). Im Al-Azhar kostet die Behandlung ein Drittel, und diejenigen, die nach Einschätzung von Sozialarbeitern finanzielle Hilfe nötig haben, erhalten weitere Rabatte. »Manchmal, wenn Paare kommen und zugeben, dass sie kein Geld haben«, sagt Professor Mervat Mohamed, der in der Abteilung arbeitet, »fragen wir uns, weshalb sie Kinder wollen, wo sie sich nicht einmal ordentliche Kleidung leisten können. Sehr, sehr arme Leute. Aber eine der Frauen sagte mir: ›Ich hoffe, ich werde schwanger, und ich will das Kind austragen‹ – nur um zu spüren, dass sie schwanger ist, dass sie eine Frau ist.« In Ägypten wird eine kinderlose Frau *maskiina* genannt, »die Bedauernswerte«; dass eine verheiratete Frau freiwillig kinderlos bleiben könnte, ist für die meisten Leute völlig unvorstellbar.

Die Erzeugung von Retortenbabys ist grundsätzlich keine leichte Sache, aber in arabischen Ländern kommen zusätzliche Herausforderungen dazu. Wie andere Körperflüssigkeiten wird auch Sperma im Islam als rituell unrein betrachtet, und daher gilt sowohl für Männer wie auch für Frauen das Gebot, sich nach dem Geschlechtsverkehr zu waschen (was erklärt, weshalb in ärmeren Gegenden Ägyptens, wo Nachbarn dicht beieinanderwohnen und oftmals Bäder gemeinsam benutzen, Frauen, wenn sie sich duschen, dafür sorgen, dass dies auch alle mitbekommen – beweist es doch eindeutig, dass ihre Ehemänner sie noch immer begehren). Frauen duschen sich meist unmittelbar nach dem Sex; viele empfinden es als sehr unangenehm, wenn sie auf Anraten ihres Fruchtbarkeitsspezialisten nach der Ejakulation mindestens eine halbe Stunde auf dem Bauch liegend warten sollen, ehe sie sich waschen.[95]

Das größere Problem besteht jedoch darin, überhaupt eine Spermaprobe zu erhalten. Viele Männer erleben Masturbation als etwas zutiefst Verstörendes, und sie führen sogar ihre Zeugungsunfähigkeit auf diese Praktik zurück. Religionsgelehrte ringen seit über tausend Jahren mit der Frage, ob Masturbation zulässig ist. Asch-Schafi'i, der Ende des 8., Anfang des 9. Jahrhunderts eine der großen islamischen Rechtsschulen begründete, erklärte, Selbstbefriedigung sei *haram*, wobei er sich auf einen Koranvers berief, der nur die Männer zu den wahren Gläubigen zählt, »die ihre Scham bewahren – außer gegenüber ihren Ehefrauen oder dem, was ihre Rechte besitzt, dann sind sie nicht zu tadeln. Wer darüber hinaus begehrt, das sind die Gesetzesbrecher.«[96] Einige Rechtsgelehrte sind jedoch anderer Ansicht: Ibn Hanbal zum Beispiel, der Begründer einer anderen islamischen Rechtsschule, behauptete, Masturbation sei immer noch besser als Ehebruch und daher erlaubt, insbesondere für Reisende, Gefangene und andere, die keine gesetzlichen Sexualpartner hätten; einige seiner Anhänger ließen sie sogar für Frauen zu.[97] Andere Religionsgelehrte haben Masturbation mit einem Muslim verglichen, der während des Ramadan wegen Krankheit das Fasten bricht, was im Islam erlaubt ist; aus demselben Grund sahen sie in der Masturbation die notwendige Freisetzung einer ansonsten schädlichen Ansammlung von Sperma in den Hoden.[98] Insgesamt aber haben Religionsgelehrte die Praktik missbilligt, und zwar unter Verweis auf Hadithe, die beispielsweise Onanisten von Gottes Erbarmen beim Jüngsten Gericht ausschließen und sie stante pede in die Hölle fahren lassen.[99]

Eine Spermaprobe zur Behandlung der Unfruchtbarkeit abgeben zu müssen – meist auf der Kliniktoilette –, ist für viele daher ein echtes Problem. Die reproduktionsmedizinische Abteilung an der Al-Azhar-Universität verfährt diskret und stellt einen eigenen Raum bereit, der versteckt an einem Seitengang liegt, damit sich die Samenspender etwas wohler fühlen. »Es passiert hier ständig, wir bitten den Mann, eine Probe abzuliefern, und er bleibt den ganzen Tag hier, ohne dass es klappt«, erklärte Mohamed. Die Al-Azhar-Universität ist an eine der ältesten und angesehensten religiösen Institutionen in der muslimischen Welt angegliedert, und Mohamed ist eine kultivierte, freundliche Frau im Hijab. Und so war es mir ein wenig peinlich, sie zu fragen, ob die Abteilung den Patienten durch Pornomagazine oder Videos die Aufgabe ein wenig erleichtere. Worauf sie ohne zu zögern antwortete: »Wir stellen ihnen kein Material zur Verfügung. Wir bieten ihnen diesen privaten Raum an, in den sie ihre Frau mitnehmen können. Er weiß, wie er es tun soll; bevor er zur Klinik kommt, erhält er die Anweisungen. Wir arbeiten nicht wie andere [Kliniken], [wo man] solche Sexfilme anbietet. Wir geben ihnen den Becher, das ist alles.«

Der Islam setzt der assistierten Fortpflanzung auch gewisse Grenzen. In Ägypten sind Techniken, bei denen die eigenen Geschlechtszellen des Paars verwendet werden – künstliche Befruchtung, In-vitro-Fertilisation und ICSI –, erlaubt, während Samen- und Eizellspende und Leihmutterschaft verboten sind.[100] Al-Azhar legte die gesetzlichen Grundlagen in einer Fatwa von 1980, die tonangebend war für sunnitische Muslime in der ganzen arabischen Welt.[101] Die sunnitischen Autoritäten begründen dies damit, dass die Fortpflanzung eine Angelegenheit zwischen Ehemann und Ehefrau sei; die Verwendung der Geschlechtszellen einer anderen Person entspreche *zina*, und ein Kind, das aus einer solchen Verbindung hervorgehe, sei unehelich, also unrechtmäßig. Dabei geht es vor allem um *nasab* – die Verwandtschaft eines Kindes mit der väterlichen Linie –, die sehr vieles bestimmt, angefangen von der Frage, wem sich eine Frau unverschleiert zeigen darf, bis hin zu den Erbrechten. Daher stehen diese Techniken nur Verheirateten zur Verfügung – Witwen dagegen, die die eingefrorenen Spermien ihres toten Ehemanns oder Embryonen von früheren IVF-Zyklen verwenden wollen, stoßen mit ihrem Anliegen auf erheblichen Widerstand.

Aber keiner dieser technologischen Fortschritte hat Iman geholfen. Drei Jahre nach ihrer Heirat war sie noch immer nicht schwanger. Sie und, mit Verspätung, auch ihr Ehemann waren reproduktionsmedizinisch für gesund erklärt worden; das Problem war jetzt eher mangelnde Gelegenheit. Die dürftigen Effekte der Tipps und Toys aus unserer Sitzung waren längst verpufft, und als dann der Aufstand losbrach, schliefen sie und ihr Mann bereits nur noch selten miteinander, weil es ihm größere Befriedigung bereitete, im Netz nach Pornographie zu surfen und Frauen auf Facebook anzubaggern, auch wenn konservative Muslime drohten, derlei Online-Entertainment zu blockieren und zu verbieten. Jenseits des Schlafzimmers war ihre Ehe am Ende – und Iman versuchte sich mit der Aussicht abzufinden, dass er sich eine zweite Frau nimmt, die ihm Kinder schenkt. Eine völlig niedergeschlagene Iman verwünschte den Tag, an dem sie sich an der Unterhaltung über Sextoys beteiligt hatte. Sie schob die Schuld allein auf *hasad*, den bösen Blick: Nachdem sie bei unserem Treffen offen über ihr frisches Eheglück gesprochen hat, glaubt sie, der Neid ihrer Schwestern sei die Ursache für ihren unerfüllten Kinderwunsch.

Zuschlagen

Beim morgendlichen Kaffeeklatsch saß Wisam, eine weitere Schwester Azzas, schweigend auf dem Sofa, wie ein Gespenst. Im Unterschied zu den anderen Frauen, deren sorgfältig aufeinander abgestimmte Hijabs, Tuniken und Hosen in bunten Farben schillerten, trug sie Schwarz und Grau. Wenn Wisam einmal sprach, dann mit gebrochener Stimme, so als finde sie kaum die Kraft, um ihre Erschöpfung und geringe Libido zu beschreiben. Als nicht berufstätige Mutter mit einem jungen Sohn suchte Wisam nach etwas, das ihr wieder ein wenig Freude am Leben im Allgemeinen und am Sex im Besonderen geben würde. Wie sich jedoch zeigte, war die Ursache ihrer Energielosigkeit jenseits lauer Zustände im Schlafzimmer zu suchen.

Wie ein Drittel aller ägyptischen Frauen war auch Wisam Opfer häuslicher Gewalt. Die Schläge und Beschimpfungen begannen vor einigen Jahren, in ihrem achten Ehejahr. Etwa jede zehnte verheiratete Frau in Ägypten erlebt überdies sexuelle Gewalt; Wisam ist eine von ihnen, denn ihr Ehemann zwingt sie zum Geschlechtsverkehr, ganz gleich, in welcher Stimmung er oder sie sich befindet. Gewalt gegen Intimpartner ist ein weitverbreitetes Phänomen in der arabischen Welt, und die wenigen statistischen Daten, über die wir verfügen, unterschätzen zweifellos das Ausmaß des Problems.[102] Wisam ist in vielerlei Hinsicht typisch: Der Missbrauch beginnt frühzeitig, und jüngere Frauen wie sie, ohne Arbeit und finanziell abhängig von ihren Ehemännern, sind besonders gefährdet. Auch wenn vor allem arme, ungebildete Frauen von Missbrauch betroffen sind, stellt Bildung nicht unbedingt einen Schutz dar; sowohl Wisam als auch ihr Ehemann haben studiert.

Eines der Probleme bei dem Versuch, die Gewalt gegen Intimpartner einzudämmen, ist das Ausmaß, in dem Frauen in Ägypten und viele ihrer Geschlechtsgenossinnen in der Region Gewalt nicht nur hinnehmen, sondern sogar billigen. In der landesweiten Umfrage unter verheirateten Frauen in Ägypten zum Beispiel erklärte rund ein Drittel der Befragten, ein Ehemann habe das Recht, seine Frau zu schlagen, wenn sie außer Haus geht, ohne es ihm zu sagen, oder die Kinder vernachlässigt; ein Viertel ist der Meinung, sie verdiene eine Tracht Prügel, wenn sie ihn abweise.[103] Junge Ägypter sehen es ähnlich streng.[104] Einige berufen sich auf den Islam und behaupten, der Koran erlaube es Männern, ihre Frauen zu züchtigen, und verpflichte diese dazu, ihren Männern zu Diensten zu sein: »Die frommen Frauen sind demütig ergeben, hüten das Verborgene, weil auch Gott es hütet. Die aber, deren Widerspenstigkeit ihr befürchtet, die ermahnt, haltet euch fern von ihnen auf dem Lager, und schlagt sie. Wenn sie euch gehorchen, dann unternehmt nichts weiter gegen sie. Gott ist hoch erhaben, groß.«[105] Diese Verse müssen freilich gedeutet werden, und sie rechtfertigen gewiss nicht die Gewalt, die viele Frauen erleben.[106] Gewalt gegen Ehefrauen ist aufs Engste mit der patriarchalischen Kultur Ägyptens verbunden, wo Männer (noch) richtige Männer sind, und Gewalt gehört da eben mit dazu; Frauen werden so erzogen, dass sie sich damit abfinden, ihre Fügsamkeit ist die Gegenleistung für seine finanzielle Unterstützung. Aus dem gleichen Grund wissen wir kaum etwas über den umgekehrten Fall – tätliche Angriffe von Frauen auf ihre Ehemänner, zum Teil, weil diese zweifellos seltener sind als die Gewalt gegen Frauen, aber auch weil es dem vorherrschenden Stereotyp von Männlichkeit widerspricht, in dieser Weise den Spieß umzudrehen.

Überall in der arabischen Region gibt es Versuche, aus diesem Teufelskreis auszubrechen. In Ägypten zum Beispiel bemühen sich in den letzten Jahren vermehrt Frauenhäuser, Hotlines, kostenlose psychologische und rechtliche Beratungsdienste sowie ein nationaler Ombudsmann für Frauenfragen und ein Netzwerk von NGOs darum, Gewalt gegen Frauen auf die politische und die persönliche Agenda zu setzen. Diese Initiativen stoßen allerdings auf eine Vielzahl praktischer Hindernisse – einschließlich unzureichender Bekanntheit bei den möglichen Nutznießerinnen.[107] Wisam, eine gebildete Frau, die in der Hauptstadt lebt, wusste schlichtweg nicht, dass solche Dienste verfügbar sind; diejenigen, die in entlegeneren Regionen Ägyptens leben, könnten sich kaum erlauben, solche Hilfsangebote in Anspruch zu nehmen, selbst wenn sie leicht zugänglich wären.

Es geht um Akzeptanz. Wie die meisten Frauen zog es auch Wisam vor, das Problem innerhalb der Familie zu belassen. Ihre Schwestern rieten ihr, den Ehemann zu verlassen, was eher ungewöhnlich ist; Studien zeigen, dass Frauen ihren Geschlechtsgenossinnen meistens raten, nicht aufzumucken, teils aus praktischen Erwägungen, wie etwa Finanzen und Sorgerecht für die Kinder, und teils, weil sie das System selbst verinnerlicht haben und aus diesem Grund Frauen tadeln, die aus dem Kreislauf von Duldung und Beschwichtigung des Ehemanns ausbrechen.[108] In Wisams Fall jedoch waren es ihre Brüder, die um den Ruf der Familie und ihre eigene Autorität fürchteten und ihr deshalb rieten, zu ihrem Mann zurückzukehren.

Als die Gewalt nicht aufhörte, unternahm Wisam den ungewöhnlichen Schritt, bei der Polizei Anzeige zu erstatten. Das ägyptische Gesetz ist nicht gerade frauenfreundlich, was häusliche Gewalt anlangt. Auch wenn Ägypten eine Reihe internationaler Abkommen über Menschenrechte ratifizierte, die sich auch auf Gewalt gegen Frauen erstrecken, einschließlich des Übereinkommens zur Beseitigung jeder Form von Diskriminierung der Frau (CEDAW), und die ägyptische Verfassung im Lauf der Jahre eine Menge schöner Worte über die Rechte von Frauen und Männern hinzugefügt hat, gibt es bislang noch kein eigenes Gesetz gegen häusliche Gewalt. Vergewaltigung in der Ehe ist ein noch heiklerer Fall, da sie ungeachtet der Anstrengungen von Frauenrechtsorganisationen, wenigstens auf dem Papier einen gewissen Schutz zu erhalten, im ägyptischen Recht nicht als Delikt anerkannt ist.[109] Als Wisam versuchte, ihren Ehemann wegen allgemeiner Körperverletzung anzuzeigen, weigerte sich die Polizei, die Anzeige aufzunehmen, mit der Begründung, ein Mann habe das Recht, seine Frau zu züchtigen.

Wisam aber, eine junge Frau Anfang dreißig, war nicht gewillt, dies tatenlos hinzunehmen. Nachdem sie jahrelang vergeblich nach einer Stelle gesucht hatte, fand sie schließlich einen einfachen Job in einem Callcenter eines der ägyptischen Mobilfunkunternehmen. Daraufhin beschloss sie, sich scheiden zu lassen.

Obwohl in zunehmendem Maße auch Frauen zugänglich, ist es nach wie vor gesellschaftlich nicht akzeptiert, sich scheiden zu lassen. In Ägypten und überall in der arabischen Region besteht eine verbreitete Sorge über eine vermeintliche Welle scheiternder Ehen, insbesondere bei frischverheirateten Mittelschichtpaaren, deren unüberbrückbare Differenzen oftmals darauf hinauslaufen, dass sich Bräute darüber beklagen, ihre liebevollen Verlobten hätten sich in Kontrollfreak-Ehemänner verwandelt, während die Männer jammern, ihre neuen Frauen seien zu unabhängig und ließen es an der »althergebrachten« Aufmerksamkeit gegenüber ihren Bedürfnissen mangeln. Doch je nachdem, wo man nachschaut, stützen die amtlichen Statistiken nicht unbedingt düstere Vorhersagen über den Zerfall der Gesellschaft aufgrund zunehmender Scheidungen.[110] So lag die Scheidungsrate in Ägypten in den letzten zehn Jahren bei ein bis zwei Scheidungen pro tausend Einwohner, womit sie niedriger ist als 1960.[111] Es mag den Anschein haben, als wäre die Zahl der Scheidungen gestiegen, unter anderem, weil die Scheidungsraten in einigen Gebieten Ägyptens weit über dem nationalen Durchschnitt liegen – in Kairo zum Beispiel – und weil gescheiterte Ehen heute mehr öffentliche Aufmerksamkeit finden, da geschiedene Frauen in zunehmendem Maße aus dem Schatten heraustreten.[112]

Eine geschiedene Frau, die mitten im Rampenlicht steht, ist Mahasin Sabir. Sie ist die Schöpferin und eine Moderatorin von *Motalakat* (Geschiedene Frauen) *Radio* und der entsprechenden Facebook-Seite. *Motalakat*, das von Zagazig, einer Stadt im Norden von Kairo, aus sendet, hat Tausende von Fans überall in der arabischen Welt und darüber hinaus. Seine Sendungen – darunter etwa »Missverstanden und Fehler«, »Mutter im Haus« oder »Dein Sohn, wie du ihn erziehst« – vermitteln eine Vorstellung von den Sorgen der Zuhörer, Männern und Frauen, die regelmäßig per E-Mail, Instant Messenger und Facebook mit Sabir in Verbindung treten.

»Ich will die Sichtweise auf geschiedene Frauen verändern«, sagte mir Sabir. »Eine Frau, die sich scheiden lassen will, ist keine schlechte Frau. Eine Frau, die sich scheiden lassen will, ist keine Nutte, die mit jedem schläft. Hier in unserer Gesellschaft wird sie aber so gesehen; in den Gerichten ist sie in den Augen des Anwalts und des Richters aber genau das: Sie ist leicht zu kriegen. Ich will die Gesellschaft ansprechen, die Männer und die Frauen. Nun gut, sie haben ein Mädchen [eine Tochter], die geschieden ist, oder eine Mutter, die geschieden ist: Betrachten Sie die geschiedene Frau in einer menschlichen Art und Weise.« Ihre betrübliche Diagnose wird von Studien bestätigt: In einer landesweiten Umfrage unter ägyptischen Jugendlichen erklärten rund zwei Drittel der jungen Männer und Frauen, ihrer Meinung nach seien Geschiedene gesellschaftlich nicht respektiert.[113]

Sabir weiß, wovon sie spricht. Nach zweijähriger unglücklicher Ehe verbrachte sie vier weitere Jahre mit dem Versuch, sich von ihrem Ehemann loszureißen. Im Interesse ihres kleinen Sohnes möchte sie über die Gründe der Scheidung nicht öffentlich sprechen. Umso bereitwilliger spricht sie über deren Konsequenzen; sie waren der Grund dafür, dass sie 2008 begann, über ihre Erfahrungen zu bloggen. Die weitgehend positive Resonanz darauf – hauptsächlich von Männern – veranlasste sie dazu, *Motalakat Radio* zu gründen.

Sabir, die Anfang dreißig ist, lebt mit ihrem Sohn, ihrer Mutter und ihrem Bruder zusammen. Die Beziehung zwischen Mutter und Tochter ist nie gut gewesen, und ihre Mutter war entschieden dagegen, dass sie sich scheiden ließ. Trotzdem beschloss Sabir, engen Kontakt zu halten, damit ihr Sohn ein Gefühl der Zugehörigkeit bekommt. »Ich will die Seele meiner Familie nicht verlieren, aber ich wünschte mir sehr oft, allein zu sein«, sagte sie. Dieses familiäre Sicherheitsnetz ist einer der Gründe dafür, dass vor allem Frauen nicht ohne Zustimmung ihrer Eltern heiraten wollen, denn vielen geschiedenen Frauen bleibt praktisch kaum etwas anderes übrig, als in den Schoß der Familie zurückzukehren, wenn sie den Ehestand wieder verlassen. »Eine unverheiratete oder geschiedene Frau, die allein lebt? Katastrophe!«, sagte sie lachend. »Hier in unserer Gesellschaft gilt es als unschicklich, wenn sie spät nach Hause kommt, also zum Beispiel um 21 Uhr. Sehr viele geschiedene Frauen gehen deshalb nicht aus und arbeiten nicht, um das Image aufrechtzuerhalten, dass sie höfliche und sittsame Frauen sind.«

Ein Teil des Problems ist das Stereotyp, wonach eine geschiedene Frau eine »sexuelle Freibeuterin« ist, die auf der Jagd nach Männern (und das bedeutet den Ehemännern anderer Frauen) ist, um ihre Lust zu befriedigen. »Die Leute hier glauben, dass sie mit jedem Mann mitgehen kann. Sie ist keine Jungfrau mehr, also kann sie leicht mit jedem ins Bett steigen«, erzählte mir Sabir. »Männer und Frauen haben bescheuerte Vorstellungen. Wenn sie mit einem anderen Mann gehen will, kann sie das tagsüber tun; sie wartet nicht bis zum Abend, um mit ihm zusammen zu sein. Man muss sich hier ständig mit Schwachköpfen auseinandersetzen.« Das Zeitalter der Aufklärung erwartet Sabir nicht in der nahen Zukunft. »Die Revolution hat nichts an der gesellschaftlichen Sicht auf geschiedene Frauen geändert. Noch nicht; vielleicht in zweihundert Jahren.«

Sabir glaubt, dass die Einstellungen zur Scheidung in Ägypten heute weniger tolerant sind als in der Jugend ihrer Eltern. »Menschen stehen der Scheidung heute ablehnender gegenüber als früher. Wir haben hier

Wahhabiten*, das ist wirklich schade. Sie machen unsere Gesellschaft so engstirnig, sie sind eine echte Katastrophe für uns. Kultur, Kunst, so viele schöne Dinge hatten in Ägypten immer einen hohen Stellenwert, aber die Wahhabiten und deren Fernsehkanäle verdrehen den Leuten in puncto Religion den Kopf. Sie missbrauchen die Religion.«

Diese Kritik am Islam wurde durch die Einführung des *khul'* ins ägyptische Familiengesetz angeheizt, also das Recht der Frau, sich aus eigener Initiative von ihrem Ehemann scheiden zu lassen, vorausgesetzt, sie verzichtet auf sämtliche finanziellen Ansprüche und zahlt ihre *mahr* [Brautpreis] zurück, neben anderen Bedingungen. Es ist einer von drei verschiedenen Scheidungstypen – die anderen sind *talaq*, bei dem ein Mann sagt: »Ich lass mich dreimal von dir scheiden«, und dies von einem Heiratsnotar beurkunden lässt, sowie die Scheidung nach dem Verschuldensprinzip, bei der Ehefrauen die Vertracktheiten des ägyptischen Rechtssystems tapfer durchstehen müssen, wenn sie sich wegen böswilligem Verlassen oder anderen Formen der Misshandlung von ihren Männern trennen wollen.[114] Laut Sabir ziehen es die meisten Männer vor, sich durch die Gerichte schleifen zu lassen, was Jahre dauern kann, denn dadurch schieben sie nicht nur Unterhaltszahlungen auf, sondern sie müssen zunächst auch nicht die gemeinsame Wohnung ihrer Exehefrau und ihren Kindern überlassen. In der Zwischenzeit können sich Ehemänner – offiziell oder nicht – eine andere Ehefrau nehmen, während die Erstfrauen zur Untätigkeit verdammt sind und kein neues Kapitel in ihrem Leben aufschlagen können, bis die Ehe förmlich aufgehoben wurde. Immer mehr Geschiedene verheiraten sich wieder: Ungeachtet des mit der Scheidung verbundenen gesellschaftlichen Makels ist die Wiederverheiratung eine auch ökonomisch attraktive Option für manche Männer, da Zweitfrauen nicht nach all dem Drum und Dran einer weißen Hochzeit und einer ersten Ehe suchen. Und daher eröffnet *khul'* Frauen einen Ausweg, auch wenn sie diejenigen ohne eigene Mittel auf eine harte (Gedulds)-Probe stellt.

* Der Wahhabismus ist eine ultrakonservative Interpretation des sunnitischen Islam, die im 18. Jahrhundert im heutigen Saudi-Arabien entstanden ist und mittlerweile dank der saudischen Wirtschaftsmacht weltweit auf dem Vormarsch ist.

Als *khul'* im Jahr 2000 offiziell ins Familiengesetz aufgenommen wurde, entfachte es eine hitzige Debatte über die rechtmäßige Rolle von Frauen und enthüllte eine tiefsitzende männliche Angst. Im Gefolge des Aufstands versuchten konservative Gegner von *khul'* die Praktik einzuschränken, wobei sie neue Munition in der Tatsache fanden, dass das Gesetz eng mit der alten Regierung verbunden war. Noch belastender in ihren Augen ist seine Verbindung mit Suzanne Mubarak, der ehemaligen First Lady, die, abgesehen davon, dass sie Teil eines diskreditierten Regimes war, sich auch aktiv für eine in den Augen vieler westliche Frauenrechtsagenda einsetzte, die traditionelle islamische Werte untergrabe. Dabei übersah man geflissentlich, dass die Ursprünge von *khul'* im Islam selbst liegen.[115]

Ganz egal, wie Frauen aus ihrer Ehe herauskommen, glaubt Sabir, dass sie letzten Endes immer auf der Verliererseite stehen: »Wenn sie die Scheidung einreicht, ist sie eine schlechte Frau, eine böse Frau, die die Bande zu ihrer Familie gekappt hat. Sie forderte ihren Ehemann auf, sich von ihr scheiden zu lassen, also ist sie die Böse. Wenn sich andererseits der Mann von der Frau scheiden lässt, heißt es: Sie ist eine Loserin, sie ist nicht in der Lage, den Haushalt zu führen, sie kann ihren Ehemann nicht halten und ihn nicht zufriedenstellen. Sie wollen, dass sie den Clown für ihn macht, wie in dem Song von Elton John *Don't Go Breaking My Heart.*«

Bei *Motalakat Radio* wollen geschiedene Frauen unbedingt über Gefühle sprechen, während bei ihren männlichen Pendants Geldfragen im Mittelpunkt stehen – wie sie nach einer Trennung und den damit verbundenen finanziellen Verpflichtungen über die Runden kommen sollen. Ich fragte Sabir, ob die Hörerschaft auch darüber spricht, dass Sex unter Umständen zum Scheitern einer Ehe beiträgt, wenn man bedenkt, mit welchen übersteigerten Erwartungen viele in die Ehe gehen und dass es später oft zu Kommunikationsproblemen kommt. »Die Hälfte der Frauen wollen sich scheiden lassen, weil sie sexuell unglücklich sind. Aber sie haben Angst, darüber zu sprechen. Erstens vor der Gesellschaft, Angst vor ihren Familien und ihren Kindern«, erklärte sie. »Wenn ihr Sohn sie fragt: ›Mutter, warum hast du dich von Vater scheiden lassen?‹, wird er es wohl kaum akzeptieren, wenn sie erklärt, dass es aus sexuellen Gründen geschah. Er ist ein Junge in einer arabischen Gesellschaft, er hat keinerlei eigene sexuelle Erfahrung, und er weiß nicht, dass es für Menschen sehr wichtig ist. Er wird seine Mutter nicht verstehen. Sie fürchtet, ihren Sohn, ihre Familie zu verlieren.« Es sei die alte Doppelmoral, erklärte Sabir. »Die Frau hat also Angst, darüber zu reden. Ein Mann dagegen sucht sich einfach eine andere Frau; er wird mit einer, zwei oder drei Frauen sehr glücklich werden. Sie hat dieses Recht nicht. Sie muss traurig, unglücklich sein, die schlechte Behandlung hinnehmen und gefälligst nur dafür leben, ihre Kinder aufzuziehen. Das verlangt die Gesellschaft von ihr. Sie kann nicht sagen: ›Ich hab ein Recht auf Sexualität, ich will glücklich sein.‹ Wenn sie das sagt, wird es heißen, sie sei eine verkommene Frau.«

Sabir selbst heiratete nach einer stürmischen dreimonatigen Romanze. Sie lernte ihren späteren Ehemann im Supermarkt kennen. »Es war eine Liebesgeschichte wie in einem Kinofilm. Ich hab eine starke Seelenverwandtschaft mit ihm gespürt. Du siehst alles durch die rosarote Brille, und anschließend kommt der große Schock.« Ihre lebhafte Stimme senkte sich. »Ich war so unglaublich in ihn verliebt. Und nach der Heirat hab ich so sehr unter ihm gelitten.« In Ägypten gibt es die Redensart: »Die Ehe ist wie eine Wassermelone; man weiß erst dann, wie's drinnen aussieht, wenn man sie angeschnitten hat.« Und so fragte ich sie, ob die persönliche Freiheit im Westen, voreheliche sexuelle Beziehungen einzugehen, die Partnern die Gelegenheit gebe, sich gegenseitig kennenzulernen, ihr dieses Leid erspart hätte. Sabir bezweifelte, dass »offene Beziehungen« vor der Ehe im Anschluss zu weniger Scheidungen führten: Man sehe sich doch nur Madonna und ihre vielen Ehemänner an, sagte sie mir. In ihren Augen lag der Vorteil der westlichen Vorgehensweise anderswo. »Es kommt darauf an, wie man nach der Heirat miteinander umgeht … Im Westen ist es zweifellos besser als in der arabischen Gesellschaft, weil die Männer dort davor zurückscheuen, Frauen ungerecht zu behandeln. Ihre Eltern und die Gesellschaft erziehen sie dazu, Frauen zu respektieren. Hier in der arabischen Gesellschaft läuft das anders. Die Gesellschaft und die Familie bringen Männern schon sehr früh bei, Frauen schlecht zu behandeln, und sie fangen mit ihrer Schwester und ihrer Mutter an und führen es dann mit ihrer Frau fort … Manche Männer glauben, sie müssten zeigen, dass sie echte Männer und dass Frauen schwache Geschöpfe sind.«

Wisam beweist das Gegenteil. Als ihr Ehemann sie nicht freigeben wollte, versuchte sie es mit *khul'*, nur um von ihren Anwälten zu hören, dass diese Fälle in den Gerichten praktisch auf Eis gelegt seien. Wisam entschied sich für de facto *khul'*, indem sie ihren Mann auszahlte und auf sämtliche Unterhaltsansprüche verzichtete, in der Hoffnung, dass er sie gehen lässt. Aber selbst wenn es ihr gelingt, sich schließlich von ihrem Mann zu trennen, liegen weitere Schwierigkeiten vor ihr. Seit 2005 bekommen geschiedene Frauen in Ägypten in der Regel das Sorgerecht für ihre Kinder zugesprochen, bis diese fünfzehn Jahre alt sind – dann lässt das Gericht die Kinder entscheiden, bei welchem Elternteil sie leben wollen. Mit dem Sorgerecht verlieren geschiedene Frauen aber auch das Recht, in der ehelichen Wohnung zu leben. Konservativen Muslimen ist diese Gesetzesänderung jedoch schon seit langem ein Dorn im Auge, und sie wollen das Sorgerechtsalter senken.[116] Wenn ein entsprechendes Gesetz verabschiedet wird, könnte es so kommen, dass Wisam ihre Freiheit mit ihrem Sohn bezahlt.

Was Azza betrifft, so hatte der Aufstand unerwartete Folgen für ihr Eheleben. Ihr Mann, der einst im Bett so nachlässig war, wurde ein aufmerksamer Liebhaber. Azza war sich nicht ganz sicher, wie lange er das aufrechterhalten konnte – sprich die Fürsorglichkeit –, aber sie war glücklich, solange es währte. »Er hat sich sehr verändert. Er liest eine Menge über dieses Thema, aus islamischer Sicht – tu dies und jenes, um deine Frau glücklich zu machen«, sagte Azza lächelnd. »Er schickt mir ständig Artikel darüber, wie ich mein Verlangen befriedigen kann.« Er begann auch, mehr auf sich zu achten; er bemühte sich, sein Aussehen aufzumöbeln, indem er dem Hochglanzbild des arabischen Mannes mit Dreitagebart und scharf geschnittenen Zügen aus tausend Werbeanzeigen für Mode und Pflegeprodukte nacheiferte. Azza glaubt, ihr größeres Wissen über Sex, das sie sich, ausgelöst durch unsere Gespräche über mein Projekt, im Lauf der Jahre aneignete, habe zusammen mit ihrer relativ starken Position innerhalb der Ehe die Veränderungen bewirkt. »Seitdem ich dich kennengelernt habe, bemüht er sich, dass es auch mir Spaß macht. Vielleicht weil ich mehr verdiene als er, vielleicht weil ich ihn verlassen und zu einem anderen Mann gehen könnte. Vielleicht. Er glaubt, er könne mich auf diese Weise anziehen.«

Azza und ihre Familie und Freunde sind nur ein Tropfen im Meer der Ehe in Ägypten und der arabischen Welt. Ungeachtet der ehelichen Nöte soll das jedoch nicht heißen, dass es in der Region keine glücklich verheirateten Paare gäbe – natürlich gibt es sie. Aber man braucht nur eine x-beliebige Zeitung aufzuschlagen, irgendein Frauenmagazin durchzublättern, sich irgendeine Talkshow anzusehen oder eine Website aus der arabischen Region aufzusuchen, und man wird Menschen finden, die über Eheprobleme sprechen. Es ist schwer vorstellbar, wie die Demokratie in einer Gesellschaft florieren soll, wenn deren konstitutioneller und kultureller Eckpfeiler in der Familie so undemokratisch ist. Es wird die Arbeit von mindestens einer Generation sein, die demokratischen Werte einschließlich gleicher persönlicher Freiheitsrechte in der Ehe zu verankern. Die Änderung von Gesetzen, auf dem Papier und in der Praxis, um die Gleichstellung von Mann und Frau zu erreichen, ist nur ein Teil davon. Es ist wichtig, Frauen zu befähigen, diese Rechte zu verwirklichen, aber genauso wichtig ist es, mit Männern zu arbeiten, damit sie die Gleichheit innerhalb der Ehe nicht nur akzeptieren, sondern sich zu eigen machen, als Ausdruck ihres Glaubens, statt darin einen Verstoß dagegen zu sehen. Es mangelt nicht an lobenswerten Berichten und verdienstvollen Basisprojekten, die der Ungleichheit der Geschlechter in der arabischen Region entgegenwirken, aber nur wenige haben bislang etwas gegen die sexuelle Malaise unternommen, die im Zentrum so vieler Ehen steht.

Im besten Fall mag ein neues Klima der Offenheit in Ägypten und der gesamten arabischen Region die Menschen dazu veranlassen, anerkannte Wahrheiten im privaten wie im politischen Leben in Frage zu stellen. Wenn bessere wirtschaftliche Aussichten und weniger alltägliche Unterdrückung etwas Druck von den Paaren nehmen, mag dies einiges zur Verbesserung der Beziehung zwischen den Ehepartnern beitragen. Wenn Männer sich durch die Welt da draußen nicht mehr so stark bedroht fühlen, wenn sie spüren, dass sie mehr Wahlmöglichkeiten im Leben haben als nur die ausgetretenen Pfade ihrer Väter und deren Väter, sind sie vielleicht eher bereit, alternative Rollen für Frauen in verschiedenen Bereichen, das Schlafzimmer eingeschlossen, zu akzeptieren.

Aber all dies wird dauern, und die neue Ordnung wird ihre Grenzen haben. Ich rechne nicht damit, dass die Ehe in Ägypten oder dessen arabischen Nachbarstaaten so bald aus der Mode kommt. In absehbarer Zukunft wird die Ehe der einzige öffentlich anerkannte Rahmen für sexuelle Aktivitäten bleiben, wie problematisch dies für den einen oder anderen oder beide Partner sein mag. Oder, wie es Abdessamad Dialmy, den wir im letzten Kapitel kennenlernten, so treffend formulierte: »Ein Führerschein ist die Erlaubnis, ein Auto zu fahren; in der arabischen Region ist die Heirat die Erlaubnis zu vögeln.« Aber was ist mit den vielen Millionen jungen Menschen in der gesamten Region, die diesen Test nicht bestehen oder ihn gar nicht erst absolvieren können? Was soll ein arabischer Single tun?

3
SEX UND DER ARABISCHE SINGLE

Die Ehre eines Mädchens ist wie ein Streichholz; sie leuchtet nur ein Mal. *Ägyptisches Sprichwort*

»Sein oder nicht sein?«

Ich stand inmitten einer *milyuniyya* – einem jener Massenproteste auf dem Tahrir-Platz, der nach dem Aufstand zu einem festen Bestandteil des Lebens in der Innenstadt geworden war. Es war ein dramatischer Unterschied zu dem Kairo, wie ich es kannte, wie es noch ein Jahr zuvor gewesen war. Ägypten ist ein Land für alte Männer, die auf so gut wie allen Gebieten – von familiären bis zu Staatsangelegenheiten – das Heft in der Hand halten. Aber auf dem Tahrir-Platz gaben die jungen Leute den Ton an: selbsternannte Wachleute an den Barrikaden, die Ausweise kontrollierten und uns nach Waffen abtasteten; Medizinstudenten, die Mundschutz gegen die Tränengasschwaden verteilten; junge Männer, die in den Nebenstraßen gegen Armee und Polizei kämpften; und die Tausende von Teenagern und Twens, die in einer Atmosphäre umherliefen, die halb Rave-Party, halb politische Kundgebung war.

»Sein oder nicht sein?« Eine Frau, deren Hijab aus einer ägyptischen Fahne bestand, der Adler geschickt an der Stirn platziert, löste sich aus der Menge, trat dicht an mich heran und wiederholte ihre Frage.

»Wie bitte?«, fragte ich, durch das überraschende Shakespeare-Zitat und das Spektakel ringsherum aus der Fassung gebracht. Neben mir lümmelten ein paar Männer und eine Frau auf dem Gehsteig und rauchten Haschisch. Ein junger Imam im traditionellen Gewand und mit Turban blieb stehen, um ihnen die Leviten zu lesen, aber sie entgegneten, er solle sich um seine eigenen Angelegenheiten kümmern. Unmittelbar vor mir nahm eine junge Frau einen Anruf ihrer Mutter entgegen; sie versicherte ihr, alles sei bestens, und sie wies ihre dringliche Bitte ab, sofort nach Hause zu kommen. Unterdessen schlenderten junge Pärchen Hand in Hand an mir vorbei – eine Intimität, die bis dahin nur im Verborgenen möglich war, wurde jetzt am helllichten Tage zur Schau getragen.

Diese öffentliche Überschreitung von Normen war erstaunlich in einer Kultur, die geprägt ist von Konventionen und Konformität. Waren dies die Wallungen einer sozialen Revolution?

»Das ist die Frage«, antwortete die Frau auf mein Schweigen, ehe sie wieder in der Menge verschwand.

Ich war zum Tahrir-Platz gekommen, um mit jungen Menschen über Sex zu sprechen, darüber, wie sich der Kampf um politische Freiheiten womöglich in ihrem Privatleben niederschlug. Sally Al Haq, eine blutjunge Literaturstudentin und selbsterklärte »soziale Rebellin« von einer Provinzuniversität, war für radikalen Wandel. »Klar, da sind Leute auf dem Platz, die ein sehr freies Sexualleben haben. Das ist in Ordnung«, sagte sie. »Ich bin mit alldem einverstanden, und ich respektiere diese Einstellung.« Anders als viele junge Ägypter las Al Haq leidenschaftlich gerne, sie interessierte sich insbesondere für feministische Literatur und war ein Fan französischer Erotika. »Ich lese über das Paris von 1968. ›Es ist verboten zu verbieten‹«, zitierte sie lächelnd einen Slogan jener berühmten Studentenunruhen. »Die Achtundsechziger haben in ihrem Privatleben und auch in der Gesellschaft und im politischen Leben eine Menge verändert. Ich hoffe, dass es bei uns genauso sein wird.«

Al Haq führte mich durch das dichte Gedränge in die Mitte des Platzes, zwischen zahllosen Abspannseilen und durch einen Wald behelfsmäßiger Zelte hindurch, um mir Amr El Wakeal vorzustellen, einen jungen Medizinstudenten, der wie sie Mitglied einer neuen politischen Jugendpartei ist. Die beiden jungen Freunde stammten aus Nachbarorten und aus dem gleichen konservativen Milieu, aber ihre Meinungen zur sexuellen Freiheit lagen Welten auseinander. »Sex ist ein schlechtes Thema. Ich gebe Ihnen einen guten Rat, zu Ihrer eigenen Sicherheit sollten Sie hier nicht über dieses Thema sprechen«, warnte mich El Wakeal freundlich. Ich war ein wenig überrascht in Anbetracht des Rufes, in dem der Tahrir-Zeltplatz stand – nämlich eine Art Mini-Woodstock zu sein, samt Sex, Drogen und Rock 'n' Roll. »Ich will Sie nicht anlügen. Unter all diesen Zelten sind vielleicht zwei, wo Sie das finden. Dort sind sie sehr freizügig, sozialistisch, sie akzeptieren das vielleicht, aber ihr Prozentsatz ist sehr gering«, fuhr El Wakeal fort. Er deutete auf sein eigenes Zelt, in dem eine Handvoll Männer und Frauen auf dem Boden saßen und vor der für die Jahreszeit ungewöhnlichen Kälte Schutz suchten, und auf die anderen Besetzer dahinter. »In all diesen Zelten ist das ein Unding. Die meisten kommen vom Land und sind arm. Wenn irgendjemand herausfindet, dass [Männer und Frauen Sex miteinander haben], ist das eine große Katastrophe«, sagte er kopfschüttelnd. »Das entspricht nicht unseren Sitten oder unserer Moral. Wir Ägypter sind Araber, wir sind konservativ, wir sind religiös, wir glauben an die Institution Ehe.« El Wakeal war entsetzt über die Vermutung, die politische Befreiung, für die er und seine Kameraden kämpften – und in den letzten Tagen auch starben –, werde die Ägypter vielleicht eines Tages von allen Fesseln, einschließlich der sexuellen, befreien. »Niemand, niemand wird das akzeptieren. Das ist nicht die Freiheit, nach der wir streben. Die politische Revolution braucht eine gesellschaftliche Revolution, keine sexuelle.« Er schüttelte erneut den Kopf. »Nein, nein, nein. Nicht in hundert Jahren.«

In der arabischen Welt leben schätzungsweise 100 Millionen Menschen im Alter zwischen 15 und 29 Jahren; sie stellen fast ein Drittel der Gesamtbevölkerung in der Region, so dass der Jugendüberschuss hier zu den höchsten weltweit zählt.[1] Die politischen und ökonomischen Missstände, die die arabische Jugend beklagt, sind kein Geheimnis, und ihre Unzufriedenheit hat sich seit 2010 in der gesamten Region in Protesten entladen. Doch über ihr Intimleben und ihre sexuellen Wünsche ist noch immer sehr wenig bekannt. In Ägypten ist eine Minderheit von Frauen und Männern im Teenageralter und mit Anfang zwanzig verheiratet (beziehungsweise verheiratet worden); angesichts des gesellschaftlichen Drucks auf Paare, Nachwuchs zu zeugen, kann man mit Sicherheit annehmen, dass sie Sex miteinander hatten und haben. Was die Singles treiben, die die große Mehrzahl der Jugendlichen stellen, liegt dagegen weitgehend im Dunkeln, denn es ist nicht leicht, unverheirateten jungen Ägypterinnen und Ägyptern Fragen über ihr Sexualleben zu stellen. Ich weiß das, weil ich es versucht habe.

Im Jahr 2009 führte der Population Council, eine internationale Forschungsgruppe, eine Umfrage in Ägypten durch, an der über 15 000 Personen im Alter zwischen 10 und 29 Jahren teilnahmen; die Mitarbeiter der Organisation gingen von Tür zu Tür und stellten Fragen über Schule/ Studium und Familienleben, Arbeit und Freizeitaktivitäten. Sex war einer der Aspekte, die der Council erforschen wollte, und so schloss ich mich einem Team an, das den Fragebogen erarbeitete. Einheimische Jugendexperten gaben uns eine lange Liste mit Themen, zu denen sie sich gesicherte, landesweit repräsentative Daten wünschten.

Wie viele Jugendliche masturbierten regelmäßig? Wie häufig besuchten sie Sex-Sites im Internet? Wie viele machten Telefonsex? Wussten sie, wo man zuverlässige Hilfe und Informationen über sexuelle Gesundheit erhielt? Wie viele tauschten Sex gegen Geschenke oder Geld? Und wie stand es mit homosexuellen Beziehungen? Wirklich alles, was man wissen wollte, sich aber normalerweise nicht zu fragen traute.

Wir entschieden uns für eine indirekte Herangehensweise: Statt junge Menschen nach ihren eigenen sexuellen Erfahrungen zu fragen, bezogen wir Fragen über ihre engen Freunde ein, in der Hoffnung, dies würde zumindest ein statistisches Fenster hinsichtlich der Größenordnung vorehelicher Beziehungen öffnen. Aber letztlich ging auch dies schon zu weit; die Regierung, die Haushaltsbefragungen genehmigt und durchführt, ließ keine Fragen über voreheliche sexuelle Aktivitäten zu, mit einer Ausnahme: »Haben Sie von einem Mädchen/Jungen in Ihrem Alter gehört, das/der eine Beziehung zu Jungen/Mädchen hat?« Leider war diese Formulierung so vage, dass sie keine aussagekräftigen Ergebnisse lieferte.

Wieso aber sollten sich Beamte die Mühe machen, Fragen nach den sexuellen Aktivitäten von Jugendlichen zu zensieren? Mir fallen wenigstens zwei mögliche Erklärungen ein. Da ist zum einen die Tatsache, dass vorehelicher Geschlechtsverkehr im Islam verboten ist. Der Koran ist in diesem Punkt ganz eindeutig: »Wer keinen Ehevertrag zustande bringt, der sei enthaltsam, bis Gott ihm reichlich von seiner Huld zuteilt.«[2] Die gängige islamische Antwort auf sexuelle Entbehrung besteht in der Empfehlung, ein bisschen zu hungern, um den Geist zu konzentrieren und die Libido zu dämpfen. Solche Anweisungen gehen direkt auf einen Hadith zurück, worin der Prophet Mohammed den Ratschlag erteilt. »O ihr jungen Leute, wer von euch in der Lage ist, den Pflichten der Ehe nachzugehen, der soll heiraten; denn dies hilft, die Blicke [zu anderen Frauen] zurückzuhalten und die Keuschheit vor Schändlichkeiten zu wahren. Wer aber dies nicht zu tun vermag, der soll fasten; denn es ist eher für ihn ein Schutz [vor sündhafter Handlung]!«[3] Angesichts der frühen Eheschließung in vergangenen Zeiten meinte der Prophet allerdings das Fasten für ein paar Wochen, nicht Enthaltsamkeit bis jenseits der zwanzig oder gar darüber hinaus. »Die Grundsätze der Scharia sind die Hauptquelle der Gesetzgebung«, wie es in der alten ägyptischen Verfassung hieß, die nach dem Aufstand außer Kraft gesetzt wurde, und das politische Gerangel um die neue Verfassung macht es unwahrscheinlich, dass diese Vorschrift abgeschwächt wird – zur großen Enttäuschung der Reformer, die sich einen Neubeginn in einem säkularen Staat erhofften. Obwohl Ägypten anders als viele seiner arabischen Nachbarn vorehelichen Geschlechtsverkehr nicht ausdrücklich gesetzlich verbietet, gibt es, zumindest auf dem Papier, andere Rechtsvorschriften, welche gegen diejenigen angewendet werden können, die vor der Heirat den Schritt wagen.[4] Vielleicht schreckte die Regierung also davor zurück, Fragen über religiös unzulässige und rechtlich fragwürdige Aktivitäten zu stellen.

Eine andere und, offen gesagt, wahrscheinlichere Erklärung lautet, dass der Staat kein großes Interesse daran hatte zu erfahren, was seine Bürger im Bett treiben – jedenfalls nicht als Hüter der Moral. Die Mächtigen waren vor allem am eigenen Machterhalt interessiert, und dies bedeutete, dass sie der Opposition, nämlich den Muslimbrüdern, keine Munition liefern wollten. Das Letzte, was die Regierung brauchte, war eine landesweite Umfrage, deren Ergebnisse darauf hindeuteten (oder gar feststellten), dass junge Menschen, und insbesondere unverheiratete Frauen – o Schreck, o Graus – voreheliche Beziehungen hatten. Während es möglich war, das Sexualleben junger Menschen an den sozialen Rändern – Straßenkinder zum Beispiel – zu erforschen, waren die durchschnittlichen ägyptischen Jugendlichen aus Sicht der Regierung tabu.[5] Jetzt, wo die Muslimbrüder und ihre konservativeren Verwandten eine wiederauflebende politische Kraft in Ägypten sind, wäre jede Änderung dieser Politik eine willkommene Überraschung.

Nicht alle Länder in der arabischen Region zieren sich so, wenn es darum geht, die Sexualität der Jugend zu erforschen. Dort, wo Forscher

Erhebungen durchführen (und die Ergebnisse veröffentlichen) konnten – unter anderem in Tunesien, Marokko, Algerien, Libanon und Jordanien –, zeichnet sich ein Muster ab: Je nach Bevölkerung sagen ein Drittel oder mehr, oft sogar viel mehr, der jungen Männer, sie seien vor der Ehe sexuell aktiv (im Allgemeinen beginnen sie im Alter zwischen 15 und 20 Jahren und sammeln Erfahrungen mit mehreren Partnern), während über 80 Prozent der jungen Frauen sagen, sie hätten keinen vorehelichen Geschlechtsverkehr.[6] Dies wirft selbstverständlich die Frage auf, mit wem genau all diese jungen Männer Sex haben. Tatsächlich ist es so, dass Erhebungen die vorehelichen sexuellen Aktivitäten von Frauen zu niedrig schätzen, weil Frauen ein solches Verhalten nur ungern zugeben. Jene jungen Leute, die laut Befragungen »sexuelle Kontakte« unterschiedlichster Art haben, treffen kaum Vorsichtsmaßnahmen, so dass sie sich einem hohen Risiko aussetzen, schwanger zu werden und/oder sich eine sexuell übertragbare Krankheit zuzuziehen. Was den Rest der arabischen Region anlangt – allen voran die Länder am Golf –, steht die Forschung erst ganz am Anfang, und es ist noch immer schwer, an detaillierte Fakten und gesicherte Zahlen zu kommen. Angesichts dieser Datenlücke bat ich eine der berühmtesten Feministinnen der Region um Rat, wie ich mir Informationen über das Sexualleben arabischer Jugendlicher verschaffen könne. »Von Umfragen halte ich in der arabischen Welt gar nichts, weil die Leute lügen«, sagte sie mir. »Es ist ganz einfach. Durchkämmen Sie wichtige Blogs und andere Inhalte im Internet, dann haben Sie viel aussagekräftigere Ergebnisse.«

Nettoergebnis

Auftritt: Marwa Rakha, die Kummerkastentante für die ägyptische Online-Generation. Als »wandelndes Multimedium« hat sich Rakha selbst beschrieben; via Fernsehen, Radio, Internet und Printmedien erteilt sie seit Mitte der Nullerjahre persönliche Ratschläge und veröffentlicht spitzzüngige Gesellschaftskommentare. Für Frauen wie Sally vom Tahrir-Platz ist sie eine Inspirationsquelle. »Viele junge Frauen konnten sich wegen Marwa Rakha befreien«, meinte sie bewundernd. »Sie half ihnen und unterstützte sie durch ihre sehr starke Präsenz in sozialen Netzwerken. Diese wilden Frauen verändern etwas in der jüngeren Generation.« Jede Woche beschert Rakha E-Mails und Facebook-Botschaften von liebeskranken, angsterfüllten Jugendlichen in ganz Ägypten und der weiteren arabischen Welt. Man sucht ihren Rat in allen möglichen Fragen, von unverhohlenem vorehelichem Sex und Problemen im Eheleben bis zu Sadomasochismus und Stalking. Wer etwas über Sex und den arabischen Single wissen will, für den führt kein Weg an Rakha vorbei.

Rakhas übliche Haftungsausschlussklausel gegenüber E-Mail-Schreibern lautet, dass sie weder Ärztin noch Therapeutin ist. »Ich hab einfach viele Beziehungen durchgemacht. Also weiß ich, wie es läuft, und kann es den Leuten sagen«, erklärte sie mir, als wir auf staubigen Plastikstühlen in einem Terrassencafé in Borsa saßen, dem aus der Kolonialzeit stammenden Finanzdistrikt Kairos, der jetzt in eine Fußgängerzone umgewandelt wird, in dem tapferen Bemühen, etwas Raum von dem gnadenlosen Kraftfahrzeugverkehr zurückzuerobern. »Jede Geschichte, die ich höre, bezieht sich auf etwas in meinem Leben. Ich hab das Gleiche durchgemacht wie sie und verstehe ihre Ängste.«

Rakha begann als eine erfolgreiche, aber letztlich unzufriedene Marketingmanagerin. »Es ödete mich an, und diese Langeweile führte zu allen möglichen Beziehungsproblemen, angefangen damit, dass ich mir den falschen Typen aussuchte, ihn drangsalierte, an ihm herumnörgelte, bis dahin, dass ich eine ganze Welt um den Typen herum aufbaute und schließlich von einem Moment auf den anderen todunglücklich war.« Mit diesem Erfahrungshintergrund begann sie Freundinnen in ähnlicher Notlage zu helfen, und diese ermunterten sie dazu, ihre Ratschläge zu veröffentlichen. »Als ich [auf meinem ersten Artikel] meinen Namen sah, geriet ich in Panik. Soll ich das wirklich veröffentlichen? Es ist, als würde man sich auf der Straße nackt ausziehen. Ich kann doch nicht in die Welt hinausposaunen, dass mein Herz gebrochen wurde, dass ich so sehr gelitten habe. Ich kann es einfach nicht.«

Doch Rakha überwand ihre Bedenken und begann 2005 zu bloggen; in einem damals neuen Trend im arabischen Verlagswesen wurden diese seelenentblößenden Postings in ihrem ersten Buch, *The Poison Tree*, zusammengetragen. Von da an ging es mit ihrer Karriere steil bergauf – mit

Magazinkolumnen, ihrer eigenen Sendung auf einem Satellitenfernsehkanal, einem regelmäßigen Auftritt im Internetradio sowie einer eigenen Website, einer Facebook-Seite und Tweets, die von Tausenden verfolgt wurden. Rakha sagt, was Sache ist, und sie hat wenig übrig für diejenigen, die wollen, dass sie sich mäßigt. »Ich bin keine Entertainerin. Ich will keinen Striptease hinlegen, um die Leute zu unterhalten. Ich habe eine Mission und eine Botschaft, und wenn wir nicht auf derselben Wellenlänge sind, dann ist es halt so.«

Rakhas Offenheit, ganz zu schweigen von den Details ihrer eigenen Erfahrungen bei der Partnersuche, kennzeichnen sie als Tabubrecherin in der ägyptischen Gesellschaft. »Ihr Gesicht ist unverschleiert, und sie trägt das Haar offen«, so beschrieb meine Großmutter stets wagemutige Frauen ihrer Generation. Rakha wird oft fälschlich für eine Ausländerin gehalten – beziehungsweise beschuldigt, eine Ausländerin zu sein –, ihre unkonventionellen Einstellungen muten aufgrund ihres hellen Teints, der offen getragenen kastanienbraunen Locken und eines perfekten Englisch noch fremdländischer an. »Viele Leute glauben, ich hätte mein ganzes Leben in den USA gelebt und von dort eine westliche Kultur mitgebracht, mit der ich unsere einheimische Kultur aufmischen wollte.« Rakha nahm einen langen Zug aus ihrer Schischa – der Wasserpfeife. »Ich bin eine typische Mittelschichtfrau. Ich bin nicht *bint balad awi* [gemeines Volk]. Aber ich bin auch kein Elite-Geschöpf. Ich bin irgendwo dazwischen.«

Rakha, die heute Ende dreißig ist, fand in den späten achtziger Jahren zur Religion. »Ich trug sechs Jahre lang den Schleier, zwischen fünfzehn und einundzwanzig. Ich wusste nicht, dass es Teil des Islam oder des Korans ist. Ich zog ihn einfach an, und es sah gut aus. Und ich hatte all diese schönen bunten Schals, die meine Augen betonten. Woher sollte ich wissen, dass es etwas Religiöses war? Damals war es ziemlich unbekannt. Ganz anders als heute«, sagte sie lachend. »Dann wurde ich richtig, richtig religiös. Tief religiös. Kein Fernsehen, keine Bilder an der Wand, dies nicht und jenes nicht. Ich hab mein Leben radikal umgestellt. Ich hörte regelmäßig die Predigten dieses Scheichs [auf Tonband] und war eine seiner ergebenen Anhängerinnen. Es war Angst, Angst vor Gott. Auf all diesen Tonbändern hieß es unentwegt: ›Du wirst sterben!‹ Er sagte, unverschleierte Frauen kämen geradewegs in die Hölle, wo sie an ihren

Haaren aufgeknüpft würden. Zwei Jahre war es Mode, und dann dieses Schreckensregiment.«

Als Rakha zu studieren begann, verlor das Fundamentalistische allmählich seinen Reiz, und nach dem Studienabschluss legte sie den Hijab ab. »In meinen letzten beiden Studienjahren war ich mit Recherchen und Hausarbeiten und dergleichen beschäftigt. Also begann ich es etwas lockerer zu sehen, und ich hörte mir [die Tonbänder] nicht mehr so oft an«, sagte sie. »Nach dem Abschluss bekam ich dann meine erste Stelle, und da passte es einfach nicht mehr. Ich trug etwas sehr Konservatives, aber ich unterhielt mich mit den Leuten in einem modernen Jargon. Das ging nicht zusammen.«

Mittlerweile hatte sie auch einen Freund, ein weiterer Auslöser für Veränderungen. Auch wenn es, wie schon erwähnt, schwierig ist, zuverlässige statistische Daten über solche Beziehungen in Ägypten zu erhalten, braucht man doch nur an einem x-beliebigen Abend über die Corniche – die Niluferpromenade in Kairo oder Alexandria – zu bummeln, um an der Vielzahl der schmusenden Pärchen, durch die man sich durchschlängeln muss, zu erkennen, dass junge Leute nicht bis zur Heirat warten, um das andere Geschlecht kennenzulernen. Aber wie körperlich ist dieses Wissen? Bedeutet, einen Freund zu haben, auch, Sex zu haben? Rakha klärte mich über die Paarungsrituale der Kairoer Mittelschicht auf. »Für immer mehr Männer gehört Sex zu einer Beziehung dazu. Wenn sie sich weigert, sucht er sich eine andere Freundin. Für andere aber ist es noch immer ein Test.« Für diese Männer seien Annäherungsversuche – das Bemühen, die Hand einer Frau zu halten oder einen Kuss zu ergattern – Teil ihres Beurteilungsverfahrens. »Sie fällt durch, wenn sie schon Beziehungen gehabt hat«, seufzte Rakha. »Sie wollen sicherstellen, dass sie noch keinen hatte und dass sie sich auch in Zukunft auf nichts einlässt.«

Das bedeutet aber nicht, dass Frauen es nicht tun. »Natürlich passiert es ständig«, fuhr Rakha fort. »Rummachen, küssen, schmusen, all diese kleinen Fluchten. Freund-Freundin, das passiert, es passiert ständig. Alles geschieht, aber man versucht den anderen Sand in die Augen zu streuen.« Das Internet hat das Anbändeln für die Minderheit junger Ägypter, die online sind, sehr viel leichter gemacht, und im Gefolge des Volksaufstands hat die Zahl der Surfer noch einmal deutlich zugenommen.[7] »Selbst jene jungen Frauen, die nicht ausgehen, sind oft online und chatten mit vier oder fünf Männern gleichzeitig«, sagt Rakha. Sie sollte es wissen: Rakha verbrachte ein Jahr auf Adult Friend Finder, der nach eigener Aussage »weltweit größten Community für Sex- und Swinger-Kontakte«, um zu erkunden, wie Ägypter, von denen Hunderttausende auf der Website registriert sind, sich im Cyberspace kennenlernen und verabreden (wenngleich das angesichts des populären Zeitvertreibs der Polizei, nämlich strafbare Handlungen im Internet zu provozieren, nicht ohne Risiko ist). Sich als »Jenny« ausgebend, wurde sie mit Anfragen ägyptischer Männer und Frauen überhäuft, die ihre Phantasien in Rollenspielen ausleben wollten, nach Gruppensex oder anderen würzigen Dingen suchten, die in ihren Beziehungen innerhalb und außerhalb der Ehe fehlten.[8]

Nach Rakhas Meinung ist virtuelles Cruising kein Zeitvertreib einer Elite. Männer, die sich keinen eigenen Computer leisten können, haben die Möglichkeit, in ein Internetcafé zu gehen. Frauen, deren Bewegungen von ihren Familien häufiger überwacht und eingeschränkt werden, fehlt dieser leichte Zugang. Während in Ägypten nach eigenen Angaben mehr als die Hälfte der jungen Männer das Internet außerhalb der elterlichen Wohnung nutzen, gehen über 80 Prozent der jungen Frauen unter dem Blick der Familie online – auch wenn ihre wohlhabenderen Geschlechtsgenossinnen in der Region mit einem eigenen Zimmer und Laptop etwas mehr Freiraum haben. Für diejenigen, denen es an diesen privaten Rückzugsmöglichkeiten fehlt, gibt es das Handy, dieser hochgeschätzte Besitz von über der Hälfte der jungen Männer und etwa einem Drittel der jungen Frauen in Ägypten – wobei von den gebildetsten und wohlhabendsten großstädtischen Jugendlichen fast alle ein Handy haben.[9] Technologie-assistiertes Flirten ist ein panarabisches Phänomen. Tatsächlich hat sich in Gesellschaften mit strengerer Geschlechtertrennung, wie etwa Saudi-Arabien, Bluetooth als ein Segen für diejenigen erwiesen, die nach ein bisschen Action suchen: Man fährt einfach zu einem Einkaufszentrum, schaltet sein Handy »sichtbar« und wartet darauf, dass Nachrichten eintreffen.[10]

Wie vernetzt die Jugend in Ägypten und in der ganzen arabischen Region ist, zeigte sich während der Aufstände, mit denen dieses Jahrzehnt begann, als soziale Medien – von Facebook bis zu SMS – Millionen mobilisierten, obwohl Regierungen versuchten, den Netzwerken den Stecker zu ziehen.[11] Die Grundlagen für diese elektronische Nachrichtenflut wurden in weniger turbulenten Zeiten gelegt, in Schlafzimmern und Internetcafés überall in der Region. Seit 2011 ist die Zahl der Internetnutzer in die Höhe geschnellt; die ägyptische Generation Facebook besteht nicht länger nur aus jungen Leuten, sondern auch aus deren Eltern. Einige Frauen bezeichnen ihr Handy als »elektronische Fußfessel«, weil es besorgten Eltern erlaube, ihre Bewegungen regelmäßig zu überwachen. Trotzdem bietet die Technologie jungen Leuten immerhin die Chance, sich der familiären Verankerungen zu entziehen, wenn auch nur im Cyberspace, und im Gefolge der Aufstände erkundet eine wachsende Zahl die Gewässer der persönlichen und sexuellen Ausdrucksfreiheit.

Ein typischer Fall ist Aliaa Elmahdy, die »Nacktfoto-Revolutionärin«, deren Blog für internationale Furore sorgte, als sie Nacktfotos von sich postete.[12] Obgleich Bilder entblätterter arabischer Frauen recht leicht online zu finden sind, gab Elmahdy ihrer Enthüllung einen dezidiert politischen Dreh, indem sie scharf eine Kultur der Zensur attackierte und sich »zum Echo von Aufschreien gegen eine von Gewalt, Rassismus, Sexismus, sexueller Belästigung und Heuchelei geprägte Gesellschaft machte«. Statt anonym zu bleiben, tweetete Elmahdy ihren Namen und enthüllte so ihre Identität als eine der Mittelschicht entstammende Studentin an der American University in Kairo, der Elitehochschule Ägyptens. Die relativ harmlosen Fotos selbst entfachten trotzdem einen Feuersturm des Interesses, mit mehr als einer Million Aufrufen binnen weniger Tage. Als genügte dies noch nicht, um das lokale Publikum zu schockieren, haute Elmahdy auch noch in einem Interview mit CNN ordentlich auf den Putz; sie erzählte, wie sie ihre Jungfräulichkeit verloren hatte, dass sie mit ihrem Freund (einem bekannten ägyptischen Blogger und ehemaligen politischen Gefangenen) zusammenlebte, mit ihren Eltern stritt und Atheistin sei.[13] Die Kommentare zu den Fotos reichten von strenggläubiger Verdammung bis zu begeisterten Glückwünschen dafür, dass sie die Verantwortung für ihren Körper übernommen und die engen Grenzen der Ausdrucksfreiheit in Frage gestellt habe – wobei allerdings die Angriffe den Applaus bei weitem überwogen. Eine politische Jugendbewegung, der Elmahdy angeblich nahestand, brachte sehr schnell alle Gerüchte zum Schweigen, sie sei ein Mitglied, und verurteilte ihre Taten als eine Verschwörung der Regierung, mit dem Ziel, den »liberalen« Ruf der Bewegung zu untergraben.[14] Unterdessen erstattete eine Gruppe junger konservativer Anwälte Anzeige beim ägyptischen Generalstaatsanwalt, um eine Bestrafung Elmahdys und ihres Freundes wegen Verletzung der Scharia und Sittenverderbnis zu erreichen.[15] »Indem sie sexuelle Freiheiten fordern, bringen sie den Aufstand in Verruf«, sagte die Gruppe, die verlangte, dass die beiden die ganze Härte des Gesetzes zu spüren bekommen sollten.[16] Die Elmahdy-Affäre erinnerte an eine Episode nur zwei Jahre zuvor, bei der ein unglückseliger Saudi in Dschidda auf einem panarabischen Satellitensender offen über sein Sexualleben plauderte und daraufhin zu fünf Jahren Gefängnis und tausend Peitschenhieben verurteilt wurde, weil er »sich öffentlich der Sünde gerühmt« habe.[17]

Solche öffentlichen Zurschaustellungen erregen enorme Aufmerksamkeit, weil sie noch immer so selten sind: Studien in der gesamten arabischen Region zeigen, dass auch in der virtuellen Welt noch immer soziale Beschränkungen existieren, insbesondere für Frauen.[18] Und ganz gleich, wie wagemutig Frauen online sind – wie weit sie offline gehen, hängt davon ab, was sie suchen, sagt Rakha. »Es besteht ein großer Unterschied zwischen einer Ehefrau und einer Freundin. Wenn du heiraten willst und du hast Sex vor der Ehe, hast du ein Problem. Wenn du Sex vor der Ehe hast, wird er dich nicht heiraten. Weil du liederlich, leichtlebig bist. Die meisten jungen Frauen aus der Oberschicht, die ich kenne, würden mit einem Typen alles tun, außer Geschlechtsverkehr.« Dieses »alles« schließt das ein, was eine ägyptische Freundin *»blue job«* nannte (was sich bei Nachfrage als *blow job* – Fellatio – erwies). Und dort, wo Forscher die Frage stellen konnten – in Marokko, Algerien und Tunesien zum Beispiel –, scheinen Anal- und Schenkelverkehr auch bei arabischen Singles recht hoch im Kurs zu stehen.[19]

»Cut and chaste« – Keusch geschnitten

Wenn es darum geht, Frauen auf dem schmalen Pfad der Tugend zu halten, begnügt man sich nicht mit dem Appell »Sag einfach nein!«; in Ägypten ist ein gängiges Mittel zur Wahrung der Tugend die Beschneidung der weiblichen Genitalien.[20] Es ist ein uralter Brauch, der tief in die Pharaonenzeit zurückreicht, lange bevor das Christentum und der Islam entstanden sind.[21] Aber selbst im 21. Jahrhundert ist der Brauch in Ägypten noch weit verbreitet; bei der 2008 durchgeführten landesweiten Umfrage unter verheirateten ägyptischen Frauen unter fünfzig Jahren gaben über 90 Prozent an, beschnitten zu sein.[22] Ägypter nennen die Praktik manchmal *tahara*, was so viel wie »Reinigung« bedeutet; im Englischen spricht man oft von »female genital mutilation« (weiblicher Genitalverstümmelung, FGM). Zwischen diesen Polen – Schönheit und Metzelei – liegt ein neutralerer Ausdruck, *khitan al-inath*, was sich mit »weiblicher Beschneidung« übersetzen lässt, aber hier sprechen wir doch von einer komplizierteren Sache als einem schnellen Abschneiden der Vorhaut. Die weibliche Genitalverstümmelung kann viele Formen annehmen, aber das gängigste Verfahren in Ägypten ist die Entfernung der Haut, die die Klitoris bedeckt, zusammen mit der Klitoris selbst, wobei oftmals auch die benachbarten kleinen Fleischfetzen weggeschnitten werden.[23] Mädchen werden in der Regel im Alter zwischen neun und zwölf Jahren beschnitten, natürlich ohne dass sie über die Folgen und Risiken des Eingriffs aufgeklärt werden, geschweige denn ihr Einverständnis erteilen. Je nach Können des Beschneiders bleiben eine glatte Öffnung zur Vagina und lebhafte, oft einschneidende Erinnerungen bei vielen Frauen zurück.[24]

»Nächste Woche wird's bei meinen Töchtern erledigt«, sagte mir Umm Muhammad, als wir in ihrem winzigen, aufgeräumten Wohnzimmer saßen und 7-Up aus der Flasche tranken. Umm Muhammad lebt mit ihrem Ehemann, der sich als Handlanger verdingt, ihrem über zwanzigjährigen unverheirateten Sohn und zwei jungen Töchtern in einer Zweizimmerwohnung in einer staubigen Straße in Helwan, einem südlichen Vorort von Kairo. Helwan ist nicht gerade grün: In der Ferne sah ich etwas, was an glänzende Türme erinnerte, die über der wie zusammengestückelten Hauptdurchgangsstraße aufragten, aber es stellte sich heraus, dass es die Schornsteine der berühmten Zementfabrik der Stadt waren. Umm Muhammad ist in den Vierzigern, eine stattliche Frau in einer einfarbig blauen Dschellaba und einem grünen Hijab. Sie hat ein stilles, heiteres Gemüt, aber trotzdem den Laden fest im Griff: Es gibt keine Satellitenschüssel für das Familienfernsehen, und der veraltete PC hat keinen Internetanschluss, wie ihr Sohn murrt, weil seine Mutter nicht will, dass er sich »schlimme Sachen« ansieht – sprich: Pornographie.

Während Umm Muhammad herumwuselte, steuerte ihre Freundin Magda – eine lebhafte kleine Frau, die in ihrem gepflegten braunen Kleid und Kopftuch an einen Spatz erinnerte – die Details bei. Magda ist in dem Viertel die Expertin für weibliche Genitalverstümmelung, weil sie vor allem damit ihren Lebensunterhalt verdient. Sie ist eine *daya* des 21. Jahrhunderts, eine nichttraditionelle traditionelle Hebamme. Historisch betrachtet war die *daya* die Stütze der Frauengesundheit in Ägypten, aber mit der Ausweitung des professionellen Gesundheitssystems ist ein Großteil der Aufgaben einer *daya* – die Entbindung von Kindern, die Behandlung gynäkologischer Probleme – auf Ärzte übergegangen, insbesondere in städtischen Gebieten. Das betrifft auch die FGM: Drei Viertel der Mädchen unter siebzehn Jahren wurden im heutigen Ägypten von einem Arzt oder einer Krankenschwester beschnitten, nicht von einer *daya* wie in älteren Generationen.[25] Dies ist vor allem auf Anti-Genitalverstümmelungskampagnen zurückzuführen, die die mit FGM verbundenen gesundheitlichen Risiken betonten: Infektionen, unstillbare Blutungen, starke Schmerzen und sogar Tod. Daher haben sich Eltern an vermeintlich sichere, zuverlässige Personen – Mediziner – gewandt und bereitwillige praktische Ärzte gefunden, die, selbst wenn sie moralische oder soziale Vorbehalte haben mochten, verständlicherweise froh darüber waren, dass sie ihr karges staatliches Einkommen mit über 100 Ägyptischen Pfund (13 Euro) pro Eingriff aufbessern konnten.

Magda lernte die Beschneidung in der örtlichen Klinik, wo sie als Hilfsschwester arbeitete, als ihr Ehemann starb und sie mit einer kleinen Tochter und einer zweiten unterwegs zurückließ. Als der örtliche Allgemeinmediziner aus dem Viertel wegzog, nahm sie ihre Instrumente und ließ sich selbst als *daya* nieder. Sie ist stolz auf ihre professionelle Herangehensweise an das FGM-Geschäft, das mit einer sorgfältigen Diagnose beginnt. »Viele Frauen kommen zu mir, um mich um Rat zu fragen und ihre Töchter beschneiden zu lassen. Ich untersuche die Mädchen, und dann sage ich, ob es bei ihnen notwendig ist oder nicht. Wenn die Lippen ihres Geschlechtsteils groß wie Blätter sind und die Form nicht gut ist, muss sie operiert werden.« Die Bedenken haben unter anderem mit der Überzeugung zu tun, dass nicht beschnittene, lappige Schamlippen die Penetration und damit die Empfängnis erschweren. »Ich benutze für gewöhnlich ein *mashrat* [Skalpell], und ich verabreiche ihr erst *bing* [ein Anästhetikum], weil ich eine Krankenschwester bin, nicht wie andere, die mit primitiven Instrumenten schneiden«, fuhr sie fort. Magda spricht aus unmittelbarer eigener Erfahrung. »Meine älteste Tochter wurde zweimal operiert: Das erste Mal sah es nicht schön aus, also ging ich mit ihr zum Arzt, und er sagte mir, die Form müsse korrigiert werden, und so geschah es dann. Bei meiner zweiten Tochter, die eine Ausbildung zur Krankenpflegerin macht, habe ich es selbst getan, weil ich es gelernt hatte und die Erfahrung besaß.«

Seit Jahrzehnten hat es in Ägypten immer wieder Versuche gegeben, FGM einzuschränken; um das Jahr 1994, als Kairo eine wegweisende internationale Konferenz über Bevölkerung und Entwicklung ausrichtete, eine der ersten konzertierten Initiativen, sexuelle und reproduktive Rechte auf die internationale Agenda zu setzen, wurde erneut ein Anlauf unternommen. Aus Anlass dieses Ereignisses sendete CNN ein mittlerweile berüchtigtes Video einer realen Beschneidung, das schockierende Bilder enthielt.[26] Seither sind Millionen von Dollar in den Kampf gegen FGM geflossen, und es gab landesweite Kampagnen, die von einem Heer internationaler Organisationen und lokaler NGOs unterstützt wurden. Nationale Arbeitsgruppen wurden eingesetzt, Fatwas verkündet, und über die Bildschirme flimmerten Talkshows und Werbespots, die fast drei Viertel der Ägypterinnen erreichten und sie dazu bringen wollten, mit der weiblichen Genitalverstümmelung zu brechen.

Die Tatsache, dass diese Praktik in Ägypten verboten ist, stört die Frauen in Helwan nicht weiter. Im Jahr 2007 setzte der Tod zweier Mädchen während der Genitalbeschneidung die Regierung Mubarak unter Druck, über die bislang ergangenen – und jahrzehntelang ignorierten – Verbote und Beschränkungen hinaus weitere Maßnahmen zu ergreifen. Im Jahr darauf peitschte die Regierung gegen den erbitterten Widerstand von Vertretern der Muslimbruderschaft im Parlament ein Gesetz durch, das denjenigen, die Genitalbeschneidungen bei Mädchen durchführen, (und auch den Eltern wegen Beihilfe) eine Geldstrafe von bis zu 5000 Ägyptischen Pfund (650 Euro) und zwei Jahre Gefängnis androhte. Magda bezweifelt, dass das Gesetz an sich eine sonderlich abschreckende Wirkung entfalten kann. Wie bei so vielen Gesetzen zur Verbesserung der Lage von Frauen und Kindern, die unter dem Mubarak-Regime verabschiedet wurden, vermuten Magda und andere Befürworter der FGM, dass das Gesetz mehr mit ausländischen Einflüssen als mit inländischen Einstellungen zu tun hat. Für sie ist FGM eine Privatsache, etwas, was den Staat nichts angeht. »In den Dörfern wird die Beschneidung von vielen Menschen praktiziert, die sich von den Entscheidungen der Regierung nicht beeinflussen lassen. Ich glaube, es besteht kein Grund, die Beschneidung zu verhindern. Die Regierung will diese Praktik nur verbieten, damit Ägypten wie die westlichen Länder wird.«

Von der Rechtslage einmal abgesehen, ist FGM von jeher eine Angelegenheit im Stillen, ohne die lautstarken Feste, wie sie bei der Beschneidung von Jungen üblich sind. Wenn Ärzte daher eine Familie kennen und ihr vertrauen, so Magda, stecken sie das Geld gern ein und tun es unter der Hand; und solange es während des Eingriffs zu keinen ernsten Komplikationen kommt, wird niemand etwas bemerken. Im Übrigen sind Ärzte, selbst junge Berufsanfänger, eigentlich sonst modern-aufgeklärte, oftmals genauso überzeugte Befürworter der Praktik wie ihre Klientinnen.[27] Wie mir ein frisch approbierter Mediziner erklärte, werden die Ärzte selbst sowohl von Kollegen als auch von örtlichen Gemeinschaften enorm unter Druck gesetzt, diese Eingriffe vorzunehmen. Jedenfalls erlaubt das neue Gesetz die FGM aus Gründen der »medizinischen Notwendigkeit«, was Ärzten jede Menge Spielraum lässt. Und zur Not finden Mütter in einem abgelegenen Dorf – dort, wo alles angefangen hat – immer eine *daya*, die die Genitalbeschneidung vornimmt.

Die Befürworter der FGM glauben, Gott auf ihrer Seite zu haben. Magda und Umm Muhammad sind fest davon überzeugt, dass die Beschneidung für Muslime eine religiöse Pflicht ist: »Gad Al-Haq [der ehemalige Präsident der Al-Azhar-Universität] sagte, Mädchen sollten beschnitten werden, und ich glaube und vertraue ihm.«[28] Magda berief sich auf einen oft zitierten Hadith, in welchem der Prophet Mohammed angeblich einer Frau, die weibliche Beschneidungen in Medina durchführte, riet: »Schneide nicht zu stark, denn dies ist besser für eine Frau und wünschenswerter für einen Ehemann.« Allerdings wird die Bedeutung und Authentizität dieses Hadith sehr kontrovers diskutiert – was den Glauben der beiden Frauen daran jedoch nicht erschüttert.

Es gibt gleichwohl religiöse Autoritäten, die gegen die Praktik sind. Führer der koptischen Kirche zum Beispiel haben einen dramatischen Appell gegen die Beschneidung von Mädchen geäußert. »Was für ein Ausdruck von Furcht und panischem Schrecken in ihren Augen steht, was für ein Grauen ... Blut ... Blutungen und starke Schmerzen! Es ist eine schwerwiegende gesundheitliche Gefahr für sie, nicht nur in der Gegenwart, sondern auch in der Zukunft, wenn sie heiraten und Kinder kriegen. Aus diesem Grund müssen wir entschieden Stellung gegen diese schädliche Praktik beziehen ... aus christlicher Sicht entbehrt dieser Brauch jeglicher religiöser Grundlage«, sagten koptische Autoritäten.[29] Die Botschaft findet Anklang; heute sind die FGM-Raten in christlichen Gemeinden Ägyptens deutlich niedriger als bei ihren muslimischen Pendants.[30]

Scheich Ali Gomaa, der Großmufti und die zweithöchste offizielle islamische Autorität Ägyptens, lehnt die Beschneidung von Mädchen ebenfalls ab: »Die Genitalbeschneidung von Frauen ist ein beklagenswerter, auf Gewohnheit basierender Brauch ... er hat keine Grundlage im Koran im Hinblick auf die authentischen Hadithe des Propheten ... Aus diesem Grund muss diese Sitte aufhören, im Namen eines der höchsten islamischen Werte, nämlich anderen nicht grundlos Schaden zuzufügen.«[31] Solche einflussreichen Persönlichkeiten wurden freilich oft als Sprachrohre einer Regierung abgetan, die dem Westen hörig sei und einer ausländischen Agenda zur Untergrabung traditioneller Werte folge. Zur großen Frustration von Anti-FGM-Aktivisten gibt es jede Menge lokale Imame, die die weibliche Genitalverstümmelung befürworten, wobei sie selbst oftmals unter dem Druck ihrer Gemeinde stehen, an dieser harten Linie festzuhalten.[32] Und so setzen Magda und ihre Nachbarinnen die Beschneidung reinen Gewissens fort, während die Religion dazu benutzt wird, eine angegriffene Tradition zu untermauern.

Hinter Magdas entschiedenem Eintreten für die FGM steht mehr als nur genitale Ästhetik. Wenn es nur ums Aussehen ginge, ließen sich die Einstellungen womöglich leichter verändern. Aber Magda hält die Klitoris – »unten«, wie sie sagt – für einen Protopenis, der abgeschnitten werden muss, um das sexuelle Verlangen der Frauen zu zügeln. Nach dieser Logik macht die Beschneidung ein Mädchen »kühl«, sie löscht das Feuer weiblicher Lust. Wenn die Klitoris nicht gezähmt wird, streben Mädchen, wie Jungs, nach vorehelichem Sex, und verheiratete Frauen stellen sexuelle Forderungen an ihre Ehemänner – beides könnte sich als Ehekiller erweisen, so glaubt man. »Es gilt in unserer Kultur als Schande, unsere Ehemänner um Sex zu bitten; ich kann mir nicht vorstellen, dass eine Frau so etwas tut. Westliche Länder sind nicht wie wir«, erklärte mir Magda. »In dem heißen Wetter tut's unten weh, und deshalb sollte [eine Frau] beschnitten werden. Was passiert, wenn ihr Mann stirbt oder sich von ihr scheiden lässt – schleppt sie dann Männer aus Cafés ab?« Magda wäre mit Sicherheit überrascht, wenn sie die Ergebnisse einer aktuellen Studie über gewerbliche Sexarbeiterinnen in Kairo erfahren würde, von denen die Hälfte nach eigenen Angaben beschnitten wurde.[33]

Der Zusammenhang, den Magda zwischen FGM und weiblicher Keuschheit herstellt, ist keine Außenseitermeinung. Laut der jüngsten landesweiten Umfrage unter Frauen, die verheiratet sind oder es schon einmal waren, sind über ein Drittel von ihnen überzeugt davon, dass der Eingriff verbotene sexuelle Beziehungen verhindert.[34] Oder, wie sie manchmal in Ägypten sagen: »Die beschnittene Frau ist eine Frau mit einem gebrochenen Flügel.«[35] Gegen diese Ansichten haben sich Anti-FGM-Werbespots gewandt, indem sie fragen: »Wer sagt, dass FGM die Keuschheit eines Mädchens schützt? Die Keuschheit eines Mädchens ist eine Frage der Erziehung … Moralische Grundsätze sind der einzige Schutz eines Mädchens.« Wogegen der Schutz sein soll, bedarf keiner weiteren Erklärung, denn alle Zuschauer kennen den Feind: zügelloses weibliches Verlangen.

Dieser Zusammenhang zwischen FGM und Sex, den viele Ägypter sehen, ist ein zweischneidiges Schwert. Diejenigen, die die Genitalverstümmelung ausmerzen wollen, behaupten, die Beschneidung beeinträchtige die sexuelle Erfüllung von Frauen. »Alle Arten der FGM, die in Ägypten praktiziert werden, sorgen dafür, dass eine Frau bei legitimen sexuellen Beziehungen in ihrem Lusterleben eingeschränkt ist«, wie es ein ehemaliger Vorsitzender des ägyptischen Ärzteverbands formuliert. »Dies kann zu Spannungen innerhalb der Ehe führen, die bekanntlich die

Basis der menschlichen Rasse und ein wichtiger Ausdruck von Intimität ist. So wird die Beziehung zu einer Quelle von Leid und Konflikten statt von Glück, Verständnis und Freude.«[36] Das Problem sind die empirischen Belege. Die wenigen Studien, die es über FGM und Sexualität in Ägypten gibt, haben gemischte Ergebnisse gebracht. Einige Studien fanden eine verminderte Libido, weniger sexuelle Aktivität, weniger Orgasmen und weniger Spaß am Geschlechtsverkehr bei beschnittenen gegenüber unbeschnittenen Frauen, während andere Forschungen keine nennenswerten Auswirkungen feststellten, zumindest bei den Frauen mit leichteren Formen von FGM.[37]

Eine Frau, die versucht, sich auf all dies einen Reim zu machen, ist Mawaheb El Mouelhy. Als eine der ägyptischen Kapazitäten für weibliche Sexual- und Reproduktionsmedizin hat sie den Zusammenhang zwischen FGM und sexueller Lust in zwei armen Regionen Ägyptens erforscht – einem Kairoer Slum namens Manshiat Nasser und zwei Dörfern in einem Gouvernement namens Minya in Oberägypten. »Die meisten Frauen, die von ihren persönlichen Erfahrungen berichteten, sagten, dass sie manchmal sexuelle Lust empfinden und manchmal nicht; und dass ihr Lustempfinden unabhängig von der Beschneidung ist«, schlussfolgerten El Mouelhy und ihre Mitarbeiter.[38] Das Problem an herkömmlichen Methoden zur Erfassung sexueller Lust besteht nach Ansicht der Forscher darin, dass sie sich auf die Messung der sexuellen Leistungsfähigkeit fokussieren – wie oft, wie viele Orgasmen, wie stark. Ihrer Meinung nach lässt sich damit die sexuelle Lust von Frauen in Ägypten nicht angemessen erfassen, weil ihr Lustempfinden eng mit umfassenderen Fragen des Familienlebens zusammenhängt – wie es den Kindern geht, ob die Rechnungen bezahlt sind und vor allem, ob der Ehemann im Bett zufrieden ist.

Die Meinung der männlichen Studienteilnehmer zur FGM war gespalten. Einerseits halten sie es für ihre gottgegebene Pflicht als Männer – ihr *qawama* –, Körper und Seele ihrer Frauen zu schützen. Zu dieser Verantwortung gehört es auch, einem künftigen Bräutigam eine jungfräuliche Braut zu übergeben, ein harter Kampf ihrer Meinung nach angesichts der Versuchungen des modernen Lebens. Hinzu kommt ihr Wunsch, die Zügel in der Hand zu haben, was den Sex in ihren eigenen Ehebetten anlangt. Daher ist die Beschneidung in ihren Augen eine gute Sache, weil sie glauben, dass sich Frauen dadurch leichter kontrollieren lassen. »Meine Frau ist beschnitten, sie ist an meinen Stil gewöhnt«, sagte ein Studienteilnehmer. »Die unbeschnittene Frau dagegen will den ganzen Tag Sex, also müsste ich Tabletten [Viagra] nehmen. Wenn ich einen Tag lang mal keinen Sex mit ihr hätte, würde sie sich vielleicht jemanden suchen, der sie befriedigt.«[39]

Trotz dieser Betonung männlicher Autorität halten sich Väter in der Regel zurück, wenn es um die FGM geht, und überlassen die Entscheidung, zu beschneiden oder nicht zu beschneiden, Müttern und Großmüttern. In den untersuchten Gemeinden ging man allgemein davon aus, dass alle Mädchen beschnitten waren, und daher fragten Männer ihre Frauen so gut wie nie, ob dieser Eingriff auch an ihnen selbst vorgenommen wurde. Hakte man bei ihnen nach, räumten viele Männer ein, dass sie es in Wahrheit gar nicht sagen könnten. Doch das ändert sich gerade dank der Globalisierung – konkreter gesagt: dank Pornographie. Jetzt, wo Männer sehen können, wie unbeschnittene Frauen aussehen, bestätigt dies nur, was sie von jeher glaubten: Unbeschnittene Frauen – insbesondere westliche Frauen – haben ein unstillbares sexuelles Verlangen, und FGM ist unverzichtbar, um Frauen unter Kontrolle zu halten. »Wir haben Angst, wenn wir Frauen nicht beschneiden, denn wie wir in den Satellitenkanälen sehen, kann eine Frau mit drei Männern gleichzeitig Sex haben und noch immer nicht befriedigt sein«, äußerte ein Studienteilnehmer, womit er die Meinung vieler Männer zum Ausdruck brachte.[40]

Andererseits ist die Ehe für diese Männer ihr großer sexueller Durchbruch. »Sexuelle Zufriedenheit macht 50 Prozent des Eheglücks aus«, wie ein junger Mann sagte.[41] Alles, was dieses Erlebnis beeinträchtigt, ist ein Problem. »Ich sage es Ihnen ganz offen, ich habe vor sechs Monaten geheiratet, es dauert lange, bis meine Frau kommt, und ich weiß nicht, wieso«, sagte ein muslimischer religiöser Führer aus Manshiat Nasser. »Ich fragte einen der Scheichs, der sich in Gesundheit/Medizin auskennt. Er fragte mich, ob das Organ [Klitoris] meiner Frau lang ist, ich sagte ihm nein, es sei kurz [beschnitten], und er riet mir, ein bisschen daran zu spielen und es zu schütteln, bevor ich in sie eindringe; es funktionierte.«[42] Eine Minderheit von Männern in der Studie war sich der Nachteile der

FGM deutlich bewusst, aber praktisch betrachtet lag die Entscheidung, zu beschneiden oder nicht zu beschneiden, nicht in ihrer Macht.

Im Endeffekt ist der Zusammenhang zwischen FGM und sexueller Lust alles andere als eindeutig. »Es ist hier komplizierter als die ›westliche‹ Vorstellung, die Klitoris sei von entscheidender Bedeutung und ohne sie könne man keine sexuelle Lust erleben«, erklärte El-Mouelhy. Studien in Ägypten haben gezeigt, dass viele Frauen dazu neigen, die Klitoris getrennt vom Höhepunkt zu betrachten; sie sehen ihr Geschlechtsorgan als eine Triebkraft des Verlangens, aber bestenfalls als einen Nebendarsteller beim Orgasmus.[43] Nach El-Mouelhys Meinung könnten einige grundlegende Lektionen in Anatomie und Physiologie Menschen schon eine große Hilfe sein zu verstehen, was die Klitoris kann und was nicht. Wo aber Anti-FGM-Aktivisten Sex als ein Argument für die Abschaffung der Praktik benutzen wollen, empfehlen El-Mouelhy und ihre Kollegen, diese Botschaften an Männer zu richten, die sich stärker auf die mechanischen Seiten des Geschlechtsverkehrs konzentrieren und womöglich für diese Ideen empfänglicher sind als Frauen, die sexuelle Lust in einem breiteren Rahmen sehen und gegenüber der Klitoris und sexueller Erfüllung häufig eine eher gleichgültige Einstellung haben.

Allerdings haben die jahrzehntelangen Kampagnen, Gesetze und Erklärungen ihre Wirkung nicht verfehlt. Während fast alle Ägypterinnen über 45 Jahre beschnitten sind, gilt das nur noch für rund 80 Prozent der 15- bis 17-Jährigen.[44] Das ist ein landesweiter Durchschnitt; wenn man sich bestimmte Bevölkerungsgruppen ansieht, liegen die Zahlen noch deutlich niedriger, vor allem in Stadtgebieten und unter den Töchtern von Müttern, die eine weiterführende Schule besucht oder gar studiert haben.[45] Laut der nationalen Erhebung sind über ein Drittel der jemals verheirateten Frauen unter fünfzig der Ansicht, FGM sollte nicht mehr durchgeführt werden; das mag sich nicht nach viel anhören, aber es ist mehr als eine Verdopplung der Ablehnungsrate gegenüber Mitte der 1990er Jahre, und unter gut ausgebildeten jungen Frauen in Städten ist die Ablehnung sogar noch höher.[46] Wie eine etwas über dreißig Jahre alte Mutter von drei Kindern in Minya bemerkte: »Ich werde meiner Tochter nichts antun. Seitdem wir diese Sendung im Fernsehen gesehen haben, bin ich fest entschlossen.« Sollten die Kampagnen in diesem Tempo weitergehen, was angesichts des Aufstiegs der ägyptischen Islamisten keineswegs sicher ist, steht zu erwarten, dass bis zum Jahr 2025 weniger als die Hälfte der Mädchen unter achtzehn Jahren beschnitten sein wird.[47]

Jungfräulicher Grund

Nur weil die weibliche Genitalverstümmelung rückläufig ist, bedeutet dies noch lange nicht, dass die Akzeptanz des vorehelichen Geschlechtsverkehrs in den meisten Kreisen zugenommen hätte. In der gesamten arabischen Welt bleibt die Jungfräulichkeit der Frau – definiert als unversehrtes Jungfernhäutchen – nach wie vor das, was sich am besten als ein »Big Fucking Deal« beschreiben lässt. Wie groß dieser Deal ist, zeigte sich bei einer hitzigen Debatte im ägyptischen Parlament im Jahr 2009 über ein »künstliches Jungfernhäutchen« aus China – im Grunde ein mit roter Flüssigkeit gefülltes kleines Plastiksäckchen, das den Widerstand und die Blutung der Entjungferung simulieren soll. Die Nachricht, dass es womöglich auf dem ägyptischen Markt landen würde, genügte, um einige Parlamentarier aus der Fassung zu bringen, und bot einen bequemen Anlass, um der Regierung Mubarak eins auszuwischen. »Es wird ein schwarzer Fleck auf der weißen Weste der NDP-Regierung sein [der mittlerweile aufgelösten Nationaldemokratischen Partei], wenn sie die Einfuhr dieser Membranen erlaubt«, warnte ein Vertreter der oppositionellen Muslimbrüder im Parlament; er behauptete, das Produkt stelle eine furchtbare Bedrohung für die ägyptischen Frauen dar, »verlockt es doch anfällige Seelen zum Laster«.[48] Obwohl sich mehrere junge Frauen, die ich kenne, intensiv darum bemüht haben, sie aufzutreiben, habe ich noch keine Frau getroffen, der es gelungen ist, in Ägypten eines dieser künstlichen Jungfernhäutchen zu erstehen.

Im Koran wird das Jungfernhäutchen (*ghisha' al-bakara* im Arabischen) an sich nicht erwähnt, aber dafür werden die Geschlechtsteile ausführlich behandelt, ebenso die Notwendigkeit, sie vor den Blicken anderer zu schützen. Während die Jungfräulichkeit im Koran grundsätzlich geschlechtsneutral ist, werden weibliche Jungfrauen besonders herausgestellt, und die Jungfrau Maria erntet höchstes Lob.[49] Dann gibt es die *hur*, die ewigen Jungfrauen des Paradieses (»Keusch blickende Frauen sind dort, vorher weder von Mensch noch Dschinn berührt«), die muslimische Männer dem Glauben zufolge als Lohn für ein rechtschaffenes, gottesfürchtiges Leben heiraten werden.[50] Laut Hadith soll der Prophet zu einem frischverheirateten Gefährten im Scherz gesagt haben, er hätte mit einer Jungfrau vermutlich mehr Spaß gehabt als mit der »reifen Frau«, die er geheiratet habe.[51] Die weibliche Jungfräulichkeit wurde ein weiteres Werkzeug, um Frauen auf Linie zu halten, und sie war umso leichter durchzusetzen, als sie aufs Engste mit der Familienehre verknüpft war, so dass sie keine Privatangelegenheit blieb, sondern zu einem kollektiven Anliegen wurde.

Meinungsumfragen zeigen, dass die Jungfräulichkeit selbst in Ländern wie Marokko und Libanon, die innerhalb der arabischen Welt den Ruf sexueller Offenheit genießen, nach wie vor einen hohen Stellenwert hat – zumindest nach dem zu schließen, was die Leute öffentlich sagen.[52] Es gibt durchaus einige Frauen, denen das egal ist, und einige Männer, für die Jungfräulichkeit keine notwendige Bedingung ist. »Eine Freundin von mir hat es getan. Bevor sie sich verlobte, gestand sie ihrem Freund, dass sie mit zwei Männern geschlafen hatte«, sagte mir Rakha. »Und er heiratete sie. Einer der wenigen sehr anständigen Männer.« Aber ich habe überall in der Region eine Menge Frauen kennengelernt, die dieser scheinbaren Toleranz misstrauen und fürchten, dass ihre vorehelichen Erfahrungen sie verfolgen werden, wenn es zu Spannungen in der Ehe kommen sollte und ihnen ihre sexuelle Vorgeschichte vorgehalten wird. Wie pflegte meine Großmutter doch zu sagen: »Die Frau, die einem Mann vertraut, gleicht einer Frau, die Wasser in einem Sieb aufbewahren will.«

Nach meinen Erfahrungen sind die meisten Männer eher wie Kassim, ein Apotheker in Kairo. »Ich bin 29 Jahre alt. Ich hab studiert, das waren noch Zeiten. Ich hab viele Mädchen kennengelernt und war mit vielen Mädchen zusammen, das ist eine Tatsache. Sie waren wirklich meine große Leidenschaft. Lass uns nach dem Kurs oder dem Labor ein paar Bräute aufreißen gehen«, erinnerte er sich lächelnd. Es sei aber keineswegs so, dass eine Freundin gleichbedeutend mit Sex sei, erklärte Kassim. »In Ägypten haben schätzungsweise 80 Prozent [unverheirateter Paare] keinen Sex, sondern nur Spaß. Sie definieren sich selbst als Freund und Freundin und sagen: ›Wir tun, was wir wollen, bis auf Geschlechtsverkehr‹«, fuhr er fort. Kassim hielt kurz inne, gedankenverloren. »Gut, manchmal geht es bis zum Geschlechtsverkehr«, korrigierte er sich. »Aber es ist nicht die Regel, dass man mit seiner Freundin Sex hat. Nein, darum geht es nicht.«

Das ist eine Quelle der Frustration für junge Männer, die sich unbedingt vor der Hochzeitsnacht ein bisschen sexuelles Knowhow aneignen wollen. »Normalerweise wollen Männer vor der Ehe Erfahrungen sammeln. Ich spreche nicht von streng religiösen Leuten, naiven Leuten, ich spreche von einer normalen Person«, bemerkte Kassim. »Ich wünsche mir diese Erfahrung, wenigstens zu wissen, wie man küsst, wie man mit einer Hand den BH löst, das sind Fertigkeiten. Das wäre mir lieber, als irgendwann zu heiraten und plötzlich, hups, brauchen wir Hilfe von einem Dritten. Es wäre beschämend, einen meiner Freunde zu fragen, was ich tun soll.«

Kassim, der im Ausland studierte, gelang es, seinen sexuellen Lebenslauf mit einer italienischen Freundin auszuschmücken, mit der er sogar Heiratspläne schmiedete, ehe die Beziehung dann doch in die Brüche ging. Allerdings zog er eine klare Linie bei vorehelichem Sex mit der Frau, die er schließlich heiratete, der Schwester eines seiner Freunde. »Als Ägypterin muss sie Jungfrau sein«, sagte er bestimmt. Warum dieser Unterschied? »Als Ausländerin fällt sie in eine andere Rubrik als eine Ägypterin. Wenn das für mich in Ordnung ist, dann ist es auch für meine Eltern, meine Familie in Ordnung; sie haben nichts mit dieser Entscheidung zu tun«, erklärte Kassim. »Aber wenn ich eine ägyptische Frau aus einer ägyptischen Familie heirate, kommen meine Mutter und mein Vater ins Spiel.«

Und wie. In Ägypten kann Jungfräulichkeit dank *dukhla* zu einer Angelegenheit der ganzen Familie werden. Das Wort bedeutet »Einfahrt« und bezieht sich auf die Entjungferung der Braut in ihrer Hochzeitsnacht. *Dukhla baladi*, die Entjungferung »nach ländlicher Art«, war für Muslime und Christen gleichermaßen ein altehrwürdiger Brauch, bei dem die *daya* das Jungfernhäutchen der Braut mit ihrem Finger oder einem mit weißem Tuch umwickelten Rasiermesser durchsticht, wobei der Bräutigam zusieht (oder die Führung übernimmt) und die Mütter anwesend sind; anschließend wurde das blutbefleckte *laf al-sharaf*, »Ehrenlaken«, den Lieben gezeigt, um zu beweisen, dass die Familie ihren guten Ruf gewahrt und dem Bräutigam in gebührender Weise eine jungfräuliche Braut übergeben hatte.

Als mein Vater ein Junge war, fielen Besuche auf dem Bauernhof der Familie im Nildelta nördlich von Kairo oft mit Post-*dukhla*-Feiern für Frauen aus dem Dorf zusammen. Es gab ein besonderes Lied, »Braut, du hast die Gaze weiß gefärbt« – das heißt die Familie geehrt –, das von weiblichen Verwandten und Freundinnen gesungen wurde, während sie mit dem blutbefleckten Laken von Haus zu Haus zogen, Geschenke für das Paar einsammelten und zur Feier lachten und Freudenschreie ausstießen. Schon als Kind wusste mein Vater genau, was passiert war – es war ein freudiges Ereignis, an dem alle teilnahmen, nicht irgendeine schändliche Sexepisode, die es zu verbergen galt.

In den letzten Jahrzehnten hat jedoch eine neue Art von Hochzeitsnacht an Boden gewonnen: *dukhla afrangi. Afrangi* kommt von dem arabischen Wort für »Frank«, dem Wort, mit dem im Mittelalter die Europäer bezeichnet wurden und das in der Vergangenheit die ägyptische Abkürzung für alles Neue oder Ausländische war. *Dukhla afrangi* drängt die Schaulustigen aus dem Hochzeitszimmer und ersetzt einen Finger – als Werkzeug der Durchstechung des Hymens – durch ein ausschließlich männliches Glied, das heißt durch echten Geschlechtsverkehr. Das blutbefleckte Laken oder Taschentuch bleibt jedoch Teil des Programms, und es wird der Familie der Braut und anderen Beteiligten gezeigt. Dann gibt es noch das, was man *dukhla afrangi* 2.0 nennen könnte, was einer jungen Bekannten von mir, einer Naturwissenschaftlerin, passiert ist, die vor kurzem mit Mitte zwanzig geheiratet hat. Im Vorfeld dieses großen Tages wurde ihr Zukünftiger von ihrem Vater, einem Kairoer Anwalt, mit Anrufen bombardiert, in denen er seinen Schwiegersohn aufforderte, ihm unmittelbar nach der Entjungferung per SMS mitzuteilen, dass seine Tochter erwartungs- und ordnungsgemäß geblutet habe. Der stetige Strom von Anrufen und SMS-Botschaften, die ihn an seine Pflicht erinnerten, machten den Bräutigam derart nervös, dass er am Hochzeitsabend versuchte, seine Braut ins Kino auszuführen, statt sich mit ihr in die Hochzeitssuite zurückzuziehen, um auf diese Weise der Situation gänzlich auszuweichen. Zu guter Letzt gelang es den Frischvermählten, ihre Ehe vorschriftsgemäß zu vollziehen, nachdem der Bräutigam sein Telefon ausgeschaltet hatte. Doch das schreckte die Eltern nicht davon ab, am nächsten Tag aufzutauchen, um das »Ehrenlaken« abzuholen. Obwohl *dukhla afrangi* ein wenig privater ist, setzt auch dies das Paar ganz schön unter Druck – weil Bräute ihre Virginität und Bräutigame ihre Virilität beweisen müssen, was angesichts des weiter oben diskutierten Lampenfiebers in der Hochzeitsnacht alles andere als leicht ist.

Was *dukhla baladi* alter Schule betrifft, so lassen persönliche Erfahrungsberichte diese Praktik für die Frauen, die im Zentrum der Zeremonie stehen, ungefähr so angenehm erscheinen wie die Beschneidung Jahre zuvor und besonders traumatisch für Frauen mit Jungfernhäutchen, die nicht wie erwartet reißen. Tatsächlich gibt es Stimmen, die *dukhla baladi* als eine Form sexueller Gewalt gegen Frauen verurteilen, eine Art Vergewaltigung mit Einwilligung der Familie. Aus islamischer Perspektive halten einige die Praktik aus mehreren Gründen für *haram*, unter anderem deshalb, weil sie gegen die Definition des legitimen Geschlechtsverkehrs als »Penis trifft Vagina« verstößt. Und für diejenigen, denen solche Vorstellungen lieb und teuer sind, untergräbt es auch die Bedeutung der Jungfräulichkeit, indem es sie auf eine kleine anatomische Stelle und eine nächtliche Leistung verkürzt, statt umfassendere Fragen der Moral und des Benehmens mit einzubeziehen.

Trotzdem wissen einige junge Frauen in Kairo, *dukhla baladi* zu ihrem Vorteil zu nutzen. Zu ihnen gehören arme Arbeiterinnen, deren tägliche Aufenthalte außerhalb ihrer Gemeinschaften, die sie unweigerlich in Kontakt mit Fremden bringen, ihre Ehre in Frage stellen; andere, deren Familien in die Großstadt zuwanderten, sind relative Außenseiter und unbekannte Größen für die Familien ihrer zukünftigen Ehemänner. Für jede Frau, deren persönliche Vorgeschichte Zweifel aufwirft, ist *dukhla baladi* eine Art Entlastung und ein Preis für ein wenig mehr persönliche Freiheit, solange sie bereit ist, ihre Jungfräulichkeit derart öffentlich unter Beweis zu stellen.[53] Tatsächlich deuten Studien darauf hin, dass *dukhla baladi* in armen Vierteln Kairos sogar weiter verbreitet ist als in einigen ländlichen Gebieten, entgegen der verbreiteten Annahme, die Übersiedlung in die Stadt hätte eine »modernisierende« Wirkung. Dies ist zum Teil darauf zurückzuführen, dass die wirtschaftlichen und sozialen Gegebenheiten des Stadtlebens zur Folge haben, dass Familien dort ihre Töchter nicht so streng überwachen können, und zum Teil darauf, dass sich viele Bewohner dieser Viertel, ursprünglich Zuwanderer vom Land, an ländlichen Traditionen festklammern, wenn die mächtigen Strömungen der Stadt einsetzen.[54]

Dass sich *dukhla* jeglicher Spielart in Ägypten hält, hängt damit zusammen, dass die Ehre der Familie noch immer eng mit weiblicher Jungfräulichkeit verknüpft ist; es ist möglich, dass sich diese enge Verbindung in dem Maße abschwächt, wie sich die familiären Bande lockern oder wie persönliche Freiheitsrechte in einer neuen demokratischen Ordnung anerkannt werden, und dass Jungfräulichkeit zu einer Privatsache wird, die nur Ehemann und Ehefrau etwas angeht, wie es bei einigen mir bekannten Paaren der Fall ist. Dieser Tag wird allerdings noch ein bisschen auf sich warten lassen. In der Zwischenzeit geben sich Mütter weiterhin größte Mühe, um in ihren Töchtern die Furcht vor einem gerissenen Jungfernhäutchen fest zu verankern; so warnen sie vor allem, was diese überaus wichtige Membran perforieren könnte, sei es Masturbation, sei es der allgegenwärtige Wasserschlauch, der auf Toiletten überall in der arabischen Welt hängt, damit man sich nach islamischem Brauch »da unten« wäscht.

Falls solche traditionellen Methoden ein Jungfernhäutchen dennoch nicht zu schützen vermögen, stehen neuere Maßnahmen zur Verfügung. Die sogenannte Hymenalrekonstruktion ist der Stoff überhitzter Schlagzeilen in der arabischen Region und wird häufig als Beleg für den moralischen Niedergang der heutigen Jugend gewertet. In Ägypten ist es jedoch schwierig, an verlässliche Daten über die Zahl solcher Eingriffe zu gelangen: Eine Ärztin, die in einer Frauenklinik in einem ärmeren Viertel Kairos arbeitet, sagt, sie sehe jede Woche zwei Fälle. Für notdürftige Abhilfe sorgt eine Naht quer über die Vaginalöffnung, die wie das chinesische Kunsthymen den Widerstand des Häutchens bei der Entjungferung recht gut imitiert und auch für eine Blutung sorgt. Der Eingriff kostet rund 200 EGP (etwa 26 Euro) und hält ein paar Tage; ausgefeiltere Interventionen sollen zwischen 700 und 2000 EGP (91 und 260 Euro) kosten, was dem Monatseinkommen einer Familie der unteren Mittelschicht entspricht. Es fallen noch weitere Kosten an: Gynäkologinnen sprechen von männlichen Kollegen, die die Notlage solcher Patientinnen ausnutzen und als Gegenleistung dafür, dass sie nichts über die Operation verlauten lassen, sexuelle Gefälligkeiten erpressen.[55]

Die Wiederherstellung der Jungfräulichkeit – beziehungsweise ihres Anscheins – ist kein spezifisch modernes Anliegen. Die ägyptische Folklore kennt eine Vielzahl von Anekdoten über die geschickte *daya*, die einer »jungfräulichen« Braut in der Hochzeitsnacht mit einer Flasche roter Farbe oder blutgetränkten Taubeninnereien aus einer Klemme hilft; die *Enzyklopädie der Lust* zum Beispiel enthält zahlreiche einschlägige Tipps. In Ägypten ist die Reparatur des Hymens nicht verboten, aber sie gilt weithin als Schande oder gar als *haram*. In den letzten Jahren ist es in Ägypten und der weiteren arabischen Welt zwischen religiösen Autoritäten zu einer lebhaften Debatte über die Frage gekommen, ob der Eingriff nach islamischem Recht zulässig sei. Nach einer Denkschule ist die Hymenalrekonstruktion aus mehreren Gründen verboten, unter anderem, weil der zukünftige Ehemann dadurch getäuscht wird, wegen der Möglichkeit einer irrtümlichen Vaterschaft (wenn die »instandgesetzte« Braut bereits aus einer früheren Beziehung empfangen hat), weil dabei unnötigerweise die Geschlechtsteile einer Frau zu sehen sind und weil die Frau dadurch auf die schiefe Ebene des leicht zu verbergenden, verbotenen Geschlechtsverkehrs geraten könnte.[56]

Andere islamische Stimmen behaupten dagegen, die Wiederherstellung des Jungfernhäutchens sei erlaubt, weil ein fehlendes Hymen an sich laut Scharia kein eindeutiger Beweis für einen Ehebruch ist. Außerdem verringert es die Heiratschancen einer Frau, wenn man ihr die Möglichkeit nimmt, sich das Jungfernhäutchen rekonstruieren zu lassen, und dann besteht die Gefahr, dass ihre sexuelle Energie sich in rechtswidrigen Beziehungen Bahn bricht. Diese Autoritäten berufen sich auch auf *satr al-'ird*, den islamischen Grundsatz, wonach die Ehre einer Frau vor öffentlichen Spekulationen geschützt werden sollte, solange die Verheimlichung keinen größeren gesellschaftlichen Schaden anrichtet. Zu ihnen gehört auch Scheich Ali Gomaa, der 2007 eine umstrittene Fatwa erließ, die die Instandsetzung des Jungfernhäutchens in zahlreichen Fällen, die über Vergewaltigung und anderweitige »zufällige Verluste« hinausgehen, für zulässig erklärte, wobei er allerdings die Grenze bei Frauen zog, »die für ihre Promiskuität bekannt sind«.[57]

Die Wiederherstellung des Jungfernhäutchens bringt einige Ärzte in Gewissensnöte. Sollen sie an etwas mitwirken, was man eine arglistige Täuschung des Ehemanns nennen könnte, oder ist es ihre Pflicht, einer Frau zu helfen, die in Teufels Küche kommen könnte, wenn ihre zurückliegenden Erfahrungen ruchbar werden sollten? Beteiligen sie sich an einem Eingriff, der das Patriarchat und die Doppelmoral in Sachen Jungfräulichkeit untermauert, oder geben sie Frauen mehr persönliche Freiheiten, indem sie ihnen helfen, diese gesellschaftlichen Beschränkungen zu umschiffen? Für einige praktische Ärzte handelt es sich um eine emotionale, keine theoretische Frage. »Eine junge Frau wurde verführt, oder sie hat einen Fehler gemacht – ich heiße es gut, dass sie die Chance zu einem völligen Neuanfang erhält«, sagte mir eine Gynäkologin in Kairo. »Ich kann kein moralisches Urteil über jemanden fällen, der zu mir kommt. Mit mindestens neun von zehn Frauen, die mich konsultieren, habe ich Mitgefühl. Sie leiden, und ich will diesen jungen Frauen helfen.«[58]

Es gibt Frauenrechtsaktivistinnen, die behaupten, die operative Hymenalrekonstruktion schaffe sich womöglich selbst ab, indem sie sozusagen die Fixierung der arabischen Welt auf das Häutchen zerreiße: Wenn Männer ein echtes Hymen nicht mehr von einem passablen Faksimile unterscheiden könnten, was soll dann *dukhla* noch für einen Sinn haben? Eines Tages mag sich diese Frage stellen. Einstweilen steigern Geschichten von wiederhergestellten Häutchen lediglich die soziale Angst: Ich kenne ägyptische Männer, die ungeachtet der Tradition und des Gemunkels über ihr eigenes Vermögen nach der Hochzeit ein paar Tage warten, bevor sie die Ehe vollziehen, denn sie haben gelesen, dass die Effekte einer Hymenrestaurierung bis dahin nachließen und alles offenbar würde.

Zahlreiche besorgte junge Frauen in der ganzen arabischen Region konsultieren Gynäkologen für einen Hymencheck, und einige von ihnen sind geschockt, wenn sie erfahren, dass vermeintlich »unvollständige« Beziehungen zu Freunden – das heißt das Herausziehen vor der Penetration – im Lauf der Zeit ihre Häutchen zerrissen haben oder dass ihre Hymen nicht so »elastisch« (das heißt dehnbar) waren, wie sie naiverweise glaubten. Jungfräulichkeitstests können freilich auch andere, verstörende Formen annehmen. Dazu gehört unter anderem die »Jungfräulichkeitsbestätigung« – ein von einem Arzt unterzeichnetes Attest, das bestätigt, dass die jungfräuliche Braut auch »echt« ist. Voreheliche Untersuchungen auf sexuell übertragbare Krankheiten wie HIV und Hepatitis sowie auf einige Erbkrankheiten (wegen der Häufigkeit von Verwandtenehen) sind in der arabischen Region weit verbreitet. In einer Reihe von Ländern, darunter mehrere Golfstaaten, sind solche Tests gesetzlich vorgeschrieben; und obwohl sie etliche ethische Fragen aufwerfen (insbesondere was den Schutz der Privatsphäre und die Freiheit der Eheschließung anlangt, was immer diese für Folgen haben mag), zeigen Studien aus verschiedenen Ländern der Region, dass diese Tests von zukünftigen Brautleuten weithin befürwortet werden.[59] In einigen Fällen aber gehen Bräutigame und ihre Familien noch einen Schritt weiter und verlangen, dass der Braut entweder unmittelbar vor dem Vollzug der Ehe oder danach – wenn sie nicht erwartungsgemäß blutet – unversehrte Jungfräulichkeit attestiert wird. Solche Tests können emotionale Narben hinterlassen und sind mit Sicherheit ethisch höchst belastend, nicht nur für die Frau auf dem Untersuchungstisch, sondern auch für den Arzt, der einen Blick wagen soll.[60] Von manchen werden Jungfräulichkeitstests auch als unislamisch erachtet, eine weitere Verletzung des Grundsatzes des *satr al-ʿird*.

Diese Tests können darüber hinaus ein Instrument politischer Kontrolle sein. Im Zuge des ägyptischen Aufstands wurden mehrere Demonstrantinnen vom Militär angeordneten Jungfräulichkeitstests unterzogen. Beamte behaupteten, die Tests sollten beweisen, dass diese Frauen, die auf dem Tahrir-Platz campierten, keine Jungfrauen gewesen seien, nur für den Fall, dass sie später gegen Soldaten Anzeige wegen sexueller Übergriffe erstatten sollten. Tatsächlich ist es so, dass solche Tests nur ein weiteres Instrument im Repertoire des Foltermeisters sind. Sex ist eine Quelle der Schande, was ihn zu einem mächtigen Werkzeug der Unterwerfung macht – sei es die Demütigung männlicher Gefangener im Gefängnis Abu Ghraib, sei es die Gewalt gegen Demonstrantinnen bei den Volkserhebungen in der arabischen Region, die in gewisser Weise einen Doppelschlag darstellt, da diese nicht nur über die Frauen selbst, sondern des Weiteren auch über ihre Männer Schande bringt.[61] In diesem konkreten Fall könnten die Ergebnisse solcher Tests helfen, eine Anklage wegen Prostitution zu untermauern, oder zur Erpressung missbraucht werden, sollte sich herausstellen, dass unverheiratete Frauen keine Jungfrauen mehr sind – dies alles sind Möglichkeiten, um Demonstrantinnen zu diskreditieren und andere abzuschrecken, die versucht sein könnten, ihrem Beispiel zu folgen. Eine der untersuchten Frauen setzte sich zur Wehr und erstattete Anzeige gegen das Militär, aber in dem Bemühen, Wiedergutmachung von der ägyptischen Regierung nach Mubarak zu erhalten, stieß sie auf die gleichen alten Hindernisse.[62] Interessanterweise wurden bei dieser langwierigen juristischen Auseinandersetzung die Zwangstests in Frage gestellt, aber nicht der Wert der Jungfräulichkeit an sich, und es wurde auch nicht hinterfragt, weshalb sie für eine im Wesentlichen politische Frage von Belang sein sollte.

Dennoch gibt es eine kleine, aber wachsende Zahl von Stimmen, die öffentlich die Fixierung auf weibliche Jungfräulichkeit und die pauschale Verurteilung von vorehelichem Sex in Frage stellt. Eine davon ist Marwa Rakha: »Ich werde wegen meiner Ansichten zum Thema Sex und sexuelle Beziehungen vor der Ehe heftig angegriffen«, antwortete sie einer Briefschreiberin. »Ich bin nicht dagegen, und ich halte es auch für eine natürliche Sache in der Phase des Kennenlernens anderer Menschen. So wie sich Menschen emotional und mental kennenlernen und über ihre Prinzipien, Gedanken und Überzeugungen austauschen, so müssen sie auch sexuell miteinander vertraut werden.«[63] Für sie ist es keine Sache der Religion oder Moral, sondern eine Frage der persönlichen Freiheit, insbesondere für Frauen.

Sich abnabeln

Der Schlüssel zur Verwirklichung dieser Freiheit liegt darin, sich innerhalb der Familie Freiräume der Selbstentfaltung zu schaffen. Junge Leute in Ägypten und der gesamten arabischen Region haben zweifellos sehr enge Bindungen an ihre Familien, auch wenn die ehemaligen Groß- immer mehr zu Kernfamilien schrumpfen und sich die Mitglieder über

Städte, Länder und Kontinente verstreuen, wie es bei meiner Familie der Fall ist. Diese Nabelschnur ist größtenteils finanzieller Natur. In Ägypten zum Beispiel lebt die große Mehrheit der unverheirateten Jugendlichen (und etwa 40 Prozent der verheirateten Paare) unter dreißig Jahren bei ihren Familien; wenn man bedenkt, dass sich die Arbeitslosigkeit im zweistelligen Bereich bewegt, bedeutet dies, dass sie auch ökonomisch weitgehend von ihnen abhängig sind.[64]

»Alles im Rahmen der Familie« hat praktische Folgen für das eigene Liebesleben: In den meisten Haushalten ist es nahezu unvorstellbar, einen Partner mit nach Hause zu bringen, zumal nur eine kleine Minderheit der Jugendlichen in Ägypten ein eigenes Schlafzimmer hat. Ein Hotel ist für die meisten jungen Leute nicht nur zu teuer, sondern die meisten Hotels verlangen auch einen Trauschein, es sei denn, man lässt am Empfangsschalter ein hübsches Sümmchen rüberwachsen. Wenn man intim werden will, ist das Beste, was einem passieren kann, ein Freund mit eigener Wohnung oder eigenem Auto, ansonsten heißt es zurück zur Corniche, um an der frischen Luft ein bisschen rumzufummeln.

Diese materielle Abhängigkeit nimmt subtile Formen an. In einer Gesellschaft, die auf der Basis von *wasta* – Beziehungen – funktioniert, sind der Name und der Einfluss der eigenen Familie wichtig, um es im Leben zu etwas zu bringen. Das weiß ich aus persönlicher Erfahrung: Als meine westliche Erziehung und meine zupackende Unabhängigkeit im Kontakt mit der ägyptischen Bürokratie dahinschwanden, musste ich meine Familie einschalten, damit diese ein paar Worte für mich einlegte und ein paar Gefälligkeiten versprach, um einige Dinge zu erreichen.[65] Wie meine Großmutter zu sagen pflegte: »Wer Rückendeckung [familiäre Unterstützung] hat, wird nicht in den Bauch geboxt.«

Aber diese Bindung hat auch eine tiefe emotionale Dimension. Der Koran ermahnt Gläubige, ihre Mütter und Väter zu ehren. »Dem Menschen haben wir besonders seine Eltern anbefohlen – mit ihm war seine Mutter schwanger – Mühsal über Mühsal! –, und seine Entwöhnung dauerte zwei Jahre: Sei dankbar – gegen mich und deine Eltern! Zu mir hin ist der Lebensgang«, ist nur einer von vielen Versen zu dem Thema.[66] Studien im gesamten arabischen Raum bestätigen diese starke familiäre Verbundenheit; sie belegen das ausgeprägte familiäre Identitäts- und Zugehörigkeitsgefühl der jungen Menschen.[67] Wie sich der Aufstand – und die Erfahrung von Millionen junger Männer und Frauen, die auf den Straßen, Abend für Abend, der politischen Autorität die Stirn boten – auf die Beziehungen zur elterlichen Autorität auswirken werden, ist eine spannende Frage. *Hurriyya* (Freiheit) wurde zum Schlachtruf vieler junger Leute, die Eltern, wenn es um die Erledigung von Hausarbeiten geht, pampig antworten oder die versuchen, mehr Taschengeld herauszuholen. Für ältere Jugendliche sind dies jedoch kompliziertere Verhandlungen. Al Haq sprach für viele, die ich getroffen habe, als sie die Gratwanderung zwischen persönlicher Freiheit und ihrer Familie beschrieb. »Ich und Mama stehen uns sehr nahe. Sie glaubt an das, was ich tue, und sie bewundert mich. Aber jedes Mal, wenn ich etwas sage, was nicht so den gängigen gesellschaftlichen Vorstellungen entspricht, kommt sie gleich: ›Und was ist mit der Gesellschaft? Was ist mit der Familie?‹«

Al Haq stritt tagelang mit ihrer Mutter um die Erlaubnis, von der Stadt nördlich von Kairo zum Tahrir-Platz zu fahren. »Ich wollte unbedingt dabei sein, mich meinen Freunden anschließen und sehen, was zum Teufel sie mit Ägypten anstellten. In meiner Generation hatte ich nie das Gefühl, eine Heimat zu haben. Erst die Revolution gab mir dieses Gefühl, zu einem Land zu gehören. Es war ein sehr starkes, sehr schönes Gefühl; ich war ganz versessen darauf. Ägypten gehört uns, nicht Mubarak, Ägypten gehört niemandem außer uns.« Al Haq stahl sich schließlich davon, und obwohl ihre Mutter wütend war, gab sie schließlich nach. Aber Al Haq will ihre neu gewonnene Freiheit nicht überstrapazieren. »Ich lebe mein Leben frei, und ich habe vor niemandem Angst. Ich sage Mama einfach nicht, dass ich einen Freund habe und mein Leben mit ihm genieße. Denn das würde sie sehr verletzen, und es wäre sehr schockierend für sie. Und ich will niemanden von meiner Familie verlieren.«

Nach meinen Erfahrungen sehen nur wenige junge Menschen einen Zusammenhang zwischen ihrer Rebellion gegen das Staatsoberhaupt und einer offenen Herausforderung der eigenen Familienoberhäupter – zumindest noch nicht. Aber einige stellen diese Verbindung durchaus her. Tarek Salama ist ein Journalist, der zum Streiter für sexuelle Rechte wurde – nicht gerade ein populäres Thema in Ägypten. »Am 25. Januar bin ich zum ersten Mal in meinem Leben auf die Straße gegangen, um zu protestieren. Ich habe immer gedacht, Proteste brächten nichts.« Aber die Ereignisse des Jahres 2011 haben sein Leben in beruflicher wie persönlicher Hinsicht verändert. »Für mich als Aktivisten gibt es viele Entscheidungen, die zu treffen ich vor dem 25. Januar nicht gewagt hätte, wegen der Politik, wegen der Gesellschaft, wegen meiner familiären Situation«, sagte er mir, als wir, buchstäblich einen Steinwurf vom Tahrir-Platz entfernt, in einer Seitenstraße, die der Schauplatz erbitterter Zusammenstöße zwischen jungen Demonstranten und Sicherheitskräften gewesen war, Kaffee tranken. »Wenn der 25. Januar nicht gewesen wäre, würde ich – um nur ein Beispiel zu nennen – jetzt wohl kaum zusammen mit Ihnen an diesem Tisch sitzen und über Sexualität sprechen. Weil ich Angst gehabt hätte. Jetzt habe ich keine Angst mehr vor diesem Kampf.«

Und mit dem unbedingten Respekt vor den Erfahreneren ist es ebenfalls vorbei. »Ich war ein schüchterner Mensch und brachte Älteren Respekt entgegen«, sagte Tarek, während er seine klobige, schwarzgefasste Brille zurechtrückte. »Aber als ich erfuhr, dass wir Mubarak – der über achtzig war – losgeworden waren, zerstörte das irgendwie meine Vorstellung vom Alter. Und so wurde ich irgendwie aggressiv und schroff, selbst gegenüber Leuten, die viel älter sind als ich, wenn ich finde, dass sie nur Scheiße reden.« Der Aufstand hat Tarek einerseits desillusioniert, andererseits die Augen geöffnet. »Die meisten Leute, die uns während der Revolution übel mitspielten, waren Ältere. Die meisten Leute, die ich als Vorbilder und Ikonen verehrt hatte, haben mich wirklich enttäuscht. Als sie umgestürzt waren, stellte ich fest, dass das nichts mit dem Alter, nichts mit der Erfahrung zu tun hatte, sondern damit, ob die Person sich selbst treu geblieben ist – und das zählt für mich.«

Umgekehrt hörte ich vor der Erhebung Eltern immer wieder die mangelnde Reife ihrer Kinder beklagen. »Ich habe vorher immer gesagt, diese Generation hat nichts anderes zu tun, als an ihren Computern zu hocken und zu spielen«, beklagte sich ein Vater, ein ehemaliger Armee-General über fünfzig, bei mir. Der von der Jugend des Landes angeführte Aufstand des Jahres 2011 änderte das alles. Er und seine über zwanzigjährige Tochter verbrachten Tage auf dem Tahrir-Platz, eine zusammenschweißende Erfahrung, die ihn umdenken ließ. Die jüngsten Ereignisse haben viele ältere Ägypter, meine eigenen Verwandten eingeschlossen, erschüttert, und es fällt ihnen schwer, sich mit Veränderungen abzufinden. Nicht so der General. »Ich habe mich total geirrt«, sagte er mir, was einem ägyptischen Mann und Vater nicht leicht über die Lippen kommt. »Zu Beginn haben mich die Demonstranten, ihr Anstand, die zivilisierte Art, ihre Ideen vorzustellen, sehr überrascht. Diese Generation hat mir bewiesen, dass sie Pläne für die Zukunft hat und weiß, was man tun muss, um sie umzusetzen.«

Die nachfolgenden Ereignisse haben dieser Bewunderung etwas von ihrem Glanz genommen. Frischem Blut Platz zu machen – bei politischen oder häuslichen Entscheidungen – ist ein langwieriger Prozess. Ob junge Menschen die Chance bekommen, die Führung zu übernehmen, und ob sie die Klugheit besitzen, sie sinnvoll zu nutzen, ist eine andere Frage. Ein Test für diese neue Entente cordiale wird sein, wie weit junge Menschen – insbesondere junge Frauen wie Al Haq – in den kommenden Jahren in der Lage sein werden, von sich aus neue Wege zu gehen. Al Haqs Mutter erlaubt ihr jetzt zum Beispiel, allein in der Wohnung der Familie in Kairo zu bleiben, was vor der Revolte undenkbar gewesen wäre. Aber diese Freiheit ist nicht leicht zu erringen: Die elterliche Wohnung zu verlassen ist in der Region für die Minderheit der unverheirateten Leute, die es sich leisten können, weniger ein Übergangsritus und mehr eine Feuerprobe. »Wenn du zu irgendeinem Scheich gehst und sagst, diese junge Frau ist ausgezogen, sagt er: ›Oh, dieses verdorbene Stück!‹ Sie wird gewissermaßen verflucht und verdammt«, sagt Rakha.

Sie sollte es wissen. Das Leben änderte sich für Rakha, als sie mit Anfang zwanzig ins Berufsleben einstieg. »Als ich mein erstes Gehalt verdiente, wurde mir klar, dass es mich glücklich macht, mein eigenes Geld zu haben. Und es gab mir dieses kleine bisschen Freiheit, dass ich nicht zu meiner Mutter gehen und ihr Einverständnis einholen muss, wenn ich ein bestimmtes Kleid tragen oder ein Parfüm auflegen will«, sagte sie mir. »Hier beginnt die Unabhängigkeit. Ich brauche keinen Mann, um glücklich zu sein; ich bin glücklich, wenn ich Dinge für mich tun kann.«

Mit Ende zwanzig beschloss Rakha, in eine eigene Wohnung zu ziehen. »Meine Mutter dachte, ich würde es nicht schaffen, wenn ich ausziehe, ich würde schon wieder zurückkommen. Deshalb ließ sich mich gehen, und sie war schockiert, als ich überlebte«, erinnerte sie sich. »Solange ich bei meinen Eltern wohnte, tat ich nichts. Ich schlief bis 20 Uhr und ging dann mit meinen Freundinnen aus. Wenn man auszieht, muss man seine Wohnung selbst saubermachen, das ist was ganz anderes. Ich war bereit dazu; die Sache ist die, dass ich dieses Paket nicht mit einem Mann haben wollte. Ich wollte es für mich allein tun.«

Dieses Selbstvertrauen wird nach Rakhas Meinung eher als ein Makel denn als ein Ehrenzeichen für Frauen in Ägypten angesehen. »Bei einem Mann stellt man normalerweise die Frage: ›Weshalb hast du deine Eltern verlassen?‹ Wenn ein Mann dann antwortet: ›Weil ich erwachsen werden wollte, weil ich lernen wollte, Verantwortung zu übernehmen‹, ist das gesellschaftlich völlig in Ordnung. Aber die meisten Männer wollen nicht ausziehen; sie wollen jemanden, der für sie kocht und saubermacht. Hier sind es die Mädchen, die ihre Unabhängigkeit wollen; sie wollen sich jenseits ihrer gesellschaftlich anerkannten Rollen selbst beweisen.« Rakha ist nur allzu vertraut mit diesen Denkmustern, die schon im Elternhaus angelegt werden. Eltern wollen unbedingt den Schein wahren, und Töchtern, die das Nest flüchten, wird vorgeworfen, sie entzögen sich ihrer Verantwortung gegenüber den Eltern. »Was glauben Sie, wie meine Mutter das sieht?«, sagte Rakha. »Erstens hält sie mich für undankbar. Statt bei ihr zu sein und sie zu unterstützen und zu trösten, habe ich das Weite gesucht. Mein Gegenargument war immer: ›Was, wenn ich heiraten würde? Dann würde ich dich auch verlassen.‹ ›Aber dann wäre es deshalb, weil du geheiratet hast‹, antwortete sie. ›Also werde ich jetzt dafür bestraft, dass ich nicht verheiratet bin, oder wie?‹«

Wenn ich in Ägypten – ja in jedem beliebigen arabischen Land – einer intelligenten, ehrgeizigen und beruflich erfolgreichen Frau über 35 begegne, erwarte ich nicht, dass sie einen Ehering trägt. Während die große Mehrheit der jungen Frauen in Ägypten mit Ende zwanzig verheiratet ist, ist der Prozentsatz derjenigen, die mit dreißig Jahren oder älter noch Single sind, bei Frauen mit einem höheren Bildungsabschluss dreimal höher als bei denen, die kein Abitur haben.[68] Einige unverheiratete Frauen, die ich kenne, würden mit Freuden einen westlichen Ehemann in Betracht ziehen (vorausgesetzt, er hätte die gleiche Religion), während andere sich ihrem Glauben und einem Fatalismus zugewandt haben, der ihnen erlaubt, ihren Single-Status dem Willen Gottes zuzuschreiben. Viele von ihnen haben jedoch schlichtweg die Hoffnung aufgegeben, unter ihren Landsleuten noch einen adäquaten Ehemann zu finden. Dafür ist eine Reihe von sozialen und ökonomischen Faktoren verantwortlich, aber Rakha hat eine einfache Antwort. »Wenn Frauen ein gewisses Bildungsniveau haben – zum Beispiel einen College- oder Uni-Abschluss –, dann erweitert sich ihr geistiger Horizont. Männer durchlaufen den gleichen Prozess, aber es ist so, als wäre ihr Gehirn gespalten: Da ist die Hälfte, die unverändert bleibt, und da die andere Hälfte, mit der sie Karriere machen«, sagte sie. »Du lernst diesen großartigen Mann kennen, diesen erfolgreichen, bezaubernden, gut ausgebildeten, weit gereisten Typen, aber in der Birne ist er nach wie vor total beschränkt.«

Sie wägte ihre Worte genau. »Ein Mann in meinem Alter oder älter ist ein richtiges Stück Scheiße. Traditionell, jemand, der dir total auf den Keks geht. Er ist unsicher – ›ich hasse Frauen, die sind wirklich übel, kontrollsüchtig‹ –, sie lassen sich durch alles einschüchtern.« Rakha bekommt viele E-Mails von verängstigten Männern im ganzen Land, und sie hat auch eine Erklärung für deren Verhalten parat. »Sie machen diesen ganzen Mist aus Furcht. Sie haben Angst. Sie sind verängstigte kleine Jungs. Das beginnt mit dreizehn und dauert, bis sie dreißig sind. Alles macht ihnen Angst. Sie haben Angst, verurteilt zu werden. Angst, abgewiesen zu werden. Angst, das Falsche zu sagen oder zu tun. Angst davor, verlassen zu werden. Angst, dass sie betrogen werden. Sie sind unglaublich unsicher.« Dies bedeutet für die Partnersuche, dass potenzielle Ehemänner, die nach Kontrolle streben, und Frauen, die ihre Unabhängigkeit wollen, einfach nicht zusammenpassen – und dies ist ein Grund für die wachsende Zahl unverheirateter Frauen.

Kampf der Geschlechter

Diese Spannungen gehen über den Rahmen privater Beziehungen hinaus. *Taharrush jinsi* – sexuelle Belästigung, die von Angaffen und anzüglichen Bemerkungen bis hin zu Exhibition, öffentlicher Masturbation und körperlichen Übergriffen reichen kann – spielt sich auf den Straßen Ägyptens und der ganzen arabischen Welt ab. Bei der aktuellen landesweiten

Umfrage unter Ägyptern im Alter zwischen 10 und 29 Jahren kam heraus, dass mehr als die Hälfte der jungen Frauen, die in kleineren und größeren Städten leben, schon sexuell belästigt wurden – hauptsächlich durch obszöne Bemerkungen von Fremden.[69] Aber es gibt zahlreiche Hinweise auf weit gewalttätigere Vorfälle, und das nicht nur in dunklen, menschenleeren Straßen, sondern auch im Menschengewühl am helllichten Tage. Sichtbare Minderheiten – sudanesische Flüchtlinge, asiatische Hausangestellte, westliche Touristinnen – sind besonders gefährdet, und diejenigen, die sie belästigen, werden angestachelt von Klischeevorstellungen über sexsüchtige ausländische Frauen. Kairo ist ein Konzentrat Ägyptens, weshalb es nicht weiter verwunderlich ist, dass die sexuelle Belästigung in der Hauptstadt besonders extreme Ausmaße angenommen hat. Hier sorgte das Phänomen erstmals Mitte der Nullerjahre für Schlagzeilen, und im Lauf der Jahre wurden öffentliche Feiern – insbesondere religiöse Feiertage – regelmäßig zum Anlass einer Art Wettstreit in sexuellem Mobbing, bei dem Scharen junger Männer vorbeikommende Frauen in die Enge treiben.[70] Mittlerweile gehören sexuelle Belästigung und Vergewaltigung – neben politischen Unruhen, unsauberem Wasser und den Risiken im Straßenverkehr – sogar zu den Gefahren, vor denen ausländische Regierungen in ihren Reise- und Sicherheitshinweisen für Ägypten ausdrücklich warnen.[71]

Bei *mu'aksa*, dem männlichen Flirten, ging es einmal viel höflicher zu. »*Ya helwa, ya gamila*« (»Du süßes, schönes Ding«) oder »*Ya amar*« (»Du bist wie der Mond«) waren einige der honigsüßen Sätze, die meine Tanten und Cousinen in den 1960er und 1970er Jahren in der Innenstadt von Kairo und Alexandria hörten. Dann gibt es die ägyptische Spielart des bewundernden Pfeifens, mit dem auch Katzen angelockt werden, ein leises Zischen wie von einem Reifen, der Luft verliert – für mein Empfinden keine besonders verheißungsvolle Assoziation für einen Mann, der auf Brautschau ist. Heute dagegen herrscht bei der Anmache ein ziemlich rüder Ton: »*Ya labwa*« (»Du Schlampe«), so wurde eine meiner Freundinnen, die den Hijab trug und auch sonst äußerst dezent gekleidet war, von einem Auto voll junger Männer begrüßt, als sie an einer Ampel hielt. »Ach hätte ich doch nur zwei Betten, damit ich zweimal mit dir schlafen könnte.«

Viele Leute machen wirtschaftliche Faktoren für dieses »unhöfliche« Verhalten verantwortlich, wie die Ägypter es nennen: arbeitslose Jugendliche, die viel freie Zeit zur Verfügung haben und dank Fernsehen und Internet ständig an Sex denken; Eltern, die rund um die Uhr arbeiten, und Väter, die in den Golfstaaten schuften, was dazu führe, dass die Kinder nicht mehr überwacht würden und keine moralischen Werte mehr vermittelt bekämen. Ohne Ehe und daher ohne leichtes sexuelles Ventil, ergieße sich diese aufgestaute libidinöse Energie auf die Straßen, so lautet die gängige Erklärung. Gleichzeitig, so die Argumentation, seien Frauen in zunehmendem Maße im öffentlichen Raum präsent, und Männer würden durch deren aufreizende Kleidung und keckes Verhalten in unerträglicher Weise herausgefordert. Angesichts solcher verbreiteten Anschauungen ist es nicht weiter verwunderlich, dass viele Männer glauben, Frauen würden sich im Innersten über diese Aufmerksamkeiten freuen.[72]

Es sind nicht nur bekennende sexuelle Mobber, die auf dem Standpunkt stehen, die Opfer seien selbst schuld: Über 60 Prozent der Frauen mit dem höchsten Bildungsstand in der landesweiten Umfrage und drei Viertel ihrer weniger gut gebildeten Geschlechtsgenossinnen sind der Ansicht, »aufreizend gekleidete« Frauen forderten es heraus.[73] Obwohl sich über 90 Prozent der jungen Frauen in Ägypten bedecken – vom Kopf und Hals bis zu den Handgelenken und Fußknöcheln –, lässt sich diese Uniform in vielfältiger Weise sexier machen: auffällige Kopftücher in phantastischen Arrangements, mehrere Schichten Make-up, protzige Panorama-Sonnenbrillen, enge Jeans und kurvenbetonende Tuniken, wobei Lycra ein Geschenk Gottes an arabische Männer ist.[74] Diese *dolce hegabbanas* umgehen geschickt die konservativen Regeln, indem sie, formal korrekt, ihre *'awra* (Teile des männlichen und weiblichen Körpers, die nach islamischen Grundsätzen nicht öffentlich sichtbar sein sollten) bedecken und sich etwas mehr Freiheit gegenüber ihren Eltern herausholen, während sie zugleich ihre Weiblichkeit zur Schau stellen. Und doch erinnern sich diese jungen Frauen wehmütig daran, dass ihre Mütter und Großmütter in der Öffentlichkeit viel mehr Haut zeigen konnten – kurze Röcke, bloße Arme und wallendes Haar –, ohne dass sie belästigt wurden.

Ungeachtet dieser subtilen Subversion widersetzen sich viele Frauen nur widerstrebend Konventionen und berichten ihren Familien nur ungern von sexuellen Belästigungen, geschweige denn, dass sie diese anzeigten.[75] Diese Zurückhaltung hat eine Reihe von Gründen: Einige geben sich selbst die Schuld an dem Übergriff; andere befürchten, dass ihr Ruf Schaden nimmt, wenn sie zugeben, belästigt worden zu sein, und sie haben auch Angst vor den Folgen, etwa dass ihnen von ihren Eltern Hausarrest erteilt wird. Außerdem befürchten viele, dass die Polizei sie nicht ernst nimmt, teils weil es schwierig ist, eine überfallartige Belästigung zu beweisen, und teils weil oftmals Polizisten selbst die Täter sind.[76]

Trotz all dieser Hindernisse ist sexuelle Belästigung eines der Tabus, über die heute in Ägypten offen gesprochen wird. Mehrere innovative Kampagnen helfen Frauen, Vorfälle anzuzeigen und mit den Folgen klarzukommen, sie binden junge Menschen beiderlei Geschlechts in Gemeinschaftsprojekte ein, und sie bringen der nächsten Generation – insbesondere jungen Männern – bei, dass es einen nicht männlicher macht, wenn man Frauen belästigt.[77] Eine kleine, aber wachsende Zahl von Frauen hat, ermutigt durch den Aufstand, geltende Gesetze gegen Erregung öffentlichen Ärgernisses und Vergewaltigung dazu genutzt, den Spieß gegenüber denjenigen, die sie belästigten, umzudrehen. Nichtregierungsorganisationen bemühen sich zudem, die Verabschiedung eines Gesetzes zu erreichen, das sexuelle Belästigung ausdrücklich unter Strafe stellt, auch wenn die Erfahrungen in Ländern, in denen solche Gesetze bereits in Kraft sind, wie etwa Tunesien und Algerien, zeigen, dass Schlupflöcher nur schwer zu schließen sind und der kulturelle Wandel manchmal im Schneckentempo folgt. »Wenn es darum geht, die Mentalität der Menschen zu verändern, haben wir manchmal das Gefühl, als würden wir versuchen, das Meer mit einer Tasse umzurühren«, sagte Nehad Abu Komsan lachend, Anwältin in Kairo und Vorsitzende des Ägyptischen Zentrums für Frauenrechte, eine der Vorkämpferinnen gegen sexuelle Belästigung.

Abu Komsan und ihre Mitstreiterinnen konnten dieses heikle Thema unter anderem deshalb aus dem Schatten herausholen, weil sie die sexuelle Belästigung »desexualisierten« und sie zu einer Frage der persönlichen Sicherheit und des Versagens der Regierung machten, statt einer Sache von Frauenrechten, die bei Konservativen auf Widerstand stößt. »Wir greifen Männer nicht an, weil sie schlechte Menschen sind, die Frauen belästigen. Wir werfen der Gesellschaft nicht vor, dass sie ignorant ist und etwas öffentlich sagt, es dann aber im Privaten nicht tut«, erklärte sie. »Man kann die Regierung angreifen, wenn man mit ihrer Politik nicht zufrieden ist: ›Es ist Ihr Fehler, weil Sie sich nicht für die Sicherheit der Bürger, sondern nur für politische Sicherheit interessieren.‹ Wenn man aber die Gesellschaft verändern will, darf man die Menschen nicht angreifen.« Während einige befürchten, Islamisten könnten sexuelle Belästigung dazu benutzen, um Rechte von Frauen einzuschränken, sind andere besorgt, der Staat könnte diese Darstellung der Probleme in Kategorien der öffentlichen Sicherheit und Ordnung dazu missbrauchen, seine Machtbefugnisse im Namen des Frauenschutzes auszuweiten, und unter diesem Deckmantel dann auch scharf gegen politische Gegner vorgehen.[78] Aber solange in Ägypten kein Klima herrscht, in dem diese Probleme unter dem Gesichtspunkt persönlicher Freiheiten und Rechte diskutiert werden können, ist diese Strategie besser als nichts. »Es geht darum, wie man es verpackt«, sagte mir Abu Komsan. »Es heißt ja: ›Man kann Gift in einen sehr hübschen Flakon füllen, und die Leute werden begeistert zugreifen.‹«

Abu Komsan und andere behaupten, die Epidemie sexueller Belästigungen in Ägypten sei vor allem das Produkt politischer und ökonomischer Unterdrückung, die Männer dazu veranlasse, diejenigen zu attackieren, die auf der patriarchalischen Stufenleiter noch tiefer stehen, und keine Explosion sexueller Frustrationen. Die jüngsten Ereignisse haben zweifellos gezeigt, dass sich das Verhalten von Männern gegenüber Frauen dramatisch verändert, wenn Männer das Gefühl haben, durch ihr Handeln etwas bewirken zu können. Bis 2011 waren Massenversammlungen junger Männer für Frauen gefährliches Territorium. Doch bei den Demonstrationen auf dem Tahrir-Platz, wo sich Zehntausende versammelten, um gegen vergangene, gegenwärtige und zukünftige autoritäre Regime zu protestieren, konnten ich und andere Frauen uns frei bewegen – jedenfalls so frei, wie man dies in einer revolutionär gestimmten Menschenmenge kann –, als Männer Frauen respektvoll Platz machten und ihnen zuhörten. Als ich vor den Tränengasschwaden weglief, brachten mich Männer in Sicherheit und nutzten die leichte Beute nicht aus. Das soll nicht heißen, dass es auf dem Tahrir-Platz nicht zu sexuellen

Übergriffen gegen Frauen gekommen ist – ungeachtet der utopischen Mythen, die sich um die Erhebung von 2011 ranken. Solange die Jugendlichen auf dem Tahrir-Platz durch ein gemeinsames, dringendes Ziel geeint wurden, arbeiteten Männer und Frauen gut zusammen, aber sobald diese Orientierung auf ein gemeinsames Ziel dahinschwand und eine Volksfestatmosphäre auf dem Platz aufkam, kehrten die sexuellen Übergriffe zurück. Bei einem dieser Vorfälle sah ich, schockiert und unfähig, Hilfe zu leisten, wie eine junge Frau im Hijab von einer Schar junger Männer in die Enge getrieben und gegen ein Geländer gedrückt wurde, während man ihr die Kleider vom Leib riss. Unter normalen Umständen halten sich Männer heraus, wenn Frauen belästigt werden, aber in diesem Fall versuchten einige, ihr zu helfen, sie bedeckten sie mit eigenen Kleidungsstücken und schafften sie aus dem Chaos heraus.

Es ist nicht leicht, den Schalter umzulegen – von Belästigung zu Kooperation. Aber Abu Komsan ist zuversichtlich, dass die Revolte Ägypten langfristig aus seiner jahrzehntelangen Malaise herausholen wird und dass Symptome wie sexuelle Belästigung von einer chronischen Erkrankung zu einer sporadischen Beschwerde werden. »Was hat die Revolution gebracht? Sie hat den Menschen das starke Gefühl gegeben, dass sie ihr Leben selbst gestalten und eigenständige Entscheidungen treffen können. Davor waren die meisten Ägypter total deprimiert, und sie hatten das Gefühl, keine Menschen zu sein. Ich spreche nicht über Menschenrechte, nur über das Gefühl, ein Mensch zu sein. Die Revolution hat den Menschen ein Gefühl des Sieges, der Würde und Hoffnung gegeben. Ihr Verhalten hat sich eindeutig zum Positiven gewandelt.«

Das bleibt abzuwarten. Aber wird sich auch das Intimleben verändern? Trotz all ihrer Hoffnungen bezweifelte Al Haq, dass auch jenseits des Kreises derjenigen, die bereits die Regeln gebrochen hatten, Veränderungen stattfinden würden. »Ich glaube, dass derjenige, der vor der Revolution ein Rebell war, nach der Revolution noch rebellischer sein wird. Das war bei mir und bei vielen meiner Freunde der Fall. Vielleicht werden sie die Gesellschaft durch ihr Verhalten noch immer nicht aufrütteln können, aber in ihren sozialen Kreisen wird es für sie in Ordnung sein: ›Ja, ich tue das, ich bedauere es nicht.‹« Diejenigen, die sich öffentlich über Konventionen hinwegsetzen – wie die Nacktfoto-Revolutionärin –, gelten gemeinhin als Abweichler, nicht als Trendsetter. »In dieser Gesellschaft wird es erst dann echte sexuelle Freiheit und Meinungsfreiheit geben, wenn das allgemeine Bildungsniveau viel höher ist als heute«, sagte Al Haq. »Das wird viele, viele Jahre dauern.« Salama war ähnlich skeptisch. »Mädchen, die zusammen mit Jungs auf dem Platz übernachteten – das ist ein sozialer Aspekt der Revolution. Aber dies ist keine gesellschaftliche Revolution. Die soziale Phase der Revolution hat gerade erst angefangen. Diese Veränderungen werden sehr viel Zeit brauchen.«

Und doch finden überall im Land zahllose private Rebellionen statt, auch wenn diejenigen, die in ihrem Zentrum stehen, sie nicht als solche ansehen. »Es ist eine politische Revolution, keine Revolution im Denken. Die Tradition hat keinen Bezug zur Revolution«, sagte Amany seufzend, während sie in den Schatten einer Säulenhalle eintauchte. Wir trafen uns bei einem der vielen alten Tempel, die in der Landschaft zwischen Luxor und Assuan verstreut liegen, wo ich mich von dem Gewühl Kairos erholte, und Amany arbeitete dort als Fremdenführerin. Während wir an Obelisken und Statuen vorbeischlenderten, ließ sie mich an ihrem eindrucksvollen historischen Wissen und ihrer eigenen Geschichte stiller Auflehnung teilhaben.

Amany ist Ende zwanzig und stammt aus einer Familie der unteren Mittelschicht in Oberägypten. Al-Sa'iid, wie der Süden des Landes auf Arabisch genannt wird, ist bekanntermaßen eine konservative Region, aber die Zeiten ändern sich. Ägyptische Eltern wünschen sich in zunehmendem Maße neben Söhnen auch Töchter, und sie erachten es als nützlich und sinnvoll, ihren Mädchen eine höhere Bildung angedeihen zu lassen, selbst wenn sie dafür weit von zu Hause fortziehen müssen, unter anderem, weil sie glauben, dass gebildete (aber wiederum nicht *allzu* gebildete) junge Frauen bessere Heiratschancen haben und bessere Ehefrauen und Mütter abgeben. Und so durfte Amany, die das intelligenteste ihrer fünf Geschwister ist, die Universität besuchen, aber sobald die Studentenzeit vorbei war, musste sie wieder bei ihren Eltern einziehen. Doch anders als viele junge Ägypter hat sie eine lukrative Stelle, was sie zur Ernährerin der Familie macht, jetzt, wo ihr Vater im Ruhestand ist. Aber auch wenn Amany alle finanziellen Trümpfe in Händen hält, geben ihre Eltern noch immer den Ton an. Alle paar Wochen bringt ihre Mutter einen Freier bei, in der Hoffnung, ihre Tochter endlich unter die Haube zu bringen. Amany jedoch lehnt alle Bewerber ab, aus einem einfachen Grund: Insgeheim ist sie bereits verheiratet.

Vor fünf Jahren lernte Amany Hossam kennen, einen ehemaligen Soldaten und Freund ihres Bruders, der aus dem Norden Ägyptens stammt. Hossam verliebte sich auf der Stelle und wurde, wie es sich gehört, mit seinen Eltern im Schlepptau, bei Amanys Familie vorstellig und hielt um ihre Hand an. Sie unterbrach ihre Geschichte für einen Moment, um mir eine Hieroglyphe zu zeigen. »Dies ist das Symbol des ewigen Lebens«, erklärte sie und deutete auf ein Anch-Kreuz. »Es steht auch für die Einheit von Unter- und Oberägypten.« Leider war für Amany und Hossam keine derartige Vereinigung zu erwarten. Ihre Eltern lehnten ihn ab, auch deshalb, weil er weniger verdient als ihre Tochter und daher einen Teil des Einkommens abschöpfen würde, das andernfalls ihnen zufließt. Ihre Einwände waren aber auch geographischer Natur. »Sie haben wenig Vertrauen in die Männer Unterägyptens. Sie glauben, dass er sie, wenn es in der Ehe Probleme gibt, sitzenlassen wird, wieder in den Norden zurückkehrt und eine andere Frau heiratet. Sie könnten keine innere Ruhe finden«, erklärte sie. Amany selbst dagegen sieht in Hossams Herkunft einen Vorzug. »Er ist aufgeschlossener. Er vertraut mir, es macht ihm nichts aus, dass ich mit anderen Männern arbeite«, sagte sie, ihn vorteilhaft mit örtlichen Freiern vergleichend. »Er ist der Typ Mann, der einem in den Augen lesen kann, wenn man nicht spricht. Es ist, als hätte er eine Entdeckungsreise durch meine Seele gemacht. Er versteht mich. Diesen Typ Mann findet man heute nicht mehr.«

Nach drei weiteren Jahren und zwei weiteren Versuchen mit ihren Eltern beschloss Amany, die Dinge selbst in die Hand zu nehmen. »Ich erhoffe mir nichts mehr von der Familie. Sie werden ihre Meinung nicht ändern. Also habe ich mir gesagt: Es ist meine Entscheidung, ich treffe die Entscheidung für mich.« Als sich der Aufstand von 2011 dem Ende zuneigte, reiste sie mit Hossam nach Norden und unterzeichnete, fern der neugierigen Blicke der Familie, einen *'urfi*-Ehevertrag in einer Anwaltskanzlei. Für Amany war es unvorstellbar, ohne einen solchen Vertrag mit Hossam zu schlafen. »Wir heirateten heimlich, weil wir es vor meinem Gott richtig machen wollten. Weil wir Muslime sind, wollen wir nichts tun, was *haram* ist.« Aber genauso unvorstellbar ist es für sie, sich ihren Eltern offen zu widersetzen und ohne deren Zustimmung eine offizielle Ehe einzugehen. »Ich will meine Familie nicht in eine schwierige Lage bringen. Ich muss ihnen gehorchen. Ich muss mein Bestes tun, um sie glücklicher zu machen als mich selbst«, sagte sie. »Und wegen des Ansehens, ihres guten Rufs, nicht meines. Mein Vater ist im Ruhestand, aber er verbringt seine ganze Zeit in der Moschee, er ist für seine Frömmigkeit bekannt. Er ist ein hoch angesehener Mann. [Wenn ich ohne seine Einwilligung heirate], werden die Leute sagen, er hätte eine sehr unhöfliche Tochter.«

Während wir an Geschichten von »wunderschönen Treffen« zwischen Göttern und Göttinnen, die in die Tempelmauern eingemeißelt waren, vorübergingen, erzählte mir Amany von dem alles andere als wunderschönen Leben mit Hossam: In stillen Stunden stiehlt sie sich aus dem Elternhaus davon, um in seiner winzigen Mietwohnung am anderen Ende der Stadt ein bisschen Zeit mit ihm zu verbringen. Was sie betrifft, ist Diskretion eine Frage von Leben und Tod. »Wenn meine Eltern davon Wind bekommen, bringen sie mich um. Wirklich. Es ist in meiner Familie schon passiert. Die Schwester meiner Großmutter hatte ein Verhältnis, und eines Tages packten sie sie …« Amany führte die flache Hand wie ein Messer über die Kehle. Ehrenmorde sind in Ägypten eine undurchsichtige Angelegenheit, und niemand kennt das wahre Ausmaß des Problems.[79] Aber laut Amany ist es alles andere als ein aussterbender Brauch; die Geschichte wird in ihrer Familie wachgehalten, damit die Mädchen nicht aus der Reihe tanzen.

Wie viele junge Frauen, denen ich begegnet bin, ist Amany hin- und hergerissen zwischen Auflehnung und Reue. Einerseits ist sie insgeheim wütend auf ihre Eltern, die sie in diese Situation hineingezwungen haben. Andererseits wird sie von Schuldgefühlen gequält. »Ich betrüge meine Familie«, sagte sie mir traurig. »Meine Familie vertraut mir, und ich missbrauche ihr Vertrauen. Ich war immer total ehrlich. Ich sagte ihnen alles, was in meinem Leben passierte. Aber das da kann ich ihnen nicht sagen.« Amanys Zurückhaltung wird durch die Tatsache verschlimmert, dass sie nicht länger glaubt, ihre *'urfi*-Ehe sei mit dem Islam vereinbar. »Ich hab im Internet gelesen, einige Leute sagen, es sei 100 Prozent *halal*, andere sagen, es sei 20 Prozent *halal*. Ich weiß es also nicht. Ich sagte [Hossam], wir müssten aufhören, was miteinander zu machen [Sex zu haben], weil das, was wir tun, möglicherweise *haram* sei. Ich will nicht weiter *haram* leben: Ich muss armen Leuten zu essen geben, ich muss viel beten, ich muss die Wallfahrt nach Mekka machen. Vielleicht wird mir Gott dann vergeben.«

Amany hat wenig Hoffnung, dass ihre Familie ihre Meinung ändert oder dass Hossam in der gegenwärtigen ägyptischen Wirtschaftskrise Arbeit finden wird. »Ich will nicht darüber nachdenken, was die Zukunft bringt. Ich will mich nicht selbst traurig machen. Das liegt in Gottes Hand«, sagte sie. Amany sprach so, als wäre die ganze Erhebung spurlos an ihr vorbeigegangen, als wäre sie zu spät gekommen, um in ihrem Leben noch größere Veränderungen zu bewirken. Aber Amany ist sehr zuversichtlich, dass, sollte sie selbst einmal eine Tochter haben, diese eines Tages profitieren wird, und sie weiß auch ganz genau, was sie als Mutter tun wird. »Ich werde meinen Kindern nichts mitgeben, was mich mit meiner Familie entzweit. Ich habe sehr unter ihnen gelitten, weil sie anders denken«, sagte Amany mit gebrochener Stimme. »Aber ich werde meine Tochter verstehen können, ihre Gedanken, weil ich die gleiche Erfahrung gemacht habe. Sie soll sich für die Person entscheiden können, die ihr Herz auswählt.«

Ob Amany und ihre Generation sich – angefangen beim Familienleben bis hin zur politischen Zukunft Ägyptens – tatsächlich anders verhalten werden als ihre Eltern, ist die große Frage. Meinungsumfragen deuten darauf hin, dass in vielen Fragen – insbesondere solchen, die sich auf die Geschlechterrollen und Sex beziehen – junge Menschen überall in der arabischen Region sogar noch konservativer sind als die ältere Generation. Wenn man jedoch mit denselben Jugendlichen unter vier Augen redet, dann bringen sie Träume und Wünsche zum Ausdruck, die diesen sittenstrengen Anschein Lügen strafen. Junge Ägypter – vor allem junge Frauen – bewegen sich weiterhin auf einem schmalen Grat zwischen öffentlicher Konformität und privater Erfüllung, ob online oder offline. Aber während des Aufstands von 2011 kamen das Öffentliche und das Private für einen spektakulären Moment zur Deckung.

Die postrevolutionäre Wirklichkeit sieht anders aus, als sich viele erhofften, und wieder sind alte Männer am Ruder, nachdem sie ihre weniger erfahrenen Söhne und Töchter geschickt ausmanövriert haben. Aber nur weil sie jetzt nicht in vorderster Front stehen, bedeutet dies nicht, dass diese jungen Menschen abgetaucht wären; wenn sie das nächste Jahrzehnt die richtigen Züge machen, ihre Gesellschaften studieren, ihr Wissen erweitern und ihre Taktiken verfeinern, dann könnten sie durchaus den Wandel zustande bringen, von dem Amany für sich selbst und ihre Kinder träumt – indem sie, wie wir im nächsten Kapitel sehen werden, mit ein paar neuen Grundsteinen beginnen.

4
AUFKLÄRUNG

Eine kluge Frau kann mit dem Oberschenkelknochen eines Esels Garn spinnen.

Meine Großmutter darüber, wie man aus dem, was man hat, das Beste macht.

In einem blutroten Untergeschoss in Kairo platzte ich bei einer schönen jungen Frau herein, die am Telefon über Sex redete. »Vertrauen Sie uns«, waren ihre abschließenden Worte zu einem Anrufer. »Wir arbeiten mit den unterschiedlichsten Menschen. Niemand wird etwas erfahren.« Leider konnte der Mann nur ihre Stimme hören, denn sie war wirklich herrlich anzusehen: makellose olivfarbene Haut und volle rote Lippen, ihre hübsch manikürten Finger streiften eine dichte, glänzende Haarlocke von pechschwarzen, mandelförmigen Augen zurück. Stellen Sie sich Nofretete vor, die man gebührenfrei anrufen kann. Es sei ein ruhiger Abend, sagte sie mir; normalerweise erhielten sie etwa vierzig Anrufe pro Tag. Viel Masturbation, sagte sie. Auch Oralsex und, hin und wieder, Analverkehr.

Wenn man in der arabischen Welt ein Handy und Geld hat, ist es normalerweise nicht schwer, eine Frau zu finden, die die Ohren ein wenig stimuliert. Ein guter Ausgangspunkt sind die hinteren Kanäle Ihres Fernsehers. Diejenigen, die auf einen geneigten Satelliten eingestellt sind, finden, wenn sie das weite Spektrum durchsurfen, eine Welle von Sex-Werbespots zum Einwählen, zum großen Entsetzen konservativer Muslime, die damit drohen, dem Ganzen den Saft abzudrehen. Viele dieser Werbespots wurden im Ausland – der Türkei, Deutschland, Thailand – produziert, aber es gibt auch jede Menge auf Arabisch: Arab Sex Club, Arab XXX, Arab Babes. Es ist eher Konfektionsware: Standbilder von vollbusigen elfenbeinfarbenen Aktmodellen in verschiedenen Erregungszuständen, die mit sich selbst spielen oder sich gegenseitig oral befriedigen. Für Traditionsbewusstere tragen einige der Nixen Hijab oder Niqab – und weiter nichts. In einer seltenen Demonstration panarabischer Einheit leuchten die Flaggen der meisten Länder in der Region auf dem Bildschirm auf, begleitet von inländischen Telefonnummern. Der Soundtrack bietet repräsentative Gesprächskost – »Ah, ah, *habibi*, mehr, mehr …« – und ähnlich anfeuernde Worte.

Doch diese bezaubernde junge Frau am Telefon hier in Kairo erbrachte eine etwas anspruchsvollere Dienstleistung. Sie ist Ärztin und arbeitet für Shababna (Unsere Jugend), einen telefonischen Beratungsdienst, der Fragen junger Menschen über Gesundheit im Allgemeinen und Sex im Besonderen beantwortet. Sechs Tage in der Woche, zwölf Stunden am Tag stehen zwei Ärzte – ein Mann und eine Frau – bereit, um Anrufe und SMS aus dem ganzen Land entgegenzunehmen. »Sie können sich nicht vorstellen, welche Fehlinformationen kursieren. Es ist schrecklich«, sagte Mamdouh Wahba, ein großväterlicher Gynäkologe in Kairo, der Shababna gründete. Wahba ist Vorsitzender der Ägyptischen Gesellschaft für Familiengesundheitspflege, einer Nichtregierungsorganisation, die sich auf Reproduktionsmedizin spezialisiert hat, und er hat einen Großteil der letzten zehn Jahre mit dem Versuch verbracht, den Nebel jugendlicher Verwirrung über Sex und Fortpflanzung zu lichten. Es ist eigentlich nicht witzig, aber man muss einfach mit Wahba lachen, wenn er sich an einige der abenteuerlichen Vorstellungen erinnert, die ihm zu Ohren kamen: »Sie waschen die Unterwäsche von Mädchen und Jungs nicht zusammen, denn, wer weiß, zum Schluss werden die Mädchen noch schwanger. Natürlich ist Menstruationsblut verdorbenes Blut, das der Körper jeden Monat loswerden muss; wenn man seine Periode nicht hat, wird der Körper vergiftet.« Und dann gibt es da noch die eindringliche Warnung vor dem Tee- und Kaffeekonsum, die manche Mädchen, besonders in ländlichen Gebieten, erhalten, denn diese Getränke würden zu ungebührlichem Benehmen anregen. Ganz zu schweigen von dieser alten Geschichte, nämlich den Gefahren der Masturbation (im ägyptischen Arabisch *al-'ada al-sirriya*, »die heimliche Gewohnheit«, genannt), wie Blindheit, Wahnsinn, Impotenz und Gottes Zorn.[1]

In ihrem winzigen Callcenter waren Rania und ihr Kollege, Ahmed, bereit; ihre Laptops waren eingeschaltet, damit sie im Netz nach zusätzlichen Informationen surfen konnten, sollte ihr eindrucksvolles Wissen nicht genügen, um die Fragen von Anrufern zu beantworten.[2] Diese beiden nehmen ihre Arbeit sehr ernst. »Unser Sexualleben wird noch immer tabuisiert. Als Gemeinschaft glauben wir, dies sei nun einmal unsere Kultur. Und dies ist ein sehr großes Problem in unserer Gesellschaft«, sagte Ahmed. Rania ist stolz auf ihre Arbeit: »Ich bin hier, um junge Menschen zu beraten und falsche Vorstellungen über Beziehungen, vor allem hier in Ägypten, zu verändern.« Dennoch zog sie es vor, außerhalb des Arbeitsplatzes nicht ausführlich über das zu sprechen, was sie tut: »Ich sage es meiner Familie nicht. Ich sage ihnen nur, dass ich mit Teenagern über ihre Probleme rede.«

Diese Probleme kommen mit rasanter Geschwindigkeit für junge Leute, insbesondere junge Frauen, die aus der sozialen Norm des ausschließlich ehelichen Geschlechtsverkehrs ausbrechen. Schnell wirft man ihnen eine allzu lockere religiöse oder moralische Einstellung vor, aber meines Erachtens liegt die wirkliche Schwachstelle in der Kluft zwischen der Rhetorik gegenüber der arabischen Jugend und ihrer Wirklichkeit. Im letzten Jahrzehnt gab es eine Vielzahl von amtlichen Erklärungen, Hochglanzberichten, mehrere Millionen Dollar teuren Projekten und vielbeachteten Konferenzen, die die Macht und die Möglichkeiten der jungen Menschen in der Region rühmten. Doch denjenigen, die Verantwortung tragen – angefangen bei Eltern bis hin zu Präsidenten –, ist es nicht gelungen, ihren Söhnen und Töchtern die grundlegenden Instrumente zur Stärkung ihrer Eigenverantwortung in Schlüsselaspekten ihres Lebens einschließlich jenes persönlichsten Aspekts, der die Sexualität ist, an die Hand zu geben.

Die Furcht ist die vor der schiefen Bahn: Wenn junge Leute tatsächlich durch sachgerechte und verständliche Informationen die Risiken und Freuden des Sexuallebens verstehen würden, wenn Kondome oder Abtreibung leichter zugänglich wären, wenn Unehelichkeit weniger stigmatisierend wäre, dann beschleunige dies den Weg in die *zina* (Unzucht) – auch wenn die internationalen Daten das Gegenteil belegen. Bei diesem Absturz ins Verderben sind es nicht nur die Zwecke, sondern auch die

Mittel, die als *haram* gelten; und das bedeutet nach Ansicht vieler Menschen nein zur Sexualerziehung, zu Kondomen oder zur Abtreibung, ungeachtet des Spielraums, den der Islam in diesen Fragen lässt. Während Eltern zweifellos besorgt sind über den Einfluss des »modernen Lebens« auf ihre Kinder – von den sexuell aufreizenden Inhalten von Kinofilmen und dem Internet bis zum Niedergang der Überwachung durch die Großfamilie –, fürchten sie in gleicher Weise, jungen Leuten die Informationen und Dienstleistungen anzubieten, die sie benötigen, um aus alldem schlau zu werden.

Das, woran es hier vor allem mangelt, ist Vertrauen, und fehlendes Vertrauen ist ein zentrales Merkmal autoritärer Regime – von der nationalen Politik bis zum Privatleben. Als die größte demographische Gruppe sind junge Menschen nicht nur sichtbar, sie verschaffen sich auch in zunehmendem Maße Gehör – wie die jüngsten politischen Umwälzungen eindeutig belegen –, aber dies bedeutet noch lange nicht, dass man ihnen vertraut, erst recht wenn es darum geht, Entscheidungen bezüglich ihres eigenen Lebens zu treffen. Von meiner eigenen Familie weiß ich, wie erbarmungslos fürsorglich ägyptische Eltern sein können, aber das ist nicht das Gleiche, wie seine Kinder aufs Leben vorzubereiten, insbesondere wenn es um das nötige Wissen in Fragen der Fortpflanzung geht. Wenn die Demokratie eines Tages in Ägypten und in der gesamten Region Wurzeln schlagen soll, dann brauchen junge Leute Zugang zu den Instrumenten zur Gestaltung des Wandels in allen Lebensbereichen einschließlich Sexualität – und das Vertrauen, dass sie diese verantwortungsvoll gebrauchen werden.

Bildung ist der Punkt, an dem es anzusetzen gilt. Wenn ich Freundinnen und Verwandte im Teenageralter und in ihren Zwanzigern frage, was sich in den kommenden Jahren am vordringlichsten verändern sollte, steht Bildung (zusammen mit besseren Beschäftigungsmöglichkeiten) ganz oben auf der Liste; ihre Anekdoten über die miserable Unterrichtsqualität werden von Umfragen in Ägypten und der ganzen Region bestätigt.[3] »In den öffentlichen Schulen ist der Unterricht nicht nur schlecht, er ist bodenlos schlecht«, sagte mir eine zur Revolutionärin gewandelte Kairoer Betriebswirtschaftsstudentin, wobei sie vor Empörung ihren Hijab flattern ließ. »Das Problem sind die Lehrer, die Art und Weise, wie sie die Schüler behandeln, die Ausstattung. Es war schrecklich, furchtbar. Ich würde diese Jahre gern aus meinem Leben tilgen.« Zu ihrer Frustration passen die miserable Platzierung des ägyptischen Bildungssystems in internationalen Rankings und die zahllosen Berichte über seine Mängel, wie etwa unterbezahlte Lehrkräfte, überfüllte Einrichtungen, stumpfsinnige Lehrpläne und die ungleichen Chancen derjenigen, die sich Privatunterricht leisten können, und derjenigen, die sich mit dem abfinden müssen, was das öffentliche System bietet. Der Niedergang des ägyptischen Bildungswesens ist in vielerlei Hinsicht ein Spiegel des Schicksals des Landes in den letzten sechzig Jahren, von den großen Hoffnungen, die mit Gamal Abdel Nassers Öffnung für die Massen verbunden waren, bis zum heutigen Massenversagen.

Zu den kläglichsten Fächern im Klassenzimmer gehört »reproduktive Gesundheit«, wie die Sexualerziehung in Ägypten feinsinnig genannt wird.[4] Nur wenige können das Fiasko ihres oberflächlichen Kontakts mit dem Thema vergessen – jener berüchtigten Stunde über die Anatomie der Geschlechtsorgane, die Lehrer im Biologieunterricht halten sollen, vor der sie sich aber aus Verlegenheit oftmals drücken; stattdessen schicken sie die Schüler – vor allem aber die Schülerinnen – nach Hause, wo sie selbst darüber lesen sollen. Auch im Religionsunterricht werden sexuelle Themen behandelt, allerdings geht es dabei um Gebote und Verbote entsprechend der ordnungsgemäßen islamischen Glaubenspraxis statt um praktische Ratschläge für den modernen Teenager. Studien haben gezeigt, dass nur ein sehr geringer Prozentsatz der jungen Menschen in Ägypten, selbst in den wohlhabendsten und bestgebildeten Kreisen, seine Informationen über Pubertät und Fortpflanzung in der Schule erhält.[5]

Ägypten steht mit seinem Unbehagen an Sexualerziehung nicht alleine da; es gibt viele andere Länder – Industrie- und Entwicklungsländer –, die in Bezug auf die Sexualerziehung von Jugendlichen, selbst was die mechanischsten, am wenigsten »erregenden« Aspekte der Sexualität anlangt, ebenfalls ziemlich prüde, wenn nicht offen ablehnend sind. Dabei hat Ägypten, wie die meisten seiner arabischen Nachbarn, mehrere internationale Abkommen ratifiziert, etwa die Kinderrechtskonvention, die Staaten nachdrücklich auffordern, jungen Menschen genaue und ausreichende Informationen über das Sexual- und Fortpflanzungsverhalten zukommen zu lassen – auch wenn solche Abkommen in der Nach-Mubarak-Ära von konservativen Islamisten einer kritischen Überprüfung unterzogen werden.[6] In der Jugendzeit meines Vaters gab es keine solchen globalen Abkommen, aber der Erwerb von sexuellem Knowhow war kein großes Problem. Selbst städtische Familien wie unsere blieben eng mit dem Dorf ihrer Vorfahren verbunden, und mein Vater erhielt seine Aufklärung in langen Gesprächen mit Cousins auf dem Lande und durch genaues Beobachten der Tiere auf dem Hof.[7] Doch aufgrund der zunehmenden Landflucht haben nur noch wenige junge ägyptische Städter Zugang zum Klassenzimmer der Natur.

Eltern erweisen sich als eine dürftige Alternative. Ungeachtet ihrer großen Abhängigkeit von der Familie verfolgen die meisten jungen Menschen in Ägypten, die ich kenne – ja in der gesamten arabischen Region –, eine »Frag nichts, sag nichts«-Taktik gegenüber ihren Eltern, was Liebe und Sex anlangt. Laut der aktuellen landesweiten Umfrage unter Jugendlichen führt eine Mehrheit der jungen Frauen die Familie – das heißt Mütter oder Tanten – als die Hauptquelle von Informationen über Pubertät und Fortpflanzung an, wohingegen lediglich 5 Prozent der jungen Männer in diesen Fragen Männer konsultieren, die älter sind als sie; stattdessen verlassen sie sich lieber auf Freunde, die im selben Boot sitzen wie sie.[8] Das hat allerdings zur Folge, dass Männer, die in jungen Jahren sexuell am aktivsten sind, zugleich diejenigen sind, die am wenigsten Zugang zu zuverlässigen Informationen haben. Nicht dass Eltern eine besonders reiche Fundgrube des Wissens über Fragen zu Sexualität und Fortpflanzung wären; Studien zeigen, dass in Ägypten und seinen arabischen Nachbarstaaten viele Mütter und Väter ungeachtet ihres Wunsches, ihren Kindern näher zu sein, als sie selbst es den eigenen Eltern waren, entweder die Einzelheiten nur oberflächlich behandeln oder, aus unterschiedlichen Gründen, zögern, zum Kern der Sache zu kommen.[9] Fast die Hälfte der in Ägypten befragten jungen Männer und Frauen behaupten, sie seien unzufrieden mit den Informationen, die sie erhalten.[10]

Sex am Bildschirm

Obwohl es viele junge Männer und Frauen in amtlichen Erhebungen nur ungern zugeben, tragen sie, wie nicht anders zu erwarten, ihre verstreuten Bruchstücke an sexuellem Wissen aus dem Fernsehen und dem Internet zusammen – wobei Filme und insbesondere Pornofilme eine wichtige Ressource sind. In Kairo zum Beispiel ist es recht leicht, an pornographisches Material zu kommen, vor allem als Mann, auch wenn es verboten ist. Diejenigen, die nicht die Bandbreite – oder Privatsphäre – besitzen, um sich die Sachen online anzusehen, haben die Möglichkeit, einen Abstecher in die Innenstadt zu unternehmen und einen Kiosk aufzusuchen, der unter der Hand Blockbuster-CDs und -DVDs verkauft. Außerdem kann man dank Bluetooth und des sich ständig erweiternden ägyptischen Mobilfunknetzes auch ganz bequem kurze Clips verschicken und empfangen. Aber das im Inland produzierte Material, das ich gesehen habe, wirkt ziemlich hausbacken – schlechte Beleuchtung, schlechte Inszenierung und gedämpfter Sound; es gibt dieser Tage in der Region nicht viel professionell gemachte Pornographie.[11]

Mainstream-Filme sind eine andere Geschichte. »Ich will dir was zeigen.« Ich sah von einer teuer eingerichteten Wohnung in einem der Wolkenkratzer Kairos auf den Nil hinunter und folgte mit meinem Blick langsam dem Flusslauf, als mein Gastgeber mich zu sich rief, um mir eine andere »wässrige« Aussicht zu präsentieren. Er schob eine Disk in seinen DVD-Player, und auf einem riesigen Flachbildschirm war plötzlich eine kurvenreiche Frau in einer Dusche zu sehen, von deren langem schwarzem Haar ein Wasserschwall zu Boden prasselte. Es war Marwa – ein libanesischer Popstar –, die ihre Talente normalerweise in geschmackvoll zusammengestellten Musikvideos zeigt. Aber niemals so hüllenlos wie hier, nackt und ihre üppigen Brüste umfassend, wollüstig flackernde Blicke in die Kamera werfend.

Die Szene stammte aus einem Film namens *Ahasiis* (*Gefühle*), der 2010 in Kinos in Ägypten und der gesamten arabischen Region lief. Der Film stellt, reichlich melodramatisch aufgemöbelt, sexuelle Frustration und Untreue aus der Perspektive von vier Frauen dar. »In dem Film diskutiere ich das Problem, dass Männer beim Sex mit ihren Ehefrauen kein Vorspiel machen, was die Frauen dazu bringt, ihre Ehemänner zu betrügen«, sagte mir der Regisseur Hani Girgis Fawzi, als wir in seinem Wohnzimmer saßen und uns herausgeschnittene Szenen ansahen. Es gab eine ganze Menge davon – ein Paar, das am Strand herummachte, ein anderes, das sich im Bett umarmte, und endloses Duschen – rituelle Waschungen, die als eine nützliche filmische Abkürzung für sexuelle Beziehungen dienen. In der endgültigen Fassung gab es keine frontale Nacktheit, keine innigen Küsse und einige ziemlich verdruckste Anspielungen auf Sex, aber im Vergleich zu ein paar Jahren früher doch recht sexy Szenen. »Ich habe vielleicht die Hälfte der Szenen rausgeschnitten, sie [die nationalen Zensoren] haben den Film als nur für ›Erwachsene‹ geeignet eingestuft, und vor den Kinos stand jemand, der die Ausweise kontrollierte. Vor allem für diesen Film gelten sehr strenge Regeln.« Fawzi seufzte. »Ich weiß nicht, weshalb ausgerechnet ich und mein Film.«

Obwohl andere Länder in der Region ebenfalls eigene Filmindustrien haben, ist Ägypten das Zentrum der arabischen Big-Budget-Produktion, und es stößt Filme und Seifenopern aus, die Leinwände und Bildschirme in der gesamten arabischen Welt sättigen. Im vergangenen Jahrzehnt hat das ägyptische Kino zunehmend Sex dargestellt – nicht den Akt als solchen, aber viele der Tabus, die mit ihm verbunden sind, wie etwa voreheliche Beziehungen, sexuelle Belästigung und Sexarbeit. Und dies vor dem Hintergrund einer amtlichen Zensur, religiösen Konservatismus und eines politischen Regimes, das nicht gerade bekannt war für die Förderung der Meinungsfreiheit.

Diese Filme weichen von der Mode des »sauberen Kinos« ab, einem neueren Trend in der ägyptischen Filmproduktion. In den 1960er und 1970er Jahren war Sex wie selbstverständlich ein Teil des Kinos – Bettszenen, sexuelle Themen und jede Menge nackte Frauenkörper.[12] Mit dem Aufstieg des islamischen Konservatismus im Inland sowie mit neuen Zuschauergruppen in den ölreichen, gesellschaftlich konservativen Golfstaaten entstand im ägyptischen Mainstream-Kino eine Tendenz, sich von sexuellen Themen und gewagtem Material fernzuhalten (auch wenn extreme Gewalt, etwa das Verprügeln weiblicher Stars, offenbar »sauber« genug ist, um solchen Bedenken zu entgehen). Schauspielerinnen machten viel Trara um die Ablehnung von Rollen, die sogenannte heiße Szenen und gewagte Kostüme einschlossen; einige gingen so weit, dass sie die Schauspielerei völlig an den Nagel hängten, den Hijab anzogen und ihren Rückzug vom Film regelrecht zelebrierten.[13] Mit dem Aufstieg der Muslimbrüder und Salafisten nach der Erhebung 2011 und ihrer Kampagne zur Erbauung der ägyptischen Populärkultur wurde das »saubere Kino« wieder aufpoliert – das heißt, Sex wurde aus Kinofilmen, Fernsehserien und Musikvideos verbannt.

Wie weit Filmemacher in Ägypten gehen können, wird größtenteils von der amtlichen Zensur diktiert. Um die staatliche Genehmigung für die Produktion und die Vorführung eines Films in Ägypten zu erhalten, müssen Filmemacher ihr Drehbuch und die Endfassung des Films bei der Zensurbehörde einreichen. Das Gesetz hält die Zensoren dazu an, »die öffentliche Ordnung, die öffentlichen Moralvorstellungen und das oberste Interesse des Staates aufrechtzuerhalten«. Etliche ministerielle Verordnungen haben die Einzelheiten ausgearbeitet; so ist es beispielsweise verboten, »Sünde und sündhafte Handlungen oder Drogengebrauch in einer Weise darzustellen, die die Zuschauer dazu ermuntern könnte, diese nachzuahmen … ebenso aufreizende sexuelle Szenen, die gegen die guten Sitten verstoßen, sowie Ausdrucksformen und Gesten, die anstößig sind«, ganz zu schweigen von »Aufrufen zum Atheismus oder zur Herabsetzung himmlischer Religionen«, neben weiteren Vergehen.[14]

Obgleich man meinen sollte, dass solche Vorschriften ein *halal*-Ende garantieren, geben diese Bestimmungen dem Zensor und damit auch den Filmemachern erhebliche Spielräume. Der Filmhistoriker Ali Abu Shadi, selbst ein ehemaliger nationaler Zensor, gab mir einen Überblick über die heißen Eisen: »Religion, dann Sex, dann Politik ist die Reihenfolge der Elemente, die beim Schneiden zu beachten sind.« Es steht außer Frage, dass die Religion das heikelste Thema von allen ist, und die höchsten religiösen Autoritäten im Land – Al-Azhar und die koptische Kirche – erhalten Gelegenheit, dazu Stellung zu nehmen. Abu Shadi gab mir ein Beispiel dafür, was geschieht, wenn Glaube und Sex auf der Leinwand kollidieren. »Ein Film landete in meinem Büro, und ich sollte ihn zensieren. Es ging darin um eine *munaqqaba* [eine verschleierte Frau], die einen Ring von Prostituierten leitet und ihre Mitarbeiterinnen und Kunden in der Moschee kennenlernt«, erklärte er. »Ich weiß, dass das Tragen des

Niqabs keine religiöse Pflicht ist, aber es wäre verheerend, diese Gruppe zu beleidigen und eine Gegenreaktion heraufzubeschwören. Ich habe keinen Film wegen der Darstellung von Sex abgelehnt, aber diesen lehnte ich wegen des Niqabs ab.«

Was reinen Sex anlangt, seien die roten Linien klar, sagte Abu Shadi. »Ich würde niemals einen Film mit Sexszenen oder einen Film, der nackte Körper von Männern oder Frauen zeigt, durchgehen lassen«, bemerkte er. »Aber ich könnte ihn akzeptieren, wenn die Frau unter Bettlaken liegen würde.« Dennoch sieht Abu Shadi die Rolle des Zensors nicht darin, die Ausdrucksfreiheit des Filmemachers einzuschränken, sondern vielmehr darin, diese zu erweitern – was er »kreative Zensur« nannte –, und zwar gegen konservative Zuschauer, die andernfalls vielleicht für einen ziemlichen Wirbel sorgen und umstrittene Filme aus den Kinos und von den Bildschirmen verbannen würden. Da ist etwas dran: Was diejenigen, die in den letzten Jahren die Grenzen der öffentlichen Darstellung von Sexualität zu erweitern suchten, in Schwierigkeiten brachte, war zunächst die Reaktion der Gesellschaft und erst in zweiter Linie das Gesetz. Nicht der Staat, sondern eine kollektive Einstellung legt die Grenzen der Toleranz fest.

Diese Regeln gelten jedoch nicht nur für inländische Filme und Serien, sondern auch für Importe aus dem Ausland. Sexszenen in Hollywood-Filmen lassen sich leicht herausschneiden, was bedeutet, dass Filme mit dem gelegentlichen anzüglichen Zwischenspiel trotzdem, mit diskreten Streichungen, in die Kinos und auf die Fernsehbildschirme gelangen können. Aber es gibt mehr als eine Möglichkeit, um einen ausländischen Film oder eine ausländische Fernsehsendung »sittengerecht« zu gestalten. Wenn die Handlung »sauber«, die Sprache hingegen »schmutzig« ist, ist der Euphemismus der beste Freund eines Zensors. Historisch betrachtet, ist die Untertitelung für die meisten ausländischen Filme und Sitcoms, die in der arabischen Region gezeigt werden, die Regel gewesen, und sehr viel geht in der Übersetzung verloren. Anfang der 1960er Jahre sah mein Vater im Cairo Palace Cinema, das mit seinem purpurroten Vorhang, seinen Plüschsitzen und Cinemascope in jener Zeit der letzte Schrei in Sachen Kinoglamour war, *Zwischen Madrid und Paris* mit Tyrone Power und Ava Gardner. Vor dem Hintergrund der wilden Zwanziger spielend, steht und fällt die unglückliche Liebesgeschichte mit der genaueren Natur der Kriegsversehrung des Helden. In einer entscheidenden Szene überbringt ein Arzt die schlechte Nachricht: Powers Wunde hat ihn impotent gemacht. Die Wucht dieser Enthüllung entging den ägyptischen Zuschauern freilich, weil die Untertitel Powers Problem mit *'inniin* übersetzten – ein Wort aus dem klassischen Arabisch, das sogar mein Vater, ein junger Medizinstudent, nicht verstand. Die meisten anderen Kinogänger tappten in diesem entscheidenden Punkt ebenfalls im Dunkeln, bis irgendjemand aus dem Publikum rief: »*Ya'ni markhi, ya gama'a*«, was ungefähr so viel heißt wie: »Wisst ihr, Jungs, er kriegt keinen hoch.«

Fünfzig Jahre später sind die arabischen Untertitel so geziert wie eh und je, und sie stiften noch genauso viel Verwirrung.[15] Während einer meiner Taxifahrten in Kairo plauderte ich mit einem jungen Fahrer, der sein vorzügliches Englisch, wie er sagte, ausschließlich der Tatsache verdankte, dass er stundenlang amerikanische Filme anschaute und aus den Untertiteln rückübersetzte. »Ja, ich lerne auf diese Weise viel Englisch. Etwa ›Fuck you‹«, sagte er. Ich fragte ihn nach dem arabischen Wort, das er in den entsprechenden Untertiteln gesehen hatte: *tubban laka*, was im Englischen eigentlich eher »damn you« (hol dich der Teufel) bedeutet. Ich erklärte ihm den Unterschied, aber es schien ihn nicht zu kümmern. »Wie steht's mit ›son of bitch‹ [Hurensohn]?«, fragte er vergnügt.[16]

Diejenigen, die die Filme untertiteln, sind sich durchaus bewusst, dass sie eine hohe Verantwortung tragen. »Einmal war ich in einem Laden, und der Inhaber fragte mich: ›Was arbeiten Sie?‹ Ich sagte, ich arbeite bei einer Untertitelungsagentur, und er sagte: ›Sie machen viele Fehler, Sie machen nichts richtig.‹ Ach du lieber Gott! Sie halten uns für blöd«, lachte Sara, eine von einem Dutzend junger Frauen, die bei Image Production House (IPH), einem Medienunternehmen in Beirut, an ihren Flachbildschirmen klebten. Sara und ihre Kollegen sind gefragt: IPH synchronisiert und cuttet nicht nur, sondern produziert auch arabische Untertitel für Fernsehsender in der gesamten arabischen Region – Kinofilme, Sitcoms, Talkshows, hauptsächlich amerikanische Primetime-Kost.

IPH erhält seine Marschbefehle von inländischen Filmverleihern und Fernsehstationen, die ihrerseits von einer Mischung aus amtlicher Zensur und Selbstzensur beeinflusst werden. Einige Abo-Satellitenkanäle verlangen wenige Schnitte und geringfügige Retuschen bei der Übersetzung; tatsächlich ist dies ihr Alleinstellungsmerkmal. Kostenlose terrestrische oder Satellitenkanäle können dagegen sehr deutliche Forderungen stellen: »Die Sendung sollte gemäß den Dubai-Spezifikationen geschnitten werden, wobei Nachfolgendes zu berücksichtigen ist«, lauteten die Anweisungen einer Firma mit Sitz in Kairo. »Obszöne Schimpfwörter sind nicht akzeptabel. Allzu leidenschaftliches Küssen ist nicht akzeptabel. Sexuelle Witze und anzügliche Gespräche sind nicht akzeptabel. Bikinis sind in Ordnung.«

Arabische Fernsehsender gehen immer mehr dazu über, ausländische Filme und Serien zu synchronisieren, statt zu untertiteln; dies ist bei mexikanischen oder brasilianischen *telenovelas* und in jüngster Zeit auch bei türkischen Seifenopern schon immer üblich gewesen, aber jetzt wird es auch auf amerikanische Blockbuster-Produktionen ausgeweitet. Das ägyptische Arabisch dominierte die Radiowellen, als Kairo das Zentrum der Film- und Fernsehproduktion war, aber die Zeiten ändern sich, und neue Medienzentren sind entstanden. In den meisten dieser synchronisierten Serien werden syrische oder libanesische Schauspieler als Synchronsprecher eingesetzt, was bedeutet, dass ihr Arabisch breiteres Gehör findet und durchaus eine tiefgreifende Wirkung auf die *lingua franca* einer neuen Generation von Zuschauern haben mag. Aber es macht die Zensur auch leichter, da der Original-Soundtrack übersetzt wird. Bei Untertiteln, auch wenn sie euphemistisch sind, bleibt wenigstens die Originalsprache erhalten, auch wenn diese in zunehmendem Maße zurückgedrängt wird, indem Kraftausdrücke in englischen Tonspuren, die eine jüngere Generation von Zuschauern, darunter mein Taxifahrer, zu schätzen lernte, durch Pfeiftöne übertönt werden.

Bei IPH gibt es keine schriftlichen Richtlinien darüber, wie sexuelle Ausdrucksweisen sittsamer gestaltet werden sollen. »Wir haben keine festen Regeln, aber es versteht sich von selbst«, sagt Claude Karam, der Leiter der Abteilung für Untertitelung. »Wenn man übersetzt, muss man das Muster in seiner eigenen Sprache verwenden. Wenn wir ein Wort in Englisch nicht kennen, recherchieren wir es, und sobald wir es auf Arabisch finden, beurteilen wir, ob wir es benutzen können.« Er gab mir ein paar Beispiele: »Man kann nicht sagen: ›Ich werde heute Abend flachgelegt‹; aber man kann sagen: ›Ich werde Spaß haben.‹« Im Lexikon der Untertitelmacher wird Sex zu »Verhältnis«, eine Erektion wird zu »erregt«, ein Penis wird zu einem »Glied«, Sperma ist »Flüssigkeit«, und, mein Lieblingsbeispiel, »diese abweichende Praktik« steht für Fellatio. »Diese Leute [seine Kollegen] sind nicht dumm«, sagt Karam. »Sie kennen das Wort sehr wohl. Aber sie wollen für diese Wörter und dafür, dass sie sie auf den Bildschirm bringen, nicht verantwortlich gemacht werden.«

In Kairo ist Fawzi der Meinung, dass die kommenden Jahre für Filmemacher, die die Grenzen der sexuellen Ausdrucksfreiheit erweitern wollen, hart werden. Die Finanzmittel sind knapp, und manche Darsteller, die um ihren öffentlichen Ruf bangen, nehmen nur ungern gewagte Rollen an. Marwa zum Beispiel, die nach dem Aufstand wegen ihres freizügigen Stils vom ägyptischen Musiksyndikat Auftrittsverbot erhielt, macht Fawzi den Vorwurf, er habe sie bei Filmaufnahmen in kompromittierende Stellungen gelockt; »scheinheilig«, lautet sein Urteil über die gegenwärtige Lage. Von seinem anfänglichen Optimismus, dass mit der Dämmerung des Mubarak-Regimes eine neue Ära der freien Meinungsäußerung heraufziehen werde, ist jetzt nicht mehr viel übrig; stattdessen begrüßt er die Zensur, solange der islamische Konservatismus am Ruder sei. Besser, Szenen fielen auf den Boden des Schneideraums, als dass Zuschauer anfingen, Kinos niederzubrennen, sagt er.

Sexualerziehung

Ob sich die nächste Generation frei äußern und entfalten kann und ob sie anderen das Gleiche zugestehen wird, hängt ganz entscheidend von der Erziehung zu Hause und in der Schule ab. Jetzt, wo das Land seine politischen Fundamente erneuert, werden alle Institutionen einer genauen Überprüfung unterzogen – darunter auch das Bildungswesen. Ägypten hat die Chance, auf breiter Front – auch bezüglich der elementaren Tatsachen des Lebens – neue, kreative Lehrpläne einzuführen. Ob das Land tatsächlich in der Lage sein wird, diese dringend benötigte Aufklärung zu leisten, ist allerdings eine ganz andere Frage.

»Sexualunterricht wie im Westen ist hier nicht möglich. Dort herrscht Freiheit. Teenager können einfach miteinander Sex haben, kein Problem«, sagte mir ein Beamter aus dem Bildungsministerium, der wie so viele Ägypter, denen ich begegnet bin, das Ausmaß der sexuellen Freiheit im Westen überschätzte. Er sagte, er ziehe es vor, Sexualerziehung als ein Wahlfach an der Universität anzubieten, etwa zu der Zeit, wenn junge Leute anfangen, übers Heiraten nachzudenken. Aber was sei mit den Jugendlichen, die vor der Ehe sexuell aktiv seien? »Wir haben hier keine Erfahrungen [sexuelle Beziehungen] vor der Ehe«, sagte er. Auf meinen unverhohlen ungläubigen Blick hin räumte er dann jedoch ein: »Nun gut, das gibt es. Aber wir werden es nicht gutheißen, weil es abgelehnt wird. Wenn ich das absegne und Regeln darüber aufstelle, wird die Welt über mir zusammenbrechen. Die Gesellschaft lehnt das ab. Niemand will darüber reden.«

Alles hängt indes davon ab, was man sagt und wie man es sagt. Wie der Beamte andeutete, besteht die unstrittigste Form der Sexualerziehung in der arabischen Region darin, verlobte Paare unmittelbar vor der Hochzeitsnacht sexuell aufzuklären. Als mein Vater ein junger Mann war, war diese »Erziehung« bestenfalls ein heimliches Wort, das eine ältere Verwandte der Braut ins Ohr tuschelte; Bräutigame mussten sich die – tatsächlichen und phantastischen – Einzelheiten mit der Zeit aneignen. Heute kann alles etwas ausgefeilter sein.

»Wir müssen die Erektion verstehen.« Ich saß in einem Klassenzimmer mit etwa sechzig Frauen, die schwarze *abayas* trugen, als eine detaillierte anatomische Zeichnung des männlichen Fortpflanzungsapparats auf der Leinwand aufleuchtete, überlebensgroß. *Shayla*-bedeckte Köpfe, die gesenkt waren, als die Frauen in ihre Handys vertieft waren oder mit ihren Nachbarinnen tuschelten, merkten plötzlich auf, nur um im nächsten Moment loszukichern. »Es besteht kein Grund zu lachen«, fuhr die Kursleiterin mit fester, aber freundlicher Stimme fort. »Wir behandeln ein wissenschaftliches und religiöses Thema, das ernst und nicht komisch ist. Wir wollen Ihre Sicht darauf verändern.«

Für Sahar Talaat ist das nichts Besonderes. Seit 2002 hilft sie jungen Araberinnen, in einem Alter der Ungewissheit mit Sex klarzukommen. Talaat, eine gelernte Pathologin, begann zunächst im kleinen Kreis als

Vertraute und Ratgeberin von Freundinnen in Kairo. Ihr Ehemann ermunterte sie, daraus einen Beruf zu machen. »Er sagte, du verstehst es so gut, Eheprobleme zu lösen, dass du diese Erfahrung mit anderen teilen solltest.« Talaat gab ihr professionelles Debüt als Beraterin auf den Gesundheits- und Gesellschaftsseiten von Islam Online, einer wegbereitenden Website, die Informationen, Ratschläge und Rechtsgutachten zu jedem erdenklichen Aspekt des modernen Lebens anbietet.

Die kichernden Mädchen und ich waren in Doha, Katar, wo Talaat bei einem von Project Chaste finanzierten Kurs als Gastrednerin auftrat. Project Chaste ist eine katarische Wohltätigkeitsorganisation, die wie ihr emiratisches Pendant, das wir früher kennenlernten, jungen Menschen bei der Eheschließung helfen soll. In dem Klassenzimmer in Doha wollte Talaat die jungen Frauen unbedingt dazu bewegen, über Sex zu sprechen – in einem islamischen Kontext. »Ich sage immer, dass der Islam in dieser Frage nicht verschlossen ist. Verboten ist es nur, grundlos über die intime Beziehung zwischen genau diesen Männern und genau diesen Frauen zu sprechen. Aber wir können offen über die Frage im Allgemeinen reden, wir können lernen.«

Abgesehen von Grundlagen der Anatomie und Physiologie der Fortpflanzungsorgane drehte sich der Unterricht zu einem Großteil darum, uralte Ängste zu zerstreuen. »Sie junge Frauen hier glauben, die Schmerzen, die eine Frau bei der Geburt eines Babys hat, seien genauso stark wie die Schmerzen am ersten Hochzeitstag. Bitte seien Sie unbesorgt; sie sind anders«, erklärte Talaat behutsam. Ihr geht es vor allem darum, Frauen dazu zu bringen, dass sie Sex als integralen Bestandteil der Ehe genießen und nicht fürchten. »In diesem Bild« – sie deutete auf eine anatomische Zeichnung auf der Leinwand – »sehen wir, dass dieser Teil des weiblichen Körpers [die Klitoris] die Quelle starker Lust ist, und daher sollten sich Männer auf diesen Bereich konzentrieren und mit ihrer Frau Geduld haben, bis sie bereit und entspannt ist. Diesen Körperteil, aus dem die Frau ein Kind gebiert, sollten Sie kennen, um Ihrem Mann in der Ehe zu helfen und zu verhindern, dass er Ihnen wehtut, wenn er an einer falschen Stelle, einer Stelle, die *haram* ist, eindringen will [Analverkehr praktizieren will].«

Die sexuellen Erregungskurven von Mann und Frau mit ihren Aufs und Abs wanderten über die Tafel, während Talaat erklärte, wie man das Beste aus dem Sexualleben herausholt. Sie hält sehr viel von Kommunikation und Feedback. »Es ist wichtig zu wissen, ob seine Leistung gut war oder nicht, denn dieser Rat sorgt dafür, dass der nächste Kontakt [Verkehr] erfüllender ist«, riet sie den Studentinnen. »Sex verlangt Übung und Dialog, also sollten Sie nicht erwarten, am ersten Tag der Ehe vollkommen glücklich zu sein, weil Sie Erfahrung brauchen, und die bekommen Sie, nachdem Sie mehr Zeit mit Ihrem Ehemann verbracht haben.«

Insgesamt beruhigten diese Belehrungen die Studentinnen. »Ja, ja, diese Informationen sind wichtig«, sagte Amal, eine angehende Braut Anfang zwanzig. »Wir wussten schon einiges, aber manches war falsch. Unsere Familien sagen uns, dies sei ein sehr schwieriger Prozess, wenn man heiratet. Und man beginnt sich zu fürchten, dass man stark bluten und große Schmerzen haben wird. Aber jetzt hört es sich sehr angenehm an.« Neben ihr stand Basma, eine Studentin, die gerade ihren Cousin geheiratet hatte; sie hatte den Kurs vor ihrer Hochzeit verpasst und holte das Versäumte nach. »Ich denke, es ist für junge Frauen sehr hilfreich. Ja, *dukhla* [Entjungferung] ist dann weniger beängstigend. Alles ist sehr leicht, wenn wir diese Informationen vorher bekommen.« Doch sie lernte es auf die unsanfte Art. »Ich lese viel auf Websites im Internet, in Englisch und Arabisch. Aber die Informationen sind verwirrend«, sagte sie mir. »In den ersten Tagen der Beziehung mit meinem Ehemann hatte ich Schmerzen und ermüdete schnell. Ich dachte, ich wäre schwanger. Ich dachte: ›Oh mein Gott, was ist los?‹ Ich habe mehrere Websites aufgesucht und andere gefragt, was das sein könnte, und sie sagen, vielleicht hast du diese Krankheit oder jene. Aber man bekommt nicht die richtige Antwort.«

In Ägypten ziehen es konservative Muslime vor, solche Fragen und Antworten innerhalb der Familie zu belassen, und sie befürworten die Einrichtung von Zentren zur Elternschulung, in denen Müttern und Vätern beigebracht werden soll, wie man über diese Themen spricht. Allerdings mehren sich die Hinweise, dass zumindest einige ägyptische Eltern offen dafür sind, sich bei der Aufklärung ihrer Kinder von anderen helfen zu lassen.[17] Eine der Mittelschicht entstammende Frau mittleren Alters und Mutter dreier Kinder vertraute mir an: »Ich habe mit achtzehn geheiratet, und mein Ehemann und ich wussten nichts. Am Tag unserer Hochzeit kaufte er ein Buch, und er las es bis zu unserer Hochzeitsfeier, aber er wusste trotzdem nicht, was er tun sollte. Also haben wir es zusammen gelesen, und wir brauchten zehn Tage, bis wir es schafften. Ich will nicht, dass es meiner Tochter genauso geht. Also ist es eine gute Idee, dass man ihr das in der Schule beibringt, wenn sie älter ist; selbstverständlich nur mit anderen Mädchen in der Klasse.« Ägypten hat bereits eine Reihe von Pilotprojekten, um im Rahmen eines außerschulischen Sonderunterrichts im gesamten Land adoleszente »Lebenskompetenzen« zu vermitteln, darunter Sexual- und Fortpflanzungsgesundheit.[18] Weltweite Studien zeigen jedoch, dass sich junge Leute diese Informationen am besten einprägen, wenn sie über mehrere Jahre im Rahmen des regulären Lehrplans behandelt werden.[19] Wenn die neue Ordnung in Ägypten bereit ist, diesen Weg einzuschlagen, sollte sie sich an dem Pfad orientieren, der in einer Gegend beschritten wird, die den Ägyptern am wenigsten vorbildlich erscheint: Israel.

Safa Tamish ist eine Palästinenserin, die teils in Haifa in Israel, teils in Ramallah im Westjordanland lebt und arbeitet. Sie ist die Gründerin von Muntada Jensaneya, in Englisch auch unter dem Namen Arab Forum for Sexuality, Education and Health bekannt.[20] In der arabischen Welt ist es ein mutiger Schritt, im Briefkopf das Wort »Sex« zu benutzen, erst recht, wenn man eine Frau ist. Aber Tamish lässt sich von Konventionen nicht so leicht beeindrucken. »Ich spreche vernehmbar und sehr offen über sexuelle Themen, und arabische Ohren sind das nicht gewöhnt«, erzählte sie mir. »Ich bin viel zu direkt. Ich nenne die Dinge viel zu sehr bei ihrem [richtigen] Namen.«

Die Devise von Muntada lautet Sexualerziehung – nicht bloß Fortpflanzung nach Schema F, sondern das ganze Chaos von Liebe und Intimität, Lust und Schutz, sexueller Vielfalt und Entwicklung. »Wir verstecken uns nicht, und wir sagen nicht, es sei Familienerziehung. Es ist Sexualerziehung. Zum ersten Mal können die Leute Sexualität wirklich in einer respektvollen, offenen Weise diskutieren. Wir legen alles auf den Tisch«, so Tamish.[21]

Die Kommunikationsstrategie von Muntada ist genauso unkonventionell wie ihr Thema. Ein typisches Beispiel ist eine ihrer Hauptinitiativen – die Sexualerziehung in die arabischen Schulen in Israel bringen. Mit ihrem Abschluss in Sexualpädagogik aus den USA bezweifelt Tamish, dass ein standardisierter Lehrplan in ihrer Region der Welt funktionieren kann, und erst recht einer, der aus dem Westen importiert oder direkt nach westlichem Vorbild gestaltet wurde. »Was die arabischen Schulen in Israel haben, ist eine übersetzte Fassung von Unterlagen, die für die israelischen Schulen, für die jüdischen Schulen entwickelt wurden und kein Verständnis für die arabische Kultur haben. Zum Beispiel eine Entscheidung treffen, Sex zu haben oder keinen Sex zu haben. Eine ganze Unterrichtseinheit befasst sich mit dieser Frage … Ich kann das nicht in einen Lehrplan aufnehmen, weil kein Rektor [einer arabisch-israelischen Schule] dies akzeptieren wird. ›Wie bitte, man lässt sie frei entscheiden, ob sie Sex haben oder nicht? In der neunten oder zehnten Klasse?‹«

Die Strategie von Muntada kommt auf den Punkt, allerdings auf indirekte Art und Weise. Zwei der größten Hürden für die Erörterung sexueller Fragen im Unterricht sind Eltern und Lehrer. Um Erstere zu umgehen, teilen Tamish und ihre Kollegen in Schulen anonyme Fragebogen aus, um die dringlichsten Anliegen von Schülern in Erfahrung zu bringen. Die Fragen sind sorgfältig formuliert, ohne die leiseste sexuelle Andeutung – sie sind »koscher«, wie sie selbst sagt. Von den Antworten der Kinder lässt sich dies dagegen nicht behaupten. »Wir fragen [in dem Fragebogen] zum Beispiel: ›Über welche Themen im Zusammenhang mit der Pubertät würdest du gern mehr erfahren?‹ Alles, was im Entferntesten mit Sex zu tun hat, wird hier aufgeschrieben, wirklich alles. Verhütungsmittel, Selbstbefriedigung, Liebe, Geschlechtsverkehr, Schwangerschaft, Veränderungen bei Mädchen in der Pubertät, küssende Jungs, Zungenküsse … alles, was man sich vorstellen kann. Wir bringen sie nicht auf diese Gedanken; das alles stammt von ihnen selbst.«

Der nächste Schritt besteht darin, Schulen bei der Vorbereitung von Treffen mit den Eltern zu helfen. Wenn Behörden bekanntgeben, dass sie vorhaben, Sexualerziehung in den Lehrplan aufzunehmen, ist die Reaktion der Eltern vorhersehbar: Wenn man den Kindern die Augen für dieses Thema öffnet, werden sie als Nächstes ungehemmt Unzucht treiben. Hier greifen nun Tamish und ihr Team ein. »Nun, wir wollen Ihnen lediglich das mitteilen, was von den Schülern selbst gekommen ist«, sagen sie zu den Eltern. »Wir führen ihnen die Ergebnisse dann in einer PowerPoint-Präsentation vor, und sie sind schockiert. ›Was? Unsere Kinder haben das geschrieben?‹ Und ab dem Moment ist es für sie keine Sache von Ja oder Nein mehr, sondern sie fragen: ›Wie machen wir das jetzt?‹ Das ist erstaunlich.« Nach Tamishs Erfahrung ist die Überzeugungskraft dieser selbsterhobenen Daten so stark, dass sich die Eltern selbst einbringen wollen. »Das ist nichts, was ich aus den Vereinigten Staaten importiert habe, es ist etwas, das in der palästinensischen Gesellschaft selbst passiert und das ihnen das Gefühl gibt, Verantwortung zu tragen. Und dann beginnen sie, an der Diskussion teilzunehmen. In den meisten Schulen bitten die Eltern um mindestens vier bis fünf Schulungssitzungen; sie wollen lernen: ›Wenn unsere Kinder nach Hause kommen und uns eine Frage stellen, wollen wir nicht wie Idioten dastehen.‹«

Aber nicht nur Eltern werden informiert, auch Lehrkräfte werden geschult, damit sie eigene Lehrpläne entwickeln können und weniger Scheu haben, das Thema zu behandeln, was wiederum den Schülern ihre Befangenheit nimmt. Sexuelle Fragen sind auch nicht auf den Biologieunterricht beschränkt; Tamish erinnert sich, dass ein Lehrer für Literatur in einer Schule in Ostjerusalem, der an der Fortbildung teilnahm, eine Stunde über *Ghasel* – klassische arabische Liebeslyrik – dazu nutzte, um auf das Phänomen der *'urfi*-Ehe zwischen Studentinnen und Süßholz raspelnden Taxifahrern, die scharf auf Sex sind, einzugehen. »Wichtig ist nicht das, was im Klassenzimmer passiert«, sagt Tamish. »Wichtig ist die Einstellung des Lehrers, wenn er oder sie in den Unterricht kommt … Nach meinen eigenen Erfahrungen kommt es nicht auf das Lied, sondern auf den Sänger an.«

Vor zehn Jahren hatte Muntada Schwierigkeiten, arabische Schulen in Israel dazu zu bewegen, überhaupt Sexualkunde anzubieten; inzwischen gibt es eine Warteliste mit Schulen, die ihre Unterstützung wollen. Tamish hat erstaunlich viel erreicht. Ihre erste Stelle als Kinderschwester in einer Dorfschule in Galiläa, in Nordisrael, war ein Sprung ins kalte Wasser dessen, was ihre Berufung werden sollte. »Da war ein zwölfjähriges Mädchen, und man stellte fest, dass sie im achten Monat schwanger war. Die Ermittlungen ergaben, dass sechs Jungen von derselben Schule sie vergewaltigt hatten. Sie hatten ihr eingeredet, dass es nur ein Spiel war und dass sie niemandem etwas davon erzählen sollte. Das war im Jahr 1990, und das ganze Dorf war zutiefst erschüttert«, erinnerte sie sich. »Ich kam ein oder zwei Tage, nachdem diese Geschichte herauskam, an die Schule. Der Rektor erlaubte keinem der Lehrer, diesen Vorfall im Unterricht zu thematisieren. Ich widersprach, und er sagte, wir sind eine konservative Gesellschaft. Und ich sagte: ›Eine konservative Gesellschaft mit schwangeren Mädchen und Vergewaltigern?‹«

Tamish brachte höhere Schulbeamte dazu, sich mit Eltern zu treffen, und aus diesem traumatischen Anfang ging ihre Strategie hervor, auch heikle sexuelle Themen offen durchzusprechen. Für Araber in Israel ist das Leben nicht leicht, aber Tamish gibt unumwunden zu, dass Muntada ohne den institutionellen Rahmen in Israel, der sexuelle Rechte gewährleistet und auch Sexualerziehung vorschreibt, nicht hätte anfangen können. »Ich mache keinen Hehl daraus. Ich habe das Westjordanland verlassen, weil es nicht institutionalisiert war und es damals andere Prioritäten gab; andererseits gab es viel zu tun. Als ich im Westjordanland Vertrauenslehrer ausbildete und die Zahl der gemeldeten Fälle von sexuellem Missbrauch unter Schülern zunahm, wurde das Programm eingestellt. Sie sagten: ›Sie [Tamish] öffnet Türen, die wir nicht schließen können‹, und haben das ganze Projekt beendet. Wenn man in Israel Vertrauenslehrer ist und Kenntnis von einem Fall sexuellen Missbrauchs erlangt und diesen nicht meldet, kommt man ins Gefängnis. Ich nutze dieses System, so gut es geht.«

Für viele derjenigen, die das Muntada-Programm durchlaufen, ist es eine lebensverändernde Erfahrung. Eltern schildern ihre Freude darüber, dass sie infolge der neu entdeckten Leichtigkeit in persönlichen Dingen ihren Kindern nähergekommen sind, und Teilnehmer berichten auch, wie sich das Familienleben dadurch verändert, dass sich Ehemänner und -frauen so wohl miteinander fühlten, dass sie sich vor den Kindern in die Arme schlossen. Einfache Informationen können schon an sich viel bewirken: Diejenigen, die in einem Umfeld aufwachsen, in dem Sexualität totgeschwiegen wird, erleben eine verantwortungsvolle sexuelle Aufklärung als eine große Befreiung. Und das gilt nicht nur für Frauen; auch wenn Männer freier über Sex reden können, tun sie dies in gemischter Gesellschaft eher selten, so dass sie kaum etwas über weibliche Sexualität wissen. Muntadas Schulungen, bei denen Männer und Frauen im selben Raum zusammenkommen, sind laut männlichen Teilnehmern eine Offenbarung.

Auch die Sprache macht einen Unterschied. Tamish besteht darauf, dass bei Muntada-Veranstaltungen nur Arabisch gesprochen wird. Einige israelische Araber fühlen sich im Hebräischen oder Englischen viel wohler, wenn es darum geht, über sexuelle Fragen zu sprechen. So sprechen neue Teilnehmer zum Beispiel von *min orali* (hebräisch für »Oralsex«) und *orgazma*, statt die arabischen Ausdrücke dafür zu verwenden, *jins fammii* und *nashwa jinsiyya*. »Wenn man dieses Wort ohne Scheu aussprechen kann, dann ist das schon die halbe Miete«, sagt eine Frau, eine Sozialarbeiterin aus Haifa. »Wieso benutze ich für den Schwanz den hebräischen und nicht den arabischen Ausdruck? Das sagt doch etwas über meine Einstellung zu den Dingen aus.«[22]

Einige Teilnehmer haben nicht einmal diese Wahl, weil sie für viele der Gesprächsgegenstände die arabischen Bezeichnungen nicht kennen. Ein Teil des Namens von Muntada – Jensaneya –, der sich mit »Sexualität« übersetzen lässt, ist eine relativ neue Wortschöpfung, die von Sprechern des Arabischen kaum benutzt und manchmal auch gar nicht verstanden wird. Selbst grundlegendere Begriffe sind problematisch; erst in Muntadas Lehrgängen erfuhren einige Teilnehmer, dass es tatsächlich arabische Wörter für weibliche Genitalien gibt, da ihnen beigebracht worden war, diese Körperzone als so schambesetzt zu betrachten, dass sie nicht einmal benannt werden durfte. Und manche kennen nur die vulgären arabischen Wörter, die jenseits der Gosse unbrauchbar sind.

Das alles ist weit entfernt von den Tagen der *Enzyklopädie der Lust* und dem Goldenen Zeitalter arabischer Schriften über Sex. Ein Buch aus dem 10. Jahrhundert, *Die Sprache des Fickens*, beispielsweise führt allein über tausend Verben für den Geschlechtsverkehr an.[23] Dann gibt es den scheinbar unerschöpflichen Wortschatz für sexuelle Stellungen, Reaktionen und Organe jeder Größe, Form und besonderer Kennzeichen. Dieser sprachliche Reichtum ist längst Vergangenheit. Muntadas Mission besteht unter anderem darin, Teilnehmern einen neuen Wortschatz an die Hand zu geben, mit dem sie offen über Sexualität sprechen und so das doppelte

Hindernis des Unbehagens über das Thema und der Verlegenheit in puncto Sprache überwinden können. Die Tatsache, dass Arabisch gesprochen wird, stärkt die kulturelle – und, wie einige behaupten würden, auch die politische – Identität einer Minderheit in Israel.

Die Zeiten ändern sich, und Muntada versucht inzwischen, auch Menschen in den Nachbarländern zu erreichen, wo lokale Gruppen ganz erpicht darauf sind, von den Erfahrungen der Organisation zu lernen. Muntada arbeitet weiterhin direkt im Westjordanland, wo die Organisation sexualpädagogische Kurse für Sozialarbeiter und andere Fachkräfte anbietet. Dort hat Tamish seit dem »Arabischen Frühling« eine dramatische Veränderung bei den Teilnehmern von Muntada-Kursen festgestellt: Ihre Scheu gegenüber sexuellen Dingen ist plötzlich verflogen. »Es ist, als hätte jeder Araber in sich so viele Schichten der Begrenzung und Hemmnisse, dass er, sobald er die äußeren Schichten, wie etwa das Politische, abstößt, das Gefühl hat, endlich einmal völlig frei durchatmen zu können«, bemerkt Tamish. »Das politische Engagement löste in ihnen das starke Verlangen aus, über ihre sexuelle Befreiung zu sprechen.« Und dies wiederum verstärkte ihren Drang, politische Anliegen anzupacken. »Meine sexuelle Freiheit beginnt mit meiner Familie«, erklärt sie. »Wenn ich die Schlacht gegen meinen Vater nicht gewinne, kann ich sie auch nicht gegen Abu Mazen [den palästinensischen Präsidenten Mahmoud Abbas] und gegen die Besatzungsmacht gewinnen.«

Es ist dieser Zusammenhang zwischen dem Persönlichen und dem Politischen, der die Sexualerziehung zu mehr als nur einem Nebenschauplatz für den Wandel Ägyptens im kommenden Jahrzehnt macht. Das Unterdrücken von Fakten und Meinungen im Klassenzimmer ist eine Form der Zensur, die die Aufstände von 2011 im politischen Bereich bekämpfen wollten, um der Heimlichtuerei und der Kontrolle von Informationen ein Ende zu setzen – auch wenn klar ist, dass dieser Wandel in der nachfolgenden Ordnung eine Zeitlang auf sich warten lassen wird. Freiheit erfordert die Fähigkeit zu eigenständigem Denken, und dazu bedarf es einer anderen Sorte von Lehrer – Lehrer, die sich nicht scheuen, Wissen zu vermitteln und heikle Fragen zu beantworten. Sie verlangt auch eine andere Art von Schüler. Eine Sexualerziehung, die präzise Informationen liefert, persönliche Verantwortung fördert, Gegenseitigkeit lehrt,

Gleichberechtigung stärkt, Vielfalt akzeptiert und freie Meinungsäußerung belohnt, ist sowohl für Schüler wie für Lehrer ein ideales Übungsgelände.

Es hat nichts Unislamisches, Menschen über Sexualität – einschließlich ihrer Freuden – aufzuklären, ganz im Gegenteil. Abgesehen von Fragen der Moral und Hygiene geht es in der Sexualerziehung auch um Vertrauen – darum, jungen Menschen Informationen anzuvertrauen, ihnen zuzutrauen, verantwortungsvolle Entscheidungen für sich selbst zu treffen und die Rechte und Bedürfnisse anderer zu respektieren. Wenn Jugendliche überall in der arabischen Welt so reif sind, dass sie ihre Gesellschaften in die politische Revolte führen können und dafür von den Älteren bewundert werden, dann sind sie zweifellos auch bereit für eine ungeschminkte sexuelle Aufklärung.

Verhütung

Information ist nicht das einzige knappe Gut. Für Jugendliche, die von den dunkleren gesellschaftlichen Kreisen außerehelicher Sexualität angezogen werden, ist auch Schutz ein Problem. Nehmen wir zum Beispiel die Verhütung. Wie die meisten Medikamente in Ägypten lässt sich auch die Pille leicht beschaffen, vorausgesetzt, ein junger Mensch ist beherzt genug, missbilligenden Apothekern energisch entgegenzutreten. Man braucht kein Rezept – reichen Sie einfach das Geld (etwa 15 EGP oder 1,90 Euro) über die Theke, und schon halten Sie eine Monatsration Pillen in Händen. Eine meiner unverheirateten ägyptischen Freundinnen bekommt ihren Vorrat, wie Pizza, an die Haustür geliefert, vollkommen diskret. Leider hält der Informationsstand mit der leichten Verfügbarkeit nicht Schritt: Meine Freundin wurde krank, nachdem sie die Pille zum ersten Mal genommen hatte, weil sie nicht wusste, welche Sorte sie kaufen oder wie sie sie einnehmen sollte.[24]

Abgesehen von Fragen der *zina* ist Verhütung an sich im Islam nicht verboten. Im Koran wird sie nicht erwähnt, so dass es islamischen Gelehrten vorbehalten blieb, sachdienliche Regeln aufzustellen, die größtenteils auf den Hadithen basieren. Einige davon befassen sich mit *'azl* –

Koitus interruptus –, einer zur Zeit des Propheten verbreiteten Methode, die er angeblich erlaubte. Einige fromme Muslime verzichten auf Anraten ihres örtlichen Scheichs auf Verhütungsmaßnahmen, der sich dabei vielleicht auf den folgenden Hadith beruft: »Vermehret euch, denn ich werde euch am Jüngsten Tag unter anderen Völkern rühmen.« Es gibt dennoch viele Religionsgelehrte, die durch die Jahrhunderte hindurch die Echtheit dieses und anderer Aussprüche des Propheten, die zur Begründung eines Verbots der Geburtenkontrolle herangezogen werden, in Frage gestellt und das Gegenteil behauptet haben.[25] Und so haben die vier Hauptschulen der sunnitischen Rechtsgelehrsamkeit, die sich im 8. und 9. Jahrhundert herausbildeten, sowie die wichtigsten Schulen der schiitischen Rechtslehre Verhütung für zulässig erklärt.[26] Andererseits ist die Sterilisierung von ansonsten gesunden und fruchtbaren Individuen eine strittige Frage im Islam. Manche Autoritäten erlauben sie, andere verbieten sie als einen Verstoß gegen die Scharia, die Gläubige dazu ermahnt, den eigenen Körper, den Glauben, die Vernunft, das Eigentum und die Fortpflanzungsfähigkeit unversehrt zu bewahren. Dies hat letztlich dazu geführt, dass die Sterilisierung in Ägypten äußerst unpopulär ist – kaum 1 Prozent der verheirateten Frauen hat sich dafür entschieden, und bei Männern ist es eine verschwindend geringe Zahl.[27]

Wenngleich sich die islamischen Debatten über Verhütungsverfahren an der spezifisch männlichen Technik des Koitus interruptus entzündeten, ist die große Mehrzahl der Lotionen, Mittelchen und anderen Verhütungsmethoden, die durch die Jahrhunderte entwickelt und in Werken wie der *Enzyklopädie der Lust* sehr ausführlich dargestellt wurden, für Frauen bestimmt. Heute wird die Geburtenkontrolle als eine Verantwortung der Frau angesehen, was für unverheiratete Frauen problematisch ist. Die Stigmatisierung von Frauen, die es wagen, Sex vor der Ehe zu haben, oder diesen Schritt sogar planen, indem sie geeignete Verhütungsmaßnahmen ergreifen, ist so stark, dass sich nur wenige schützen.[28] Während Männer mehr Freiraum für sexuelle Erfahrungen haben, bevor sie den Bund der Ehe schließen, entspricht dieser Freiheit keine größere Bereitschaft, ihrerseits für die Verhütung Sorge zu tragen. Kondome (*al waqi al thakari*, »Männerschutz«, oder *tops*, wie sie in Ägypten genannt werden) sind äußerst unbeliebt. Wie ihre Geschlechtsgenossen auf der ganzen

Welt beklagen auch ägyptische Männer, Kondome seien unbequem und würden den sexuellen Genuss schmälern.

Das größere Problem besteht jedoch darin, dass Kondome in der arabischen Welt mit *zina* assoziiert werden, also außerehelichem Sex. In Ägypten beispielsweise werden sie von nur 2 Prozent der verheirateten Paare benutzt – nach meiner Erfahrung weniger zum Zweck der Familienplanung und mehr zur Vermeidung einiger der Komplikationen, die mit dem Geschlechtsverkehr verbunden sind[29], darunter die Angst, in direkten Kontakt mit Menstruationsblut zu kommen, und zur Befolgung des islamischen Gebots, dass sich beide Partner nach dem Geschlechtsverkehr waschen sollen, was Kondome bei Frauen beliebt macht, die mehrere Stunden im Schönheitssalon verbracht haben und ihr Haar und Make-up nicht mit einer postkoitalen Dusche ruinieren wollen.[30]

Nach landläufiger Meinung hat jemand, der Kondome kauft, notwendigerweise außerehelichen Sex, und das ist *haram* – was potenzielle Käufer noch weiter abschreckt. »Bitte, Gott, spalte die Erde, wirf mich hinein und mach sie gleich wieder zu«, sagte mir lachend ein ägyptischer Kondomverkäufer, Mitte zwanzig, als er sich daran erinnerte, wie er zum ersten Mal Kondome in einer Kairoer Apotheke kaufte und der Apotheker ihm dabei vernichtende Blicke zuwarf. Ironischerweise scheinen die meisten Männer auch für *zina* keine Kondome zu benutzen. Überall, wo die Frage gestellt wurde – etwa in Ägypten, Marokko, Tunesien, Syrien, Libanon oder dem Jemen –, sind die Umfrageergebnisse weitgehend gleich: Arabische Männer (und trotz ihrer Zurückhaltung vermutlich auch Frauen) haben außerehelichen Geschlechtsverkehr, und Kondome gehören dabei im Allgemeinen nicht zum Programm.[31] Die Resultate kann man in Kliniken überall in der arabischen Welt sehen. Sexuell übertragbare Krankheiten sind für öffentliche Gesundheitsexperten in der Region ein echter Anlass zur Sorge, und sie sind vermutlich häufiger, als es die verfügbaren Statistiken widerspiegeln, da nur wenige Länder die entsprechenden Erkrankungsfälle systematisch landesweit erfassen. Man nimmt an, dass sexuell übertragbare Krankheiten und HIV heute die zweithäufigste Todesursache durch Infektionskrankheiten bei Erwachsenen im Alter zwischen 15 und 44 Jahren in der arabischen Region sind.[32] Und auch wenn die HIV-Infektionsrate in der Allgemeinbevölkerung noch immer niedrig ist, gehören der Mittlere Osten und Nordafrika zu den wenigen Regionen weltweit, in denen Neuinfektionen und Todesfälle aufgrund von Erkrankungen im Zusammenhang mit Aids weiterhin ansteigen. Über die Hälfte der HIV-Infektionen in den meisten arabischen Ländern werden sexuell übertragen, und von diesem Übertragungsweg sind nichtsahnende Ehefrauen besonders stark betroffen.[33]

In Ägypten gab und gibt es kreative, wenn auch diskrete Versuche, den Kondomgebrauch anzukurbeln. Einige der innovativsten stammen von DKT International, einem führenden Anbieter subventionierter Familienplanungs- und HIV-Präventionsinstrumente in der Dritten Welt. DKT, das den Kondomgebrauch in Ägypten durch soziales Marketing promotet, verkauft knallbunte, prickelnd aromatisierte »Luxuskondome« zu absoluten Tiefstpreisen. Die Organisation hat auch pfiffige Kampagnen gestartet, um die enge Assoziation zwischen Kondomen und *zina* aufzubrechen, indem sie gezielt Verheiratete anspricht und so versucht, im Rahmen des revolutionären »Wir sind alle ein Ägypten«-Zeitgeistes die Verantwortung für die Familienplanung von den Ehefrauen auf die Ehemänner zu übertragen und Kondome mit der Vorstellung von einem »echten Mann« zu verknüpfen.

Aber das ist mühsame Überzeugungsarbeit. Der Kondomabsatz in Ägypten beläuft sich nach einigen Schätzungen auf weniger als ein Drittel des Marktpotenzials. DKT verzeichnete wie der Rest der Wirtschaft in der postrevolutionären Flaute deutliche Absatzeinbußen und hat angesichts der Restriktionen bei der Kondomwerbung und weiterer gesetzlicher Auflagen, die die Einführung neuer Marken einschränken, wenig Hoffnung, dass sich das Geschäft bald wieder erholen wird. Auch wenn die Bevölkerungskontrolle ein dringendes Anliegen in Ägypten bleibt, bemerken einige Experten mit dem Aufstieg des Islamismus eine subtile Verschiebung im offiziellen Diskurs, weg von der Verhütung und hin zu dem weniger strittigen Konzept des *birth spacing* (der gezielten Beeinflussung des zeitlichen Abstands zwischen aufeinanderfolgenden Geburten), was für den Kondomgebrauch nichts Gutes verheißt. »Die Regierung will die Sinnenlust nicht fördern«, seufzte ein DKT-Manager.

In anderen arabischen Ländern haben sich die Behörden direkter an junge Menschen gewandt, mit Kondomen in der Hand. In Tunis, der tunesischen Hauptstadt – deren Jasmin-Revolution den Anstoß zu dem Aufstand in Ägypten und den anschließenden politischen Erschütterungen in der gesamten Region gab –, traf ich auf dem Hinterhof einer Fachhochschule auf einige begeisterte Promoterinnen des Kondoms: Vier attraktive junge Frauen in eleganten schwarzen Mänteln, figurbetonten Jeans und Stiefeln mit hohen Absätzen waren von einer Schar junger Männer umlagert. Eine der Frauen riss ein Kondompäckchen auf und nahm sorgfältig den Inhalt heraus; sie hielt ihn für alle sichtbar hoch. »Wir zeigen zuerst einmal, wie man Kondome richtig benutzt«, sagte eine andere Frau in ein Mikrophon, wobei ihre Stimme über den Campus dröhnte. »Das Kondom wird über den erigierten Penis gestreift. Das Reservoir soll sich an der Spitze befinden. Nach dem Verkehr und der Ejakulation streift man es vorsichtig ab und wirft es sofort in den Mülleimer.« Eine dritte Frau verteilte Kondome an die Menge.

In Ägypten geht man im Allgemeinen davon aus, dass eine junge Frau mit einem Kondom in der Hand ein Werkzeug ihres Gewerbes hält. Aber diese Frauen in Tunesien waren Fachkräfte eines anderen Metiers: Sie alle waren Medizinstudentinnen und arbeiteten als Freiwillige bei dem Y-Peer-Network, einem internationalen Programm unter dem Dach des United Nations Population Fund, welches jungen Menschen mit Hilfe anderer junger Menschen das Thema sexuelle und reproduktive Gesundheit nahebringen will. Der erstaunliche Anblick der vier jungen Frauen – »Engel«, wie sie genannt werden –, die Männern zeigen, wie man ein Kondom benutzt (tatsächlich ist es schon an sich bemerkenswert, wenn Frauen in der arabischen Welt Männern *überhaupt irgendetwas* zeigen), wurde noch bemerkenswerter durch das anschließende »Kondomrennen«. Die Frauen teilten die Männer in zwei Teams ein, die sich jeweils in einer Reihe aufstellen sollten, und forderten die Ersten auf, ein Kondompäckchen zu öffnen und dessen Inhalt über die ausgestreckten Zeige- und Mittelfinger des Nebenmanns zu streifen; anschließend sollten sie das Kondom herunterziehen, ohne es zu zerreißen, worauf der Nebenmann die ganze Prozedur beim Nächsten vornahm, und so ging es weiter, die ganze Reihe durch.

Das Spiel soll junge Leute mit Kondomen vertraut machen, das Produkt aus der Schmuddelecke herausholen und es mit Spaß und Spielen in

Verbindung bringen. Ich fragte Meryam Guedouar, einen der Engel, ob Verlegenheit je ein Thema sei. »Doch, ein bisschen«, sagte sie. Sie selbst fühlte sich unwohl, als sie mit dem Projekt begann, aber mit der Zeit wuchs ihr Selbstvertrauen, wie auch das ihrer Zuhörer. »Man muss seinen Charme spielen lassen. Sie lernen besser, wenn es eine Frau ist. Sie stellen es sich vor … aber sie lernen«, sagte sie lachend.

Guedouar und ihre Kolleginnen parierten Fragen aus dem Publikum. »Oberflächlicher Verkehr? Nein, das ist überhaupt kein Schutz [gegen HIV und sexuell übertragbare Krankheiten]. Selbst wenn keine Penetration stattfindet«, antwortete sie auf die Frage eines Studenten. Weitere Ratschläge bezogen sich auf Anlaufstellen für kostenlose und vertrauliche HIV-Tests, welche Typen von Kondomen erhältlich seien und wie viel sie kosteten und wie man das Verfallsdatum auf der Verpackung liest. Und sie gingen auch geschickt mit einem der Anliegen um, das den Studenten besonders auf den Nägeln zu brennen schien. »Was die Größe angeht, so wollen wir euch zeigen, was ein Kondom aufnehmen kann«, sagte einer der Engel und steckte ihren Arm in den Gummi. »XXL!«

Obwohl die Schule selbst gemischt ist, bestand die Schar der Kondom-Interessenten fast ausschließlich aus Männern. Ein paar Studentinnen, allesamt *muhajjabat*, hingen am Rand herum, wollten aber offenbar nicht mitmachen. »Sie wagten es nicht, näher zu kommen«, sagte ein anderer Engel, der Informationskurse für junge Frauen abhält. »Es ist jammerschade, denn sie haben Fragen, da schnallt man ab«, fuhr sie fort. »Eine von ihnen glaubte doch glatt, sie könne dadurch schwanger werden, dass sie eine öffentliche Toilette aufsucht, denn es besteht ein gewisses Risiko, dass zuvor ein Mann auf der Toilette war und dort ejakulierte. In ihrer Familie hätte man zu ihr gesagt, pass nur auf, du könntest schwanger werden.« Ihre Kollegin schaltete sich ein: »Ja, wir machen den Kondomwettbewerb mit den Mädchen, aber den Mädchen alleine. Offensichtlich haben auch sie ein großes Wissensdefizit. Aber das Problem ist, dass sie sich nicht trauen, einen Jungen aufzufordern, ein Kondom überzuziehen. Also müssen wir ihnen beibringen, dass es ihr Recht ist, sich zu schützen.«

Dies sei umso dringlicher, sagten die Engel, als vorehelicher Sex sehr weit verbreitet sei. »Also bei den Männern durch die Bank«, antwortete ein Engel, als ich mich nach der Häufigkeit vorehelicher Beziehungen erkundigte. »Nein, nicht alle«, wandte ihre Kollegin ein. »Einige sind fromm geworden, die kannst du abhaken.« »Aber mindestens 80 Prozent«, entgegnete die Freundin. Bezüglich der vorehelichen Aktivitäten von Frauen waren sie sich allerdings einig. »Die Männer prahlen, sie sind stolz, wenn sie sexuelle Beziehungen haben. Aber die Frauen müssen den Mund halten«, sagte sie. »Es gibt einige junge Frauen, die sich trauen, aber wir erfahren es nie, denn da ist immer das Urteil der Gesellschaft. Man kann nicht einfach sagen: ›Ich hatte Beziehungen.‹ Selbst wenn es so gewesen ist, würde sie es nicht sagen.«

Dies widerspricht dem langjährigen Ruf Tunesiens als eines Hortes milder Religiosität und loser Sexualmoral. Dieses Stereotyp hat eine Geschichte. Nachdem Tunesien 1956 von Frankreich unabhängig wurde, wollte der damalige Staatspräsident, Habib Bourguiba, das Land unbedingt entwickeln – und dies schloss Frauen mit ein. Tunesien gehörte zu den ersten Ländern, die Polygamie und Verstoßung der Ehefrau verboten und Frauen unter anderem das Recht auf Scheidung gewährten. In den 1980er Jahren verbannte die Regierung den *hijab* aus öffentlichen Ämtern und Bildungseinrichtungen, als Bourguibas Nachfolger, Präsident Zine El Abidine Ben Ali, seine Macht im Verlauf seiner schließlich zwanzig Jahre währenden Herrschaft immer weiter festigte, indem er den Spielraum des politischen Islam einschränkte. Daher stammt Tunesiens Ruf als ein zwangloses Land in der arabischen Region.

Die Wirklichkeit sieht etwas anders aus. Schon vor der Regierungsübernahme durch Ennahda, der »gemäßigten« islamistischen Partei Tunesiens, und der sichtbareren Präsenz ihrer salafistischen Verwandten war Tunesien nach wie vor eine im Großen und Ganzen patriarchalische Gesellschaft, in der Frauen mit rechtlichen, ökonomischen und sozialen Hindernissen zu kämpfen hatten, und zwar nur deshalb, weil sie Frauen sind – eine anhaltende Herausforderung, während das Land darum ringt, sich eine neue Form zu geben. Tunesiens offener Umgang mit reproduktiver Gesundheit zum Beispiel hatte mehr mit einer Strategie der Fertilitätskontrolle auf dem Pfad der ökonomischen Entwicklung nach der Entlassung in die Unabhängigkeit zu tun als mit sexueller Befreiung: vorehelicher Sex, außereheliche Beziehungen und Homosexualität waren in

Tunesien unter dem früheren Präsidenten Ben Ali allesamt verboten, so wie es auch bei dessen vorgeblich konservativeren arabischen Nachbarn der Fall war und ist.

Und so gelten auch in Tunesien für die weibliche Sexualität nach wie vor dieselben Regeln wie in der ganzen Region. »Die Männer akzeptieren nicht ohne weiteres, dass Frauen keine Jungfrauen mehr sind. Eine Minderheit ist anders, nicht sehr gebildet, aber aufgeschlossen. Es ist keine Frage der Erziehung. Der Mann hat das Recht auf ein uneingeschränktes Sexualleben, aber die Frau muss Jungfrau sein. Aus diesem Grund bleibt vielen nichts anderes übrig, als sich operieren [das Hymen restaurieren] zu lassen«, bemerkte ein Engel. Es gibt auch alternative Strategien: »Es wird eine Menge Analverkehr praktiziert. Offen gesagt, weil die Mädchen glauben, dass sie auf diese Weise ihre Jungfräulichkeit behalten können. Die Männer wollen, dass sie Jungfrau ist, also findet sie eine andere Lösung. Aus diesem Grund sensibilisieren wir dafür; wenn wir über sexuelle Beziehungen sprechen, gehört der Analverkehr auch dazu«, bemerkte ihre Kollegin.

Ich fragte die Engel, ob sie glaubten, der Kontakt mit dem Westen und seiner Sexualkultur erkläre die große Häufigkeit vorehelicher sexueller Aktivitäten in Tunesien. »Das ist das alte Lied der Frommen«, spottete Guedouar. »Sie sagen immer das Gleiche. Ich glaube, dass es mehr damit zusammenhängt, dass das Heiratsalter gestiegen ist. Frauen sind heute besser gebildet als früher. Sie studieren, sie schließen ihr Studium mit vierundzwanzig Jahren ab. Sie müssen arbeiten. Also heiraten sie mit dreißig Jahren. Sie haben das Recht auf ein Sexualleben [vor der Ehe].«

Trotz ihrer Entschlossenheit glaubten die Engel nicht an einen grundlegenden Wandel der gegenwärtigen sexuellen Landschaft. »Nur eine Minderheit denkt liberal. Die Mentalität im Norden [Tunesiens] ist nicht die gleiche wie im Süden. Sie wird sich nicht überall ändern. Sie wird sich in bestimmten Familien, bei bestimmten Typen von Menschen ändern«, bemerkte einer der Engel. »Die Frauen werden immer offener, aber die Männer verändern sich nicht«, nickte Guedouar zustimmend. »Sie denken noch immer wie in der Steinzeit.«

Während die Evolution des Mannes im Schneckentempo abläuft, haben Frauen in Tunesien Alternativen. Tunesien ist das einzige Land in der arabischen Region, in dem Abtreibung (*ighad*) auf Wunsch zulässig ist; das bedeutet, dass eine – verheiratete oder unverheiratete – Frau, die achtzehn Jahre oder älter ist, bis zum Ende des ersten Schwangerschaftsdrittels aus einer Reihe von Gründen einen Abbruch vornehmen lassen kann, ohne dass der Ehemann zustimmen muss. Tunesien schlug diesen Weg vor über vierzig Jahren ein, als die Regierung im Rahmen der weitreichenden Pläne zur nationalen Entwicklung des damaligen Staatspräsidenten Bourguiba die Abtreibung legalisierte.[34]

Zwei Generationen später zeigten sich die Früchte dieser Politik bei einem Rundgang durch eine Kinder- und Jugendklinik in Bardo, einem Vorort von Tunis. Wie die »Kondomengel« bestätigen, verfolgen die tunesischen Behörden eine vergleichsweise mutige Politik in der heiklen Frage sexueller und reproduktiver Gesundheitsdienstleistungen für junge, vorwiegend unverheiratete Menschen – eine Politik, von der viele hoffen, dass sie etwaige Kürzungspläne islamischer Konservativer überleben wird. Seit dem Jahr 2000 hat die staatliche Behörde für Familienpolitik und Bevölkerungsentwicklung, das ONFP (Office Nationale de la Famille et de la Population), im gesamten Land Zentren errichtet, um jungen Menschen dabei zu helfen, die ersten Jahre ihres Sexuallebens leichter zu bewältigen.

Am Tag meines Besuches herrschte in der Klinik geschäftiges Treiben; die Klienten waren überwiegend junge Frauen in den Zwanzigern. Eine Gruppe hatte sich um einen Fernseher geschart und sah sich ein Video über Brustkrebs an; andere gingen in Sprechzimmer hinein, wo sie von Gynäkologen, Hebammen und Psychologen in allen möglichen Belangen – von Akne über Ernährung bis hin zu Verhütung – kostenlos beraten und behandelt wurden. Dieses breite Angebot an Dienstleistungen über rein reproduktive und sexuelle Gesundheit hinaus ist nicht nur in klinischer Hinsicht sehr sinnvoll, sondern im Hinblick auf die soziale Akzeptanz vor allem für Zentren in ländlichen Gebieten, wo junge Frauen strenger überwacht werden und einen guten Vorwand benötigen, um einen Besuch, der vielleicht von Freunden oder Verwandten bemerkt wird, plausibel erklären zu können. Selbst in der Hauptstadt liegt das Bardo-Jugendzentrum versteckt hinter der Hauptklinik, die verheiratete Frauen versorgt, und verfügt über einen separaten Eingang.

Kliniken, die sich eigens an junge Menschen richten, schießen in einer Reihe arabischer Länder – einschließlich Ägypten – aus oftmals steinigem Boden.[35] Auch wenn sie mit vielen derselben gesellschaftlichen und kulturellen Hindernisse konfrontiert sind, sind die öffentlichen Kliniken in Tunesien in einem zentralen Punkt einzigartig: dem Abtreibungstrakt. Die Einrichtung, in der ich mich umsah, war makellos; ein Gynäkologe und zwei Krankenschwestern in grünen OP-Kitteln beendeten einen Eingriff in einem kleinen Operationssaal, und in einigen abgedunkelten Zimmern sah ich unter den Bettdecken die Silhouetten von drei oder vier Frauen. Der Trakt kann maximal neun Patientinnen aufnehmen, aber er ist nur selten voll belegt, sagte man mir; chirurgische Schwangerschaftsabbrüche sind heutzutage selten, auch deshalb, weil Frauen viel früher zur Abtreibung kommen. Und der Eingriff selbst ist dank der Einführung der »chemischen Abtreibung«, bei der eine Kombination synthetischer Hormone statt mechanischer Mittel eingesetzt wird, viel sicherer geworden. Aber es ist nicht einfach so, dass in Tunesien die chemische Abtreibung chirurgische Verfahren ersetzt hat; die Abtreibungsquote insgesamt ist seit Ende der 1970er Jahre drastisch zurückgegangen, was Befürchtungen ausräumte, die breite Verfügbarkeit werde zu einer Flut von Abtreibungen führen, insbesondere bei unverheirateten Frauen. Die Anzahl der Abtreibungen im öffentlichen Gesundheitssystem ist in Tunesien von 20 000 pro Jahr Ende der 1970er Jahre auf geschätzte 15 000 heute gesunken, obwohl die in Frage kommende Bevölkerungsgruppe in der Zwischenzeit um fast ein Drittel gewachsen ist. Einigen Schätzungen zufolge entfallen etwa 15 Prozent der Eingriffe auf unverheiratete Frauen.[36]

Obwohl die legale Abtreibung in Tunesien eine Erfolgsgeschichte ist, ziehen am Horizont dunkle Wolken auf, sagt die Gynäkologin Selma Hajri in Tunis, die eine führende Forscherin über Abtreibungstrends in ihrem Land ist. »Noch gibt es keine große Kampagne gegen Abtreibung, aber das könnte kommen. Wir können Abtreibungen nicht stoppen; sie werden praktiziert, und sie sind ein gesetzliches Recht. Aber man kann sie erschweren«, erklärte sie. »In Krankenhäusern und Familienplanungskliniken beispielsweise haben alle Frauen Zugang zur Abtreibung. Aber nur bis zur achten Schwangerschaftswoche. Anschließend muss man ins Krankenhaus gehen. Und da sind die Kontrollen strenger. Wenn eine Frau unverheiratet ist, fragen sie nach ihren Papieren, die Aufnahme ist schwieriger, Hindernisse tauchen auf.«

Hajri ist typisch für viele gebildete Frauen, denen ich in Tunis begegnet bin – sie ist so modisch gekleidet, perfekt mit Accessoires versehen und spricht ein so fehlerfreies Französisch, dass ich im Gespräch manchmal ganz vergaß, dass ich in Tunis und nicht in Paris war. Sie macht unmissverständlich klar, woher diese neuen Einwände kommen. »Dies hängt mit dem wachsenden Einfluss der Religion zusammen. Hebammen, selbst Ärzte, wollen nicht länger in Abtreibungen verwickelt sein. Verhütung ist in Ordnung, nicht aber Abtreibung. Sie halten es für *haram.*«

Was die Abtreibung angeht, so bietet der Islam eine gewisse Flexibilität. Während der Koran die Kindstötung – insbesondere die Tötung von weiblichen Säuglingen, die im vorislamischen Arabien üblich war – verbietet, äußert er sich nicht über die Abtreibung als solche.[37] Der Eckpfeiler des islamischen Denkens zu dieser Frage sind Verse im Koran über die Entstehung des menschlichen Lebens und den Zeitpunkt der »Beseelung« des Fötus.[38] Alle islamischen Rechtsschulen verbieten die Abtreibung nach dem 120. Schwangerschaftstag, außer wenn das Leben einer Mutter in Gefahr ist; doch vor diesem Zeitpunkt unterscheiden sich die Standpunkte nicht nur zwischen, sondern auch innerhalb der Schulen, von der strengsten Position, die Abtreibung grundsätzlich verbietet, bis zu einer sehr liberalen Position, die Abtreibung aus einer Vielzahl von Gründen zulässt.[39] Heute aber spucken lokale religiöse Führer Gift und Galle, bestärkt durch den Aufstieg des Islamismus in den letzten Jahrzehnten, der Abtreibung rundweg verdammt. Dies hat dazu geführt, dass viele Frauen fest davon überzeugt sind, Abtreibung sei *haram*, ganz gleich, aus welchen Gründen sie erfolge.

Hajri empfängt viele Besucher aus Sub-Sahara-Afrika, die unbedingt von Tunesien lernen wollen, wohingegen Delegationen aus anderen Teilen der arabischen Region eher rar sind. »Wir haben Leute aus arabischen Ländern eingeladen«, bemerkte Hajri. »Sie sagen auch, es sei alles sehr gut, sehr interessant, aber das wäre in ihren eigenen Ländern unmöglich. Sie hätten keine entsprechenden Gesetze und nicht die nötigen Strukturen. Es ist, als würden sie ein völlig fremdes Land besuchen. Sie haben immer dieses Gefühl, Tunesien sei kein richtiges arabisches Land, es sei kein richtiges muslimisches Land.« Obwohl Tunesien Länder in der gesamten Region an der politischen Front im »Arabischen Frühling« inspiriert hatte, lassen sich seine Gesetze und seine Politik in Sachen Frauen- und Fortpflanzungsrechte, die das Ergebnis einer ganz bestimmten historischen Entwicklung sind, nicht so leicht kopieren. Allerdings hat der Siegeszug der islamischen Konservativen in Tunesien das Land seinen religiöseren Nachbarn etwas nähergebracht, so dass diese jetzt vielleicht eher geneigt sind, sich an den tunesischen Erfahrungen ein Beispiel zu nehmen – was eine gute Nachricht ist, sofern die progressive Politik und Praxis in Tunesien anhält. Hajri gesteht ohne Umschweife die Schwierigkeiten ein, mit den Errungenschaften ihres Landes auf Werbetour zu gehen. »Eines der wichtigsten Dinge ist der Wille der Machthaber, der Regierung«, bemerkte sie. »Wenn es keinen echten Willen gibt, wenn sie den Frauen bei der Abtreibung keine Wahlfreiheit gewähren wollen, dann wird es sehr schwierig werden, dies zu erreichen.«

Für Frauen in der gesamten arabischen Welt kann dieser Wille nicht früh genug kommen. In Ägypten hatten fast alle verheirateten Frauen, die ich kenne – und etliche meiner unverheirateten Freundinnen –, mindestens eine Abtreibung. Man kann nur darüber spekulieren, was dies hochgerechnet auf das ganze Land bedeutet, denn es gibt nur wenige amtliche Statistiken. Eine Schätzung von Mitte der neunziger Jahre veranschlagte die Quote der Schwangerschaftsunterbrechungen in Ägypten auf 15 Prozent der Schwangerschaften, was etwa den Quoten in Westeuropa entspricht.[40] Solche Zahlen lassen sich nur schwer überprüfen, weil Abtreibung in Ägypten illegal ist, auch wenn das Gesetz einen gewissen Spielraum für »Notfälle« lässt – insbesondere wenn das Leben der Schwangeren gefährdet ist. Und die Strafen sind, zumindest auf dem Papier, hart: Gefängnis droht der Patientin und demjenigen, der den Eingriff durchgeführt hat.[41]

Dies bedeutet, sehr vorsichtig geschätzt, dass Tausende ägyptischer Frauen und Ärzte jedes Jahr das Gesetz brechen; wie sie es angehen, hängt von ihrem sozioökonomischen Status ab. Wohlhabende Frauen können einen privaten Gynäkologen konsultieren und bezahlen für einen sicheren Eingriff, für gewöhnlich eine Ausschabung des Uterus, rund 3000 EGP (etwa 380 Euro). Die chemische Abtreibung wie in Tunesien gewinnt langsam an Boden; auch wenn sie für die Ärzte nicht ganz so lukrativ ist wie ein chirurgischer Eingriff, hat sie doch den Vorteil, dass man sie plausibel abstreiten kann, da die für den Eingriff benötigten Medikamente auch bei anderen Behandlungen eingesetzt werden und jedenfalls ohne Rezept beschafft werden können. Für die weniger Betuchten gibt es Ärzte, die für rund 200 EGP (25 Euro) eine *tandiif* – »Reinigung« – durchführen. Wie nicht anders zu erwarten, ist es eine unangenehme Erfahrung von zweifelhafter Hygiene, unzureichender Schmerzlinderung und oberflächlicher Behandlung durch hauptsächlich männliche Allgemeinmediziner, die bestenfalls Patientinnen so schnell wie möglich wieder loswerden wollen oder, schlimmstenfalls, sich weigern, unverheiratete Patientinnen zu behandeln, beziehungsweise den Lebenswandel ihrer Patientinnen verurteilen, während sie trotzdem deren Geld annehmen; Erpressung und sexuelle Belästigung können dann das Maß vollmachen.

Unterdessen stützen sich ärmere Frauen vor allem auf traditionelle Hausmittel und -methoden: Sie trinken gekochten Zwiebeltee oder mit schwarzem Pfeffer gemischte Softdrinks oder führen sich den Stängel einer *mulukhiyya*, einer hohen Krautpflanze, deren Blätter häufig zur Herstellung von Suppen verwendet werden, in die Gebärmutter ein – eine organische Version des sprichwörtlichen Kleiderbügels. Einige dieser traditionellen Methoden werden durch Hightechversionen ersetzt. Statt einen Pflanzenstängel zu benutzen, wird eine Frau, die vermutet, schwanger zu sein, in eine Klinik gehen und sich ein Intrauterinpessar einsetzen lassen, das die Einnistung einer befruchteten Eizelle verhindern wird. Und statt einer Kräutermischung können Frauen improvisieren, indem sie mehrere Packs Antibabypillen einnehmen, um die Blutung auszulösen – eine selbstgemachte Form der Notverhütung, die in Ägypten verfügbar ist, aber von Frauen und Ärzten kaum angewandt wird. Weitaus grausiger ist die »Stich und Schlag«-Methode, bei der die Frau mit einer Injektion betäubt und anschließend so lange auf Rücken und Bauch geschlagen wird, bis der Fötus abgeht. In vielen Fällen wird gar nicht erwartet, dass diese groben Methoden – entweder in Privatkliniken oder selbst verabreicht – allein den gewünschten Erfolg bringen. Vielmehr sollen sie eine Blutung auslösen, was bedeutet, dass eine Frau anschließend ein öffentliches Krankenhaus aufsuchen und sich ganz legal wegen einer »spontanen« Fehlgeburt oder Blutung behandeln lassen kann.[42]

Obwohl das Gesetz die Bewilligung einer Abtreibung zu einem komplizierten und kostspieligen Vorgang macht, scheint dies weder auf Frauen noch auf Ärzte sonderlich abschreckend zu wirken. Nur wenn eine Patientin stirbt oder es zu einem anderen Skandal kommt, schreiten die Behörden ein; ansonsten sorgt ein »Pakt des Schweigens« dafür, dass das heimliche Abtreibungsgeschäft weiterläuft. So war es nicht immer. Das ägyptische Abtreibungsgesetz stammt aus den späten 1930er Jahren, aber als meine Großmutter in den 1940er Jahren eine junge verheiratete Frau war, war Abtreibung ein sichtbarer Teil des Lebens. Die *daya*, die traditionelle Hebamme, kam in die Wohnung meiner Familie in einem kleinbürgerlichen Viertel Kairos, wo man Kaffee trank und plauschte wie bei jedem x-beliebigen anderen geselligen Beisammensein; mein Vater, damals ein kleiner Junge, erinnert sich, dass er zum Spielen vor die Tür geschickt wurde, und als er dann zurückkam, sah er, wie die *daya* einen abgegangenen Fötus mit dem übrigen Abfall des Tages entsorgte.

Diese lässige Haltung zur Abtreibung spiegelte eine lange Tradition in Ägypten wider: Wie alles andere, das mit Sex zu tun hat, war eine Abtreibung nichts, was man an die große Glocke hängt, aber man gab sich auch keine große Mühe, sie zu verschleiern; daher die ausführlichen Ratschläge zur Abtreibung in den Büchern der arabischen Liebeslehre durch die Jahrhunderte hindurch.[43] Heute sind Abtreibungen eine heiklere Sache. Insbesondere unverheiratete Frauen stecken in einer Zwickmühle: Die Tabuisierung des vorehelichen Geschlechtsverkehrs macht eine Abtreibung, die sowieso schon zu Heimlichtuerei zwingt, für sie zu einem noch größeren Versteckspiel, aber wie wir gesehen haben, erhöht sie zugleich die Wahrscheinlichkeit, dass diese Frauen aufgrund unzulänglicher Verhütung überhaupt auf eine Abtreibung zurückgreifen müssen. Forschungen zeigen außerdem, dass die Bürde religiöser Schuldgefühle auf vielen schwer lastet.[44]

Die meisten Länder in der arabischen Region teilen bezüglich der Abtreibung mehr oder minder den ägyptischen Standpunkt: Formal ist sie verboten, aber unter den meisten Umständen wird sie stillschweigend praktiziert. Alle Länder in der Region erlauben eine Abtreibung, wenn das Leben einer Mutter in Gefahr ist. Ein halbes Dutzend, darunter Saudi-Arabien, erlauben sie im Fall einer Bedrohung der körperlichen Gesundheit einer Frau; Algerien gestattet sie auch bei einer Gefährdung der geistigen Gesundheit; Kuwait und Katar erachten auch eine Behinderung des Fötus als ausreichenden Grund. Die Gesetze in vielen dieser Länder, einschließlich Ägypten, basieren auf Gesetzen der ehemaligen kolonialen Besatzungsmächte, in denen sich eher damalige westliche Einstellungen als einheimische Traditionen widerspiegeln.[45] Aber während Großbritannien, Frankreich und Italien ihre Abtreibungsgesetze in den 1960er und 1970er Jahren liberalisierten, wurden die Gesetze in den meisten arabischen Ländern nur geringfügig geändert. Infolgedessen leben 80 Prozent der Frauen in der Region in Ländern, in denen die Abtreibung auf die eine oder andere Weise beschränkt ist.[46] Regelmäßig knöpft sich die Polizei Abtreibungsärzte vor und verhaftet sie, und religiöse Führer hetzen gegen die Praktik, aber dann geht es weiter wie gehabt.

Wenn es jedoch, wie in Ägypten, Frauen trotzdem gelingt, Schwangerschaften abzubrechen, spielt es dann wirklich eine Rolle, ob Abtreibungen gesetzlich verboten sind? Durchaus, sagen Gesundheitsexperten und Aktivisten für Fortpflanzungsrechte. Einmal abgesehen von der Frage, ob das Abtreibungsverbot mit dem Recht auf körperliche Selbstbestimmung der Frau vereinbar ist, hat die Kriminalisierung der Abtreibung jede Menge praktische Konsequenzen, wobei vor allem die Sicherheit des Eingriffs auf der Strecke bleibt. Die Bürde unsicherer Abtreibungen trifft arme Frauen besonders hart; laut einigen Schätzungen sind bis zu 10 Prozent der Müttersterblichkeit in Ägypten auf Fehlgeburten oder Abtreibung zurückzuführen.[47] Und dann sind da noch die Kosten, die dem Gesundheitswesen durch die Folgen vieler unsachgemäßer Schwangerschaftsabbrüche entstehen. Dies ist keine spezifisch ägyptische Situation: Die Weltgesundheitsorganisation schätzt, dass im gesamten Nahen Osten und in Nordafrika jährlich etwa 1,7 Millionen unsichere Abtreibungen vorgenommen werden.[48]

In Anbetracht der Tatsache, dass so viele Frauen so viele Risiken eingehen, stellt sich die Frage, weshalb in Ägypten und seinen Nachbarstaaten öffentlich kaum über Abtreibung diskutiert wird. Die strenge patriarchalische Kontrolle, verstärkt durch den Aufstieg des islamischen Fundamentalismus in den letzten Jahren, ist einer freimütigen Diskussion der weiblichen Sexualität kaum förderlich. Viele Frauenrechtsorganisationen in der Region müssen Fragen zu den mit Sexualität und Fortpflanzung verbundenen Rechten einschließlich dem auf Abtreibung erst noch aufgreifen, zum Teil, weil sie mit anderen Kämpfen beschäftigt sind, und zum Teil wegen des »patriarchalischen Pakts«, den einige von ihnen eingehen, wobei sie Vorteile in manchen Bereichen gegen Zugeständnisse in anderen, etwa dem der Sexualität, tauschen.[49] Und dann gibt es den Besitzstand einer mächtigen Ärzteschaft, die nur ungern eine Quelle stetiger Einnahmen aus einer heimlichen und daher lukrativen Praxis verliert.

Falls Ägypten seine Abtreibungsgesetze im Rahmen einer umfassenderen politischen und gesellschaftlichen Reform ändern will, dann könnte es sich eventuell ein Beispiel an Marokko nehmen, wo zivilgesellschaftliche Akteure sich um Veränderungen bemühen. Nach geltender Rechtslage sind dort Schwangerschaftsabbrüche nur im Fall einer Gefahr für die Gesundheit oder das Leben der Mutter zulässig; außerdem bedarf es der Einwilligung des Ehemanns oder, wenn das nicht geht, der Zustimmung des Gesundheitsamts der Provinz. Wie in Ägypten werden Gesetzesverstöße streng geahndet. Und wie in Ägypten sind illegale Abtreibungen weit verbreitet, zumindest 600 pro Tag, laut einigen Quellen.[50]

Ein Mann, der sich vorgenommen hat, all dies zu ändern, ist Chafik Chraibi. Als Chefarzt der Abteilung für Gynäkologie und Geburtshilfe in einer größeren Entbindungsklinik von Rabat, der marokkanischen Hauptstadt, hat er mehr als genug Komplikationen infolge verpfuschter Abtreibungen gesehen. »Sie können sich nicht vorstellen, wie viele Frauen selbst abzutreiben versuchen«, sagte er mir. »Hier haben wir Tag für Tag verheiratete oder unverheiratete Frauen, die im vierten oder fünften Monat schwanger sind, ihre Gebärmutter ist gerissen, sie sind in einem schlimmen Zustand, und sie wissen nicht, was sie tun sollen. Trotzdem wollen sie es nicht zugeben. Aber wir wissen es … sie haben etwas eingenommen.«

Im Jahr 2007 beschloss Chraibi, den Kurs zu ändern und nicht länger die Scherben zu beseitigen, sondern eine Vorreiterrolle zu spielen. Er ist

Gründer und Vorsitzender von AMLAC (Association Marocaine de la Lutte contre L'Avortement Clandestine), der Marokkanischen Vereinigung zur Bekämpfung der heimlichen Abtreibung. Der Name der Organisation spricht Bände darüber, wie in der arabischen Region gesellschaftliche Veränderungen stattfinden. »Es wäre [für die Gesellschaft] schockierend, wenn die Vereinigung einen Namen hätte, aus dem klar hervorginge, dass sie für die Liberalisierung der Abtreibung eintritt«, sagt Chraibi. »Vielleicht ist das in der nächsten Generation möglich, in meiner ist es das nicht.«

Schon das jetzige Ziel ist ehrgeizig: eine »Abschwächung« der marokkanischen Abtreibungsgesetze, um in gewissen Fällen noch bis zur achten oder zehnten Schwangerschaftswoche Abtreibungen zuzulassen: Vergewaltigung, Inzest, Minderjährigkeit, fötale Fehlbildung, für Frauen mit psychiatrischen Erkrankungen oder in »dramatischen« sozialen Situationen (zum Beispiel ein Hausmädchen, das vom Hausherrn verführt und anschließend auf die Straße gesetzt wurde). Chraibi setzt sich aber auch für Sexualunterricht in Schulen und leichteren Zugang zu Verhütungsmitteln ein, aus Prinzip – dadurch verringert sich die Notwendigkeit von Abtreibungen –, aber auch aus Pragmatismus: Es steigert die gesellschaftliche Akzeptanz der Vereinigung, wenn man sieht, dass sie sich für Prävention und nicht nur für Abtreibung einsetzt.

Chraibis Vereinigung ist nicht die einzige, die sich für Veränderungen einsetzt; Marokko hat eine rege Zivilgesellschaft, und es gibt mehrere Organisationen, die sich für diese Fragen interessieren. Chraibi jedoch wurde zum Gesicht dieses Kampfes – und zu dem Mann, den jeder Journalist aus dem In- und Ausland anruft, wenn es um das Thema Abtreibung in Marokko geht. Man erkennt schnell, wieso. Chraibi ist charmant, selbstbewusst und weltläufig, er hat eine eindringliche Stimme und eine lebhafte Art. Das ist kein Mann, der das Leben stillschweigend hinnimmt. Sein Terminkalender ist vollgestopft. Er quetschte unser Treffen zwischen eine Gebärmutterhalskrebsoperation, Mitarbeitersitzungen, ein Briefing für Politiker und eine Reihe von Interviews mit der lokalen Presse und dem französischen und italienischen Fernsehen.

Chraibi bereist das Land, um für das Thema zu sensibilisieren und öffentliche Unterstützung zu mobilisieren. Seiner Meinung nach ist das größte Hindernis für Veränderungen nicht die Religion, sondern die Politik. »Ich besuche jeden Monat ein oder zwei Städte in Marokko, wo ich von einer Vereinigung von Ärzten, Frauen usw. eingeladen werde. Da sind immer zwei bis drei Leute, die das Wort ergreifen: ein religiöser Führer, ein Jurist – der örtliche Richter – und ich. Ich fange an, lege das Problem dar, und dann diskutieren wir. Der Geistliche ist immer flexibel. Er sagt, bis zum 40. Tag hat der Fötus keine Seele, so dass eine Abtreibung nötigenfalls zulässig ist. Er unterscheidet zwischen vierzig Tagen und vier Monaten im Notfall. Die Mehrheit der religiösen Führer sieht es ganz ähnlich. Aber der Jurist, der örtliche Richter, spricht nur über die Rechtslage. Die Religion ist viel flexibler als das staatliche Recht.«

Im Unterschied zu vielen anderen Ländern in der Region konnte Marokko eine öffentliche Debatte über das Thema Abtreibung anstoßen. Dies hängt zum Teil damit zusammen, dass die größere Meinungsfreiheit und eine aktive Zivilgesellschaft nicht nur die Diskussion solcher Themen forcieren, sondern auch ein Klima schaffen, in dem das Sexualverhalten zumindest erforscht werden kann; diese Forschungen wiederum erbringen – wenn auch nur grobe – Fakten und Zahlen über das Ausmaß des Problems, die eine sachlich fundiertere Argumentation erlauben. Dank Chraibi und anderen gibt es an der Abtreibungsfront sichtbare Fortschritte: Die liberaler eingestellten Medien, die sowieso gern über Sex reden, sind weitgehend mit an Bord; bedeutende Religionsführer stimmen zu; es gab Debatten im Parlament sowie nationale Konferenzen, und ein ehemaliger Minister hat sich offiziell hinter eine Gesetzesreform gestellt, wie sie von Chraibi und seinen Anhängern befürwortet wird.

Die Winde, die den »Arabischen Frühling« antrieben, berührten auch Marokko, mit dem Ergebnis, dass die »gemäßigte« islamistische Partei des Landes, die Partei für Gerechtigkeit und Entwicklung (auch PJD genannt, nach ihrem Namen in Französisch), im Gefolge der Aufstände des Jahres 2011 die Regierung stellt. Obwohl sich einige ihrer Mitglieder gegen Chraibi wenden, ist er zuversichtlich, dass die gesellschaftliche und politische Dynamik groß genug ist, um eine Reform des Abtreibungsgesetzes durchzusetzen, vor allem wenn König Mohammed VI., die höchste politische und religiöse Autorität Marokkos, seine Zustimmung signalisiert. »Jetzt werden wir alle von Islamisten regiert«, sagte Chraibi.

»Wenn wir mit der Abtreibungsreform in Marokko erfolgreich sind, werden auch in Algerien, Ägypten und anderen Ländern der Region entsprechende Vorhaben gelingen.« Aber selbst wenn das Gesetz in Marokko geändert wird, stehen Jahre harter Arbeit bevor, um Frauen mit ihren neuen Optionen bekanntzumachen und mehrere Schichten religiöser und sozialer Schuldgefühle zu entfernen.

In Ägypten ist es schon ein schwieriges Unterfangen, überhaupt an grundlegendes Datenmaterial über Abtreibungen zu kommen. Einschlägige Forschungen sind seit Ende der 1990er Jahre weitgehend zum Erliegen gekommen, und in den letzten Jahren sahen sich diejenigen, die dieses heiße Eisen anfassten, gewaltigen persönlichen und beruflichen Hindernissen gegenüber. »Das Problem mit der Abtreibung besteht darin, dass man den Politikern keine Statistiken vorlegen kann«, sagte mir eine Expertin für reproduktive Gesundheit in Kairo. »Die Behörden behaupten, die Abtreibungsrate sei sehr niedrig; wenn man Veränderungen will, muss man die Zahlen präsentieren, und wir haben keine Zahlen.« Sie seufzte. »Behörden wollen nicht über Abtreibung reden; sie wollen keine Konfrontation mit religiösen Führern, die unmissverständlich sagen, es sei verboten, und die nie über die Optionen sprechen, die andere islamische Glaubensschulen erlauben. Religiöse Führer sagen, dass ständig Frauen sterben. Wieso soll es bei Abtreibungen dann anders sein?«

Es gab in der Vergangenheit immer wieder Versuche, die ägyptischen Abtreibungsgesetze im Fall von Vergewaltigung (ein Schritt, der durch Entscheidungen einiger religiöser Autoritäten unterstützt wird) und aus anderen sozialen oder medizinischen Gründen abzumildern (was auf erbitterten religiösen Widerstand gestoßen ist). All diese Bemühungen sind irgendwo auf dem Weg zur Gesetzgebung im Sand verlaufen, und solange die ägyptische Spielart des islamischen Konservatismus die Regierungspolitik bestimmt, sind Fortschritte beim Abtreibungsrecht unwahrscheinlich. Ob nachfolgende Regierungen willens sein werden, das Problem Abtreibung aufzugreifen, das immerhin Millionen ägyptischer Bürgerinnen betrifft, wird ein wichtiger Prüfstein dafür sein, wie sehr sich die ägyptische Regierung in den kommenden Jahren für Frauenrechte einsetzen wird.

Unterdessen sind die Folgen kümmerlicher Informationen, planloser

Verhütung und illegaler Abtreibung im Haus der Muslimischen Mädchen zu besichtigen, einem hoch aufragenden Wohnhaus in einem der wohlhabenderen Viertel Kairos. Es ist ein *dar al-aytam* – »Haus der Waisen« –, eine von Hunderten solcher Einrichtungen in der Stadt. In dem Waisenhaus leben etwas über hundert Mädchen (für Jungen gibt es eine eigene Einrichtung). Sie bleiben, bis sie achtzehn Jahre alt sind, leben zu viert in einem Zimmer und zu zwölft je Stockwerk, wo sie sich eine Küche, ein Wohnzimmer und ein Bad teilen. Es ist ein heiterer Ort – die Zimmer der jüngeren Kinder sind makellos, hell und luftig, mit knallbunten Tagesdecken und einer Menagerie von Stofftieren.

»Die meisten Kinder hier sind das Produkt einer unehelichen Verbindung zwischen einem Mann und einer Frau. Es geschieht, weil eine der beteiligten Personen das Kind, das ein Beweis für das ist, was passierte, loswerden will«, sagte Mona Sayed Mohamed, die Direktorin des Waisenhauses, die seit über zwanzig Jahren hier arbeitet. Sie ist eine würdevolle Person, deren Kleidung genauso nüchtern ist wie ihre Ausdrucksweise: ein langes schwarzes Kostüm mit passendem *isdal*, ein Kopftuch, das auch ihren Oberkörper bedeckt. Die Kinder in dem Waisenhaus sind überwiegend Findelkinder (*laqitt* in Arabisch), die am Straßenrand ausgesetzt, in Krankenhäusern zurückgelassen oder vor Moscheen abgelegt wurden. Aus den Polizeiberichten, die sie erhält, wenn die Kinder abgeliefert werden, ist sich Mohamed ziemlich sicher, dass die meisten von ihnen die Nachkommen unverheirateter Mütter sind.[51] Ihre Zahl habe so stark zugenommen, sagt sie, dass das Waisenhaus keine Neuankömmlinge mehr aufnimmt – es gibt einfach keinen Platz mehr.

Es gibt keine amtlichen Statistiken über uneheliche Geburten in Ägypten, da die meisten Ägypter sich größte Mühe geben zu verschleiern, dass sie ein uneheliches Kind haben. Schon das Wort im ägyptischen Arabisch für ein uneheliches Kind – *ibn haram* oder *ibn zina* (»Sohn der Unzucht«) – gibt Ihnen eine Vorstellung, warum das so ist. Wie wir gesehen haben, ist außerehelicher Sex im Islam und den christlichen Kirchen der arabischen Region tabu; in vielen Ländern ist auch einvernehmlicher vorehelicher Sex strafbar, zumindest auf dem Papier, wenn auch nicht unbedingt in der Praxis. Laut jüngsten World Values Surveys missbilligten überwältigende 98 Prozent der Ägypter Frauen als alleinerziehende Eltern.[52] Von rechtlichen Einschränkungen einmal ganz abgesehen, lehnt die ägyptische Gesellschaft unverheiratete Mütter entschieden ab, einschließlich derjenigen, die eine der vielen Formen der inoffiziellen Ehe, wie etwa *'urfi*, eingegangen sind; Studien haben gezeigt, dass diese Verurteilung so weit geht, dass sie sogar die Tötung von Frauen duldet, die uneheliche Kinder empfangen haben.[53]

Nach Mohameds Meinung sind Waisenhäuser in Ägypten eine Wachstumsindustrie. »Wenn ich unverheiratete Paare auf der Straße sehe, wird mir sofort klar, dass sich die Situation verschlimmern wird, und aus diesem Grund wird es mehr Waisenhäuser geben.« Sie glaubt, dass eine Kombination aus schlechter Bildung, lockerem Lebenswandel und finanzieller Not Mädchen in voreheliche Beziehungen drängt. Die moderne Technologie fördert ihres Erachtens diese negative Entwicklung. »Jedes Mädchen kann schlimme Dinge tun. Wenn ich ein Handy und einen Internetanschluss in meinem Zimmer habe, kann ich alles tun, was ich will.«

Das Waisenhaus hat ein wachsames Auge auf die in seine Obhut gegebenen Kinder: keine Handys, kein Internet und eine strenge Kontrolle der Inhalte beim Fernsehen. Das heißt allerdings nicht, dass es keinen Spaß gibt: Die Kinder können Freunde besuchen, sie feiern Partys im Waisenhaus, und Menschen kommen oft, um sie für einen Tag mitzunehmen – eine Art Pflegschaft oder *kafala*, da Adoption im Islam verboten ist.[54] Das Waisenhaus gibt ihnen Namen, beantragt Geburtsurkunden für sie, meldet sie in Schulen an und versucht sie ungeachtet der sozialen Bürde, die sie tragen, in die normale Gesellschaft zu integrieren. »Viele Kinder fragen nach ihren Eltern, und wir sagen ihnen, dass sie bei Unfällen ums Leben kamen«, sagte Mohamed. »Aber einige Kinder glauben uns nicht.«

Ich fragte Mohamed, ob das Aufwachsen in einem Waisenhaus mit dem bleibenden Verdacht der Unehelichkeit die Chancen der Mädchen im späteren Leben beeinträchtige. Ganz im Gegenteil, erklärte sie, zumindest was die Ehe anlange; viele Männer halten um ihre Hand an. »Diese Bräutigame stammen aus armen Familien und wollen unbedingt eine Ehefrau von hier, weil wir keine *mahr* [Brautgabe: Zahlung des Bräutigams an die Braut] und keine *shabka* [Schmuck und Geschenke] verlangen.« Für ihre Mütter sieht sie indes wenig Hoffnung auf gesellschaftliche Integration. »Die Frage, die sich unsere Gesellschaft stellen muss, lautet: Wie können wir unverheiratete schwangere Frauen akzeptieren? Ich kenne eine Studentin, die von ihrem Partner geschwängert wurde, und sie wollte das Kind nicht, weil sie ihre Familie nicht an ihren Fehltritt erinnern wollte.«

Im Alleingang

So muss es nicht sein. Faiza, eine junge Frau, die ich in Marokko kennenlernte, ist der lebende Beweis dafür, dass es für unverheiratete Mütter anders sein kann. Unsere Wege kreuzten sich in Casablanca, wo ich landete, nachdem ich fast zwei Jahre lang auf Achse gewesen war. Ich war kreuz und quer durch die arabische Region gereist, mit einem riesigen Sack voller Bücher und Papiere, die ich unterwegs mitgenommen hatte, und von der schweren Last taten mir mittlerweile die Schultern weh. Als ich in Marokko ankam, suchte ich ein Hammam auf, diesen Gipfel orientalistischer Phantasien, um mich ein wenig zu erholen. Die Vorstellung einer herrlichen Fülle nackter Frauenkörper, die frisch gebadet, gesalbt und parfümiert sind, hat bekanntlich Generationen westlicher Schriftsteller und Maler in Wallung versetzt. Ich dagegen interessierte mich mehr für eine Osteopathin als für eine Odaliske, es sei denn, diese erwies sich zugleich als versierte Masseuse. Ich brauchte jemanden, der meine wulstigen, verspannten Muskeln wieder in geschmeidige, lange Fasern verwandeln konnte, von dem anatomischen Pendant einer *basbousa*, einem mächtigen Grießkuchen, den meine Großmutter zu backen pflegte, in die goldenen Teigfäden von *kunafa*, einer anderen ihrer süßen Köstlichkeiten. Ich hatte Glück. Nach einstündiger Massage war ich in einer viel besseren Form.

Einige Wochen später kehrte ich zurück, um mich mit Faiza zu unterhalten, die an der Kasse arbeitete. Sie ist Anfang zwanzig und ein echter Hingucker: grüne Katzenaugen in einem bleichen, herzförmigen Gesicht, eingerahmt von herabfallenden kupferfarbenen Locken. Ihre außerordentliche Schönheit verdankt sich ihrer ungewöhnlichen Abstammung; sie ist eine *amazigh*, eine Berberin, und gehört damit einer der indigenen Bevölkerungsgruppen Marokkos an. Faiza ist temperamentvoll und redselig, ganz besonders wenn sie von ihrem Sohn spricht: »Wir verliebten uns sofort ineinander ... Wissen Sie, mein Baby und ich, wir sprechen mit den Augen.« Sie erzählte mir von der Entbindung ... sechzehn Stunden ungelinderte Schmerzen, sagte sie. Dann fügte sie hinzu: »Ich bin Jungfrau. Ich habe zwei Papiere [ärztliche Atteste], die meine Jungfräulichkeit bestätigen.«

Willkommen im modernen Nahen Osten, wo auch nach 2000 Jahren jungfräuliche Geburten noch immer eine Tatsache des Lebens sind. Faizas Mitteilung war nicht bloßes Wunschdenken. Sie lernte den Kindsvater, der zwanzig Jahre älter ist als sie, kennen, als er für eine Wassergesellschaft arbeitete, die in ihrer Kleinstadt im Süden Marokkos Häuser an die Kanalisation anschloss. Sie wurden durch einen gemeinsamen Bekannten einander vorgestellt: »Ich habe ihn immer für einen Freund gehalten. Aber eines Tages lud er mich zu sich ein; er sagte, er sei krank. Ich sagte, ich würde kommen und ihn besuchen, er war allein dort. Als ich bei ihm war, wollte er mit mir schlafen. Ich sagte, na schön, aber komm zwischen meinen Schenkeln.«

Einen Monat später blieb bei Faiza die Periode aus, aber sie dachte sich nichts weiter dabei. Nach zwei weiteren Monaten schickte ihre Mutter – die beunruhigt war wegen der Schwindelgefühle, der Schläfrigkeit und der Kopfschmerzen ihrer Tochter – Faiza zu einem Arzt in das 250 Kilometer entfernte Agadir. »Der Arzt sagte mir, ich sei schwanger. Ich glaubte es nicht. Ich weinte viel; ich wusste nicht, was ich tun sollte«, erzählte sie. »Ich war zum ersten Mal schwanger, daher glaubte er, dass ich eine Abtreibung wollte, weil er mich weinen sah. Aber ich weinte, weil ich meine Situation kannte ... Ich war noch immer Jungfrau und wurde schwanger. Es war der schwerste Schicksalsschlag in meinem Leben.«

Als sie nach Hause kam, zog sie nur ihre Mutter und ihre Schwester ins Vertrauen. Es gelang Faiza, vier Monate bei ihrer Familie zu bleiben, bis sich ihr Zustand nicht länger verheimlichen ließ – da gab die Mutter ihr Geld, um nach Casablanca zu fahren und den Vater ihres Kindes zu suchen. Eines frühen Morgens schlich sie sich aus dem Haus und ließ die Männer ihrer Familie buchstäblich und metaphorisch im Dunkeln zurück. »Mein Vater wusste von nichts; ich fürchtete, dass er mir etwas antun würde. Er könnte mich schlagen, er könnte mich umbringen ... auch meine Brüder könnten dies tun«, sagte sie.

Faiza gelang es nicht, den Vater ihres Kindes ausfindig zu machen, aber sie hörte von einem Krankenhaus, das sie in Kontakt mit INSAF (Institution Nationale de Solidarité avec les Femmes en Détresse; Nationales Institut der Solidarität mit Frauen in Not) bringen könnte, einer NGO, die unverheirateten Müttern während der Schwangerschaft, der Entbindung und der frühen Mutterschaft hilft. Aber um zum INSAF zu gelangen, musste sie ein weiteres Martyrium durchstehen. »Vor dem Krankenhaus stand ein Wachmann. Er sagte, er kennt die Telefonnummer von INSAF. Er nahm meine Tasche, und ich folgte ihm [zu einem Gebäude um die Ecke des Krankenhauses]. Ich hatte ein ungutes Gefühl, ich fürchtete mich ein bisschen, und in diesem Moment stieß er mich in einen Raum und verschloss die Tür«, sagte mir Faiza mit erstaunlich fester Stimme, wenn man bedenkt, was nun folgte. »Eine Stunde lang versuchte er mich zu vergewaltigen … Er zeigte mir Nacktfotos von sich; er zeigte mir Bilder – Mädchen aus Agadir, die Sex hatten.[55] Das alles, um mit mir zu schlafen. Ich war wie vor den Kopf geschlagen, ich hatte Angst um mein Baby. Er küsste mich. Ich schlug ihn, wirklich, ich habe ihn geschlagen, und daraufhin gab er mir eine Ohrfeige. Rühr mich nicht an, denn ich bin noch Jungfrau. Er schlug mich mit einem Gürtel … Er sagte: ›Ich bring dich um und steck dich in die Mülltonne‹«, erinnerte sie sich. »An dem Tag, an dem ich entband, musste ich an ihn denken. Ich konnte ihn nicht vergessen, ich hatte mich noch nie so gefürchtet.«

Glücklicherweise gelang es Faiza zu fliehen, ohne dass sie ihre kostbare Jungfräulichkeit verlor. Von da an ging alles relativ glatt. Sie setzte sich mit INSAF in Verbindung, die sich bis zum Ende der komplikationslos verlaufenden Schwangerschaft und Entbindung um sie kümmerte; ein paar Monate später fand sie einen Platz bei Solidarité Féminine (SolFem), einer marokkanischen NGO, die es sich zur Aufgabe gesetzt hat, feste Bindungen zwischen unverheirateten Müttern und ihren Kindern aufzubauen und sie in die Gesellschaft zu integrieren.

SolFem hat ständig etwa fünfzig Frauen und deren Kinder unter ihren Fittichen, in einem dreijährigen Programm und an drei verschiedenen Standorten in Casablanca. Für viele Nutznießerinnen von SolFem beginnt dieses Programm hinter weißgetünchten Mauern in einem Industrieviertel namens Ain Sebaa. Draußen lärmt dichter Verkehr, und Reihen wettergegerbter Männer suchen nach Arbeit; hinter dem Tor liegt ein hübscher Innenhof mit Palmen und farbenprächtigen Blumenbeeten. An einer Seite dieses Zufluchtsortes befindet sich eine Kinderkrippe, wo etwa ein Dutzend Kleinkinder spielt, und Säuglinge liegen dösend in Kinderbetten; auf der anderen Seite befindet sich eine Küche, in der junge Frauen sich beim Kochen tüchtig ins Zeug legen, Haufen von Gemüse kleinschneiden und kleinen Holzkohlerosten Luft zufächeln, auf denen irdene Tajines köcheln. Gegen Mittag füllen sich der Garten und der Speisesaal mit jungen Geschäftsleuten in Hemdsärmeln und Krawatten und mit Frauen mittleren Alters, die Köpfe ordentlich von Hijabs bedeckt, mit Kindern im Schlepptau. Sie kommen wegen des Essens, und das ist nicht verwunderlich: Meine Lamm- und Karottenschmorpfanne mit würziger Aubergine als Beilage war köstlich.

Die Einrichtung in Ain Sebaa ist sowohl ein Restaurant als auch ein Zentrum zur sozialen Wiedereingliederung. Unverheiratete Mütter sollen hier eine Reihe marktgerechter Fertigkeiten erwerben, mit deren Hilfe sie sich ein neues Leben aufbauen können. Es bleibt viel zu tun. Die Frauen, die hier anfangen, gehören zu den verletzlichsten Nutznießern von SolFem. Sie sind jung, überwiegend im späten Teenageralter, und stammen aus armen ländlichen Familien. Viele sind Analphabetinnen und haben als Hausmädchen (*bonnes*) gearbeitet, nachdem sie wohlhabenderen Familien für Kinderarbeit anvertraut wurden. Ihr scheues, fast traumatisiertes Verhalten rührt von einem harten, unerbittlichen Leben her, und der härteste Schlag war die mitunter gewaltsame Zeugung ihres Kindes – durch sexuellen Missbrauch entweder in ihrer eigenen Familie oder durch ihren Arbeitgeber.[56]

Die Einrichtung in Ain Sebaa ist ruhig und still, eine Welt entfernt von dem Leben, das die meisten dieser jungen Mütter gekannt haben. Sie leben mit ihren Kindern in Zweier- oder Dreiergruppen in nahegelegenen Wohnungen, die von SolFem organisiert werden, verbringen aber den ganzen Tag in der Einrichtung. Abgesehen von beruflichen Fertigkeiten lernen sie Lesen und Schreiben; für die Organisation arbeiten auch eine Sozialarbeiterin, eine Psychologin, ein Arzt und ein Jurist sowie Kinderpflegerinnen, die den Müttern beibringen, wie sie sich um ihre Kleinen kümmern sollen, was keine einfache Aufgabe ist. Als ich die Kinderkrippe besuchte, lösten meine Bemühungen, ein halbes Dutzend lockenköpfige Kleinkinder zu unterhalten, nur ein Heulkonzert aus. »Keine Sorge«, versicherte mir eine der Bediensteten. »Die Kinder sind scheu gegenüber Fremden. Die Mütter sind ängstlich, und sie geben diese Unsicherheit an die Kinder weiter. Wir versuchen ihnen zu helfen, das abzulegen.«

Nach einem Jahr ziehen Mütter, die etwas von ihrer Befangenheit abgelegt haben, mit ihren Kindern in eine andere Einrichtung im Zentrum von Casablanca, die ein Restaurant, eine Patisserie sowie eine Nähwerkstatt unter ihrem Dach vereint. Vor ein paar Jahren eröffnete die Organisation auch das Hammam, in dem ich Faiza kennenlernte; dort werden unverheiratete Mütter eines anderen Typs, der in wachsender Zahl an die Tür von SolFem klopft, zu Kosmetikerinnen und Maniküren ausgebildet: Studentinnen oder Hochschulabsolventinnen, die in den meisten Fällen mit dem Mann geschlafen haben, von dem sie glaubten, er würde sie heiraten, und die, kaum geschwängert, sitzengelassen wurden.

Trotz all ihrer Bemühungen erreichen SolFem, INSAF und die anderen NGOs nur einen Bruchteil der mehr als 25 000 unverheirateten Frauen, die jedes Jahr in Marokko Mütter werden.[57] Diejenigen, die nicht von einer dieser Organisationen unter die Fittiche genommen werden, haben es sehr viel schwerer. Da sie während ihrer Schwangerschaft nicht ärztlich betreut werden, kann es bei der Entbindung zu größeren Problemen kommen. Diejenigen, die es unter den Schutzschirm von NGOs schaffen, werden im Krankenhaus besser behandelt als Frauen, die auf sich gestellt sind und die die ganze Verachtung der Bediensteten zu spüren bekommen, ja sogar misshandelt werden.

Die Schwierigkeiten reißen nicht ab, erst recht nicht für jene unverheirateten Frauen, die ganz auf sich gestellt sind. Nach marokkanischem Gesetz wird außerehelicher Geschlechtsverkehr mit bis zu einem Jahr Gefängnis bestraft, was in den letzten Jahren Anlass zu heftigen Diskussionen war. Aber die Polizei drückt bei Frauen, die sich in der Obhut einer der NGOs befinden, in der Regel ein Auge zu. INSAF, SolFem und ihre Schwesterorganisationen sind auch unentbehrlich, wenn es darum geht, Neugeborene amtlich registrieren zu lassen, was in Marokko genauso wichtig ist wie in Ägypten. Aufgrund von Gesetzesänderungen können unverheiratete Mütter heute Geburtsurkunden für ihre Kinder beantragen.[58] Auch wenn das Gesetz auf dem Papier geändert wurde, kann es äußerst schwierig sein, den gordischen Knoten des Amtsschimmels zu durchtrennen, der noch durch die obstruktive Einstellung von Beamten verschlimmert wird, die unverheiratete Mütter moralisch verurteilen – eine Situation, die so aussichtslos ist, dass sie im Gefolge der arabischen Aufstände eine alleinerziehende Mutter zur Selbstverbrennung trieb.[59]

Nachdem Faiza diese Hürden genommen hatte, sah sie sich mit weiteren Hindernissen konfrontiert. Obwohl sie den Vater ihres Sohnes von dessen Geburt in Kenntnis setzte, weigerte dieser sich zunächst, das Kind anzuerkennen, was recht oft passiert, selbst dann, wenn sich Experten von SolFem einschalten. Die Versöhnung mit ihrer Familie dagegen lief viel reibungsloser, zur großen Erleichterung von Faiza: »Ein Mädchen mit einem solchen Problem vergisst ihre Eltern nicht. Das ist der große Fluch. Der Vater des Babys hat sich davongemacht; ein Mädchen in so einer Lage denkt viel an ihre Familie.« Laut den Sozialarbeitern von SolFem ist die Wiedereingliederung in die Familie eine der größten Veränderungen in der Situation unverheirateter Frauen in den letzten zehn Jahren; die kategorische Verstoßung durch die Familie weicht inzwischen einer zunehmenden Annäherung.

Faiza hat ihren Sohn sogar zu einem Besuch bei ihren Eltern mitgenommen. Zunächst herrschte eine gewisse Verlegenheit, vor allem gegenüber ihrem Vater, aber er hat sich nicht nur wieder beruhigt, sagt sie, sondern ihn beeindruckt mittlerweile sogar ihre neue Zielstrebigkeit. »Ich finde, dass sich viel verändert hat. Früher war ich nicht verantwortungsbewusst; ich wusste nicht, was Verantwortung war. Ich wusste nicht, wie es ist, stark zu sein«, sagte sie mir. »Du hast ein Problem, aber dieses Problem macht dich stark. Ich bin gefallen, wieder und wieder, aber ich habe viel daraus gelernt.«

Auch wenn Umfragen zeigen, dass viele unverheiratete Frauen das Gefühl haben, dass ihnen die Gesellschaft die kalte Schulter zeigt, ist Faiza stolz auf ihre neuen Verpflichtungen. »Die Menschen respektieren mich, von den Jungen bis zu den Alten, und wieso? Weil ich mich gut um mein Baby kümmere, weil ich es gut anziehe, weil ich Verantwortung übernehme, aus diesem Grund respektieren sie mich. Sie sagen nie: ›Du bist eine unverheiratete Mutter.‹« Nach Faizas Meinung ändern sich die Zeiten. »Heute ist es nicht mehr wie früher. Heute verstehen sie, was eine alleinerziehende Mutter ist. Es ist ein Problem in Marokko, aber die Menschen wissen, wenn du mit deinem Baby leben willst, kannst du es.« Dies führt sie auf die Arbeit von Gruppen wie SolFem und INSAF zurück. »Die Vereinigungen sind eine Anlaufstelle für Menschen. Denn sie sprechen durch die Zeitungen und sogar durch das Fernsehen die Menschen direkt an. Unverheiratete Mütter sind in Marokko nichts Absonderliches. Es hat sie immer gegeben, aber es war ein Tabu. Aber jetzt öffnen wir uns, jetzt reden wir.«

Diese neue Offenheit ist zu einem großen Teil das Verdienst von Aicha Ech-Chenna, einer imposanten Großmutter und Gründerin von SolFem. Als sie die Organisation vor 25 Jahren ins Leben rief, war es ein harter Kampf, unverheiratete Mütter dazu zu bringen, in der Öffentlichkeit zu reden, so sehr schämten sie sich für ihre Situation. »Hört zu, ihr habt kein Verbrechen begangen«, lautet ihre Botschaft. »Ihr seid das Opfer eines Fehlers, ihr seid das Opfer eines Heiratsversprechens oder einer Vergewaltigung – ich weiß nicht, was. Wenn jemand den Hut ziehen sollte, dann ist es die Gesellschaft, die euch den Laufpass gegeben hat, denn ihr habt den Mut, eure Kinder zu behalten.«

Ech-Chennas tiefes Mitgefühl mit der Not alleinerziehender Mütter erklärt sich zum Teil aus ihrer eigenen Biographie. Ihr Vater ließ sich von ihrer Mutter scheiden, die ihre Kinder allein großzog. Ech-Chenna selbst machte eine Ausbildung zur Krankenschwester, bevor sie Sozialarbeiterin wurde, wo sie unverheirateten Müttern in verzweifelten Notlagen begegnete, die ihre Kinder in Waisenhäusern abgaben. »Ich glaube, ich bin die erste Frau, die über all diese Tabus im Fernsehen und im Radio gesprochen hat. Ich hab die erste Bombe geworfen«, sagte sie mir. In den 1990er Jahren begann sie ihre Meinung lautstark zu vertreten. Heute ist sie eine echte Berühmtheit, König Mohammed VI. ist ein Fan von ihr, und die High Society hat ihre Türen und ihre Brieftaschen für ihre Sache geöffnet. Ich traf Ech-Chenna nach ihrer Rückkehr von einer Reise durch Amerika, wo sie einen Preis für »religiös motivierte unternehmerische Initiative« erhielt (samt einem Preisgeld in Höhe von einer Million Dollar). Ihr Telefon stand nicht mehr still, und wir quetschten unsere Unterhaltung zwischen Radio- und Fernsehinterviews.

Trotz dieses Erfolgs lief es für sie nicht reibungslos. Im Jahr 2004 wurde das marokkanische Personenstandsgesetz, die *Mudawwana*, grundlegend reformiert, und im Zuge dessen wurden mehrere traditionelle männliche Privilegien eingeschränkt. Das reformierte Gesetz verlangt von Männern unter anderem, die ausdrückliche Zustimmung ihrer gegenwärtigen Ehefrauen einzuholen, bevor sie weitere Ehen eingehen (und es erlaubt Ehefrauen auch, diese Option in ihrem eigenen Ehevertrag von vornherein auszuschließen); es schränkt die Praxis, die Ehefrau zu verstoßen, ein und überträgt Zivilgerichten die ausschließliche Zuständigkeit für Scheidungsfragen; außerdem verfügt es, dass die Vormundschaft des Ehemanns endet, sobald eine Frau volljährig wird. Die Partei für Gerechtigkeit und Entwicklung leistete erbitterten Widerstand gegen die Reform, aber mit Unterstützung von König Mohammed VI. wurde das Gesetz verabschiedet, das – zumindest auf dem Papier – einen Trend zu mehr Rechten für Frauen etablierte. Damals wurde Ech-Chenna von Islamisten heftig angefeindet; nach deren Meinung leistete ihre Unterstützung dieser frauenfreundlichen Reformen *zina* Vorschub. Aber wie bei den meisten Dingen, die sich ihr in den Weg stellen, hatte Ech-Chenna auch für ihre islamischen Gegner eine Antwort parat. »Ich bin die Enkeltochter eines Religionsgelehrten. Er pflegte zu meiner Tante zu sagen: ›Du darfst niemals ‚Kind der Sünde' sagen.‹ Jemand, der eine Sünde begeht, eine Sünde des Geistes oder des Körpers, ist ein Erwachsener, der einer anderen Person Schaden zufügt. Ich als praktizierende Muslima liebe Gott und respektiere ihn. Es ist nicht meine Aufgabe, moralische Urteile zu fällen. Nur Gott kann urteilen.«

Ech-Chenna ist alt genug, um sich daran zu erinnern, auf welche Weise diese Angelegenheiten in Marokko wie in Ägypten geregelt wurden: Uneheliche Kinder wurden nahtlos in die Großfamilie aufgenommen oder diskret vor der Haustür eines Nachbarn abgelegt, in der Erwartung, er werde das Kind als ein Geschenk Gottes annehmen. »Unsere Großmütter entwickelten vor langer Zeit, wie alle eingesperrten Frauen, eine gewisse Intelligenz. Weil sie das Haus nicht verlassen durften, entwickelten sie eine sozusagen häusliche Intelligenz, um mit ihren Problemen in einer diskreten Weise klarzukommen.« Aber all dies änderte sich mit der Unabhängigkeit Marokkos im Jahr 1956, mit der »gesellschaftlichen Explosion«, wie Ech-Chenna sagt: rasante Urbanisierung, ökonomische Wirren und Zerrüttung der Familie. Sex, ehedem ein natürlicher Teil des Lebens, wurde unter den Teppich gekehrt. »Nichts ist so schändlich, dass man es nicht in einem religiösen Rahmen besprechen könnte, hieß es in der Koranschule. Selbst in der Familie sprach man zumindest über Menstruation – mit der Mutter, der Tante oder einer Cousine«, erinnert sich Ech-Chenna. »Seit der ›Explosion‹ wissen Frauen, die sich an unsere Organisation wenden, nicht einmal mehr, was Sexualität ist. Selbst wenn sie ihre erste Periode haben, wissen sie nicht, was vor sich geht, während diese Dinge in unseren Gesellschaften vor langer Zeit völlig normal waren.«

Ech-Chenna ist fest davon überzeugt, dass SolFem ein erfolgversprechendes Modell auch für andere arabische Länder einschließlich Ägypten ist. Ihr Rat ist einfach: Klein anfangen, diskret bleiben und sich aus der Politik heraushalten. Am wichtigsten aber ist die Auswahl der richtigen Führungskräfte; ihrer Meinung nach ist ein aufgeblähtes Ego eindeutig kontraproduktiv: »Es ist eine Arbeit, die eine Menge Geduld und Selbstverleugnung erfordert. Wenn man ein Star werden will, sollte man bei einem Fernseh-Talentwettbewerb singen. In der Zivilgesellschaft sollte es einem nicht darum gehen, ein Star zu werden; wenn man hier zu einem Star wird, dann weil die Menschen einen anerkennen, wegen der Arbeit, die man leistet.«

Diese Arbeit ist keineswegs getan. Auch wenn die Gesellschaft heute vielleicht etwas mehr Verständnis für die Not unverheirateter Mütter in Marokko aufbringt, bedeutet dies noch lange nicht, dass diese Frauen gesellschaftlich akzeptiert wären. SolFem achtet sorgfältig darauf, die von ihr betreuten Frauen als unschuldige Opfer sexueller »Unfälle« darzustellen; ganz allgemein sträubt sich die marokkanische Gesellschaft bis heute, das Recht einer Frau auf sexuelle und reproduktive Selbstbestimmung anzuerkennen – das heißt, ihr die Freiheit einzuräumen, selbst über ihre Sexualität und ihr Fortpflanzungsverhalten zu entscheiden.[60] »Wir sind nicht auf alle Probleme alleinerziehender Mütter eingegangen«, sagte mir Ech-Chenna. »Es gibt eine Menge ausgesetzter Kinder, überall. Wenn die Gesellschaft schon vollständig entwickelt wäre, gäbe es keine ausgesetzten Kinder. Es wird zwei oder drei Generationen dauern, dieses

Problem zu lösen, und diejenigen, die daran arbeiten, müssen dies in einer transparenten und demütigen Art und Weise tun.« Sie vergleicht die Geschwindigkeit der gesellschaftlichen und rechtlichen Veränderungen in Marokko seit der Unabhängigkeit mit Wasser in der Wüste. »Wofür der Westen zweihundert Jahre brauchte, das haben wir in fünfzig Jahren vollbracht. Es ist wie ein ausgedörrtes Land, das nicht von den Menschenrechten profitierte. Was geschieht, wenn man eine Menge Wasser daraufschüttet? Es kommt zu Überschwemmungen; man muss der Gesellschaft Zeit lassen, die Veränderungen zu absorbieren.«

In Ägypten hören sich Ech-Chennas Worte in einer Zeit des Übergangs glaubhaft an. Nach der schnellen Entmachtung des ehemaligen Präsidenten Mubarak hat der viel langsamere Prozess begonnen, eine jahrzehnte-, ja sogar jahrhundertealte politische Kultur zu verändern. Gesellschaftlicher Wandel auf der Ebene des Alltagslebens ist sogar ein noch langfristigeres Unterfangen. Immerhin höre ich heute in Ägypten ein paar Stimmen, die es nach Generationen der Enttäuschung und Hoffnungslosigkeit wagen, sich ein Land vorzustellen, in dem zumindest einige derjenigen, die heute noch gesellschaftlich ausgegrenzt sind, darunter auch unverheiratete Mütter, eines Tages dazugehören werden. »Mit der Zeit wird sich die Schande verändern. Jeden Tag wird es ein bisschen besser, davon bin ich überzeugt«, sagte mir eine unverheiratete Mutter in Kairo. »Wir alle werden zu einer Welt … Ansonsten werden wir untergehen, aussterben. Die ganze Welt verändert sich: Nordafrika wandelt sich, sogar Saudi-Arabien wandelt sich … Und da sagen Sie mir, dass bei uns alles beim Alten bleiben wird?«

5
WA(H)RE LIEBE

Ich bin keine Prostituierte, und mein Ehemann gibt mir kein Geld – aber woher krieg ich dann die Mäuse?

Meine Großmutter über die begrenzten Optionen einer Frau

Als mein Vater Ende der 1940er Jahre ein Teenager war, fuhren er und sein bester Freund jeden Freitag in einer Straßenbahn quer durch Kairo zur Al-Azhar, dem historischen Zentrum der Gelehrsamkeit in der muslimischen Welt, um dort zu beten. Heute wird die Große Moschee von Al-Azhar, die wie eine Festung am Rand von Khan al-Khalili, dem berühmten Suk Kairos, aufragt, vom modernen Leben belagert, von tosendem Verkehr umflossen. Aber in der Jugendzeit meines Vaters beherrschte sie die Stadtlandschaft sowohl in physischer wie in geistlicher Hinsicht; in einem Zeitalter vor Satelliten-Predigern und Online-Fatwas hatte Al-Azhar für Ägypter und einen Großteil der weiteren muslimischen Welt das letzte Wort.

Mein Vater und sein Freund wurden von dessen Vater, einem hohen Beamten der Moschee-Verwaltung, nach Abschluss der Gebete ermahnt, nicht allzu weit über deren Gelände hinauszuschlendern und insbesondere nicht in das nahegelegene Viertel al-Batniyya, dessen Gewirr dunkler Gassen eine berüchtigte Lasterhöhle war. Dazu gehörte auch Prostitution, *da'ra* in der ägyptischen Umgangssprache, *bagha'* im klassischen Arabisch. In al-Batniyya waren *sharamiit* – was im ägyptischen Arabisch »Lumpen« bedeutet, aber in der saloppen Umgangssprache auch »Prostituierte« meint – bereit, sich um die Bedürfnisse ihrer Kunden zu kümmern; dazu gehörte auch die Erleichterung des Gewissens bei Al-Azhar-Studenten, die bekanntlich das Gebiet frequentierten. »*Mallaktuka nafsi*«, pflegten die Damen zu sagen, während sie mit und an den Frommeren unter ihren Kunden die Knöpfe öffneten. »Ich gebe dir das Recht, mich zu besitzen.«[1]

Diese Formel hat eine lange Tradition. Trotz der ganzen sexuellen Verklemmtheit im heutigen Ägypten war das Land keineswegs von jeher der Fleischeslust so spröde abhold, und die Bekehrung zum Islam, die im 7. Jahrhundert begann, hatte daran wenig geändert. Der Islam erkennt im Kern die Macht der Sexualität – speziell das Begehren der Frauen – an, und zwar so sehr, dass er Regeln und Vorschriften aufstellte, um ihre Kraft zu kanalisieren, wenngleich die Befriedigung des Mannes dabei höchste Priorität genießt. Eine dieser Institutionen war das Konkubinat – im Grunde sexuelle Sklaverei –, eine Besonderheit der präislamischen Gesellschaft, welche die neue religiöse Ordnung beibehielt.[2] Doch lässt der Koran keinen Zweifel daran, dass diese Institution mit dem Glauben vereinbar ist. »Den Gläubigen ergeht es wohl, die bei ihrem Gebet demütig sind, die sich vom Geschwätz abwenden, die die Armensteuer geben, die ihre Scham bewahren – außer gegenüber ihren Ehefrauen oder dem, was ihre Rechte besitzt, dann sind sie nicht zu tadeln. Wer darüber hinaus begehrt, das sind die Gesetzesbrecher«, ermahnt einer von mehreren Versen zu dem Thema.[3] Während die Vielweiberei auf höchstens vier Ehefrauen beschränkt ist, ist das Konkubinat ein zahlenmäßig unbeschränktes Unterfangen, was die großen Harems der arabischen Geschichte erklärt, eine unerschöpfliche Quelle der Faszination für westliche Beobachter.

Die Tage des institutionalisierten Konkubinats sind in Ägypten längst vorbei; die Sklaverei wurde im späten 19. Jahrhundert offiziell abgeschafft, und zu dem Zeitpunkt, als mein Vater ein Junge war – in den 1930er Jahren –, hatten sklavenbesitzende Familien wie die unsere ihre »rechten Hände«, Männer wie Frauen, schon längst freigelassen. Aber auch wenn sich der Buchstabe des Gesetzes in den staatlichen Rechtskodizes Ägyptens änderte, lebte der Geist des Konkubinats in den Freudenmädchen von al-Batniyya fort, die eine islamische Vorschrift benutzten, um sich den Job zu erleichtern, wobei sie es sich gönnten, von ihren Kunden befristet – und in mehr als nur einer Weise – in Besitz genommen zu werden.

Heute dienen gewisse Formen der Ehe weitgehend dem gleichen Zweck, und sie verleihen dem, was ganz offensichtlich rein gewerblicher

Geschlechtsverkehr ist, eine Patina religiöser Wohlanständigkeit. Ein typisches Beispiel ist Samia, eine freundliche junge Frau Anfang zwanzig. Sie stammt aus einer Kleinstadt südlich von Kairo und hatte gerade, während des Sommers, ein paar Wochen in der großen Stadt verbracht. »Wir wohnten in Zamalek, einem vornehmen Viertel. Ich blieb meistens zu Hause. Ich ging nicht einkaufen oder ins Kino«, erzählte sie mir. Das mag sich nach einem ziemlich langweiligen Familienurlaub anhören, aber Samia war nicht im Urlaub, und sie war auch nicht mit ihren Eltern da, obwohl sie Zeit mit einem Mann verbrachte, der alt genug war, ihr Großvater zu sein.

»Er war um die sechzig oder siebzig. Er kam mit dem Makler. Ich sah ihn, und am nächsten Tag kam er wieder und heiratete mich«, sagte sie. »Ich wusste, dass er in Saudi-Arabien verheiratet war und eine Ehefrau hatte. Jeden Morgen frühstückten wir zusammen und dann machten wir es [schliefen wir miteinander]. Ich wollte nicht mit ihm vor die Tür gehen, weil ich nicht mit ihm gesehen werden wollte. Ich stellte ihm ein paar Fragen [über sein Leben], aber er antwortete nie, und es war mir auch ziemlich egal, weil ich das Verhältnis einfach beenden wollte. Nach zwei Wochen ging ich zurück zu meiner Familie.«

Touristen vom Golf strömen in Scharen nach Kairo, um der sommerlichen Hitze ihrer Heimatländer zu entkommen. In den letzten Jahren hat sich Ägypten als Urlaubsziel für betuchte arabische Gäste vermarktet, was die inländische Wirtschaft kräftig ankurbelt. Ein Teil dieser Geschäfte ist jedoch sexueller Natur. Es gibt in Ägypten ein gut etabliertes Netzwerk von Maklern und Anwälten, die diesen Gästen junge Frauen vermitteln, mit denen sie eine *zawaj misyaf* eingehen, eine Sommerfrischler-Ehe oder »Vertragsehe«, wie sie von Einheimischen genannt wird. Diese Verbindungen, die von ein paar Tagen bis zu mehreren Wochen dauern, sind *shar'i* – dem islamischen Recht entsprechend –, weil sie auf einem schriftlichen Vertrag basieren und vor Zeugen geschlossen werden. Trotzdem bleiben sie inoffiziell, weil sie nicht standesamtlich registriert werden. Obgleich diese Verbindungen auf Zeit eingegangen werden, wird die genaue Frist nur selten festgelegt, was bedeutet, dass sie das Problem der *zawaj mut'a* umgehen, der Lustehe, die im schiitischen Islam erlaubt, sunnitischen Muslimen dagegen verboten ist. Abgesehen von der

Fassade religiöser Schicklichkeit geben diese Verträge Paaren auch einen gewissen Schutz in dem seltenen Fall, dass die Polizei betuchten Besuchern Fragen stellt. Gewerbliche Sexarbeit ist in Ägypten illegal, und »jede Person, die gewohnheitsmäßig Unzucht oder Prostitution treibt«, wird mit einer Freiheitsstrafe bis zu drei Jahren und einer Geldstrafe von 300 EGP (36 Euro) belegt; auch Beihilfe wird mit einem Bußgeld geahndet. Aber die Klienten schlüpfen durch dieses Netz.[4]

Viele der Frauen, die sich auf solche Sommerehen einlassen, stammen aus einem bestimmten Gouvernement, Giza, das direkt an Kairo grenzt. Samia lebt in einer Kleinstadt namens Hawamdiyya, einer von drei Städten, die bekannt dafür sind, dass sie Frauen für Sommerehen bereitstellen. Hawamdiyya war früher bekannt für seine Zuckerraffinerie, doch in den letzten Jahren ist der »Zucker« hier zunehmend von außen eingeführt worden: *Sugar Daddys* haben die Orte als Wirkungsstätten entdeckt. Ich fragte Samia, ob ihre Stadt so beliebt sei, weil deren Töchter so attraktiv sind. Aus ihrem hübschen Gesicht, das von einem eleganten rot- und schwarzgesprenkelten silbernen Hijab eingerahmt wurde, sah sie mich an, als wäre ich auf den Kopf gefallen. »Nein«, sagte sie stirnrunzelnd. »Weil wir so arm sind.«

Samia ist eines von fünf Kindern – zwei Jungen und drei Mädchen. Die Familie lebt mitsamt den Großeltern in einer Dreizimmerwohnung in einer heruntergekommenen Gasse in Hawamdiyya. Ihr Vater ist Hausmeister, aber gut bezahlte Arbeit ist in der Stadt, wie im ganzen Land, nur schwer zu ergattern. Das Monatseinkommen der Familie, das sich hauptsächlich aus dem Lohn des Vaters zusammensetzt, beträgt etwa 700 EGP (90 Euro), hinzu kommen ein kleines Gemüsebeet und ein paar Hühner zur Selbstversorgung. Als daher vor ein paar Jahren an ihrer Haustür ein Mann mit einem »Bräutigam« für die neunzehnjährige Samia und 20 000 EGP auftauchte, nahm ihr Vater das Geld; Samia bekam 500 EGP, um sich ein paar Kleider zu kaufen. »Ich hatte Angst, weil es das erste Mal war. Ich wusste nicht, was mich erwartete«, sagte sie. »Es dauerte eine Woche, und er lebte mit mir in Kairo in einem Viertel namens Mohandeseen. Er interessierte sich die meiste Zeit für Sex. Nach einer Woche kehrte ich zu meiner Familie zurück, und er reiste ab. Als ich wieder zu Hause war, war ich traurig, weil sich etwas in mir verändert hatte, aber ich war auch glücklich, weil meine Familie Geld für ein ganzes Jahr hatte. Ich sprach mit meiner Mutter über das, was passiert war, aber mit meiner Schwester sprach ich nicht, weil ich nicht will, dass sie auch damit anfängt. [Jedenfalls] ist das Thema so heikel, dass wir nicht viel oder offen darüber reden.«

Mahmoud dagegen hat keine derartigen Gewissensbisse. Er ist ein *simsar*, was sich mit »Makler« übersetzen lässt. Tatsächlich ist Mahmoud Zuhälter. Er arbeitet mit Amir, der Anwalt ist, in einem heruntergekommenen Büro in einer verdreckten, von Müllhaufen gesäumten Seitenstraße in Kairo. Sie sehen aus wie aus dem Bilderbuch: beide in ihren Vierzigern, Mahmoud ist geschniegelt, er trägt eine Goldkette über dichtem Brusthaar, das aus einem Sportshirt mit offenem Kragen hervorschaut; Amir trägt ein makelloses graues Hemd mit einer schicken grünen Krawatte, an der Wand hängen seine Diplome, und über seinem Schreibtisch prangt eine riesige vergoldete Liste mit den 99 Namen Gottes.

Als ich mich, noch vor dem Aufstand, zum ersten Mal mit ihnen traf, hatte die weltweite Rezession die Geschäfte von Mahmoud und Amir noch nicht in Mitleidenschaft gezogen. Mahmoud und seine Maklerfreunde – Männer wie Frauen – arrangierten jährlich mindestens 2000 »Ehen«. Für die rechtlichen Formalitäten erhält Amir 1000 EGP (125 Euro) pro Verbindung; Mahmoud, der die Mädchen besorgt, die Wohnungen organisiert und ganz allgemein dafür sorgt, dass alles glattläuft, erhält 2000–3000 EGP. Solche Heiraten seien in den 1960er Jahren selten gewesen, sagt Mahmoud, aber tiefgreifende Veränderungen seit den 1970er Jahren – der Ölboom am Golf, die ägyptische *infitah* (Wirtschaftspolitik der offenen Tür), eine zunehmende Konsumorientierung sowie der Aufstieg des islamischen Konservatismus – brachten diesen religiös angehauchten Sextourismus hervor. Und seither hätten sich die Preise mehr als verdoppelt, sagt er.

Mahmoud ist für seinen Beruf ideal positioniert, da er mit einem Fuß in beiden Welten steht: Er wurde in Hawamdiyya geboren und kennt die Familien dort, aber jetzt arbeitet er als Fahrer in einem der großen Fünfsternehotels in Kairo, das berühmt ist für seine Aussichten und, so wird gemunkelt, für *hafalat khassa* – Privatpartys, die von reichen Gästen aus den Golfstaaten ausgerichtet werden und bei denen Wein und Frauen in großen Mengen konsumiert werden. Mahmoud setzte mir auseinander, wie seine Seite des Geschäfts funktioniert. »Ich kenne viele saudische Männer in dem Hotel, und sie wollen ägyptische Mädchen heiraten ... manchmal für zehn Tage und manchmal für zwei Wochen. Es beginnt für gewöhnlich damit, dass ich einen Saudi am Flughafen abhole und er mich darum bittet, ihm eine Ehefrau, ein ›junges‹ Mädchen zu besorgen; manchmal bittet er mich um eine Jungfrau, aber das ist kostspieliger«, erzählte Mahmoud. »Ich kenne die Mädchen von ihren Eltern, die mir sagen, dass sie ihre Töchter verheiraten wollen. So kenne ich zum Beispiel [eine Familie mit] zwei Mädchen, die studieren, ihre Mutter ist eine Witwe, und sie brauchen Geld. Ich stellte ihnen den Bräutigam vor, und die Mutter sagte mir, die Mädchen bräuchten Geld, um sich das kaufen zu können, was sie benötigten. Die Mutter sagte mir, der Bräutigam könne beide heiraten, aber er wollte nicht. Er sagte: ›Ich bin alt, und ich kann das nicht tun.‹«

Diese Vereinbarungen ähneln einigen der »informellen« Ehen, die wir in Kapitel 2 erörtert haben, aber im Unterschied zu der Heimlichtuerei, die diese Verbindungen oftmals umgibt, ist eine Sommerehe eine Familienangelegenheit. Eltern kommen zu der »Feier«, freilich eine schlichte Zeremonie im Vergleich zu dem Rummel, der mit einer echten ägyptischen Hochzeit einhergeht. Der Schlüssel des Verfahrens ist die Unterzeichnung des Ehevertrags – »im Namen Gottes und in der Tradition des Propheten, Friede sei mit Ihm« –, in dem beide Seiten versprechen, ihre ehelichen Pflichten zu erfüllen; dazu gehören unter anderem die finanzielle Unterstützung durch den Ehemann und Gehorsam und eheliche Bereitschaft seitens der Frau. Anders als eine offizielle Eheschließung, die von einem *ma'dhun* geleitet und behördlich registriert wird, behalten bei diesen Vereinbarungen beide Seiten und der Anwalt Ausfertigungen des Vertrags, die zerrissen werden, sobald das Paar getrennte Wege geht. Die Annullierung dieser Verbindungen ist an keinerlei Bedingungen geknüpft; die Frau erhält lediglich das Geld, das ihr im Voraus von ihrem Partner versprochen wurde.

Im Verlauf von zwei Jahren hatte Samia drei Sommerehen. Das ist für Hawamdiyya'sche Verhältnisse wenig; Mahmoud kennt junge Frauen, die jedes Jahr fünf oder sechs dieser Verbindungen eingehen, was bedeutet, dass sie im Grunde ihren Ehevertrag verletzen, weil sie die *'idda* nicht eingehalten haben, also den dreimonatigen Zeitraum, den Frauen laut Koran zwischen zwei Eheschließungen warten sollen, um ihren früheren Ehemännern die Gewissheit zu geben, dass sie nicht schwanger sind. Jedenfalls geht es für Frauen wie Samia um grundlegendere Rechte. Im Vertrag heißt es unmissverständlich, dass sie die Verbindung aus freien Stücken eingegangen sei, aber Samia hat das Gefühl, keine große Wahl gehabt zu haben: »Mein Vater zwang mich dazu zu heiraten, weil er mich loswerden wollte.«

Nicht nur Armut treibt Familien dazu, sondern auch die zunehmende Konsumorientierung. »70 Prozent der Mädchen, die ich in dem Dorf kenne, gehen solche Ehen ein; zwei enge Freundinnen von mir haben es auch getan«, sagt Samia. »Die meisten Mädchen reden über diese Ehe unter dem Aspekt des Geldes. Was mich angeht, so wollte ich, dass meine Schwester ihr Studium fortsetzen kann; aus diesem Grund habe ich mich bereit erklärt zu heiraten. Ich will nicht, dass meine Schwester das gleiche Problem hat.« Dieses Geld hat jedoch seinen Preis. Samia schlägt die Augen nieder und senkt ihre Stimme, als sie ihre Ehemänner beschreibt: »Die meisten von ihnen machen Analverkehr mit mir und nehmen Medikamente [Viagra] ein. Einer von ihnen sah sich Videos und Sexszenen an, und danach hatte er Sex mit mir. Einer wollte ständig mit mir schlafen, ein anderer dagegen war träge und verlangte kaum Sex von mir. Der Dritte schlug mich einmal.« Die Mädchen werden in diesen Beziehungen nur selten schwanger, sagt Samira, weil sie alle irgendeine Form der Verhütung praktizierten. Kondome sind darin allerdings nicht inbegriffen, was diese jungen Frauen dem Risiko aussetzt, sich alle möglichen sexuell übertragbaren Krankheiten zuzuziehen; Samia selbst war nach einer dieser Ehen »krank durch Sex«.

Mahmoud bezeichnet seine Arbeit ganz offen als Prostitution. »Ich weiß, es ist *haram*, aber das ist nicht mein Problem.« Seine wirkliche Arbeit verschweigt er seiner Familie; Mahmouds Ehefrau glaubt, er sei in der Reisebranche tätig. Amir dagegen, ganz der Anwalt, beteuert, diese Verbindungen seien nicht zu beanstanden. »Meines Erachtens handelt es sich bei den Ehen nicht um Prostitution«, sagt er, »denn sie sind legal und *shar'i*.« Formaljuristisch mag das stimmen: Samias Ehe hakt all die richtigen Kästchen ab, was die islamischen Formalitäten anlangt, vom zweifelhaften Inhalt einmal abgesehen. Aber sie selbst ist nicht überzeugt. »Als Kind ging ich regelmäßig in die Moschee. Ich bin ein religiöses Mädchen, aber ich weiß, dass ich etwas Verbotenes (*haram*) tue, wenn ich mich auf diese Ehe einlasse.« Auch für ihre Familie ist es ein Problem. Wenngleich Sommerehen in Hawamdiyya weit verbreitet sind, so sind sie doch auch eine Quelle der Schande. Samias Mutter sagt, sie habe keine Freundinnen in der Stadt, und sie führt diese Isolation auf das Kommen und Gehen von Menschen zurück, die in Kairo Arbeit suchen. Mahmoud dagegen meint, das habe mehr mit gesellschaftlicher Ächtung als mit Migration zu tun. »Einige Familien brechen den Kontakt zu Familien ab, die in dem Geschäft tätig sind; sie sind konservativ und religiös … Sie wollen nichts mit diesen Familien zu tun haben, um nicht in einen schlechten Ruf zu geraten.«

Nach ihrer Zukunft gefragt, sagt Samia, aus dem Geschäft auszusteigen sei ihr vordringliches Ziel. Ihre intelligenten Augen leuchten auf, wenn sie ihre Ambitionen beschreibt: Sie würde gern wieder auf die Schule gehen, die sie mit zwölf verlassen hat, und Englisch lernen. Was ihre Heiratschancen angeht, ist sie nicht besonders hoffnungsvoll. Da ist ein junger Mann im Ort, den sie mag, aber sie geht ihm jetzt aus dem Weg. »Ich habe die Beziehung mit ihm beendet, denn er wird erfahren, was ich tue, und traurig sein«, sagt sie mit einem Bedauern, das man von jemandem erwarten würde, der weit älter ist als sie. Samia ist hin- und hergerissen zwischen dem Hass auf Männer und dem Wunsch, jemanden zu finden, der sie aus alldem herausholt. »Mal sehen, vielleicht mache ich diese Operation, um wieder Jungfrau zu werden, wenn ein Mann, der mich heiraten will, das gern hätte. Ich träume davon, in Zukunft einen guten Mann zu finden.«

In den letzten Jahren hat es Versuche gegeben, gegen Sommerehen vorzugehen, indem man sie mit der breiteren Kampagne gegen Minderjährigenehen in Ägypten in Verbindung bringt, denn Studien zeigen, dass die meisten Bräute bei diesen Urlaubsehen unter sechzehn Jahre alt sind.[5] Unabhängig von Zwang oder Prostitution sind solche Verbindungen aufgrund einer Ergänzung des ägyptischen Kindergesetzes, die das Ehemündigkeitsalter für Männer und Frauen auf achtzehn Jahre heraufsetzte, illegal. Im Parlament stieß diese Reform auf den erbitterten Widerstand von Abgeordneten der Muslimbrüder, die unter anderem behaupten, nach der islamischen Rechtslehre sei die Pubertät die Altersgrenze, ab welcher der Einzelne eigenverantwortlich handeln und daher seine Einwilligung zur Ehe rechtskräftig erklären könne. Tatsächlich betraf eine der ersten Gesetzesreformen, die die ultrakonservativen Verwandten der Muslimbrüder, die Salafisten, als sie ins Parlament einzogen, vorschlugen, die Absenkung des Ehemündigkeitsalters. Diesen Argumenten liegt der gleiche Gedankengang zugrunde, auf den sich auch die Beibehaltung der weiblichen Genitalbeschneidung stützt: dass Mädchen jederzeit sexuell »aus dem Ruder laufen« können, angesichts der Verlockungen des modernen Lebens mehr denn je, und je eher derlei libidinöse Energie in die Ehe kanalisiert wird, desto besser.

Wenn Ägypter freilich von der Minderjährigenehe sprechen, dann meinen sie nicht die Verbindung zweier liebestoller Teenager. Heute geht es bei der großen Mehrzahl der Heiraten von unter Dreißigjährigen um ältere Bräutigame und jüngere Bräute, mit einem durchschnittlichen Altersunterschied von etwa fünf Jahren.[6] Bei denjenigen, die sich für Menschenrechte einsetzen, lösen wiederum nicht diese Heiraten Bestürzung aus, sondern jene, bei denen der Altersunterschied zwischen Ehemann und Ehefrau ein halbes Jahrhundert beträgt. Solche Verbindungen zwischen frisch aufbrechender Frühlingsknospe und ergrautem Lebemann entfachen auch am Golf zunehmend Kontroversen; in den letzten Jahren haben einige prominente Fälle von Kindsbräuten, die versuchten, ihren mittelalten oder betagten Bräutigamen zu entfliehen, in Saudi-Arabien und im Jemen für Schlagzeilen gesorgt. In diesen Ländern sind über die Hälfte der Frauen im Alter von achtzehn Jahren verheiratet, und jüngste Bemühungen, das Ehemündigkeitsalter heraufzusetzen, sind auf den erbitterten Widerstand konservativer Muslime gestoßen.[7] Wohingegen die zweithöchste religiöse Autorität Ägyptens, der Großmufti, Stellung gegen Sommerehen mit einer minderjährigen Braut bezog.[8] Die Befürworter behaupten jedoch, solche Heiraten seien uneingeschränkt erlaubt, weil sie dem Vorbild des Propheten Mohammed und seiner Lieblingsfrau Aisha folgten, die sechs Jahre alt gewesen sein soll, als er sie heiratete, und neun, als die Ehe vollzogen wurde – obwohl dies heute von einigen Religionsgelehrten angezweifelt wird.

Der Feldzug des Mubarak-Regimes gegen die Sommerehe-Industrie war auch mit der globalen Kampagne gegen Menschenhandel verknüpft. Jahrelang musste Ägypten viel internationale Kritik dafür einstecken, dass es eine der Hauptrouten des modernen Sklavenhandels sei; Ägypten wurde vom US-Außenministerium als »ein Ursprungs-, Transit- und Zielland für Frauen und Kinder angeprangert, »die dem Menschenhandel, insbesondere Zwangsarbeit und Sexhandel ausgesetzt sind«; das umfasst nicht bloß das Geschäft mit Sommerehen, sondern auch Sextourismus, zu dessen Opfern die unzähligen Straßenkinder im Land gehören, sexuelle Ausbeutung afrikanischer Migranten, die über die Halbinsel Sinai nach Israel zu gelangen versuchen, sowie weitere Spielarten des Missbrauchs in- und ausländischer Arbeiter.[9]

Suzanne Mubarak, damals First Lady und die treibende Kraft hinter einer Reihe von nationalen Gremien für Frauen- und Kinderfragen, bezog öffentlich entschieden Stellung gegen Menschenhandel im In- und Ausland. Die Regierung Mubarak stellte eine Sondereinheit zur Bekämpfung des Menschenhandels auf und verabschiedete mehrere Gesetze, die diese Praxis verboten, darunter auch eines, das sich gegen die Ausbeutung von Kindern richtete, und die zum Teil lebenslängliche Freiheitsstrafen androhten. Die Regierung rühmte sich ihrer Fortschritte bei der Schulung von Richtern, Polizisten, Mitarbeitern des Tourismusministeriums und anderen Beamten, die sie in die Lage versetzen sollte, Fälle von Menschenhandel besser zu erkennen und zu bearbeiten; Hotlines und Heime für Opfer wurden eingerichtet, es kam zu aufsehenerregenden Festnahmen von Standesbeamten, die Kinderehen Vorschub leisteten (in einem Fall wurde die gesamte Kette der Sommerehe – Eltern, Makler, Anwalt und der saudische Kunde – festgenommen und der Kunde in Abwesenheit zu zehn Jahren Gefängnis verurteilt).

Ungeachtet des ganzen offiziellen Tamtams haben solche Maßnahmen das Geschäft von Mahmoud und Amir kaum geschmälert. Die Anhebung des Ehemündigkeitsalters hat sich für entschlossene Eltern als ein leicht zu überwindendes Hindernis erwiesen, sagt Amir; um Standesbeamte zufriedenzustellen, ist nicht mehr nötig als ein schneller Abstecher in die örtliche Klinik und etwas Schmiergeld für einen Arzt, damit er die Weisheitszähne eines Mädchens überprüft (die als ein Zeichen der körperlichen Reife angesehen werden) und ihr bescheinigt, dass sie körperlich voll entwickelt ist. Tatsächlich hat dieser weit verbreitete Betrug einige liberale Aktivisten dazu bewogen, stillschweigend die Herabsetzung des gesetzlichen Heiratsalters zu befürworten, mit der Begründung, die Familien würden es sowieso tun, wobei sie in einigen Fällen ihre Töchter im Rahmen informeller *'urfi*-Ehen verheiraten und sie, sobald sie achtzehn werden, standesamtlich heiraten lassen. In der Zwischenzeit aber sind diese jungen Frauen oftmals junge Mütter geworden, freilich ohne die Rechte, die offiziellen Ehefrauen gewährt werden. Besser man habe ein Gesetz, das diese Tatsache anerkenne, sagte mir ein Menschenrechtsanwalt aus Alexandria, als zu glauben, das Gesetz könne das Verhalten der Menschen ändern.

Auch Verhaftungen haben kaum abschreckende Wirkung auf Klienten gehabt. »Es ist bloß Propaganda«, schnaubte Amir verächtlich. »Vielleicht wurden ein paar Männer angeklagt, aber das hat sich kaum auf die Zahlen ausgewirkt.« Ebenso wenig haben sich die Maßnahmen zur Bekämpfung des Menschenhandels als sonderlich zielführend erwiesen, sagte mir eine ehemalige Mitarbeiterin der Sondereinheit gegen Menschenhandel, und sie tat die meisten Projekte als bloße Publicity ab. Sie lachte über die Vorstellung, Gesetze gegen Menschenhandel würden dem Phänomen der Sommerehe ein Ende setzen. »Wenn wir im Rahmen öffentlicher Aufklärungsprogramme [in Dörfern] über Menschenhandel sprechen, sagen alle Gemeindemitglieder unisono, niemand von uns tut dies unseren Mädchen an. Für sie ist es kein Problem, es ist eine Lebensweise«, bemerkte sie. »Die Ägypter sind sehr geschickt darin, Gesetzeslücken zu entdecken.«

Lokale NGOs waren bei der Arbeit innerhalb von Gemeinden etwas erfolgreicher; sie haben ein Bewusstsein geschaffen für die medizinischen und psychischen Risiken, die mit diesen Arten von Ehen verbunden sind, und sie fördern die Bildung von Mädchen als einen Schritt auf dem langen Weg zur Stärkung der Selbstbestimmung der Frauen. Der Schlüssel dazu, Familien aus diesem Gewerbe herauszuholen, liegt in der Wirtschaft: Es gibt Projekte zur Schaffung eines Sparfonds auf Gemeindeebene, auf den Frauen in wirtschaftlich schwierigen Zeiten zugreifen können, sowie Berufsausbildungsangebote und andere Einkommensalternativen – auch wenn man sich kaum vorstellen kann, dass Handarbeiten mit Stoffen genauso lukrativ sind wie Handarbeiten an Männern. Die Aktivisten gegen Sommerehen erhoffen sich in der Ungewissheit der neuen Ordnung immerhin, dass die wenigen kleinen Fortschritte, die sie in den letzten Jahren machten, nicht wieder verlorengehen.

Der Aufstand hatte durchaus einen unmittelbaren Einfluss auf das Sommerehen-Gewerbe, hauptsächlich weil der Strom der Besucher vom Golf aufgrund der zahllosen Meldungen über die auf den Straßen Kairos herrschende Gesetzlosigkeit zu einem spärlichen Rinnsal verkümmerte; im Sommer nach dem Aufstand hatte Amir kaum ein Dutzend Kunden, weniger als ein Drittel seiner üblichen Klientel. Er war dennoch zuversichtlich, dass die jüngsten Ereignisse sich letztlich als eine Art Segen erweisen würden. »Es wird einige Zeit dauern, bis sich die Sommerehe erholt. Wenn sich die Sicherheitslage normalisiert hat, werden eine Menge Heiraten stattfinden. Denn nach der Revolution, wenn wir eine Demokratie sind, werden eine Menge Araber kommen wollen, um zu sehen, was sich getan hat. Dann stehen die Chancen gut, dass wir mehr Kunden, mehr Klienten haben werden. Selbst wenn Ägypten eine Demokratie ist, selbst wenn sich die wirtschaftliche Lage verbessert, wird dieses Geschäft weitergehen«, prophezeite Amir.

All dies verheißt nichts Gutes für Samia und ihre Leidensgenossinnen, die sich nach einem anderen Leben sehnen. Selbst wenn die Gesetze hieb- und stichfest wären, würden sie ihnen nur wenig Erleichterung bringen: Da Samia über achtzehn ist, sind Beschränkungen der Kinderheirat für sie nicht relevant. Auch die Prostitutionsgesetze sind nicht anwendbar, da ihre Beziehung von einem Ehevertrag sanktioniert wird, der den islamischen Rechtsvorschriften entspricht. Und obwohl sie nach den Buchstaben des Gesetzes Opfer eines Menschenhändlers ist – niemand Geringerer als ihr eigener Vater –, sind die Aussichten, dass sie als Opfer anerkannt wird oder ihren Vater verklagen kann, äußerst gering. Für jede familiäre Schande, ob es das Prügeln der Ehefrau, Inzest, Vergewaltigung oder irgendeine der zahllosen anderen persönlichen Tragödien ist, gilt dasselbe: Die große Mehrzahl der Frauen leidet stumm, wie mir die Leiterin eines Frauenhauses im Zentrum von Kairo sagte, und sie werden dies weiterhin tun, so lange, bis der Preis dafür, dass sie sich wehren, nicht mehr höher ist als der Preis des Erduldens. Die Bande, die Samia an ihren Sommerjob fesseln – finanzielle Not, Verpflichtung gegenüber der Familie und eine islamisch grundierte Schicksalsergebenheit –, lassen sich nicht so leicht lockern, und solange Ägypten einen steten Strom von Besuchern vom Golf und ihren Kaufrausch willkommen heißt, werden ihre Dienste vermutlich weiterhin gefragt sein.

»Das ganze Land geht auf den Strich«

Die Sommerehe ist nur eine Facette der Prostitution in Ägypten. Sexarbeit ist wohl eine der Erfolgsgeschichten von Ägyptens *infitah*-Politik, ein Triumph der freien Marktwirtschaft, die eine Palette von Dienstleistungen, passend für jeden Geschmack und für jedes Budget, anbietet – wenn auch zu einem hohen menschlichen Preis. In der Sexarbeit spiegelt sich die fortbestehende Macht des Patriarchats in Ägypten und der weiteren arabischen Welt besonders deutlich wider, und an ihr lässt sich ablesen, wie widersprüchlich das Verhältnis von Einzelnen und ihren Gesellschaften zur Sexualität ist: Einerseits rühmen sie sich ihrer islamischen Glaubenstreue, während sie zugleich die Ausbeutung und den Missbrauch derjenigen, die – entweder aus freien Stücken oder unter Zwang – in diesem Gewerbe tätig sind, ignorieren oder selbst als Täter begehen. In der arabischen Region tragen Sexarbeiterinnen eine dreifache Bürde: als Frauen, die nicht nur außerehelichen Geschlechtsverkehr haben, sondern auch damit handeln. Dieses Stigma, das durch das Gesetz noch verstärkt wird, veranlasst sie dazu zu schweigen. Folglich ist Sexarbeit zugleich der offensichtlichste und der verborgenste Aspekt des Sexuallebens in Ägypten und im weiteren arabischen Raum, was es umso unwahrscheinlicher macht, dass diese Frauen ihren fairen Anteil an den allfälligen politischen, gesellschaftlichen und wirtschaftlichen Früchten der Aufstände in der Region erhalten werden.

Man kann nur darüber spekulieren, wie viele Sexarbeiterinnen es in Kairo gibt, ganz zu schweigen von Ägypten insgesamt. Aber schon ein kurzes Durchforsten des International Sex Guide, »der größten sextouristischen Internet-Website«, wo action-hungrige Männer sich gegenseitig Tipps geben, führt einem gewissermaßen die Vereinten Nationen der Sexarbeiterinnen vor Augen: russische und osteuropäische Escortdamen, chinesische Masseusen mit dem kleinen Zusatzservice, sudanesische Flüchtlinge und marokkanische Migrantinnen, die das Tanzparkett bedienen, ägyptische Frauen, die man frisch auf der Straße abschleppen oder per Handy bestellen kann, auf einer Spielwiese, die sich von den berüchtigten Bars und Klubs der Hauptstraße zu den Pyramiden über Mietwohnungen in Mohandessin und Massagesalons in dem grünen Expat-Hafen Maadi bis zu einem berühmten Fünfsternehotel am Nil – einem Wahrzeichen der Stadt – erstreckt, wo gewerbliche Sexarbeiter beiderlei Geschlechts nicht nur geduldet, sondern Gästen diskret im Rahmen eines »à la carte«-Room Service angedient werden. Laut einer Schätzung gibt es allein in Kairo mindestens 800 Hotspots für Sexarbeiterinnen.[10]

»Das ganze Land geht auf den Strich«, sagte Jihane lachend, eine pummelige, temperamentvolle Frau Mitte zwanzig. Sie sollte es wissen: Jihane verkauft Sex, um ihre Drogenabhängigkeit zu finanzieren. Wir trafen uns in einer privaten Entzugsanstalt in Kairo – eine der wenigen, die sich speziell um die wachsende Zahl der weiblichen Drogensüchtigen kümmern, welche noch stärker stigmatisiert sind als ihre männlichen Pendants. Jihane entstammt einem eher privilegierten Teil des gesellschaftlichen Spektrums von Kairo: Sie kommt aus einer gebildeten Familie der Mittelschicht, und ihr Arabisch ist mit französischen Wörtern gespickt. Im frühen Teenageralter begann Jihane mit Schulfreunden Drogen zu nehmen – zuerst *bangu* (eine Art Haschisch), dann Pillen und schließlich Heroin. Diese »Karriere« verdankt sich zum Teil ökonomischen Faktoren; in den letzten Jahren ist der Straßenpreis von Heroin gesunken, nach dem Aufstand sogar noch schneller, so dass man heute ein Achtelgramm schon für 60 EGP ergattern kann – eines der wenigen Güter, deren Preise in den Jahren einer zweistelligen Inflationsrate nicht in die Höhe geschossen sind.

Über ihre Schulfreunde wurde Jihane drogenabhängig; zunächst benutzte sie das Taschengeld von ihren ahnungslosen Eltern, die, wie zahlreiche ägyptische Mittelschichtpaare, so viel arbeiten müssen, damit die Familie ihren Lebensstandard halten kann, dass sie keine Zeit haben, um ein wachsames Auge auf ihre Kinder zu werfen. Schließlich brach Jihane die Schule ab, ging von zu Hause fort und zog bei ihren Dealern ein. Eine Zeitlang konnte sie ihre Sucht durch direkten Tauschhandel – Sex gegen Drogen – aufrechterhalten, aber dann driftete sie zusammen mit ihren Freundinnen in das »Nur gegen bar«-Geschäft ab.

Jihane und die anderen Mitglieder ihrer Clique verlangen von einem Freier 100 EGP (rund 12,50 Euro) und mehr für einen vollständigen vaginalen Geschlechtsverkehr. Laut Jihane verdienen ihre erfolgreichsten Kolleginnen bis zu 4000 EGP (500 Euro) am Tag, und Jungfrauen – von denen einige eine »Familientradition« fortsetzen – können bei ihrem Debüt sogar noch mehr verlangen. Die meisten Frauen landen jedoch bei der Sexarbeit, nachdem sie durch Heirat, eine gescheiterte Liebesaffäre oder sexuellen Missbrauch ihre Jungfräulichkeit verloren haben. Viele in Jihanes Zirkel arbeiten für Zuhälter – *mi'arrasiin* in der ägyptischen Umgangssprache –, Ehemänner, Freunde, aber oftmals auch andere Frauen, selbst ehemalige Sexarbeiterinnen, deren Altersversorgung aus einer Wohnung und einer Klientenliste besteht, die an jüngere Frauen verpachtet werden, welche die Wohnung als Arbeitsplatz nutzen. Es ist ein altbekanntes Nachfolgemuster: »Die reuige Prostituierte verdingt sich als Puffmutter«, lautet ein ägyptisches Sprichwort, das vorzugsweise auf diejenigen angewandt wird – Politiker der Post-Mubarak-Ära zum Beispiel –, hinter deren Versprechungen, etwas zu ändern, nichts anderes steckt als der Wunsch, so weiterzumachen wie bisher.

Aufgrund all der Hürden für vorehelichen Sex vermutete ich, dass die meisten Freier Jihanes unverheiratete Männer seien, aber sie klärte mich auf. Zumindest ihrer Erfahrung nach sind es hauptsächlich verheiratete Männer, die nach dem sexuellen Kitzel suchen, der in ihren ehelichen Beziehungen fehlt. »In Amerika kann ein Mädchen vor der Ehe einen Sexfilm ansehen und auf diese Weise Erfahrung sammeln; vielleicht hat sie sogar Sex mit einem Jungen, so dass sie kein Mädchen [Jungfrau] mehr ist. Aber ein Mädchen hier in Ägypten zieht als Jungfrau zu ihrem Ehemann. Und sie schaut sich keine Sexfilme an. Wenn sie heiratet, weiß sie nicht, was sie tun soll. Die Mädchen, die als Prostituierte arbeiten, haben mehr Ideen und mehr Erfahrung. Wenn die Frau dagegen Erfahrung hat, misstraut ihr der Ehemann. Und selbst wenn er versucht, ihr etwas beizubringen, wird sie ihm sagen, es sei *'ayb* [schändlich].« Ich fragte Jihane, was sie und ihre Freundinnen bieten könnten, das ein Mann bei seiner Frau nicht finde. Sie dachte kurz nach: »Ein Mädchen [Sexarbeiterin] kann verschiedene Stellungen anbieten, während seine Frau vielleicht übergewichtig ist, so dass er mit ihr diese Stellungen nicht ausprobieren kann. Sie weiß nicht, wie sie sich mit ihm bewegen soll.« Analverkehr – wie wir gesehen haben, ein Streitpunkt zwischen Eheleuten – ist ebenfalls im Leistungsangebot – laut Jihanes Preisliste 300 EGP der Schuss. Und das ist nicht das einzige Extra. »Die Mädchen, die als Prostituierte arbeiten, haben Mittel [Techniken] wie Blasen [Fellatio]. Eine Ehefrau bläst nicht. Es gibt ein paar Männer, die nett zu ihren Ehefrauen sein wollen und es bei ihnen tun [Cunnilingus], aber es wäre äußerst sonderbar, wenn ein Mann seine Frau darum bittet. Selbst wenn die Ehefrau ihren Mann bläst, hat sie nicht die Erfahrung eines Mädchens, das dies den lieben langen Tag macht.« Unter dem Strich, so Jihane, zählten Geschick und Begeisterung, ob vorgetäuscht oder echt. »Wenn sie [die Sexarbeiterin] keinen Spaß daran hat«, so Jihanes Fazit, »unterscheidet sie sich nicht von der Ehefrau, so dass sie kein Geld verdienen wird.«

Wie viele Touristenattraktionen in Ägypten hat auch Jihanes Clique gestaffelte Preise – einen Tarif für Ägypter und einen anderen Tarif für Ausländer. Das große Geld kommt von Golf-Touristen, aber anders als Samia und ihre Kolleginnen bietet Jihanes Gruppe noch einen speziellen Service an: gleichgeschlechtlichen Sex. »Einige Mädchen wissen, dass diese Sache manchen saudischen Frauen gefällt, und sie gehen in die Hotels und treffen die saudischen Frauen, die besser zahlen als die Männer«, bemerkte Jihane. »Eine Freundin von mir hat eine saudische Freierin, sie geht zu ihr und bekommt für zwei Stunden 3000 Dollar.« Nach Aussage von Jihane verdanken einige ihrer Kolleginnen ihre berufliche Weiterentwicklung auf diesem speziellen Gebiet dem Mubarak-Regime. »Wenn ein Mädchen hier in Ägypten in einem Café sitzt, wird sie vielleicht von der Sittenpolizei verhaftet, wenn sie allzu freizügig gekleidet ist. Wenn sie zum ersten Mal erwischt wird, wird sie freigelassen, aber beim zweiten Mal bekommt sie bis zu drei Jahre Gefängnis. Im Gefängnis haben die Frauen miteinander Sex. Und wenn sie dann rauskommen, dann nutzen sie diese Fähigkeit, um Sex mit Frauen zu haben. Wenn sie verhaftet werden, nachdem sie Kontakt mit der Polizei gehabt haben, arbeiten sie also im lesbischen Feld.«

Gleichgeschlechtlich orientierte Saudis sind nicht die einzigen Besucherinnen, die in Ägypten ein bisschen was erleben wollen. Gewerbliche Sexarbeit ist in Ägypten und im arabischen Raum eines der wenigen Metiers, in denen Chancengleichheit herrscht; auch heterosexuelle Männer haben ihren Anteil an dem Geschäft oder *bezness*, wie man in Tunesien sagt. Von Agadir bis Aqaba gilt: Wo westliche Frauen Urlaub machen, stehen einheimische Männer zum Verwöhnen bereit. Angesichts steigender Arbeitslosigkeit haben sich junge Männer aus ganz Ägypten auf den Weg nach Dahab gemacht, einem Urlaubsort auf der Halbinsel Sinai, sowie zu anderen touristischen Zielen am Roten Meer, auf der Suche nach einem auskömmlichen Lohn, um sich selbst und ihre Familien zu unterhalten – und als besonders lukrativ erweisen sich dabei Besucherinnen, die ein bisschen Aufmerksamkeit und Abenteuer suchen. Während das gängige Klischee das einer Frau über fünfzig ist, die auf der Pirsch nach einem viel jüngeren Mann ist, fallen inzwischen auch zusehends Schwärme von Frauen in den Zwanzigern und Dreißigern in die Gefilde williger junger Recken ein. Die Anziehung ist dabei nicht rein körperlicher Natur. »In einem romantischen Wüstenumfeld ist den meisten Frauen eine Romanze lieber als Sex«, schrieb Anne Cumming, eine englische Hausfrau, die ihrem Namen (der so viel wie »kommen« bedeutet) alle Ehre machte und sich in den 1950er Jahren quer durch Arabien schlief. »Sie wollen Atmosphäre und all die kleinen Aufmerksamkeiten. Sie schätzen die Nebenprodukte des Sexes mehr als seine harte Realität.«[11]

Für Männer sind die Nebenprodukte des Sexes gleichfalls attraktiv: Geschenke, die von Handys bis zu Häusern reichen, genug Geld, um ein Motorrad zu kaufen oder ein neues Geschäft zu eröffnen. Für einige, die ihre ausländischen Liebhaberinnen offiziell heiraten, ist es buchstäblich die Eintrittskarte in eine andere Welt; die Zahl der Ehen zwischen Ägyptern und ausländischen Frauen hat sich seit 2005 fast vervierfacht.[12] In einer eigenen Geschäftssparte wird Mahmoud, der Makler von Sommerehen, von arabischen Besucherinnen angesprochen, die ägyptische Männer heiraten wollen. Sie sind auf einen Reisepass aus, daher müssen die Heiraten amtlich registriert werden. Und sie lassen sich nicht lumpen:

Diese Frauen bezahlen bis zu 60 000 EGP (7500 Euro), um sich einen Ehemann zu kaufen. Doch ungeachtet all des Geldes, das dabei im Spiel ist, hält Mahmoud das Ganze für harte Arbeit. »Es ist schwieriger, einen Bräutigam zu finden, als eine Frau zu finden«, seufzte er.

Für Männer, die den Schritt wagen, gibt es noch weitere Vorteile. Angesichts der steigenden Kosten einer Eheschließung und des dementsprechend ansteigenden Heiratsalters sowie des Tabus von vorehelichem Sex sind für einige junge Ägypter libidinöse Ventile nur schwer zu ergattern. Sex mit einer Ausländerin erlaubt ihnen, in einem Rahmen, in dem die üblichen sozialen Normen nicht gelten, ein Schlüsselelement ihrer Männlichkeit – sexuelle Potenz – zur Geltung zu bringen. Auch der Ort spielt dabei eine Rolle: Badeorte sind in der arabischen Region überwiegend in dünn besiedelte Küstenabschnitte gesetzte Retortenstädte, deren »Einheimische« – Hotelbedienstete, Reiseleiter, Ladeninhaber, Tauchlehrer – hauptsächlich Männer aus anderen Landesteilen sind, die weit weg von ihrem Heimatort arbeiten. »In Dahab genieße ich die Freiheit, die mir fehlte, als ich ›dort unten‹ [im Süden] lebte … Wenn alle außerehelichen Sex haben, kann ich das Gleiche tun«, bemerkte ein Kellner aus Oberägypten. »Es gibt keine familiären Beschränkungen, und die Gesellschaft hier ist anders. Wir haben hier unsere eigene Kultur.«[13]

Westliche Frauen sind selbst ein anderes Land, was Sex betrifft, denn ihre Praktiken (Oralsex), persönlichen Gewohnheiten (Enthaarung und Waschung nach dem Geschlechtsverkehr – für muslimische Frauen verpflichtend – sind Ausländerinnen offensichtlich freigestellt) und sexuellen Verhaltensweisen werden als so verschieden von denen ägyptischer Frauen erachtet, dass die normalen Verhaltensregeln nicht gelten. So erzählte mir ein Mann aus Unterägypten, der viele Beziehungen mit Ausländerinnen hatte: »Wenn man erst einmal ein Video gesehen hat, kann man nicht mehr zurück und nur noch Radio hören … Man kann ägyptische Frauen (Radio) nicht mit Ausländerinnen (Video) vergleichen. Es gibt einen großen Unterschied. Ägypterinnen bringen ihre Sexualität nicht zum Ausdruck; sie brauchen keinen langen Geschlechtsverkehr. Vielleicht ist es wegen der Beschneidung. Ausländerinnen dagegen brauchen länger und bitten oft noch um mehr.«[14] Auch die Umkehr der herkömmlichen Geschlechterrollen in diesen Beziehungen setzt die gesellschaftliche Wirklichkeit außer Kraft; während Männer noch immer die ersten Schritte machen, haben die Frauen, sobald sich ein Verhältnis gefestigt hat, in finanzieller Hinsicht das Sagen.

Selbstverständlich haben einige dieser Beziehungen ein Happy End. Ein flüchtiger Blick in Magazine und auf Websites für Frauen mit ihren Reiseberichten über gebrochene Herzen und geleerte Geldbörsen zeigt jedoch, dass dies bei vielen nicht der Fall ist: Äußerungen wie »Mein Traum vom großen Glück zerbrach in tausend Scherben«, »Nach der Hochzeit ließ er seine Maske fallen« oder »War alles nur gelogen?« sind nicht gerade der Stoff einer glücklichen Liebesromanze.[15] Doch die Frauen haben zurückgeschlagen: Im Internet findet man jede Menge schwarze Listen mit Namen, Telefonnummern, Adressen und anderen persönlichen Details ägyptischer Männer, die Touristinnen nach Strich und Faden ausgenommen haben. Diese Einzelschicksale bilden inzwischen auch die Grundlage für organisierte Kampagnen. Die »Interessengemeinschaft gegen Bezness« (die die Website 1001Geschichte.de betreibt) wurde 2003 von der deutschen Journalistin Evelyn Kern gegründet, die selbst von einer romantischen Urlaubsbekanntschaft in Tunesien aufgegabelt und später sitzengelassen wurde (eine Erfahrung, die sie in dem autobiographischen Roman *Sand in der Seele* verarbeitet hat). Diese Gruppe bietet Frauen in amourösen Schwierigkeiten Information und Unterstützung, außerdem versucht sie durch Öffentlichkeitsarbeit für das Thema zu sensibilisieren, und sie setzt sich bei deutschen Behörden dafür ein, dass Frauen, die durch *bezness* um ihre Ersparnisse erleichtert wurden, geholfen wird.[16]

Das Leid ist allerdings nicht völlig einseitig; auch die Herzen von Männern können gebrochen werden. Ghassan ist ein Hotelangestellter in Luxor, ein hochgewachsener, würdevoller Mann Mitte fünfzig. »Wir haben in Ägypten ein Sprichwort«, sagte er mir eines Morgens, als ich in seinem Hotel frühstückte. »Alles, was du zum Glück brauchst, ist Wasser, ein Stück Land und ein schönes Gesicht. Also bin ich glücklich«, sagte er seufzend, während er den Blick auf mich richtete und mit der Hand auf den Fluss deutete. In Anbetracht dieses Talents zur Schmeichelei überraschte es mich nicht zu erfahren, dass Ghassan viermal verheiratet gewesen ist, unter anderem mit Linda, einer geschiedenen Schottin, die zehn Jahre älter war als er und die er kennenlernte, als er auf einem Nil-Kreuzfahrtschiff in Oberägypten arbeitete. Es sei eine echte Liebesaffäre gewesen, sagte er, und sie hatten eine nicht standesamtliche, aber dafür aus islamischer Sicht akzeptable *shar'i*-Heirat. Während Ghassan seine Mutter und Schwester einweihte, zog er es vor, seine ägyptische Ehefrau nicht zu unterrichten. »Ich wollte ihre Gefühle nicht verletzen, weil es nicht wegen des [finanziellen] Nutzens war. Es war Liebe.«

Ghassan und Linda trafen sich mehrmals jährlich, wenn er frei hatte und sie Zeit fand, um nach Ägypten zu fliegen. Er verriet mir sein Erfolgsgeheimnis: »Ägyptische Männer sind gefühlvoll. Sie sagen nette Dinge zu einer Frau, sie sind offen, sie versetzen das Blut der Frau in Wallung. Westliche Männer sind sehr grob, direkt und arbeiten immer.« Er und Linda verstanden sich sehr gut, vor allem im Bett. »Sie war glücklich. Der ägyptische Mann ist sexuell sehr stark, das hat sie mir gesagt. Sie war schon verheiratet gewesen, aber das Gefühl war nicht so stark gewesen. Ich behandelte sie wie ein Baby, drückte sie an meine Brust. Ich hab sie dazu gebracht, mich von Herzen zu lieben; sie hat alles genommen, alles genossen, und der Umgang mit ihr war hervorragend. Ihr erster Ehemann in London war da einfach …« Ghassan zog ein langes Gesicht, was ein vielsagender Kommentar über die sexuelle Leistungsfähigkeit von Lindas Exehemann war und im Einklang mit dem steht, was viele seiner ägyptischen Geschlechtsgenossen über westliche Männer denken: Dass sie kein Stehvermögen haben. »Vielleicht weil das Wetter kalt ist«, meinte er gütig.

Ghassans Romanze dauerte drei Jahre, dann flog Linda nach Großbritannien zurück, und er hörte nichts mehr von ihr. Ghassan rief an und schrieb ihr, aber er erhielt keine Antwort. »Ich weiß nicht, was passiert ist. Vielleicht ist sie tot, aber niemand hat mir etwas gesagt«, seufzte er. Ghassan heiratete noch zweimal, aber er sehnt sich noch immer nach seiner ausländischen Frau. »Ich habe sie geliebt, und ich liebe sie bis heute. Ich träume davon, irgendwo meiner Linda über den Weg zu laufen. Ich mag ausländische Frauen. Ich würde es wieder tun.«

Prominente religiöse Führer unterstützen ein scharfes Vorgehen gegen interkulturelle Verbindungen. Yusuf al-Qaradawi, der bekannte islamische Prediger, ist der Ansicht, solche Heiraten gehörten verboten, auch wenn der Koran muslimischen Männern erlaubt, christliche und jüdische Frauen zu heiraten (oder als Konkubinen zu nehmen). Al-Qaradawi behauptet, diese Regel werde durch die zerstörerischen gesellschaftlichen Folgen dieser Ehen außer Kraft gesetzt: Sie schmälern nämlich die Heiratschancen einheimischer Frauen, da sie den Pool verfügbarer Männer verringern, wodurch sich die Wahrscheinlichkeit erhöhe, dass die Frauen auf Abwege gerieten. Und einige Einheimische in Badeorten beginnen sich zu beklagen, dass Ausländerinnen, denen es aufgrund steigender Arbeitslosigkeit in ihren Heimatländern immer schwerer fällt, dort Beschäftigung zu finden, nicht nur die kostbaren Männer stehlen, sondern auch begehrte Stellen in Hotels und Restaurants, sobald sie Ägypter heiraten und eine Arbeitserlaubnis erhalten.

Doch nicht alle sind gegen diese Verbindungen: Einige ägyptische Familien – selbst Ehefrauen, die ihre Ehemänner andernfalls während längerer Arbeitsaufenthalte am Golf nicht zu Gesicht bekämen – sind bereit, einen älteren ausländischen Partner als alternative einheimische Erwerbsquelle zu akzeptieren.[17] Letztlich werden bei der Sexarbeit noch immer verschiedene Maßstäbe angelegt. Wenn ägyptische Frauen wie Samia im Rahmen von Ehen mit Touristen Geld für Sex annehmen, gilt dies als Ausbeutung, und die Behörden haben, wenn auch verspätet, den Kampf dagegen aufgenommen. Wenn Männer das Gleiche tun (wenn auch unter wirtschaftlichem Druck statt unter direktem familiärem Zwang), verschließt die Gesellschaft weitgehend die Augen vor dem, was als eine Erwerbstätigkeit unter vielen angesehen wird.

Regeln und Vorschriften

In Bezug auf die umfassendere Frage nach der Zukunft der Sexarbeit in Ägypten gibt es einige, die auf eine Alternative zu Leugnung oder Anprangerung drängen. Eine der unerschrockensten Stimmen ist die von Inas al-Degheidy, einer Regisseurin, die berühmt ist für ihre Filme über Liebe und Sexualität jenseits der Grenzen konventioneller Moral. Im Jahr 2008 brachte al-Degheidy ihre Landsleute auf die Palme, indem sie ihnen eine schnelle Lektion in Geschichte verpasste. »Prostitution gibt es überall auf der Welt. In Ägypten war sie vor der Revolution [von 1952] ein anerkanntes Gewerbe, und die Viertel, in denen sie praktiziert wurde, waren allgemein bekannt«, äußerte sie in einer Talkshow und zog damit den Zorn der Konservativen auf sich. »Heute dagegen wird ein großes Geheimnis darum gemacht, und dies zu einer Zeit, da diese Mädchen womöglich gefährliche Infektionskrankheiten in sich tragen, mit denen sie andere anstecken könnten.« Ihr Lösungsvorschlag: eine staatliche Konzessionierung von Sexarbeitern: »Wenn ich die Vergabe von Konzessionen an Prostituierte und die jährliche Erneuerung der Gewerbescheine fordere, dann sage ich damit nicht, dass viele Frauen in diesem Gewerbe tätig sind. Aber gleichzeitig ist es auch keine geringe Zahl. Wir müssen uns der Wirklichkeit stellen, statt die Augen vor ihr zu verschließen. Und der erste Schritt besteht darin, die Gesellschaft zu schützen, ganz gleich, wie zufrieden oder unzufrieden sie mit der Existenz dieses Berufsstands ist.«[18]

Die Prostitution war in Ägypten jahrhundertelang eine regulierte Angelegenheit, und zwar aus einem einfachen Grund: der Besteuerung. Im frühislamischen Kairo, vom 10. bis zum 13. Jahrhundert, gab es beispielsweise ausgewiesene Stadtgebiete, in denen Frauen ihr Gewerbe betrieben; sie saßen in typischen roten Pluderhosen vor Ladenlokalen, unter dem wachsamen Auge eines Aufsehers, der die Zahl ihrer Freier notierte und im Auftrag der Obrigkeit Steuern von ihnen erhob. Im frühen 16. Jahrhundert, nach der Annektierung Ägyptens durch das Osmanische Reich, wurde die Regulierung der Prostitution dem imperialen Verwaltungsapparat übertragen, so dass Freudenmädchen (zusammen mit Tänzerinnen, Schlangenbeschwörern, Haschisch-Verkäufern und anderen öffentlichen Schaustellern) unter das raffgierige Steuersystem des Reiches fielen.

Wie in weiten Teilen Nordafrikas war es auch in Ägypten die Kolonisation, die die Prostitution auf Hochtouren laufen ließ. Kurz nach dem britischen Einmarsch im Jahr 1882 erließen die Kolonialbehörden Vorschriften, wonach alle Prostituierten sich polizeilich registrieren lassen und sich wöchentlichen medizinischen Untersuchungen auf Geschlechtskrankheiten unterziehen mussten; deren Ergebnisse wurden in Bescheinigungen vermerkt, die die Frauen bei sich tragen mussten. Diese ärztliche Aufmerksamkeit diente nicht in erster Linie ihrem Wohl, sondern sollte vor allem die Legionen britischer Soldaten schützen, die in das Land strömten.

Zu Beginn des 20. Jahrhunderts war die registrierte Prostitution in Kairo offiziell auf bestimmte Viertel beschränkt, während die nicht registrierte (und daher illegale) Variante keine Grenzen kannte. Der bekannteste dieser staatlich sanktionierten Bezirke war ein Gebiet namens Clot Bey. Anfang der 1940er Jahre fuhren mein Vater und seine Freunde des Öfteren in einer Straßenbahn durch die Hauptverkehrsader des Viertels, die Clot-Bey-Straße, heimlich zu einem weniger spirituellen Ort als Al-Azhar in der Innenstadt. Damals war es eine breite, von Bäumen gesäumte Allee, die zu beiden Seiten von weißgetünchten zweistöckigen Gebäuden im Kolonialstil gesäumt wurde; im Schatten der Arkaden im Erdgeschoss versteckten sich Geschäfte und Kaffeehäuser, und im Obergeschoss führten Verandatüren auf Balkone.

Hier und in den engen, kurvenreichen Gassen, die sich von der Hauptstraße fortschlängeln, gingen viele der etwa tausend registrierten Prostituierten Kairos ihrer Arbeit nach, für bis zu 15 Piaster pro Nummer. »Ein Bummel durch die engen, überfüllten Gassen erinnerte an einen Gang durch einen Zoo, die bemalten Dirnen saßen wie Beutetiere hinter den Eisengittern ihrer Bordelle im Parterre«, lautete die unsentimentale Beschreibung von Thomas Russell, besser bekannt als Russell Pasha, der Polizeichef von Kairo und derjenige, der während des größten Teils der ersten Hälfte des 20. Jahrhunderts dafür zuständig war, die Ordnung in den Bordellbezirken aufrechtzuerhalten.[19]

Als Neunjähriger, der sich seitlich an der Straßenbahn festklammerte, sah mein Vater das Treiben in der Clot-Bey-Straße aus der Perspektive eines Jungen. Aus Brocken, die er von Gesprächen zwischen meinen Großeltern aufschnappte, wusste er mehr oder weniger, was dort vor sich ging. Wie heute war Prostitution auch damals kein Thema höflicher Konversation zwischen ägyptischen Paaren, aber für meinen Großvater war es ein Gegenstand beruflichen Interesses. Er war Staatsbediensteter, Administrator im Amt zum Schutz der Moral, und Russell Pasha war sein Vorgesetzter. Ich habe den Vater meines Vaters nur kurz gekannt – er starb, als ich ein Kind war –, aber ich erinnere mich an einen freundlichen alten Mann, der scheinbar ganz im Schatten meiner imposanten Großmutter stand. Daher kann ich mir nur schwer vorstellen, wie er ungehobelte Soldaten aus Bordellen hinauswarf und deren Insassen die Leviten las – aber es war sein tägliches Brot, mit der britischen Militärpolizei zusammenzuarbeiten.

Doch zu der Zeit, als mein Vater mit der Tram fuhr, waren die Tage der legalisierten Prostitution in Ägypten gezählt. Ab Anfang der 1940er Jahre wurden Befehle ausgegeben, Bordelle dichtzumachen, und am Ende dieses Jahrzehnts gab es keine staatlich zugelassenen Etablissements mehr. Eine Reihe von Gesetzen in den 1950er und 1960er Jahren verboten jegliche Prostitution – was weitgehend wirkungslos blieb. Schon früher war hart gegen Prostitution durchgegriffen worden; durch die Jahrhunderte hindurch hatten die ägyptischen Herrscher jedes Mal, wenn Seuchen oder Hungersnöte die Menschen heimsuchten und Geistliche weitverbreitete Ausschweifungen für Gottes Zorn und das Unglück des Landes verantwortlich machten, die öffentlichen Vergnügungen eingeschränkt, nur um die Feierlaune wiederauferstehen zu lassen, kaum dass sich die Probleme gelegt hatten.[20] Diesmal aber waren Aufrufe, Bordelle auszumerzen, mit dem Bestreben verbunden, Ägypten von der britischen Besatzung zu befreien. So wie Homosexualität heute als ein Import aus dem Westen abgelehnt wird, so wurde damals die Tatsache, dass organisierte Sexarbeit lange vor der Ankunft der Briten ein Teil des ägyptischen Lebens war, geflissentlich ausgeblendet.

Wenn Ägypter wissen wollen, wie man Sexarbeit regulieren könnte, müssen sie die Uhren nicht ein halbes Jahrhundert zurückdrehen; sie brauchen nur einen dreistündigen Flug nach Tunesien zu unternehmen. Wenngleich das tunesische Strafgesetz gegen gewerbliche Sexarbeit eine genauso harte Linie verfolgt wie das ägyptische – bis zu zwei Jahre Gefängnis und eine Geldstrafe von 200 TND (Tunesischen Dinar; rund 100 Euro) für Sexarbeiter und Kunde –, gibt es eine bemerkenswerte Ausnahme. Um sie zu finden, muss man nur einen Spaziergang durch die Avenue Habib Bourguiba machen, die wie eine Wirbelsäule durch das Zentrum von Tunis läuft. Obwohl er nach dem Freiheitskämpfer und ersten Staatspräsidenten des unabhängigen Tunesiens benannt ist, ist dieser Boulevard unverkennbar eine französische Schöpfung; seine zentrale Promenade ist getüpfelt von Kiosken mit Zwiebeldächern und schmiedeeisernen Laternenpfählen und wird gesäumt von gestutzten Buchsbäumen, die sich wie die Wirbel eines urbanen Rückgrats aneinanderreihen. Zu beiden Seiten zweigen schmalere Straßen wie Rippen ab, und dazwischen pulsiert ein Bindegewebe aus Tischen mit Zinkplatten, Rattansesseln und breiten Sonnenschirmen vor dem Café de Paris und einem Dutzend weiterer Kaffeehäuser vor Leben.

Diese Straße wurde zu einem vertrauten Anblick für Millionen Menschen weltweit, als Zusammenstöße zwischen Demonstranten, die den Rücktritt des langjährigen Autokraten Ben Ali verlangten, und der Armee im Winter 2011 die Café-Gesellschaft vertrieben. Heute brummt in der Avenue Bourguiba wieder das Geschäft, und erneut vergisst man nur allzu leicht, dass man sich in Tunis und nicht in Toulouse befindet, wenn man an dem Théâtre Municipal zur Linken und an der Kathedrale Saint-Vincent-de-Paul zur Rechten entlangschlendert – bis die Avenue in einem massiven freistehenden Torbogen endet. Er sieht aus wie ein Arc de Triomphe im Kleinformat, weshalb die Franzosen ihn Porte de France nannten; tatsächlich aber ist es ein Überbleibsel der mittelalterlichen Stadtmauer von Tunis – ein Tor, das bekannter ist unter seinem arabischen Namen »Bab el Bhar« (Tor zum Meer).

Hinter dem Tor liegt die Medina, die Altstadt, die am Kopf der Avenue sitzt wie ein Gehirn am oberen Ende einer Wirbelsäule; ihre Gassen schlängeln sich in alle Richtungen und winden sich wie Hirnfurchen tief in ihr Inneres hinein. Verglichen mit der strengen linearen Ordnung der Avenue mit ihren internationalen Hotels und den Zara- und MAC-Läden ist die Medina ein brodelnder Kessel unerwarteter Geschäftstüchtigkeit – filigrane Vogelkäfige, mehrfarbige Wasserpfeifen und edle Brautkleider aus Tüll –, ein Kaufen und Verkaufen, das wie ein Sturm elektrischer Nervenimpulse zwischen winzigen Läden und behelfsmäßigen Ständen hin- und herrast.

Folgt man einer der Seitengassen vom Bab el Bhar aus, durch überdachte Durchgänge und vorbei an hellblauen schlüssellochförmigen Türen, stößt man auf ein Gewerbe anderer Art. Die Rue Sidi Abdallah Guech ist der offizielle Rotlichtbezirk von Tunis. Die zwei Dutzend Bordelle in dieser und einer angrenzenden Gasse sind behördlich genehmigt, ihre Bewohnerinnen auf städtischen Listen als Sexarbeiterinnen registriert. Die Medina könnte als ein abweisender Ort erscheinen – die mit Nieten verzierten massiven Türen, die hohen getünchten Mauern und winzigen Fenster sollen die Öffentlichkeit aus dem Privatleben heraushalten. Aber das gilt nicht in der Rue Sidi Abdallah Guech, wo »Einladung« an der Tagesordnung ist. Die Türen stehen weit offen und geben den Blick frei auf reinliche Dielen, die mit blauen Fayence-Kacheln gefliest sind; im Erdgeschoss befinden sich ein paar Räume, und eine steile Treppe führt zu weiteren einen Stock höher. Sogar an dem frischen Wintertag, an dem ich hier war, saßen Frauen auf kleinen Veranden oder standen in Türen – in Stringtangas oder Spandexleggings, mit entblößten Brüsten oder ohne BHs in hautengen Tops, mit gefärbtem Haar und knallbuntem Augen-Make-up –, plauderten miteinander und machten Passanten an, wobei die ganze Szenerie von Lampen im Innern in Day-Glo-Pink getaucht wurde.

Rue Guech ist alles, was von dem ehedem ausgedehnten Netzwerk der offiziellen Prostitution in Tunis übriggeblieben ist. Wie in Ägypten endete das, was als eine Quelle öffentlicher Finanzmittel begann, als ein System für die öffentliche Gesundheit. Während der osmanischen Epoche in Tunesien trieben Beamte von Prostituierten Steuern ein, die auf der Basis dessen berechnet wurden, was man am besten als einen »kosmetisch progressiven« Steuertarif beschreiben kann: Je besser die Frau aussah, umso mehr musste sie zahlen, auch wenn die genauen ästhetischen Kriterien unbekannt sind.[21] Als Tunesien 1881 unter französische »Protektion« gestellt wurde, trat öffentliche Gesundheitspflege an die Stelle der Besteuerung: Zum Zweck der Eindämmung der Syphilis mussten sich Prostituierte alle zwei Wochen einer ärztlichen Untersuchung unterziehen. Im Verlauf des 20. Jahrhunderts wurde der »Arbeitsradius« behördlich registrierter Prostituierter immer stärker eingeschränkt. Es war ein System, das die Franzosen überall in Nordafrika in ihren kolonialen Besitzungen einführten und das seinen Höhepunkt in den »Sonderbezirken« von Casablanca und Algier erreichte: riesigen Prostitutionsghettos unter strenger polizeilicher Überwachung – ein französischer Historiker hat dieses System als »sexuellen Taylorismus« beschrieben, wissenschaftliches Libido-Management.[22] Tunesien blieb diese Industriepark-Prostitution glücklicherweise erspart; unter dem Druck von Befürwortern eines Verbots der legalen Prostitution wurden in den 1930er Jahren Pläne für eine riesige Bordellstadt fallengelassen. Trotzdem führte der Staat *maisons closes* (Bordelle) nach französischem Vorbild ein und erließ 1942 ein Dekret, in dem die Regeln der legalen Prostitution festgelegt wurden.[23] Diese staatlich sanktionierte Aktivität überlebte Forderungen, Prostitution in Tunesien zu verbieten; dies führte zu dem heutigen zweigleisigen System, in dem »heimliche« Zuhälterei und Anwerbung von Freiern illegal sind, während die »öffentlichen« (das heißt staatlich registrierten) Aktivitäten der Rue Guech erlaubt sind.[24]

Heute ist legale Sexarbeit eine Art Grauzone in Tunesien; ironischerweise ist sie verborgener als die »heimliche« Aktivität, die ganz in der Nähe, auf der Avenue Bourguiba floriert. »Es ist kein Geheimnis, aber es wird auch nicht allgemein zugegeben«, sagt Abdelmajid Zahaf, ein kleiner, grauhaariger Arzt, der sich in Sfax, der zweitgrößten Stadt Tunesiens, auf öffentliche Gesundheit spezialisiert hat. Zahaf kennt sich in Bordellen aus, von Berufs wegen, und beschrieb mir aus der Sicht eines Insiders, wie das System gemanagt wird. Vor dem jüngsten Aufstand gab es fast 300 legale Sexarbeiterinnen an ungefähr einem Dutzend Orten in ganz Tunesien, die versteckt in den gewundenen Gassen von Sousse, Sfax und Gabès und sogar Kairouan, der »heiligen Stadt« Tunesiens und dem Geburtsort des Islam in Nordafrika, lagen.[25] Allein in Tunis arbeiteten weit über hundert Frauen, ein Drittel von ihnen Selbständige, die Zimmer an der Straße mieteten, und die Übrigen waren in Bordellen organisiert, mit zwei bis fünf Frauen pro Haus. Die Mehrzahl der Frauen ist zwischen zwanzig und vierzig; mit fünfzig müssen sie aus dem aktiven Dienst ausscheiden. Viele arbeiten allerdings weiter als *badrona* oder Puffmutter und vermieten oder, in manchen Fällen, kaufen ein Haus in der Straße.

Eine *badrona* – anders als ihre drei Angestellten trug sie der Jahreszeit angemessen einen blauen Wollburnus – erklärte mir das System. Ein Kunde bezahlt ihr 7–10 TND (3,50–5 Euro), die sie mit der Sexarbeiterin teilt; diese erhält im Gegenzug Kost und Logis. Das klingt vielleicht nicht nach einem Weg zum Reichtum, aber wie mir eines der Freudenmädchen in der Zurückgezogenheit ihres Zimmers sagte, können diejenigen, die sich zu kleinen Extras wie etwa Analverkehr bereitfinden, ihren Grundlohn durch Trinkgelder, die ihnen in voller Höhe verbleiben, verdoppeln. Die Kunden sind eine Mischung aus hauptsächlich jungen, unverheirateten Tunesiern aus der Arbeiterschicht, wobei hin und wieder auch ein Angestellter auftaucht und, je nach Standort, weitere Kundengruppen dazukommen: Tunis zum Beispiel heißt eine internationale Auswahl willkommen, darunter auch Klienten aus Sub-Sahara-Afrika, während Sfax, eine weiter im Süden gelegene Küstenstadt, die bekannt ist für ihre Krankenhäuser und Ärzte, Libyer begrüßt, die für einen schnellen medizin- und sextouristischen Abstecher über die Grenze kommen – ein Strom, der auch dann nicht abriss, als ihr Land im Bürgerkrieg versank. Das tägliche Verkehrsaufkommen im Etablissement? Die Madam pfiff. »Oh, viel, viel.« Eine attraktive junge Frau, so erzählten mir mehrere der Sexarbeiterinnen, kann bis zu aberwitzigen hundert Kunden pro Tag haben, aber der Durchschnitt beträgt etwa ein Viertel davon. Sex ist hier eine »Rein-Raus«-Sache, maximal zehn Minuten; auf dem Programm steht nichts, was so zeitraubend wäre wie Küssen oder Streicheln.

Rue Guech ist kein Ort für langwierige Diskussionen. Zeit ist Geld, und bei Monatsmieten von über 3000 TND (1500 Euro) sind die Puffmütter erpicht darauf, dass der Strom der Kunden nicht zum Erliegen kommt. Die Frauen selbst sind ebenfalls an einem hohen Durchsatz interessiert. Viele von denjenigen, die in der Rue Guech arbeiten, sind geschieden und haben Familien, die sie ernähren müssen. Einige Frauen beginnen in der heimlichen Sexarbeit, satteln dann aber auf das legale Gewerbe um, wenn der finanzielle Druck zunimmt. Während man in den legalen Bordellen Tunesiens die eine oder andere Universitätsabsolventin finden kann, haben die meisten Frauen in der Rue Guech nur die Grundschule besucht. Der finanzielle Anreiz ist offensichtlich: In einem Land mit einer Arbeitslosigkeit von rund 30 Prozent bei den unter 25-Jährigen – einer der Hauptauslöser für die tunesische Jasmin-Revolution – kann man mit einem sicheren Einkommen rechnen, wenn man sich buchstäblich den Arsch abarbeitet.

Während in der Rue Guech hauptsächlich Frauen aus Tunis tätig sind, sind Frauen in den übrigen Landesteilen oftmals in andere Städte gezogen, um in legalen Bordellen zu arbeiten; ihre Familien glauben, dass sie etwas anderes machen, und niemand will bei der Arbeit von einem Freund oder Verwandten erkannt werden beziehungsweise umgekehrt. Es braucht nicht viel, um sich bei den örtlichen Behörden registrieren zu lassen und eine Anstellung zu bekommen: Man muss unverheiratet, mindestens zwanzig Jahre alt sein, frei einwilligen und ein Gesundheitszeugnis vorweisen. Frauen bleiben in der Regel drei bis fünf Jahre in einem Haus, bevor sie weiterziehen, wenn die Kunden sich mit ihnen langweilen und der Umsatz zurückgeht. Es gibt keine schriftlichen Verträge, aber die Arbeitsregeln sind klar: Die Frauen können mit ärztlichem Attest um Krankenurlaub bitten, einschließlich einer einwöchigen Pause, wenn sie ihre Periode haben. Abgesehen davon haben sie einen Tag pro Woche frei, um zum Friseur oder ins Hammam zu gehen. Dies sind strikte Urlaubstage; falls die Polizei legale Sexarbeiterinnen an ihrem arbeitsfreien Tag dabei erwischt, wie sie Freier abfertigen, kann dies schwerwiegende Folgen haben.

»Nach meinen Erfahrungen bin ich ganz ehrlich der Meinung, dass das legale System für diese Personen – für Kunden und Frauen – die beste Alternative ist«, sagt Zahaf. Die Frauen werden alle zwei Wochen ärztlich untersucht – ein schneller Blick mit einer hellen Lichtquelle durch ein Spekulum, um nach Anzeichen sexuell übertragbarer Infektionen zu spähen – und machen ein Mal im Monat einen HIV-Test. Während die Mehrzahl der Frauen sagt, sie benutzten Kondome, sind diese – frei nach *Hamlet* – ein »Gebrauch, wovon der Bruch mehr ehrt als die Befolgung«.[26] Städte stellen die Kondome gratis zur Verfügung und ermuntern Sexarbeiterinnen, sie zu benutzen, aber wenn Freier bereit sind, eine Prämie für kondomfreien Sex zu bezahlen, ist es schwer, nein zu sagen.

Zahaf verweist auch noch auf andere Vorteile des Systems: Den Frauen werden zumindest Zahlungen und ein Dach über dem Kopf garantiert, und ihr Risiko, zusammengeschlagen zu werden, ist geringer als für Mädchen auf der Straße.[27] Trotzdem ist das Leben hart für sie. »Es gibt eine Menge psychische Probleme. Fast 80 Prozent von ihnen nehmen Tranquilizer – sie nehmen sie, um schlafen zu können, um sich selbst zu beruhigen. Sie trinken viel, sie rauchen viel«, so Zahaf. »Sie zahlen einen hohen Preis. Ich kenne bis jetzt keine, die das unbeschadet überstanden hätte – weder von den *badrona* noch von den Prostituierten.«[28]

Zahaf ist nicht sehr zuversichtlich, was die Zukunft des legalen Gewerbes betrifft; die Zahl der legalen Sexarbeiterinnen hat sich in den letzten

Jahrzehnten mehr als halbiert. »Meiner Meinung nach wird es in fünf bis zehn Jahren keine legale Prostitution mehr geben«, sagt er vorher. Es ist die gleiche alte Geschichte in der gesamten Wirtschaft: Wenn es um Dienstleistungen geht, gewinnen immer private Unternehmen. Den Kunden seien heimliche Sexarbeiterinnen lieber, meint Zahaf; obwohl sie teurer sind, ist man mit ihnen freier, das zu tun, was man will und wie man es will. Unterdessen haben gesellschaftliche und ökonomische Veränderungen zur Folge, dass die Zahl williger Anbieterinnen seiner Meinung nach stark gestiegen ist. Und es besteht auch kein Mangel an Interessenten: Laut einer Studie mit über 1200 Tunesiern unter 25 Jahren hatte ungefähr ein Drittel der sexuell aktiven Männer im Vorjahr Geld gegen Sex getauscht.[29] »Es ist wie ein Markt: Es gibt das Gesetz von Angebot und Nachfrage. Da gibt es auf der einen Seite das legale Angebot, das staatlich anerkannt ist, aber immer mehr Leute bedienen sich bei dem anderen. Wir können ja wohl kaum Werbung dafür machen.«

Zahaf hat jedoch andere Ideen: »Wenn wir es wie in Holland machen könnten, mit Fenstern, mit einem einladenden Umfeld, dann wäre es immerhin eine begrenzte Werbung für legale Prostitution.« Er wünscht sich nagelneue Häuser, die von der Stadt gebaut werden sollten und die nicht nur die Arbeitsbedingungen verbessern, sondern auch die Mieten verringern würden, so dass den Arbeiterinnen selbst mehr zufließen würde. Weitere Verbesserungen wären mehr Freizeit, Anspruch auf kostenlose ärztliche und psychologische Behandlung, die Einbeziehung in die staatliche Rentenversicherung sowie Darlehen, mit denen die Frauen ihre eigenen Kleinstbetriebe gründen und eine berufliche Ausbildung beginnen könnten. »Sie wollen aussteigen, aber es gibt kein Geld. Was bringt es, ihnen eine Stelle für hundert Dinar pro Woche anzubieten, wenn sie [als Prostituierte] vier- bis fünfhundert verdienen können?« Zahaf ist nicht optimistisch, was Veränderungen angeht. »Niemand will darüber reden«, seufzt er. »Es deprimiert mich jedes Mal, wenn ich an diese Situation denke.«

Nach der Jasmin-Revolution wurde das Leben für Tunesiens offizielle Freudenmädchen viel schwieriger. Der Sturz des Regimes Ben Ali im Jahr 2011 bedeutete auch das Ende einer jahrzehntelangen politischen Unterdrückung, und wie in Ägypten wurde dabei der Geist des Islamismus aus der Flasche gelassen. Angesichts der gewaltigen Palette von Problemen, die im Zuge der politischen Erneuerung Tunesiens gelöst werden müssen, mag es den Anschein haben, als rangiere legale Sexarbeit auf der Liste der nationalen Prioritäten weit unten, aber einige islamische Konservative haben die staatlich genehmigten Bordelle des Landes voll im Visier. Straßenproteste gegen und Angriffe auf legale Bordelle haben die Mitarbeiterinnen im ganzen Land in höchstem Maße alarmiert und dazu geführt, dass der Geschäftsbetrieb in Provinzstädten eingestellt wurde. Die unmittelbare Folge war ein zusätzlicher freier Tag pro Woche für die Frauen, die noch immer in dem Gewerbe tätig sind – Freitage gehören in der Rue Guech nicht mehr zur Arbeitswoche. »Nein zur Prostitution in einem muslimischen Land« lautete der Slogan der Demonstranten, die religiöse Argumente mit einem feministischen Protest gegen die Verdinglichung des weiblichen Körpers als käufliches männliches Lustobjekt verbanden. Andere Stimmen haben das System indes verteidigt und sich entschlossen gegen eine in ihren Augen schleichende Islamisierung gewandt.

Die Frauen selbst haben Angst vor der Zukunft. Die Umsätze waren im Gefolge des Aufstands eingebrochen, da Geld knapp war und der Druck der Islamisten stärker wurde. »Was ist, wenn sie uns den Laden dichtmachen?«, fragte mich eine *badrona*. »Was sollen wir dann tun? Wir können doch nichts anderes.« Die zunehmende Gewaltbereitschaft verstärkte ihre Ängste noch. Eine unabhängige Sexarbeiterin, die mir freundlicherweise Zutritt in ihre winzige, aufgeräumte Kammer gewährte, zeigte mir das Eisengitter, das sie neu hatte anbringen lassen, um sich vor den Männern draußen zu schützen. »Unter Ben Ali war es besser«, sagte sie. »Die Polizei war da. Gestern haben siebzehn, achtzehn Jahre alte Männer hier Gegenstände zertrümmert und alles verwüstet. Deshalb übernachte ich nicht länger hier. Es gibt keine Sicherheit mehr.«

Was die Zukunft bringt

Es bleibt abzuwarten, ob die legalen Bordelle Tunesiens die anstehenden Verfassungs- und Gesetzesreformen überleben werden. In der Praxis aber besteht kein Zweifel daran, dass der alte koloniale Ansatz zur Regulierung der Sexarbeit im Namen der Krankheitsprävention ausgedient hat. Auch im 21. Jahrhundert aber stellt das öffentliche Gesundheitswesen – mit seinen finanziellen Ressourcen, seiner stillschweigenden sozialen Akzeptanz und politischen Indifferenz – weiterhin eine Möglichkeit dar, Sexarbeiterinnen eine helfende Hand zu reichen, wenngleich die Betroffenen (etwa bei medizinischen Untersuchungen) weniger wie am Fließband abgefertigt werden sollten.

Im Namen der HIV-Prävention können sich Forscher heute die Lebensbedingungen von Sexarbeiterinnen in der gesamten arabischen Welt genauer ansehen. In Ägypten beispielsweise zeigen Studien, dass Jihanes Erfahrungen mit Drogengebrauch, Gewalt und anderen beruflichen Risiken durchaus typisch sind.[30] Bislang sind die HIV-Infektionsraten unter Sexarbeiterinnen in Ägypten und in den meisten anderen Ländern der arabischen Region deutlich niedriger als bei ihren Kolleginnen in der übrigen Welt.[31] Doch in Anbetracht der riskanten Natur ihres Gewerbes – wozu auch sexuelle Kontakte zu Personen gehören, die ihrerseits erhöhte Infektionsrisiken haben, wie etwa injizierende Drogenkonsumenten und Männer, die Sex mit Männern haben – ist es wahrscheinlich, dass sich HIV unter Sexarbeiterinnen in Ägypten und folglich bei ihren Kunden (und deren Ehefrauen) weiter ausbreiten wird. Erst recht, weil die Ausweitung des Kondomgebrauchs ein sehr mühseliges Unterfangen ist: Laut einer aktuellen Studie hat sich nach eigenem Bekunden nur ein Viertel der Kairoer Sexarbeiterinnen bei ihrem letzten gewerblichen Sexualverkehr geschützt.[32] Auch wenn Kondome vor Infektionen schützen können, setzen sie Jihane und ihre Freundinnen doch einem anderen Risiko aus: der Festnahme durch die Polizei. »Wenn ein Mädchen auf der Straße unterwegs ist und mit Kondomen in ihrem Geldbeutel angehalten wird«, erklärte Jihane, »wird sie aufs Polizeirevier gebracht, wo eine Anzeige aufgenommen wird, und wenn sie nicht vorbestraft ist, wird der Staatsanwalt am nächsten Tag das Verfahren gegen sie einstellen. Wenn sie aber vorbestraft ist, wird sie wegen Prostitution angeklagt und erhält eine Gefängnisstrafe.«

Ägypter, die die Lebensbedingungen von Sexarbeiterinnen verbessern wollen – und dazu gehört auch, das Risiko, dass diese sich mit HIV anstecken, zu reduzieren –, blicken westwärts, nach Marokko. Und dies aus gutem Grund: Marokko setzt im Umgang mit HIV Maßstäbe für die gesamte Region, denn dort gibt es nicht nur ein landesweites Netz von Einrichtungen, in denen man sich kostenlos und anonym auf HIV testen lassen kann, sondern auch ein Verteilungssystem für kostenlose antiretrovirale Medikamente.[33] Obwohl eine HIV-Infektion überall in der arabischen Welt ein Stigma ist, kann man in Marokko offener darüber sprechen, auch wenn sie viele heikle Fragen aufwirft: Während Ägypter in den letzten Jahren gezeigt haben, dass sie willens und imstande sind, auf die Straße zu gehen und dort das Heft in die Hand zu nehmen, fallen mir nicht allzu viele ein, die sich einem öffentlichen Marsch zur Sensibilisierung für HIV und Förderung der Toleranz gegenüber HIV-Infizierten anschließen würden, wie ich ihn in Casablanca miterlebte, wo die Teilnehmer der Kundgebung Transparente mit der Aufschrift »ICH BIN HIV-POSITIV« trugen.

Andere Länder in der Region können aber nicht nur aus dem offensiven Umgang Marokkos mit HIV etwas lernen. Wie bereits erwähnt, kursieren im arabischen Raum jede Menge sexuelle Stereotype, und besonders weit verbreitet ist die Vorstellung, Marokkanerinnen nähmen es mit der Sexualmoral nicht so genau. Oder, wie ein führendes marokkanisches Nachrichtenmagazin ganz unverblümt titelte: »Marokkanerinnen, wie sie von den Arabern gesehen werden. In zwei Wörtern: Hexen und Huren« – wobei die Hexerei nur ein weiteres Werkzeug der Versuchung im Arsenal der Sexarbeiterin ist, so die allgemeine Überzeugung.[34] Marokkanerinnen werden Ihnen erzählen, dass man sie, ganz gleich, wohin sie in der arabischen Region reisen, bis zum Beweis des Gegenteils für Sexarbeiterinnen hält. »Marokkanisch … ist keine Nationalität, es ist ein Gewerbe«, stellte das Magazin fest. Aufsehenerregende Vorfälle wie die Anklage gegen den ehemaligen italienischen Ministerpräsidenten Silvio Berlusconi, der bezichtigt wurde, eine minderjährige marokkanische »Tänzerin« in Mailand für sexuelle Dienste bezahlt zu haben, sind nicht gerade geeignet, diesen Ruf zu schmälern. Diese Eindrücke schlagen sich in konkreter Diskriminierung nieder; im Jahr 2010 beispielsweise weigerte sich die saudische Regierung, unverheirateten marokkanischen Frauen zwischen 18 und 22 Jahren Visa für den Besuch der heiligen Städte Mekka und Medina auszustellen, und zwar mit der Begründung, diese Frauen würden eher anschaffen gehen, als dass sie die Kaaba umrundeten. Die Marokkaner waren verständlicherweise empört über diese Verunglimpfung ihrer Frauen.

Dennoch ist Sexarbeit in Marokko ein großes Geschäft. Laut einer groben Schätzung sind in dem Land Hunderttausende von Frauen in der einen oder anderen Weise im sexuellen Dienstleistungsgewerbe tätig. Es ist so ein populärer Beruf, dass einige Beobachter von der »Prostitutionsökonomie« des Landes sprechen, illegal auf dem Papier (um islamische Konservative zu beruhigen), aber stillschweigend erlaubt (um die Arbeitslosigkeit zu lindern, die Privatausgaben im Inland anzukurbeln und unzufriedene junge Leute dazu zu veranlassen, ihre Energien sexuell abzureagieren, statt sie politisch zu kanalisieren, wie Kritiker behaupten).[35]

Rima und Najma stehen an der vordersten Front dieses besonderen Gewerbes. Sie arbeiten für ALCS (Association de Lutte Contre le SIDA, Verein zur Bekämpfung von Aids), eine führende NGO im Bereich der HIV-Bekämpfung, und ihre Aufgabe ist es, den Legionen von Sexarbeiterinnen in Casablanca die Botschaft von Safer Sex zu vermitteln; ALCS ist eines von über zwanzig derartigen Programmen landesweit.[36] Tagsüber klappern sie die Märkte der Stadt ab, wo sich »Gelegenheitsarbeiterinnen« versammeln – Frauen, die hoffen, einen Tagesjob als Putzkraft zu ergattern, aber auch für Geld zu einem Quickie bereit sind. Nachts streift das Duo – eine mit platingefärbten Dreadlocks und die andere in einem Hijab – durch die Straßen der Innenstadt und verteilt gratis Kondome und die äußerst populären Beutelchen mit Gleitcreme. (»Spätabends sind die Frauen aufgrund der vielen Freier ganz trocken«, erklärte Rima.) Die beiden wissen genau, wohin sie müssen: Ein in der örtlichen Zentrale der Organisation aushängender Stadtplan ist von roten Punkten übersät, die die Hotspots der Sexarbeit in der Stadt markieren.[37]

Ich schloss mich ihnen für eine Nacht an, und wir liefen stundenlang durch die Straßen. An diesem Abend war nicht viel los in Casablanca – es war kurz nach Eid al-Adha, einem der höchsten islamischen Festtage, und die meisten Frauen waren in ihre Kleinstädte und Dörfer zurückgekehrt, um ihre Familien zu besuchen. »Sie hätten es vorher sehen sollen«, sagte Rima. »Wir hatten als Streetworkerinnen siebzig Klientinnen pro Nacht, die anschaffen gingen, um Geld für Geschenke oder das Opferlamm zu verdienen.« Als wir um eine Ecke bogen, schlurfte uns eine pummelige

Frau mittleren Alters entgegen, die einen beigefarbenen Burnus trug und anfing, Höflichkeiten auszutauschen. Ich hielt sie für eine Freundin der beiden Streetworkerinnen, bis ich sah, wie sie wegging und dann stehenblieb, um mit einem jungen Mann zu sprechen. »Sie ist ein alter Hase«, klärte mich Najma auf. Es dauerte einen Moment, ehe der Groschen fiel und mir klar wurde, wo ihr Können angesiedelt war. »Die jungen Männer mögen ältere Frauen«, sagte Rima, die wohl an meinem perplexen Gesichtsausdruck erkannte, dass ich kurz überfordert war. »Sie mögen sie nach der Menopause. Da gibt es nicht mehr das Problem mit der Periode, und sie sind weniger anspruchsvoll«, sagte Najma lachend. »Ja, vor allem wenn Männer die Sache nicht richtig beherrschen.« Jüngere Männer sind zweifellos gut fürs Geschäft: Laut einer Umfrage unter Marokkanern unter 25 Jahren geben fast 40 Prozent ihr sexuelles Debüt bei einer Sexarbeiterin, und fast zwei Drittel frequentieren sie hin und wieder.[38]

Als Nächstes gingen wir eine Seitenstraße entlang und hinein in ein neonbeleuchtetes Untergeschoss. Zwei gleich gekleidete Mädchen in hautengen Jeans, kurzen Jacken mit Puffärmeln und pelzverbrämten Kapuzen sowie mit pinkfarbenen Stirnbändern saßen mit einem Drink in einer Ecke, während einige junge Männer sie von der Bar und dem Poolbillardtisch anstarrten. Die Mädchen wirkten ein wenig nervös, als Najma und Rima auf sie zugingen, aber die Frauen nahmen ihnen schnell die Befangenheit. »Wir sind von ALCS, einer Organisation, die sich um die Gesundheit von Frauen kümmert«, erklärten sie, und es gelang ihnen sehr schnell, das Vertrauen der Mädchen zu gewinnen. Ihre Geschichte war kurz und von schonungsloser Offenheit: Beide waren Anfang zwanzig und machten eine Ausbildung zur Friseurin; sie stammten aus armen Familien und konnten es sich daher nicht leisten, in puncto Mode mit ihren Klassenkameradinnen mitzuhalten. Um sich ein wenig Taschengeld zu verdienen, begaben sie sich an die Atlantik-Corniche von Casablanca und wurden von Männern aufgegabelt, die dort mit ihren Autos herumkurvten. Sie boten die Nummer für 300 MAD (Marokkanische Dirham; 27 Euro) an, das Sechsfache dessen, was die Prostituierte, der wir kurz zuvor begegnet waren, verlangte.

Das Team erkundete behutsam das Wissen der Mädchen, was die Übertragung von HIV und Schutzmaßnahmen anging. Nein, Kondome benutzten sie nie, sagten sie, aus einem einfachen Grund: Sie hatten sich auf Anal- und Oralverkehr spezialisiert und es daher nie für notwendig erachtet, da eine Schwangerschaft unter diesen Umständen als unwahrscheinlich galt. Vaginaler Geschlechtsverkehr kam für sie nicht in Frage, da beide heiraten wollten, und Jungfräulichkeit – das heißt ein intaktes Hymen – war dabei von größter Bedeutung; wäre dieses Siegel einmal gebrochen und ihre Ehemänner würden wütend, dann würden ihre offenbar ahnungslosen Familien unangenehme Fragen stellen. Najma belehrte sie über den Gebrauch von Kondomen und riet ihnen eindringlich, sich bei ALCS kostenlos auf HIV testen zu lassen. Sie überreichte ihnen ein paar Visitenkarten, die sie daran erinnern sollten, und als wir hinausgingen, bat der Inhaber des Cafés ebenfalls um einige Karten. »Manche Wirte heißen uns willkommen; sie wissen, dass es uns um die Gesundheit der Mädchen geht«, sagte Najma. »Aber andere wollen uns nicht bei sich; sie sagen, wir würden Scherereien mit der Polizei verursachen und der Prostitution Vorschub leisten.«

Es ist nicht leicht, das Vertrauen der Frauen zu gewinnen. Sie haben in ihrem Leben viel einstecken müssen, und bei all den Gewalterfahrungen, der sporadischen Polizeischikane, der finanziellen Unsicherheit und der allgemeinen Stigmatisierung ihrer Arbeit misstrauen sie zunächst einmal jeder ausgestreckten Hand, die sie, in der Vergangenheit, eher niedergeschlagen als ihnen aufgeholfen hatte. »Ich sage den Frauen, dass sie jung und schön sind und sich schützen müssen«, sagte Rima. »Es geht darum, ihr Selbstwertgefühl zu stärken.« Zu den vielen Dienstleistungen, die ALCS anbietet, gehören Rechtsberatung, Informationsveranstaltungen über sexuelle und reproduktive Gesundheit, Diskussionsgruppen sowie hin und wieder Frisier- und Make-up-Kurse, um den Frauen zu helfen, stolz auf sich zu sein, sowie Partys, die von den Frauen selbst organisiert werden, um ihnen ein Gemeinschaftsgefühl zu vermitteln und die Möglichkeit zu geben, für kurze Zeit aus einer unerbittlichen Routine auszubrechen. »80 Prozent der Prostituierten wollen aussteigen«, sagte mir Najma, aber es ist für sie sehr schwer, sich die dafür erforderlichen Mittel zu beschaffen, wie etwa finanzielle und anderweitige Unterstützung, um ein eigenes Kleingewerbe aufzubauen.

Andernorts ist die Kondombotschaft von ALCS eindeutig angekommen. Als Nächstes machten wir in einem Café halt, das brechend voll von Männern war, die sich im Fernsehen ein Fußballspiel ansahen. Zusammengedrängt in einem hinteren Winkel, völlig ignoriert von den Kunden, saß ein halbes Dutzend Frauen in Veloursburnussen, die Tee tranken und rauchten. Es wirkte wie ein morgendliches Kaffeekränzchen für Hausfrauen, aber die Wirklichkeit sah ein wenig anders aus: Alle anwesenden Frauen, zwischen 18 und 44 Jahre alt, waren Sexarbeiterinnen, die zwischen ihren Kunden eine Pause einlegten. Sie nahmen die Kondome, die das Team an sie verteilte, bereitwillig an und sagten mir, sie bestünden darauf, dass die Kunden sie benutzen. Das Geld ist knapp bei diesen Frauen, die kaum gebildet sind und wenig andere Optionen haben; die meisten waren geschieden und hatten mit der Sexarbeit angefangen, als ihre Ehemänner sie sitzengelassen hatten, um auf diese Weise über die Runden zu kommen und für den Lebensunterhalt ihrer Kinder zu sorgen. Wenn ein Kunde den Schutz ablehnte, könnten sie es sich dann wirklich leisten, nein zu sagen, fragte ich. »›Geh zu deiner Mutter‹, sagen wir ihnen«, antworteten die Frauen lachend. Solange die Gruppe in Bezug auf den Kondomgebrauch bei ihrer Linie bleibt, werden die Kunden, die sich weigern, es schwer haben, in der Nähe Sex zu bekommen. Wenngleich der Kondomgebrauch im marokkanischen Sexgewerbe erheblich höher ist als in Ägypten, deckt er keineswegs 100 Prozent der Kontakte ab. Viele Frauen würden es vorziehen, weibliche Kondome zu benutzen, aber die sind teurer und schwer erhältlich. Obwohl die meisten Sexarbeiterinnen die Vorteile männlicher Kondome genau kennen und wissen, wo man sie bekommt, gibt es für sie vielfältige Gründe, auf ihren Gebrauch zu verzichten, etwa Einwände der Kunden und die Furcht, der bloße Hinweis auf Schutzmaßnahmen erwecke den Eindruck, sie selbst seien infiziert, was schlecht fürs Geschäft wäre.[39]

Während die direkte Aufklärung von Kunden heikel bleibt, ist es von entscheidender Bedeutung, den Frauen beizubringen, wie sie den Gebrauch von Kondomen durchsetzen können. »Wenn die Frau Selbstbewusstsein besitzt, will sie sich schützen und ihre Gesundheit bewahren. In diesem Fall kann sie ihren Kunden die Botschaft rüberbringen«, erklärte Rima. Es gibt noch andere Methoden der Überzeugung. Am Sitz von ALCS zeigte man mir eine Reihe knallbunter Plastikpenisse, an denen

Sexarbeiterinnen üben können, wie man Kondome mit dem Mund überstreift – eine Möglichkeit, um den Widerstand von Kunden gegen den Kondomgebrauch zu überwinden. Solche fortgeschrittenen Fertigkeiten können allerdings den geballten Zorn von Konservativen auf sich ziehen: Als eine ALCS-Lehrerin – noch dazu im Hijab – im französischen Satellitenfernsehen die orale Verabreichung von Kondomen demonstrierte, löste dies in Marokko eine Welle der Empörung aus, und sie wurde vorübergehend aus ihrem Viertel gejagt. Die damit einhergehende große mediale Aufmerksamkeit sensibilisierte die Öffentlichkeit jedoch für dieses Thema, und seitdem sei es zu einem leichten Anstieg der Kondomverkäufe gekommen, behauptet ALCS.

Es gibt dezente Anstrengungen, um die marokkanischen Erfahrungen in andere Gebiete der Region zu übertragen, auch nach Kairo. Mehr als sechzig Jahre, nachdem mein Vater mit der Straßenbahn durch die Clot-Bey-Straße gefahren war, begab ich mich an genau denselben Ort und sah Kairoer Freudenmädchen dabei zu, wie sie ihrem Gewerbe nachgingen. In einem Café, das man über eine schmale Treppe erreichte, waren ein paar Frauen, die auf Diwanen saßen, in angeregte Gespräche vertieft; am anderen Ende des Raums vertrieben sich zwei Kunden die Zeit, indem sie Schischas rauchten und Backgammon spielten. Es war eine klassische Szene – typisch für Kairo im Wandel der Zeiten –, sieht man einmal von dem Klingeln der Handys und dem Gesprächsthema ab: Wie sich die Frauen vor HIV und anderen beruflichen Risiken schützen könnten.

Dieses Streetwork-Programm, das darin besteht, »Peers« (ehemalige Sexarbeiterinnen) loszuschicken, damit sie die Frauen an ihren Treffs aufklären, lässt sich in Kairo noch schwerer umsetzen als in Casablanca. Es gibt kaum eine Handvoll NGOs in Kairo und Alexandria, die sich um Sexarbeiterinnen kümmern, und sie sind chronisch unterfinanziert. Der größte Teil der Arbeit geschieht hinter geschlossenen Türen, in Beratungszentren, die rechtliche, medizinische und psychologische Unterstützung anbieten. Eine Zeitlang machte der Aufstand ihre Arbeit sogar noch schwieriger als gewöhnlich. Vor den Ereignissen von 2011 war der riesige Sicherheitsapparat Ägyptens ein großes Problem für NGOs, die mit gesellschaftlichen Randgruppen arbeiteten. Nicht nur wurden Sexarbeiterinnen regelmäßig verhaftet und von der Polizei selbst sexuell ausgebeutet, auch Streetworkerinnen wurden oft festgenommen – die Regierungsministerien ließen sie zwar ihre Arbeit im Verborgenen erledigen, wollten sie aber andererseits nicht durch schriftliche Genehmigungen offiziell anerkennen. »Die Polizei ist mit all diesen Personen – Sexarbeiterinnen, gewöhnlichen Bürgern, allen – sehr grob umgesprungen«, sagte mir eine der Streetworkerinnen, worauf sie mir eine ihrer zahlreichen Festnahmen schilderte. »Sie wollten mich einschüchtern, ich sollte schluchzen und flehen: ›Bitte verzeihen Sie mir‹, aber ich habe nichts falsch gemacht, also habe ich das nicht getan. Er [der Polizist] war sauer und wütend, und so musste ich eine schreckliche Nacht auf dem Polizeirevier verbringen.« Dies aber war im Vergleich zu anderen Berichten über brutales Vorgehen der Polizei eine Behandlung mit Glacéhandschuhen, und genau dieses Verhalten brachte die ägyptischen Sicherheitskräfte in die vorderste Schusslinie, als der Aufstand losbrach.

Das führte dazu, dass sich die Polizei in den folgenden Monaten in Kairo recht passiv verhielt, was wiederum neue Probleme für Streetworkerinnen aufwarf. »Vor der Erhebung saßen die Mädchen an einem Ort und warteten ein bis zwei Stunden auf einen Kunden, so dass wir Zeit hatten, mit ihnen zu arbeiten«, sagte mir eine andere aus dem Team der Streetworkerinnen. »[Aber nach dem Aufstand] sitzen sie völlig ungehindert an öffentlichen Orten und schaffen direkt dort an, viele Kunden; auch die Kunden fühlen sich freier. Es gibt keine Polizei, keine anderen Sicherheitskräfte. Für die Frauen ist es viel leichter, aber für uns ist es schwieriger, weil sie keine Zeit für uns haben.« Weniger polizeiliche Razzien bedeuteten auch, dass Sexarbeiterinnen ihre Geschäfte in Privatwohnungen verlegen konnten, wo *baltagiyya* (Schläger) und Zuhälter die soziale Unterstützung von Sexarbeiterinnen zu einem riskanten Unterfangen machen.

Die immer lauter werdende Stimme der Islamisten macht die Dinge noch komplizierter. Einige der Sexarbeiterinnen, die in den Monaten nach dem Aufstand bei der Beratungsstelle auftauchten, waren eindeutig ins Visier ihrer unverkennbar religiösen Nachbarinnen geraten. »Eine unserer Klientinnen kam eines Tages im Niqab, weil sie von den Ehefrauen von Salafisten unter Druck gesetzt werden. Sie sagen: ›Wenn du nicht an deine Religion glaubst, werden die Christen die Herrscher sein, sie werden die Macht in Ägypten an sich reißen.‹ Also versuchen sie sie am religiösen Wickel zu packen, aber in Wirklichkeit geht es um Politik.« Bei den NGOs herrschte große Sorge, weil niemand wusste, wie stark dieser Druck werden würde und wie sehr ihre Arbeit durch den politischen Aufstieg islamischer Konservativer beeinträchtigt würde. In den Monaten nach dem Aufstand wurde ein Beratungszentrum sowohl von Salafisten belagert, die schließen wollten, was in ihren Augen ein Sündenpfuhl war, als auch von einer Gruppe von Rowdys, die Mädchen aufreißen wollten. Das Ganze mündete schließlich in eine Schlägerei zwischen den beiden gegnerischen Gruppen – eine Szene, die recht gut den Zustand Ägyptens nach dem Ende des Mubarak-Regimes zusammenfasst.

Ungeachtet des gegenwärtigen Klimas träumen einige Reformer von Veränderungen. »Ich habe Hoffnung, was die Entkriminalisierung anlangt«, erzählte mir eine junge Juristin, die bei einer NGO arbeitet. »Weil sich die Revolution auf zwei Säulen stützte – soziale Gerechtigkeit und Menschenrechte –, ist dies ein sehr förderliches Umfeld für Veränderungen. Wir können auf HIV verweisen, insbesondere falls die Kriminalisierung sich negativ auf die Straßensozialarbeit auswirkt.« In globalen Debatten über die Zukunft von Sexarbeit schält sich die Entkriminalisierung – das heißt die Aufhebung der Strafgesetze im Zusammenhang mit sämtlichen Aspekten der gewerblichen Sexarbeit und ihre Ersetzung durch zivilrechtliche Vorschriften, wie sie für jedes andere Gewerbe auch gelten, sowie eigenständige strafrechtliche Bestimmungen gegen Menschenhandel, sexuelle Nötigung und Sex mit Minderjährigen – als die bevorzugte Option derjenigen heraus, die sich für die Gesundheit, Sicherheit und Menschenrechte von Sexarbeiterinnen und Sexarbeitern engagieren. Eine Legalisierung der Prostitution, die bedeutet, dass der Staat eine entscheidende Rolle bei der Regulierung von Sexarbeit spielt, wie es in Tunesien und einer Handvoll weiterer Staaten im Globalen Süden der Fall ist, schafft so viele Probleme, wie sie löst – selbst mit den Verbesserungen, die Zahaf vorschweben. In Anbetracht des Aufstiegs des islamischen Konservatismus in Ägypten in den letzten Jahren ist sowieso keine der beiden Optionen realistisch – und es wird dauern, bis der Pragmatismus, der den Glauben meiner Vorfahren kennzeichnete und der einen Weg fand, die Bedürfnisse des Fleisches mit den Forderungen des Glaubens in Einklang zu bringen, wieder seinen Platz finden wird.

In der Zwischenzeit bestünde das zweckdienlichste Vorgehen in einer De-facto-Entkriminalisierung, bei der die Behörden einfach die Augen vor der Praxis verschließen, die Verhaftungen von Sexarbeiterinnen einstellen und die langsame Erweiterung von Projekten zulassen, die diesen Frauen medizinische, juristische und soziale Dienstleistungen anbieten. So bemühen sich einige NGOs in Kairo darum, die praktischen Auswirkungen des Gesetzes abzuschwächen, indem sie Sexarbeiterinnen über ihre gesetzlichen Rechte informieren und ihnen Tipps geben, wie sie sich verhalten sollten, falls sie festgenommen werden. Es besteht die Hoffnung, diese Dienstleistungen auf andere Teile Ägyptens ausweiten zu können und den Organisationen mehr Gehör zu verschaffen, indem man andere NGOs mit ins Boot holt – zum Beispiel solche, die sich um Frauenrechte kümmern –, die sich gegenwärtig noch von solchen umstrittenen Klienten fernhalten.

Die Situation von Sexarbeiterinnen in Ägypten und ihrer Kolleginnen in der arabischen Region ist nicht ungewöhnlich. Als Mitglied der Global Commission on HIV and the Law hörte ich Aussagen von Sexarbeiterinnen aus der ganzen Welt, und ihre Berichte zeichnen sich durch eine ernüchternde Gleichförmigkeit aus: ökonomische Unsicherheit, Stigmatisierung, Diskriminierung, Gewalt, Belästigung und Übergriffe durch die Polizei, schlechter Zugang zu gesundheitlichen und rechtlichen Dienstleistungen sowie medizinische und psychische Probleme sind nur einige der täglichen Herausforderungen in diesem Metier. Ein Unterschied zwischen Sexarbeiterinnen in Kairo und, zum Beispiel, Kalkutta besteht jedoch darin, dass Letztere sich zu lautstarken Interessengruppen zusammengeschlossen haben, die für die Rechte ihrer Mitglieder kämpfen, während Sexarbeiterinnen in Ägypten, ja in der gesamten arabischen Welt, nach wie vor ein Schattendasein fristen. Schon vor dem Aufstand war es schwer, in Ägypten eine NGO zu gründen, die sich für rechtliche Belange einsetzt, ganz zu schweigen von den Rechten von Sexarbeiterinnen. Aber jetzt, wo Chancen für – zumindest langfristige – Veränderungen in der Luft liegen, ist die Fähigkeit von Sexarbeiterinnen, sich zu organisieren, zu mobilisieren und zu vernetzen, der Schlüssel, um sich einen Anteil an den versprochenen Früchten der neuen Ordnung zu sichern – unter anderem Beschäftigung, Bildung und Wohlstand.

In Ägypten scheint dies alles heute freilich in weiter Ferne zu liegen. »Man kann die Kultur eines ganzen Volkes nicht in fünf oder zehn Jahren ändern«, sagte mir ein Streetworker, als wir in der Clot-Bey-Straße saßen. »Es ist unsere Erziehung, die Art, wie wir aufwachsen. Eine junge Frau, die sich nicht verschleiert, ist für uns eine unzüchtige Frau. Es geht allein um den äußeren Anschein.« Genau in dem Moment stand eine Sexarbeiterin in schwarzem Niqab und Abaya saudischen Stils auf und ging an uns vorbei zur Tür, im Schlepptau einen jungen Kunden. Der Streetworker blickte ihr nach, wandte sich dann aber sofort wieder mir zu, als ich ihn fragte, ob er in der neuen Ordnung eine Verbesserung der Situation der Sexarbeiter erwarte. »Nicht in fünf Jahren. Nicht in fünfzig Jahren«, sagte er sachlich. »Diese ganze Arbeit hier wird weiterhin unter der Hand stattfinden.«

6
DER MUT, ANDERS ZU SEIN

Solange es mir am A… vorbeigeht, ist es mir egal.[1]

Meine Großmutter darüber, dass man sich nur um seine eigenen Angelegenheiten kümmern sollte

Dies ist eine Geschichte von zwei Städten, die kaum einen Straßenzug auseinanderliegen. Etwa ein Jahr vor dem Aufstand ging ich durch die Straßen in der Nähe des Tahrir-Platzes zu einer Party in einem Privatklub. Mein Gastgeber war Nasim, ein unglaublich charmanter und kultivierter Mann in den Vierzigern, der als Lehrer an einer elitären Fremdsprachenschule arbeitet. Der Klub war an diesem Abend brechend voll, an wackligen Tischen drängten sich Künstler, Schriftsteller, Ärzte, Anwälte und andere Akademiker – Muslime und koptische Christen wie Nasim, vereint in ausgelassener Feierstimmung. Alkohol floss in Strömen, und die Unterhaltungen wechselten nahtlos zwischen Arabisch, Englisch und Französisch. Es war eine muntere und niveauvolle Szene – und unverkennbar, geradezu hemmungslos *gay*.

Ich benutze dieses Wort nicht leichtfertig, weil »gay« außerhalb des Westens emotional und ideologisch stark aufgeladen ist. Vor ein paar Jahren löste Joseph Massad, ein in den Vereinigten Staaten lehrender Dozent palästinensischer Abstammung, einen Proteststurm aus, als er behauptete, die »Schwule Internationale« – eine Allianz westlicher NGOs, die sich für die Interessen von Lesben, Schwulen, Bisexuellen und Transgender einsetzt – zwinge der arabischen Welt eine westliche Agenda von Schwulenrechten auf und pervertiere ihre »natürliche« Ordnung der Sexualität, in der Männer Sex mit Männern haben und Frauen mit Frauen, ohne sich selbst als »homosexuell« oder »schwul« zu betrachten.[2] In seinem Buch vertritt Massad den Standpunkt, diese Form des sexuellen Imperialismus gefährde das Leben derjenigen, deren Neigungen und Verhaltensweisen gegen die heterosexuelle Norm verstoßen, indem sie dieses Begehren mit einer verachteten westlichen Agenda von Schwulenrechten kurzschließe; außerdem schränke sie die sexuelle Entfaltungsfreiheit der Araber ein, indem sie sie in starre sexuelle Kategorien mit festen Etiketten einordne, während ihre Neigungen frei zwischen den Geschlechtern flottierten. Massad formulierte es folgendermaßen:

> Wenn die Schwule Internationale Diskurse über Homosexualität in der nichtwestlichen Welt anstiftet, behauptet sie, es gehe ihr um die »Befreiung« derjenigen, die sie verteidigt. Doch dadurch, dass die Schwule Internationale für dieses Befreiungsprojekt eintritt, zerstört sie gesellschaftliche und sexuelle Konfigurationen des Begehrens, nur um eine Welt nach ihrem eigenen Bild zu reproduzieren, in der ihre sexuellen Kategorien und Formen des Begehrens nicht in Frage gestellt werden.[3]

In dem Kairoer Klub waren diese »Konfigurationen des Begehrens« – durchtrainierte Körper in engen T-Shirts und Jeans – damit beschäftigt, auf die Tanzfläche zu drängen und die Hüften zu den Klängen der Schwulenikone Dalida zu schwingen. Überall standen kleine Gruppen von Männern beisammen, die sich gegenseitig den Arm um die Schulter legten und in angeregtem Gespräch die Köpfe zusammensteckten. Auf den ersten Blick war daran nichts Ungewöhnliches. Intensive Homosozialität einschließlich engen körperlichen Kontakts und starker emotionaler Bindungen zwischen Menschen gleichen Geschlechts sind in Ägypten vollkommen akzeptabel, zumal sie nicht unbedingt sexuelle Anziehung signalisieren. Dieses Verhalten kann auf Menschen, die im Westen aufgewachsen sind, befremdlich wirken, geht man dort doch davon aus, dass das eine in der Regel auf das andere folgt. Ich erinnere mich daran, dass ich als Kind von meiner Mutter zurückgehalten werden musste, als einer der Freunde meines Vaters ihn an der Hand nahm, während wir durch Luxor spazierten. Das war allerdings keine früh einsetzende Homophobie, sondern schlicht und einfach Eifersucht darauf, dass mein Vater jemand anderem als meiner Mutter und mir eine solche enge körperliche

Vertrautheit schenkte. Selbst heute, nachdem ich schon seit Jahren in der arabischen Region arbeite, schaue ich noch immer zweimal hin, wenn ich Nachrichten erhalte wie: »Mein Liebling Shereen, ich vermisse dich so sehr und zähle die Tage, bis wir uns, so Gott will, wiedersehen. Alles Liebe und Küsse« – dies von einer glücklich verheirateten, durch und durch heterosexuellen Freundin.

Aber noch bevor mir Nasim seine Freunde vorstellte, sagte mir der Ausdruck unverhohlenen Ekels, der auf den Gesichtern der Kellner auftauchte, dass es sich hier um etwas ganz anderes handeln musste. »Und Sie?« Ich drehte mich um, weil ich glaubte, die Frage wäre an mich gerichtet, denn sie enthielt im Arabischen ein weibliches Pronomen; doch dann sah ich, dass sich hier zwei Männer unterhielten. Nasim schüttelte den Kopf, ein eindeutiges Missbilligen dieser Art von grammatikalischer Geschlechtsumwandlung. »Es soll witzig sein, aber ich hasse es. Einige dieser Typen sind ziemlich tuntig. Es kommt darauf an, wie man auftritt. Amüsier dich, aber mach keinen Skandal.«

Ein paar Wochen später und einige Straßenzüge entfernt kam ein anderes Gesicht von Kairo zum Vorschein. In einem *ahwa*, einem traditionellen Café, wo sich Männer um Tische versammelten und, an starkem Kaffee und zuckersüßem Tee nippend, plauderten und lachten, traf ich mich mit Munir und seinen Freunden. Auf einem kleinen Fernseher, der hoch in einer Ecke des Raumes montiert war, flimmerte dröhnend laut ein Fußballspiel, und die einzigen Frauen weit und breit waren ich, eine Kollegin und ein paar Sexarbeiterinnen, die einige der Männer rumzukriegen versuchten. Die *ahwa* ist ein Ort mit einer ausgesprochen maskulinen Atmosphäre – man könnte meinen, dass sie die Wasserpfeifen hier mit Testosteron versetzen –, wo Munir und seine Freunde eindeutig in ihrem Element waren, auch wenn sie alle Sex mit Männern haben. Zwischen ihnen und Nasims Schickeria lag eine Welt. Munir und seine Freunde stammen aus der Arbeiterschicht – sofern sie Arbeit bekommen können. Einige von ihnen gehen anschaffen, um über die Runden zu kommen.[4]

Wie die verschiedenen sozialen Schichten des heterosexuellen Kairo haben auch Nasim und Munir kaum gesellschaftliche Berührungspunkte. »Wir sind alle gebildet, wohlhabend«, bemerkte Nasim, während er den

Blick durch den Klub schweifen ließ. »Das Problem ist, dass die Gay Community sehr stark nach Schichtzugehörigkeit getrennt ist. Es ist abwegig zu glauben, dass eine Minderheit ihre sozialen Unterschiede verliert, nur weil sie eine Minderheit ist.« Nasim ist kein Snob, aber er nimmt sich vor denjenigen außerhalb seines Zirkels in Acht. »Die Reichen führen ihr eigenes Leben, und die Armen führen ihr Leben, und es ist wirklich gefährlich, sich zu mischen. Sie können sich nicht vorstellen, was für eine Erleichterung es ist, wenn ich einen Mann finde, der mich nicht ausrauben, schlagen oder vergewaltigen will. Wenn man einen solchen Mann findet, schnappt man ihn sich.«

Was die verschiedenen Schichten miteinander verbindet, ist Misstrauen. Nasim ist äußerst vorsichtig hinsichtlich der Orte und Partys, die er frequentiert, und wenn die Szene »zu schwul« wird, wie er sagt, dann hält er sich fern. Seine Vorsicht verdankt sich einem einschneidenden Ereignis, dem »Queen-Boot«-Vorfall von 2001, wie er sinnigerweise genannt wurde, bei dem eine muntere Party auf dem Nil von der Polizei gesprengt wurde; über fünfzig homosexuelle Männer wurden festgenommen, angeklagt, verurteilt und in den Medien namentlich genannt und bloßgestellt.[5] Der Vorfall wirkt sich bis heute auf die Einstellungen und das Verhalten von Männern aus, die damals selbst noch Kinder waren, zu jung, um die Bedeutung dessen, was sich ereignet hatte, wirklich zu verstehen. Wenn Nasim Vorsicht walten lässt, dann nicht in erster Linie aus Angst, im Gefängnis zu landen. »Wenn mich die Polizei sieht, erkennen sie meine soziale Identität, und deshalb verhaften sie mich nicht. Es geht um Macht«, erklärte er. Munir, der soziale Antipode Nasims, bestätigte diese große Kluft. »Wenn ein Mann verhaftet wird und eine einflussreiche Person kennt, ruft er diese an, und die Polizei lässt ihn gehen. Von den Gay-Treffs der Oberschicht hält sich die Polizei fern. Das sind so teure Läden, da interessiert es niemanden, ob die schwul sind oder nicht.« Außerhalb dieser glitzernden Blase dagegen nehmen sich die Leute sehr in Acht; am meisten beunruhigt Nasim das Schreckgespenst eines öffentlichen Outings gegenüber der Familie und den Nachbarn, sollte es zu einer Auseinandersetzung mit der Obrigkeit kommen.

Munir und seine Freunde in der *ahwa* achten ebenfalls auf ihren Umgang. »Einige Leute sind ängstlich. Sie sprechen mit niemandem offen«, erzählte Munir. »Wir sind nicht sicher. Wir meiden bestimmte Orte. Ich würde niemals in einem Laden herumhängen, in dem viele Schwule sind. Es ist sehr gefährlich. Die meisten Schwulen sind jung, sie sind noch aufgedreht, sie sind ziemlich leichtsinnig.« Die Gefahr geht hier von der Polizei aus. Für Munir ist das Gefängnis nicht irgendeine abstrakte Bedrohung. In Ländern überall in der arabischen Region gibt es eine ganze Reihe von Gesetzen, die gleichgeschlechtliche Aktivitäten kriminalisieren. Keines davon richtet sich explizit gegen »Homosexualität« per se, und trotzdem wird sie durch die Kriminalisierung der Sodomie, vage definierter »homosexueller Handlungen« und andere sehr weit interpretierbare Straftatbestände mit erfasst.[6]

Ägypten hat, ebenso wie Jordanien und das Westjordanland, kein eigenes Gesetz gegen Sodomie oder gleichgeschlechtliche Handlungen, aber es hat seit langem Gesetze gegen öffentliche Unsittlichkeit und Prostitution, einschließlich »gewohnheitsmäßiger Ausschweifung«. Diesem Vorwurf sah sich Munir zweimal ausgesetzt, hinzu kamen frei erfundene Anschuldigungen wegen Drogenmissbrauchs. »Die Polizei kann einen schon mitnehmen, nur weil man irgendwo sitzt ... sich irgendwo trifft. Wenn sie irgendein Gerücht über uns hören oder ihnen jemand sagt, dass ich HIV habe, genügt das schon, um verhaftet zu werden.«[7] An dem Abend, an dem wir uns trafen, waren Munir und seine Freunde sichtlich nervös. In der Gegend war gerade jemand ermordet worden, und die Gruppe musste damit rechnen, unter den üblichen Verdächtigen verhaftet zu werden.

Weshalb die Behörden so scharf darauf sind, Männer, die Sex mit Männern haben, festzunehmen, wo es doch keinen eigenen Straftatbestand gibt, der solche einvernehmlichen Handlungen verbietet, ist eine interessante Frage, die ich mehreren Anwälten und ihren Mandanten stellte. Es bestand Einigkeit darüber, dass das polizeiliche Vorgehen weniger eine Frage moralischer Einwände, heimlichen homosexuellen Begehrens oder gar von Erpressung sei und mehr mit der Ausübung von Macht zu tun habe, sei es eine koordinierte Kampagne von oben oder individuelle Initiative, und dies in einem autoritären System, das zur Unterwerfung all derjenigen ermuntert, die schwächer sind als man selbst. Als ich einen ehemaligen Kairoer Polizeichef mit diesen Ansichten konfrontierte, war er schlichtweg perplex. »Aber natürlich gibt es ein Gesetz, das Sodomie und Homosexualität verbietet«, beteuerte er. »Nicht Prostitution, nein, ganz konkret Sodomie. Dieses Gesetz ist schriftlich niedergelegt und wird auf der Polizei-Akademie gelehrt.« Er ließ keinen Zweifel daran, dass er dieses Gesetz für sehr nützlich hielt. »Sie bestrafen diese Leute, weil es im Gesetz so steht. Wir kriminalisieren Dinge, die im Widerspruch zu unserer Religion stehen, und außerdem verursacht es Aids. Am besten, man sperrt sie ein. Ja, ich glaube, es wird die Zahl dieser Vorfälle verringern, und es steht in Einklang mit der Scharia.« Seine abschreckende Selbstsicherheit war ein eindeutiger Beleg dafür, was mir die Anwälte gesagt hatten: Diejenigen, die die Macht haben, bestimmen nach eigenem Gutdünken, was Recht und Gesetz ist. Diese Haltung wurde durch den drei Jahrzehnte währenden Ausnahmezustand, der 1981 verhängt wurde, noch erleichtert – das entsprechende Gesetz ermächtigte die Sicherheitsbehörden, Personen aus dem geringfügigsten Anlass festzunehmen, einzusperren und vor Gericht zu stellen. So konnte die Polizei Munir und seine Freunde jederzeit, an jedem Ort und aus jedem beliebigen Grund, der ihr zupasskam, aufgreifen.

Munir ist ein kleiner, sanftmütiger Mann mit Nofretete-Wangenknochen, großen, glänzenden Augen und jener Sorte Wimpern, von der Wimperntusche-Hersteller träumen. Von seinen Erfahrungen erzählte er mir mit weicher, fröhlicher Stimme, die solche gewaltsamen Übergriffe erst recht schrecklich macht. Einmal wurde Munir in einer Wohnung verhaftet, die er mit sechs Freunden teilte; sie waren von einem Mitbewohner verraten worden, der zum Polizeispitzel geworden war, um sich selbst herauszupauken. »Nach der Festnahme brachten sie uns zu einem Arzt, der feststellen sollte, ob wir Analverkehr hatten«, erklärte Munir. »Ja, eine anale Untersuchung«, antwortete er auf meinen fragenden Blick, wobei er auf eine beliebte forensische Untersuchungsmethode Bezug nahm. Anale Untersuchungen sind beim »CSI Kairo« offenbar ein großer Knüller; dabei sucht man nach bestimmten Verformungen des Anus, die, neben anderen Indizien, als Beweis für Sodomie herangezogen werden. Munir kritisierte weniger die krasse Menschenrechtsverletzung, die diese Untersuchungsverfahren darstellen, und mehr die Tatsache, dass sie keinerlei Aussagekraft besitzen – was von ausländischen Experten bestätigt wird.[8] Munir sagte, sein Test sei negativ ausgefallen (also positiv für ihn), aber das war egal: Er wurde trotzdem wegen gewohnheitsmäßiger Ausschweifung zu sechs Monaten Gefängnis verurteilt.

Während die Männer an ihren Schischas zogen und wir an unseren 7-Up-Flaschen nippten, folgte ein erschütternder Erfahrungsbericht auf den nächsten: Stromschläge, Prügel, Vergewaltigung und erzwungene Geständnisse in Polizeigewahrsam, wobei Zeugenvernehmungen und ein kompetenter Rechtsbeistand ganz offensichtlich eher die Ausnahme als die Regel sind. Haftstrafen, gefolgt von monatelanger Überwachung, ebenfalls oftmals in Polizeigewahrsam, waren sogar noch schlimmer. »Sein Auge brechen« sagt man in Ägypten, wenn man jemanden demütigt, und erzwungener Analverkehr war zu allen Zeiten ein bevorzugtes Instrument der Mächtigen in der arabischen Region. Munir schüttelte den Kopf über das Absurde an der Situation. »Manchmal, wenn wir auf dem Revier schlafen, machen es die Polizisten [haben Sex mit uns]. Weshalb verhaften sie uns wegen Homosexualität und stecken uns dann ins Gefängnis, wo es wieder passiert? Sind wir nur Unterhaltung, Lustobjekte für andere?«[9]

A Man's World

Als Munir und Nasim diese Vertraulichkeiten mit mir teilten, nannten sie sich selbst oft »gay« oder *homo* – Wörter, die aus dem Englischen und Französischen entlehnt sind. Zwar gibt es Alternativen im Arabischen, aber sie alle passen nicht so richtig. Historisch betrachtet herrschte kein Mangel an arabischen Wörtern zur Bezeichnung von Männern und Frauen, die es mit ihrem eigenen Geschlecht hatten, aber diese bezogen sich, wie einige Wissenschaftler behaupten, auf Handlungen, nicht auf die Orientierung – Sex mit dem gleichen oder dem anderen Geschlecht sei mehr eine Frage der Aktivität als der Identität, argumentieren sie. Diese Unterscheidung zeigt sich etwa in den klassischen Begriffen *luti* (ein Mann, der einen jüngeren Mann penetriert) und *suhaqiyya* (eine Frau, die sich an einer anderen Frau »reibt«).

Im Lauf des letzten Jahrhunderts haben sich die Wörter, die Menschen benutzen, um über gleichgeschlechtliche Beziehungen zu sprechen, geändert, worin sich der Wandel der Zeiten widerspiegelt – eine Veränderung, die ich in meiner eigenen Familie erlebt habe. Wenn mein Vater über Homosexualität spricht, verwendet er die Wörter *khawal* und *'ilq*, die den aktiven und passiven männlichen Partner bezeichnen und die oftmals als Beleidigung oder im Spaß benutzt werden; meine Cousins, die der darauffolgenden Generation entstammen, reden von *shadh* (ausgesprochen: *shaz*), ein Wort, das »abweichend« bedeutet und um die Mitte des 20. Jahrhunderts in den Sprachgebrauch einging.[10] Ich wiederum gebrauche aufgrund meiner Arbeit mit der Zivilgesellschaft und den Vereinten Nationen die arabische Entsprechung des internationalen HIV/Aids-Jargons – »Männer, die Sex mit Männern haben«, was im Arabischen genauso umständlich klingt wie im Englischen. Es ist Teil einer Terminologie, die sich in den letzten gut zehn Jahren herausgebildet und Anleihen bei der internationalen LGBT-Bewegung* gemacht hat: *mithli* und *mithliyya*, maskuline und feminine Ableitungen von dem arabischen Wort für »gleich«, zur Bezeichnung von Männern und Frauen, die Beziehungen zu gleichgeschlechtlichen Personen haben; *ghairi* und *ghairiya*, von dem arabischen Wort für »verschieden«, für heterosexuelle Männer und Frauen; *thuna'i* und *thuna'iyya*, von dem Wort für »doppelt«, für männliche und weibliche Bisexuelle; *mutahawwil* und *mutahawwila*, von dem Wort für »verändern«, für Transsexuelle und Transgender. In Ägypten sind diese Ausdrücke noch immer überwiegend auf einschlägige Kreise beschränkt, und meiner Erfahrung nach rufen andere Wörter als *shadh* nach wie vor perplexe Blicke oder Gelächter hervor.

Aber »gay« ist nicht nach jedermanns Geschmack. In dem Klub schilderte mir Anwar, ein Künstler, seine Karriere; er hetzt zwischen Auftritten und Projekten in Kairo, Paris und Amsterdam hin und her. Ich ging naiverweise davon aus, dass das Leben als homosexueller Mann für ihn in Europa leichter sein müsse, aber seine Erfahrung sagt anderes. »Ich finde es hier befreiender. Ich hab mich geoutet – meine Eltern und meine Kol-

* »LGBT« – Abkürzung für »Lesbian, Gay, Bisexual und Trans(gender bzw. -sexual)«, Bewegung zum Schutz der Rechte von Lesben, Schwulen, Bisexuellen und Transgender/Transsexuellen (Anm. d. Ü.).

legen wissen, dass ich Männer mag. In Europa wird meine Kunst nur als ›gay art‹ gesehen. Hier dagegen bin ich ein Künstler, der zufälligerweise auf Männer steht. Ich werde nicht in der gleichen Weise in eine Schublade gesteckt.«

Im *ahwa* fühlte sich Hisham, einer von Munirs Freunden, in ähnlicher Weise durch das Wort »gay« eingeschränkt. Auf den ersten Blick ist Hisham ein Inbegriff bürgerlicher Wohlanständigkeit – seit fünfzehn Jahren verheiratet, zwei Kinder und ein sicherer Arbeitsplatz im konjunkturresistenten Klimaanlagen-Geschäft. Aber er hat auch Sex mit Männern, längere Beziehungen, die Monate oder Jahre dauern – in einem Fall mit jemandem, der später eine seiner Cousinen heiratete. Für Hisham bedeutet »schwul sein« eine Vollzeitbeschäftigung, wobei Sex im Mittelpunkt steht, während seine Beziehungen zu anderen Männern für ihn »ein kleiner Winkel unseres Lebens« sind, »etwas, wohin man gehen kann oder auch nicht, ohne davon besessen zu sein«. Er hält seine gesellschaftlichen Welten getrennt. »Meine Frau weiß nichts; die Nachbarn wissen nichts. Ich bin bei der Arbeit oder zu Hause anders, wie wenn ich mit meinen Freunden zusammen bin«, sagte er mir, wobei er stolz hinzufügte: »Sehen Sie mich an – ich habe einen Schnurrbart, ich bin männlich.« Wörter wie »schwul« oder »bisexuell« sagen ihm einfach nichts. Es ist nicht so, dass Hisham nicht wüsste, was damit gemeint ist – durch Munir beispielsweise weiß er ganz genau, wie die »schwule Szene« in Ägypten und im Ausland aussieht –, er hält nur nichts von solchen Etiketten. Ja, er führt ein Doppelleben, aber er hält das für völlig normal, ganz egal, mit welchem Geschlecht man ins Bett steigt; für ihn sind das verschiedene Facetten der Lust, keine Einschränkungen.

Nasim, Munir und ihre Freunde stehen für ein winziges kosmopolitisches Fragment des gleichgeschlechtlichen Begehrens in der endlosen Weite Ägyptens. Aber die Art, wie sie sich selbst und ihre Sexualität sehen, vermittelt uns einen flüchtigen Eindruck davon, auf welch vielfältige Weise die heterosexuelle Norm in der arabischen Welt des 21. Jahrhunderts gesprengt wird. Diese Vielfalt hat auch historische Ursachen. Wenn diese Männer über ihr Sexleben sprechen, hört es sich, ungeachtet ihres modernen Gebarens, manchmal an wie eine Seite aus den großen Büchern der arabischen Liebeskunst, wie etwa *Ein Spaziergang der Herzen in dem, was in keinem Buch zu finden ist.*[11] Dessen Verfasser, Ahmad ibn Yusuf al-Tifashi, war ein tunesischer Gelehrter, der vor 900 Jahren in Kairo lebte.

Nasim erinnert in vielerlei Hinsicht an die *la'ita* (Sodomiten) in al-Tifashis Beschreibung – einen Mann, durchaus betucht und von großer Kultiviertheit, der junge Männer mit leidenschaftlicher Sehnsucht liebt, manchmal wegen ihrer Jugend und Schönheit und manchmal wegen ihrer intellektuellen Gesellschaft, manchmal platonisch und manchmal für das Vergnügen zahlend. Munir mit seinem geschmeidigen Gang und seinen klimpernden Wimpern ist nachgerade ein Wiedergänger der bartlosen jungen Männer, die durch al-Tifashis Seiten schwirren. Hishams Stolz auf seine kraftvolle Männlichkeit erinnert an die Einstellung zu aktiver und passiver Homosexualität im Wandel der Zeiten, wie sie sich auch in der Reaktion von Nasims Vater auf die Enthüllung seines Sohnes widerspiegelt. »Ich sagte, ›Papa, ich werde niemals heiraten. Ich liebe Männer‹«, erinnerte sich Nasim. »Mein Vater, der Professor ist, sagte: ›Okay, aber du darfst es nie deiner Mutter sagen.‹ Und dann begann er mir Fragen zu stellen. ›Wie hast du Sex?‹ Bis zu diesem Zeitpunkt war ich noch nie negativ [passiv] gewesen, also sagte ich ihm das. Und er sagte: ›Ach so, dann bist du ja gar nicht *homo*!‹«[12]

Es ist nicht alles reine Freude in al-Tifashis Buch. Ungeachtet all der erheiternden Anekdoten hat seine Schilderung von Männern, die Sex mit Männern haben, auch eine dunkle Seite. Nasims weniger privilegierte Vorgänger brauchten angeblich eine dicke Haut, um die Auspeitschung zu überleben, sollten sie wegen ihres Treibens vor den Kadi gezerrt werden, und sie liefen Gefahr, von Zufallsbekanntschaften bis aufs Hemd ausgeraubt und zusammengeschlagen zu werden – die gleichen Befürchtungen, die Nasim äußerte. Auch einige ihrer eigenen damaligen Aktivitäten, etwa das »Auflauern«, im Grunde die heimliche Vergewaltigung von Epheben, sind keinesfalls mit heutigen Menschenrechtsstandards vereinbar.

Diese Geschichte der Homosexualität in der arabischen Welt ist weitgehend in Vergessenheit geraten. Nasim zum Beispiel, der unglaublich belesen ist, kannte al-Tifashi und die vielen anderen arabischen Autoren nicht, die sich über die Jahrhunderte mit dem Thema gleichgeschlechtlicher Beziehungen befasst haben.[13] »Was, es gibt mehr als Abu Nuwas?«, fragte er mich, wobei er auf den berühmten Dichter Bezug nahm, der im Bagdad des 8. und 9. Jahrhunderts die Sexualität in all ihren Formen rühmte. Als die arabische Sexualgeschichte im Verlauf der letzten hundert Jahre umgeschrieben wurde, kehrte man die Homosexualität unter den Teppich, und das so erfolgreich, dass die heutige Intoleranz als die authentische Stimme der Tradition gilt, während sie (wie in vielen anderen Regionen des Globalen Südens) wohl eher ein Nachhall der europäischen Kolonialherren in der Region ist und in der Praxis zweifellos weniger Nachsicht zeigt als zu anderen Zeiten ihrer Geschichte.

Mit einer Person des gleichen Geschlechts ins Bett zu gehen scheint heute viel komplizierter zu sein als zu al-Tifashis Zeiten, da es nicht mehr nur eine Frage des persönlichen Vergnügens, sondern auch der Geopolitik ist. Einstellungen zu homosexuellen Männern und Frauen waren lange Zeit ein Lackmustest, der die »Kultivierten« von den »Rückständigen« unterschied, auch wenn Toleranz und Ablehnung gleichgeschlechtlicher Beziehungen im Lauf der Jahrhunderte zwischen Ost und West hin- und herpendelten. Die gesellschaftliche und auch rechtliche Anerkennung gleichgeschlechtlicher Beziehungen ist in den letzten Jahren ein Kennzeichen liberaler Demokratien geworden – und daher ist die Frage, wie Ägypten und seine im Umbruch befindlichen Nachbarn mit den Rechten von Bürgern umgehen, die von der heterosexuellen Norm abweichen, politisch brisant. Seit langem ein Symbol der Spaltung zwischen Europa und Amerika einerseits und der arabischen Welt andererseits, wurde Homosexualität sogar in den Konflikt zwischen Palästina und Israel hineingezogen.[14]

Wegen dieses starken internationalen Interesses wird das Intimleben von Männern, die Sex mit Männern haben, in Ägypten und vielen seiner arabischen Nachbarstaaten gründlicher erforscht als das praktisch jeder anderen gesellschaftlichen Gruppe. Amtliche Erhebungen, NGO-Berichte, Doktorarbeiten und populärwissenschaftliche Bücher bringen Licht in gleichgeschlechtliche Lebensweisen: in Zahlen (einschließlich Schätzungen des prozentualen Anteils an der Bevölkerung), bezüglich der konkreten Details des Sexualverhaltens (wie oft, mit wem, in welchen Stellungen und für wie viel) und hinsichtlich des Selbstverständnisses dieser Männer und ihrer sozialen Beziehungen jenseits des Schlafzimmers. Nach einigen sehr groben Schätzungen beträgt der Anteil der Männer, die Sex mit anderen Männern haben, im Nahen Osten und in Nordafrika einige Prozentpunkte der männlichen Bevölkerung, was den globalen Zahlen entspricht, auch wenn diese Raten in bestimmten Gruppen erheblich höher liegen, etwa bei Straßenkindern, Strafgefangenen oder Studenten, wo es oftmals schwieriger ist, Beziehungen zum anderen Geschlecht anzuknüpfen.[15]

Wie auch in Bezug auf andere Aspekte der Sexualität in der arabischen Region erleichtert HIV den Zugang zu Informationen, da das öffentliche Gesundheitswesen zur Bekämpfung der Infektion auf verlässliche Daten angewiesen ist. Die Ergebnisse sind allerdings beunruhigend. In Ägypten zum Beispiel haben epidemiologische Untersuchungen in Kairo, Alexandria und Luxor an Männern, die Sex mit Männern haben, ergeben, dass etwa 6 Prozent von ihnen HIV-infiziert sind, womit diese Gruppe einen Spitzenplatz unter allen Bevölkerungsgruppen einnimmt; in anderen arabischen Ländern sind die Infektionsraten zum Teil noch deutlich höher.[16] Unterdessen sind Kondome und HIV-Tests bei Männern, die Sex mit Männern haben, in Ägypten und bei vielen seiner arabischen Nachbarn genauso unpopulär wie in der Allgemeinbevölkerung. Diese Erkenntnis ist ein Segen, hat sie doch die Behörden dazu veranlasst, im Namen der HIV-Prävention eine gewisse Betreuung dieser Zielgruppe durch NGOs zu erlauben (ähnlich wie im vorangehenden Kapitel für Sexarbeiterinnen), aber sie ist auch ein Fluch, da dieses umfangreiche Wissen über das Sexualleben einer bestimmten Bevölkerungsgruppe ohne gleichwertige Erkenntnisse über den Rest der Bevölkerung mit dem Risiko verbunden ist, Männer, die Sex mit Männern haben, noch stärker zu marginalisieren und das ihnen anhaftende Image einer sexwütigen, krankheitsverseuchten Bedrohung für die Gesellschaft zu festigen.

Solche Stereotype sind nicht totzukriegen. In Ägypten gilt Homosexualität weithin als das Ergebnis eines Kindheitstraumas – sexuellen Missbrauchs oder gravierender Erziehungsfehler etwa. Es ist sehr schwer, unerschütterlich heterosexuelle Ägypter vom Gegenteil zu überzeugen. Nasim zum Beispiel fühlte sich von Kindesbeinen an zu Männern hingezogen. »Ich wusste schon mit sechs oder sieben Jahren, dass ich schwul bin«, sagte er. »Wir lebten im Irak. Das war in den Siebzigern. Männer trugen Koteletten und enge Hosen. Ich hab ihre Hosen immer bewundert.« Gängige Vorstellungen über die Entstehung von Homosexualität weist er zurück. »Ich habe viele Freunde, und sie alle sagen, sie wüssten es seit ihrer Kindheit. Keiner von uns wurde als Kind missbraucht.«

Munir wiederum entdeckte seine Liebe zu Männern etwas später im Leben. »Ich war 23, als ich schwul wurde. Ich hatte davor Beziehungen zu Frauen, viele.« Aber das Leben änderte sich nach einem intimen Kontakt mit einem Verwandten, mit dem er Mädchen aufreißen ging. »Eines Abends ist er plötzlich in meiner Wohnung, als ich gerade dusche. Er klopfte, und ich sagte: Komm rein. Er sagte mir: ›Es ist so heiß, ich will auch duschen.‹ Und dann war er angetörnt. Ich sagte zu ihm: ›Was ist los?‹«, erinnerte sich Munir. »Ich hasste das, was passierte, aber tief im Innern gefiel es mir. Ich mochte es, weil es total abgefahren war, es war ein irres Gefühl, und dann wollte ich es wieder mit ihm machen, um diesen Gefühlen auf den Grund zu gehen.«

Munir setzte seine Schilderung schmunzelnd fort. »Wir blieben zwei Jahre zusammen. Es gab in meinem Leben nur ihn. Wir haben es überall getrieben. Auf dem Dach, unter der Treppe, in meiner Wohnung, in seiner Wohnung, im Kino«, sagte er. »Wir liebten uns, nicht als Freunde oder Verwandte, sondern als Männer. Ich hatte nie Schuldgefühle, weil ich schwul war. Aus einem Grund: Weil ich es mit Liebe gemacht habe.«

Aber nur wenige Eltern lassen sich von solchen Argumenten überzeugen. Bei vielen Familien führt die Entdeckung der gleichgeschlechtlichen Aktivität eines Angehörigen dazu, dass man umgehend einen Arzttermin ausmacht, um zu sehen, was man dagegen unternehmen kann. In Anbetracht der Tatsache, dass die medizinischen Hochschulen in Ägypten schon die Grundlagen der Sexualmedizin nur ganz flüchtig behandeln, ganz zu schweigen von den komplexeren Aspekten der sexuellen Orientierung, ist der durchschnittliche Arzt mit diesen Fragen völlig überfordert. Meistens verschreibt er eine Runde Antidepressiva, begleitet von einer Standpauke über die Übel der Homosexualität.

Während religiöse Konversion in Ägypten eine Frage von Leben und Tod ist, gilt sexuelle Konversion – von schwul zu hetero – nicht bloß als akzeptabel, sondern als äußerst ratsam. Tatsächlich praktizieren in Kairo einige der bekanntesten »Reorientierungstherapeuten« der arabischen

Welt. Der Psychiater Awsam Wasfy hält Homosexualität für eine Entwicklungsstörung. »Homosexualität ist keine freie Entscheidung im Leben«, behauptet er. »Es ist keine unverzeihliche Sünde, noch ist es der Makel, der totgeschwiegen werden muss. Es ist vielmehr eine Störung der sexuellen Entwicklung, die bei Kindern und Heranwachsenden vermieden und später, wenn auch mit großen Schwierigkeiten, behandelt werden kann.«[17] Laut Wasfy fehlt Jungen, die in der frühen Kindheit keine stabile Bindung zu ihren Vätern aufbauen, und Mädchen, die keine entsprechende Bindung zu ihren Müttern entwickeln, die Identifikation mit ihrem eigenen Geschlecht und daher ein Gefühl für ihre Männlichkeit oder Weiblichkeit.

Kinder fühlten sich von Natur aus zum gleichen Geschlecht hingezogen, so Wasfy, aber in der Pubertät verwandele sich dies normalerweise in eine sexuelle Anziehung durch das andere Geschlecht – eine Veränderung, die seiner Meinung nach in einigen arabischen Gesellschaften durch die strikte Trennung von Jungen und Mädchen erschwert wird. Er verweist auf Studien, wonach Depressionen, Suizid, Drogenmissbrauch und sonstige psychische Störungen unter homosexuellen Männern häufiger auftreten als unter ihren heterosexuellen Geschlechtsgenossen. »Ist dies darauf zurückzuführen, dass Homosexualität eine Pathologie der Entfremdung vom eigenen Selbst ist, oder auf die Verfolgung durch die Gesellschaft?«, fragt er. »Meines Erachtens ist es eine Krankheit, auch wenn die gesellschaftliche Verfolgung zweifellos nicht förderlich ist. Selbst in San Francisco hat man diese Befunde, an jedem Ort, wo man der Homosexualität mehr Toleranz entgegenbringt.«

Wasfy setzt auf Gruppentherapie, wobei er homosexuelle mit heterosexuellen Klienten zusammenbringt. Sein Ziel ist es, Männern zu helfen, auf einer emotionalen, aber nichtsexuellen Ebene miteinander in Beziehung zu treten – eine Bindung, die homosexuelle Klienten laut Wasfy aufgrund ihrer frühkindlichen Erfahrungen nur schwer aufbauen können. Das Ziel ist es, den »heilenden Moment« zu erreichen, wie Wasfy es ausdrückt, »wenn ein Homosexueller einem Heterosexuellen von seiner Homosexualität erzählt und ihn der Heterosexuelle liebt und akzeptiert«.

Diese Ideen und Verfahren klingen für viele im Westen vertraut, insbesondere in den Vereinigten Staaten, wo Bemühungen um sexuelle Umorientierung ihre begeistertsten Befürworter haben. Zu ihnen zählen konservative christliche Bewegungen, die »durch die Kraft von Jesus Christus die Befreiung von Homosexualität« versprechen.[18] Tatsächlich kam Wasfy, der ein evangelikaler Christ ist, durch seine religiösen Verbindungen zur Reorientierungstherapie.

Im Westen ist die Reparativtherapie, wie sie auch genannt wird, höchst umstritten. Versuche, die Homosexualität selbst zu behandeln – im Unterschied zu psychiatrischen Problemen, die homosexuelle Männer und Frauen haben mögen –, waren vor den 1970er Jahren weit verbreitet. Im Jahr 1973 beschloss die American Psychiatric Association jedoch, Homosexualität aus ihrer Bibel, dem *Diagnostic and Statistical Manual of Mental Disorder* (*DSM*), zu streichen. Nachdem die Behandlung der Homosexualität in den 1970er und 1980er Jahren dahindümpelte, feierte sie in den 1990er Jahren in Gestalt der »Reorientierungstherapie« ein Comeback; sie wurde bereitwillig von Psychiatern aufgegriffen, die behaupteten, homosexuellen Männern und Frauen, die ihre Orientierung verändern wollten, sollte dabei geholfen werden.

Ob dies möglich ist, ist jedoch eine andere Frage. Experten für psychische Gesundheit sind da höchst skeptisch. Nach einer gründlichen Auswertung von Studien zur Reparativtherapie gelangte die American Psychological Association unlängst zu dem Schluss, dass »Bemühungen zur Änderung der sexuellen Orientierung wohl kaum erfolgreich und mit gewissen Schädigungsrisiken verbunden sind«; auch die American Psychiatric Association ist von der Wirksamkeit der Therapien nicht überzeugt.[19] Wasfy ist sich dieser Debatten sehr wohl bewusst. Während Befürworter von sexuellen Rechten behaupten, die Reparativtherapie könne nur in einer Kultur der Intoleranz gegenüber Homosexualität florieren, behauptet Wasfy das Gegenteil: Gerade die kulturelle Intoleranz in Gestalt der politischen Korrektheit des Westens verhindere, dass die Reparativtherapie die Ressourcen erhalte, die notwendig werden, um jene großangelegten Langzeitstudien durchzuführen, die ihre Wirksamkeit bestätigen könnten. Er ist auch nicht damit einverstanden, dass Homosexualität nicht länger als psychische Störung klassifiziert wird, und er lässt keinen Zweifel daran, woher der Druck kommt: »Die Schwulenrechtsbewegung tabuisiert [bestreitet] die Auffassung, dass es sich um eine Störung handelt und Veränderung möglich ist. Sie verfolgen eine Doppelmoral. Sie wollen Freiheit, aber sie geben anderen kein Mitspracherecht.«

Obwohl Wasfy von seinem Glauben inspiriert ist, weist er doch sogleich darauf hin, dass die Therapie, die er praktiziert, nicht christlich ausgerichtet ist und dass mehr als drei Viertel seiner Klienten Muslime sind. Er glaubt allerdings, dass es für Christen leichter ist, mit diesem Ansatz Erfolge zu erzielen. »Die christliche Theologie hat viel Raum für Wandel und Wunder, für Heilung. Christen glauben mehr an Veränderungsfähigkeit, an Gnade und bedingungsloses Angenommensein. Von daher glaube ich, dass es [die Therapie] Christen mehr hilft«, sagte er mir. »Diese Eigenart der christlichen Kultur erleichtert es Christen, ihre Probleme offen anzusprechen und andere ohne Verurteilung anzunehmen.«

Wasfy behauptet, mit seiner Methode gewisse Erfolge zu erzielen. Seinen Starpatienten lernte ich in Wasfys Praxis in einem Wohnhaus in einem geschäftigen Viertel Kairos namens Madinat Nasr kennen, schräg gegenüber einer riesigen Moschee, deren dröhnender Gebetsruf unser Gespräch untermalte. Rashad ist ein hochgewachsener, gutaussehender Mann über dreißig mit einer offenen, einnehmenden Art und einem lebhaften Sinn für Humor. Man käme nie auf die Idee, dass er Probleme mit seiner Sexualität hatte. Dabei hatte er einen rauen Start ins Leben. Sein Vater setzte ihn aus, und Rashad wuchs in einem Waisenheim auf, wo ihn einige der anderen Jungen sexuell missbrauchten.

Während der nächsten Jahre hatte Rashad alle paar Tage Sex mit Männern; er war überwiegend der passive Partner. Es war für ihn nie ein Problem, einen Mann zu finden, aber die Beschimpfungen und Witze setzten ihm zu: »Sie beschimpften mich als *abu shakha* [Sohn eines Scheißhaufens] und *multi* [Sodomit]. All diese Beleidigungen waren Spuren der Schande, die mir aufgestempelt wurden. Wenn mir jemand sagte, ich sei gut, dachte ich, der will Sex.«

Mit zwanzig begann Rashad seine Lebensweise in Frage zu stellen. »Ich spürte immer deutlicher, dass ich aufhören sollte, Sex mit Männern zu haben. Zuerst sah ich mir die Leute um mich herum an, die normal waren, während ich nicht normal war. Ich fragte mich: Wurde ich so geschaffen und wollte mich Gott so, oder bin ich in einer Situation, wo ich zwischen beidem wählen kann?« Zunächst wandte er sich an eine Reihe von Ärzten, die ihm jedoch offene Ablehnung entgegenbrachten. Und auch die Kirche brachte ihm keine große Erleichterung: »In der Kirche lernte ich jemanden kennen, und ich sagte ihm, dass ich ein Problem habe. Er fragte mich, was es sei. Ich wollte es ihm sagen, aber ich hatte Angst. Er sagte mir, dies komme von Satan und ich solle es nicht tun. Als ich ihm das nächste Mal begegnete, war es anders. Er sah mich schief an, und als er mich in der Nähe eines kleinen Jungen sah, sagte er: ›Geh weg von ihm!‹«

Durch Freunde kam Rashad zu Wasfy. Zunächst fühlte er sich in den Gruppensitzungen sehr unwohl, aber schließlich fasste er so viel Zutrauen, dass er über seine sexuellen Begierden sprach. »Ich entdeckte nach und nach, dass es so etwas wie bedingungslose Liebe gibt – jemand nimmt mich so an, wie ich bin. Das ist in der ägyptischen Gesellschaft nicht allgemein präsent. Wenn sie hören, dass jemand ein Dieb ist, wird er für den Rest seines Lebens als Dieb gebrandmarkt. Wenn jemand als Ehebrecher gebrandmarkt ist, ist er für immer ein Ehebrecher. Wenn er als Homosexueller gebrandmarkt ist, ist er sein Leben lang ein Homosexueller, und niemand wird ihm nahekommen«, sagte er mir.

Nachdem Rashad innerhalb der Gruppe Selbstvertrauen entwickelt hatte, vertraute er seine Geschichte Freunden außerhalb der Gruppe an, von denen einige homo- und einige heterosexuell waren. Sie sind die Familie, die er nie hatte, sagt er, ihre gemeinsamen Erfahrungen reichen von einfachen Dingen wie zusammen fernsehen bis zu den komplexen Verbundenheiten, die entstehen, wenn man andere in Geheimnisse einweiht. »Einige von ihnen sagten: ›Wenn du ein Essen willst, steht dir mein Haus immer offen.‹« Er lächelte: »Dadurch wurde eine Brücke zu mir geschlagen, und ich überquerte sie. Das ist die Liebe, nach der ich gesucht habe. Es hat mir gezeigt, dass es abgesehen vom gleichgeschlechtlichen Sex noch eine andere Art von Liebe gibt.« Rashad stellte fest, dass diese verschiedenen Interaktionen mit Männern sein männliches Identitätsgefühl stärkten, und er sagt, nach und nach habe er aufgehört, Männer in einer sexuellen Weise wahrzunehmen. Kritiker der Reparativtherapie behaupten, dass diejenigen, die ihre Orientierung ändern, sehr wahrscheinlich von Anfang an eine gewisse heterosexuelle Neigung besaßen, doch Rashad bestreitet dies kategorisch: »Ich war sexuell nicht ›dazwischen‹. Zuvor hatte ich mich nie für Mädchen interessiert. Aber danach gab es Mädchen!«

Rashad machte über zehn Jahre Therapie. Er ist mit einer Frau verheiratet, die über sein Vorleben Bescheid weiß und die ihn gegen den Wunsch ihrer Familie heiratete. Rashad räumt ein, es sei ihm nicht leicht gefallen, sich an Sex mit Frauen zu gewöhnen, wobei ihm sogar einige mechanische Grundkenntnisse fehlten: »Ich wusste nicht, dass man mit einer Frau von vorn [vaginal] verkehrt. Ich dachte immer, dass man eine Frau von hinten nimmt. Ich hatte niemanden, der diesen Irrtum korrigierte. Erst ein Arzt hat mich Jahre später aufgeklärt. Es dauerte einige Zeit, bis es mir Spaß machte. Vor meiner Ehefrau versuchte ich es mehrmals mit anderen Frauen; es machte mir nicht so viel Spaß wie homosexueller Sex. Ich habe festgestellt, dass homosexueller Sex lustvoller ist als heterosexueller Sex.« Heute aber habe er eine gute sexuelle Beziehung zu seiner Ehefrau, beteuert er, und sie haben einen Sohn und eine Tochter.

Während Rashad durch die Reparativtherapie sein Lebensglück gefunden zu haben scheint – und zwar so, dass er heute Männer in ähnlichen Schwierigkeiten als Laientherapeut unterstützt –, räumt Wasfy ohne weiteres ein, dass sie nicht bei allen funktioniert und dass auch nicht alle homosexuellen Männer sie brauchen. Seine therapeutische Arbeit findet viel Lob, aber auch jede Menge Kritik – von allen Seiten. Konservative Muslime werfen Wasfy vor, seine Klinik sei ein heimlicher Homotreff. Andererseits hörte ich einmal, wie schwule Männer aus Tunesien und dem Libanon ihn als einen »Agenten von [Präsident] Bush« geißelten, bevor sie unter Protest aus einer Veranstaltung mit ihm hinausstürmten, als er behauptete, Homosexualität sei eine psychische Störung.

Es gibt Experten in der Region, die Wasfys Ansatz genauso kritisch gegenüberstehen. Dorra Ben Alaya, eine Professorin für Sozialpsychologie an der Universität Tunis El Manar, hat die gesellschaftliche Darstellung von Homosexualität und die Art und Weise, wie diese womöglich zur Ausbreitung von HIV beiträgt, erforscht. Sie ist entsetzt über die Vorstellung, Homosexuelle in Heterosexuelle umwandeln zu wollen: »Die

Reparativtherapie ist absurd. Im *DSM* wird Homosexualität nicht länger als Krankheit klassifiziert. Wenn ein Arzt sagt, er könne die sexuelle Orientierung einer Person ändern, dann bedeutet dies, dass diese Orientierung nicht normal ist. Ich sehe ein Problem darin, wenn wir jeden Menschen, der gesellschaftlich nicht angepasst ist, reparieren wollen. So kommt die Menschheit nicht voran. Dann verharren wir auf der Stufe des prähistorischen Menschen. Wir sehen alle gleich aus, ziehen alle das Gleiche an und verhalten uns alle gleich. Wenn die Natur etwas hervorbringt, hat es eine Funktion.«

Ben Alaya hat in Frankreich promoviert, und das merkt man ihr an – von ihrer schicken Kleidung bis zu der Art und Weise, wie sie über sexuelle Orientierung spricht. Sie ist eine Befürworterin der sogenannten Gay Affirmative Therapy (affirmative Psychotherapie), die homosexuellen Männern und Frauen helfen will, mit ihrer Orientierung besser zurechtzukommen. »Wenn diese Personen depressiv sind, dann nicht, weil sie homosexuell sind, sondern weil sie ihre Homosexualität nicht annehmen. Die Aufgabe eines Psychiaters besteht darin, diese in ihre Persönlichkeit zu integrieren. Zum Beispiel: Jemand, dem eine Hand fehlt, ist depressiv, und Menschen starren ihn deshalb auf der Straße an. Ist es besser, die Hand durch eine Plastikhand zu ersetzen, oder ihm beizubringen, dass es egal ist, was die Menschen denken? Es geht nicht darum, eine Person, die sich einer belastenden Situation ausgesetzt sieht, zu verändern, sondern darum, ihr zu helfen, mit dieser Situation umzugehen.«

Auch in Ägypten gibt es Psychiater, die die affirmative Therapie praktizieren. Anders als Wasfy neigen sie dazu, sich bedeckt zu halten, weil ihr Ansatz in eklatantem Widerspruch zu den herrschenden gesellschaftlichen Überzeugungen steht. »Ich werde von meinen Kollegen dafür verurteilt«, sagt Nabil Elkot, der mit homosexuellen Klienten in Kairo arbeitet. »›Sie [homosexuelle Männer] sind es nicht wert, dass du dich mit ihnen beschäftigst. Wie kannst du dich dafür einsetzen?‹ oder ›Sie sind Homosexuelle, glaub ihnen nicht, sie wollen dich nur ausnutzen‹«, so beschreibt er die unter Medizinern verbreiteten Einstellungen. Elkot ist per Zufall zur affirmativen Psychotherapie gekommen, als er Ende der 1990er Jahre in seiner Privatpraxis mit Drogenabhängigen zu arbeiten begann. Ein hoher Prozentsatz dieser Klienten waren Homosexuelle, was ihn dazu veranlasste, sich näher mit diesem Thema zu befassen. Heute hat er eine Handvoll Patienten in Therapie, und die größte Herausforderung besteht für ihn darin, ihnen klarzumachen, dass sie sich tatsächlich zu Männern hingezogen fühlen. »Die meisten von ihnen sagen, sie täten dies, weil sie kein Glück bei Frauen hätten oder weil sie mit Freunden zusammen wären und nicht nein sagen könnten. Sie können nicht glauben, dass sie Männer begehren; der erste Schritt besteht darin, ihnen klarzumachen, dass sie dieses Begehren haben.« Solange sie dies nicht akzeptierten, meint Elkot, könnten seine Klienten ihre Probleme kaum überwinden, und sie litten weiterhin unter Ängsten, Selbsthass und starker Furcht, vor allem vor einem Riesenskandal, sollten Freunde oder Verwandte Kenntnis davon erlangen.

Viele Klienten suchen Elkot auf, nachdem sie vergeblich versucht haben, sich durch religiöse Heilung selbst zu kurieren. Sein Ansatz ist ein anderer; er fußt auf monatelanger Psychotherapie, begleitet von Medikamenten, die den Patienten helfen, ihre Angst, Depression oder Paranoia in den Griff zu bekommen. Ziel ist es nicht, einem Patienten zu sagen, dass er homosexuell ist, sondern »gemeinsam zu diesem Schluss zu gelangen«. Diese Erkenntnis und ihre Folgen – dass die Patienten anders sind und lernen müssen, als Angehörige einer Minderheit zu leben – erleben manche als Erleichterung, während andere tief erschüttert sind, so dass sie im Lauf weiterer Therapiesitzungen lernen müssen, diese Situation anzunehmen. In Anlehnung an seine Arbeit mit Drogenabhängigen sagt Elkot: »Das [homosexuelle] Begehren lässt sich nur schwer beherrschen, von daher besteht die Lösung darin, den Schaden zu begrenzen« – was bedeutet, die Risiken zu reduzieren, die damit verbunden sind, Homosexualität totzuschweigen, wie etwa unglückliche Ehefrauen, die als Deckmantel für die Homosexualität ihrer Ehemänner herhalten müssen, oder flüchtiger, impulsiver und im Allgemeinen unsicherer Sex, wann immer und wo immer man ihn bekommen kann. Elkot legt seinen Klienten eindringlich nahe, ihr Verlangen zu akzeptieren und es in geordnete Bahnen zu lenken: »Ich sage ihm, wenn du den Drang verspürst, dann mach es safe, in deiner Wohnung und mit jemandem, den du schon lange kennst, nicht auf der Straße … Schließlich versuche ich, sie dazu zu bewegen, sich in stabilere Beziehungen zu begeben.«

Aber das ist nicht leicht in einer Gesellschaft, die nur einen normativen Rahmen für sexuelle Aktivitäten anerkennt: Mann, Frau, Ehe, Kinder. Wie wir gesehen haben, stehen unverheiratete Ägypter fortwährend unter dem Druck zu heiraten – und dies erst recht, wenn sich die jeweilige Familie dies leisten kann. Die Tatsache, dass das Heiratsalter in den letzten Jahren angestiegen ist, vor allem bei Männern, hat Männern und Frauen, die ihrem eigenen Geschlecht zuneigen, kaum Luft verschafft – es bedeutet nur noch mehr Jahre elterlicher Nörgelei. Meine Großmutter, die wie immer ein Sprichwort parat hatte, das die herrschende Meinung über dieses Thema auf den Punkt brachte, schrieb jeden ab, der nicht den gesellschaftlichen Anforderungen entsprach: »Wenn der *'ilq* [Homo] etwas taugte, hätte er Kinder gezeugt.«

Nasim, der jetzt Mitte vierzig ist, hat Jahrzehnte unter diesem Druck gelebt. »Der Druck zu heiraten ist das, was am schwersten zu ertragen ist«, seufzte er. »Bis heute bedrängt mich meine Mutter. Jedes Mal, wenn wir uns sehen, spricht sie übers Heiraten.« Obwohl Nasim seinem Vater seine sexuelle Orientierung offenbarte, trieb die Tatsache, dass er keine eigene Familie hat, einen Keil zwischen sie. »Jedes Mal, wenn in der Familie über Heirat gesprochen wurde, wurde mein Vater traurig und verstummte. Ich sagte mir, dass ich meinen Vater noch unglücklicher gemacht habe. Bis zu seinem Tod hoffte er, ich würde heiraten. Ich erzählte ihm [von meinen sexuellen Beziehungen], und es tat mir gut, aber eben nicht ihm.« Gegenüber seiner Mutter versuchte Nasim es schließlich mit einer anderen Taktik. »Hör mal, Mama, ich werde nie heiraten. Ich kann eine Frau sexuell nicht befriedigen, und dies würde nur zu einer Scheidung führen«, erklärte er, wobei er auf Scheinbesuche beim Arzt und medizinische Gründe für seine angebliche Impotenz verwies. »Ich konnte ihr nicht die Wahrheit sagen. Sie will es nicht glauben. Ich fürchtete, sie könnte einen Herzinfarkt erleiden«, sagte er mir. »Wenn ihr etwas zustößt, werde ich es mir nie verzeihen. Ich muss es ihr sagen, aber sehr behutsam.«

Obwohl Nasim ein erfolgreicher Akademiker mit eigener Wohnung ist, hat es sich als schwierig erwiesen, einen gemeinsamen Hausstand mit einem anderen Mann zu gründen. Auch wenn die Nachbarn durchaus neugierig sind, ist es ein Vielfaches weniger aufdringlich, als wenn er mit einer Frau zusammenleben würde, und, so Nasim, solange man diskret ist, lassen sich Lebensgemeinschaften halbwegs kaschieren. Aber das genügte nicht, um Walid, vier Jahre lang sein Liebhaber, dazu zu bewegen, bei ihm einzuziehen. »Ich habe Walid immer wieder gesagt: ›Komm, lass uns doch zusammenleben.‹ Aber er konnte nicht. Seine Eltern würden es nicht verstehen. Wenn er eine Nacht pro Woche bei mir blieb, war das schon nicht leicht.«

Nasim sprach von Walid in der Vergangenheit, weil dieser ihm gerade den Laufpass gegeben hatte. Sein Liebhaber hatte beschlossen, eine junge Frau zu heiraten, die er ein paar Monate zuvor kennengelernt hatte – was für Nasim völlig überraschend kam. »›Ich verlobe mich, und ich will, dass du dabei bist. Du bist so wichtig in meinem Leben. Ich kann mir ein Leben ohne dich nicht vorstellen, aber ich will, dass es anders wird‹«, so erinnerte sich Nasim, fassungslos den Kopf schüttelnd, an Walids Ankündigung, die wie eine Bombe einschlug. Es ist eine Geschichte, die man häufig hört – ich habe eine lange Reihe gebrochener Herzen von Casablanca bis Beirut gesehen, Männer, die ihre Liebhaber an heterosexuelle Ehen verlieren, manche Partner, die weiterziehen, weil sie es wollen, andere, die es unter dem Druck ihrer Familie tun, und einige, die sich selbst und der Außenwelt beweisen wollen, dass sie keineswegs homosexuell sind.

Was immer der Grund für die Entscheidung seines Geliebten gewesen sein mag, sie brachte Nasim jedenfalls zum Nachdenken. »Ich sag dir was, Shereen, Walid hat mich gerade verlassen. Ich habe keinerlei Hoffnung, dass ich einen anderen finden werde, er war die einzige Liebe meines Lebens«, meinte er traurig. »Ich muss einsehen, dass es sehr schwer ist, mit einem Mann zusammenzuleben, ein stabiles Leben mit einem Mann zu haben«, fuhr Nasim fort, als hätte ihn dieses Ereignis in eine Midlife-Crisis gestürzt. »Ich hab's satt. Ich habe Angst davor, allein alt zu werden. Heute Morgen nahm ich mein Handy und fragte mich selbst, Nasim, wer sind deine schwulen Freunde? Wer ruft dich an? Ich fand nur zwei. Und wenn ich ausgehe, sind es vierzig, aber *ich* rufe sie an, *ich* lade sie ein. Ich bin der Fahrer. Immer bin ich es, der sich bemüht – an dem Tag, an dem ich keine Energie mehr dafür habe, werde ich allein sein.«

Nasims Notlage wird durch die Religion nicht gelindert. Wenn Ägypter und ihre arabischen Nachbarn Homosexualität verdammen, werfen sie das ganze Gewicht ihrer heiligen Schriften in die Waagschale. Der Koran erwähnt an mehreren Stellen die »Menschen von Lot«, die wegen ihrer Schamlosigkeit von Gott vernichtet werden. Lot, der auch im Buch Genesis vorkommt, war ein rechtschaffener Mann, der von göttlichen Boten mit einem Vernichtungsauftrag aufgesucht wurde:

> Als unsere Boten zu Lot kamen, wurde er ihretwegen ganz bekümmert, geriet durch sie in Bedrängnis und sprach: »Das ist ein Tag, der schwer zu ertragen ist!« Da kam sein Volk eilends zu ihm gelaufen; doch hatten sie zuvor immer wieder Schlimmes getan. Er sprach: »Mein Volk! Hier, da sind meine Töchter, sie sind besonders rein für euch. Fürchtet Gott und bringt nicht Schande über mich! Ist unter euch denn kein aufrechter Mann?« Sie sprachen: »Du weißt doch wohl, dass wir kein Recht an deinen Töchtern haben; und weißt doch ganz genau, was wir wollen!«[20]

Laut Koran wurden diejenigen, die vernichtet werden sollten, in angemessener Weise ermahnt, sich zu bessern. Lot versuchte es immer wieder: »Wollt ihr denn eine solche Abscheulichkeit begehen, worin noch niemand von den Weltenbewohnern euch zuvorkam? Siehe, aus Lust verkehrt ihr mit den Männern statt mit Frauen. Nein, ihr seid ein Volk, das es zu weit treibt.«[21]

Diese »Abscheulichkeit« – im arabischen Original *fahisha* – wird in diesem Kontext üblicherweise als homosexueller Analverkehr aufgefasst. Tatsächlich leiten sich die klassischen arabischen Wörter für männliche Sodomie (*liwat*) und den Mann, der einen solchen Akt vollzieht (*luti*), von dem arabischen Namen Lots her. Andere Koranverse, die über *fahisha* sprechen – ein Oberbegriff für eine Vielzahl von Sünden –, werden oftmals in dem Sinne interpretiert, dass sie ganz konkret gleichgeschlechtliche Beziehungen zwischen Männern und zwischen Frauen verurteilen:

> Und die von euren Frauen, die Unzucht treiben – fordert vier Zeugen von euch gegen sie! Wenn sie es dann bezeugen können, so haltet sie im Hause, bis sie der Tod hinwegnimmt oder Gott für sie einen Ausweg schafft! Und wenn zwei von euch solches begehen, dann bestraft sie alle beide! Kehren aber beide um und bessern sich, dann wendet euch von beiden ab. Siehe, Gott kehrt sich wieder zu und ist barmherzig.[22]

Diejenigen, die Homosexualität verurteilen, berufen sich nicht nur auf den Koran, sondern auch auf die Hadithe. Es gibt eine Vielzahl von Berichten über Aussprüche und Taten des Propheten, die gleichgeschlechtliche Beziehungen missbilligen und dabei als Strafe mal den Fluch Gottes, mal die Hinrichtung im Diesseits oder die Bestrafung im Jenseits anführen. Darunter ist auch eine eindeutige Aussage, die dem Propheten zugeschrieben wird:

> Wenn ein Mann einen anderen Mann besteigt, sind die Engel aufgeschreckt, und ihr Ruf steigt hinauf zum Herrn. Der Zorn des Mächtigen fährt auf diese [Männer] herab, der Fluch bedeckt sie, und die Versucher umstellen sie. Die Erde fragt ihren Herrn um die Erlaubnis, sie zu verschlingen, und der Thron Gottes wächst denjenigen ans Herz, die ihn tragen, während die Engel die Größe Gottes preisen und die Flammen des Höllenfeuers hoch auflodern.[23]

Jede Menge Wasser auf die homophobe Mühle also. Selbst weniger streitbare Stimmen – einschließlich der des bekannten Gelehrten Yusuf al-Qaradawi, der bereit ist, Muslimen bei anderen kontroversen Praktiken wie Fellatio und Masturbation gewisse Freiräume zuzugestehen – zeigen sich unnachgiebig, wenn es um die Frage des homosexuellen Geschlechtsverkehrs geht. »Die Ausbreitung dieser schändlichen Praxis in einer Gesellschaft zerstört deren natürliches Lebensmuster und macht diejenigen, die sie ausüben, zu Sklaven ihrer fleischlichen Begierden, beraubt sie so des anständigen Geschmacks, der gebotenen Schicklichkeit und einer anständigen Lebensweise«, schreibt al-Qaradawi in seinem Leitfaden für den rechtgeleiteten Gläubigen.[24] »Die Rechtsgelehrten des Islam vertraten unterschiedliche Auffassungen hinsichtlich der Bestrafung dieser abscheulichen Praxis. Sollte sie genauso bestraft werden wie Unzucht, oder sollten sowohl der aktive als auch der passive Partner hingerichtet werden? Auch wenn diese Strafen grausam erscheinen mögen, wurden sie doch vorgeschlagen, um die Reinheit der islamischen Gesellschaft zu bewahren und sie von verderbten Elementen zu säubern.«[25]

Angesichts dieser eindeutigen Verurteilung in den kanonischen Schriften des Islam sollte man meinen, dass Islam und Homosexualität grundsätzlich miteinander unvereinbar seien. Es gibt jedoch auch manche, die diese scheinbar unversöhnlichen Differenzen in Frage stellen. Einige der kritischsten Stimmen kommen von außerhalb der arabischen Welt, einige wenige melden sich aber auch aus der Region selbst zu Wort. Zu ihnen gehört Olfa Youssef, Professorin für Linguistik und Psychoanalyse und ehemalige Direktorin der tunesischen Nationalbibliothek. Im Jahr 2008 veröffentlichte Youssef ein schmales Bändchen mit dem Titel *Hayrat Muslima* (»Verwirrungen einer Muslima«). Darin stellte sie eine Reihe äußerst kritischer Fragen: »Was ist aus den Muslimen heute geworden? Weshalb ist der Islam gleichbedeutend mit Engstirnigkeit und Erstarrung? Weshalb beschädigen wir diesen brillanten Islam, den Islam der Glaubens- und Gedankenfreiheit, der Liebe und Vergebung und ersetzen ihn durch einen Islam, der fremdartig und furchteinflößend ist? Weshalb ist [das Gesicht des] Islam, das wir im Westen präsentieren, das eines Muslims in einer geheimniskrämerischen Gesellschaft, der nur an den Märtyrertod denkt, daran, sich selbst und andere Menschen umzubringen, was Gott verboten hat, und der dies mit einem Meinungs- oder Glaubensunterschied rechtfertigt?«[26]

Youssef und ich trafen uns in einem Café in Sidi Bou Said, einem bildschönen kleinen Ort vor den Toren von Tunis, in dem auch Michel Foucault eine Zeitlang lebte, der berühmte Philosoph und Theoretiker der Sexualität – eine hübsche historische Koinzidenz, wenn man an unser Gesprächsthema denkt. Mit ihren schwarzen Korkenzieherlocken und ihrer lebhaften Art gleicht Youssef einer menschlichen Sprungfeder, die vor mentaler Energie nur so vibriert. Für den traurigen Zustand unserer Zeit macht sie die heutigen *fuqaha'* – islamischen Rechtsgelehrten – verantwortlich, die ihre Anschauungen als unumstößliche Wahrheiten ausgeben, und diejenigen, die ihnen blindlings folgen. Als Muslima stellt Youssef den Koran nicht in Frage; vielmehr hat sie dessen engstirnige Interpreten im Visier. »Der Koran an sich ist das einzige vollkommene Werk für jede Zeit und jeden Ort, aber die menschliche Auslegung ist relativ und hängt von der Wesensart desjenigen ab, der auslegt, seiner historischen Situation und seinen psychischen Komplexen«, bemerkte sie.[27] Diejenigen, die behaupten, sie hätten die richtige Deutung, befinden sich ihres Erachtens auf gefährlichem Terrain. »Jeder, der sagt, er sei im Besitz der einzigen richtigen Auslegung des Korans, spricht im Namen Gottes des Allmächtigen und maßt sich selbst die Position desjenigen an, der allwissend ist.«[28]

Um ihren Standpunkt zu verdeutlichen, greift Youssef eine Reihe von Themen auf, bei denen es für viele Muslime nach herkömmlichen Interpretationen des Korans nur eine einzige richtige Auffassung zu geben scheint, während sie selbst aufgrund ihrer eigenen und alternativer Interpretationen im Wandel der Zeiten eine schillernde Mehrdeutigkeit feststellt. Dazu gehört auch Homosexualität. Youssef stellt die geläufige Interpretation von Koranversen in Frage, die herangezogen werden, um die Sodomie zu verurteilen, wie etwa: »Und Lot. Als er zu seinem Volke sprach: ›Siehe, wolltet ihr denn wirklich eine solche Schändlichkeit begehen, wie sie keiner von den Weltbewohnern vor euch tat? Siehe, wolltet ihr denn wirklich zu den Männern gehen, den Weg versperren und, wenn ihr zusammenkommt, Schändliches begehen?‹«[29] Handelt es sich bei dieser Schande um Sodomie (»den Weg versperren« als Metapher für die Blockierung des Pfads zur Fortpflanzung), so fragt sie, oder um Wegelagerei (buchstäblich Wanderern den Weg versperren) und andere gewalttätige Praktiken, für die die Männer von Lot bekannt waren? In einem anderen Beispiel schildert der Koran Lots Nachbarn, die im Begriff stehen, die sie besuchenden Engel zu vergewaltigen. Hier nun fragt Youssef: »Worin bestand die Sünde des Volkes von Lot? Darin, dass die Männer Sex mit Männern hatten, oder darin, dass sie Männer zum Geschlechtsverkehr zwangen?«, womit sie gegen eine grundlegende Verhaltensregel – Gastfreundschaft – verstießen und Lot entehrten?[30]

Laut Youssef hat der patriarchalische Charakter der islamischen Gesellschaft im Lauf der Jahrhunderte Auslegungen des Korans gefördert, die die Sodomie verdammen, welche dadurch, dass sie Männer in die Lage versetzt, anderen Männern Lust zu verschaffen, die passiven Partner auf den Status von Frauen reduziert, »gegen die Regeln der Natur und im Widerspruch zu Gottes Weisheit«, wie es solche Interpreten formulieren.[31] Dies erklärt auch die anhaltende Popularität von Hadithen, in denen der Prophet angeblich die Sodomie und diejenigen, die sie praktizierten, verdammte – Hadithe, deren zweifelhafte Authentizität schon seit Jahrhunderten bekannt ist.

Da im Koran selbst keine Strafe für *liwat* angegeben wird, stützen sich die sunnitischen Rechtsgelehrten auf eine Reihe von Mitteln und Wegen, unter anderem auf einen Analogieschluss zu *zina* (außerehelicher Sex), um die Strafbarkeit der männlichen Sodomie zu begründen. Drei ihrer vier Hauptschulen leiten daraus die Strafe der Steinigung beziehungsweise Auspeitschung ab. Diese *hadd*-Strafe, wie sie im Islam genannt wird, ist in einer Handvoll arabischer Länder – darunter Sudan, Jemen und Saudi-Arabien –, die die Scharia direkt anwenden, gesetzlich verankert. Allerdings wird unter Rechtsexperten kontrovers diskutiert, ob solche Strafen tatsächlich auf verlässlichen Quellen und solider Begründung basieren – Zweifel, die auch Youssef äußert.

Homosexualität ist nicht das einzige heiße Eisen, das sie anfasst – Kinderehe, Masturbation, Polygamie (für Männer und Frauen), heterosexueller Analverkehr, *mut'a*-Verbindungen und weniger sexy Themen wie *mahr* und Erbrecht stehen ebenfalls auf Youssefs Liste. Ihre Argumente zur Homosexualität haben jedoch die schärfste Reaktion ausgelöst. »In den Zeitungen hieß es, ich hätte gesagt, Homosexualität sei erlaubt, die homosexuelle Ehe sei nicht verboten … Das habe ich nicht gesagt, auch wenn ich es denke«, erklärte Youssef. Für sie sind Homosexualität und Sexualität im Allgemeinen Einstiegspunkte für ein tieferes Verständnis des heiligen Buchs des Islam und ein fruchtbarer Boden für *idschtihad* (undogmatische, vernunftgeleitete Rechtsfindung), die sie prägnant beschreibt als »ein immerwährendes Abenteuer auf der Suche nach der wahren Bedeutung des Korans, die Gott allein kennt«.[32] Leider konzentrierte sich ein Großteil der öffentlichen Reaktionen, die ihr Buch vor allem auf islamistischen Websites erfuhr, auf den Aspekt Sex und ignorierte dieses tiefere Anliegen. »Ich weiß [wieso], weil Sex genauso unantastbar ist wie Religion.« Youssef lachte. »Beides zusammen ergibt einen Molotow-Cocktail, erst recht wenn eine Frau beteiligt ist.«

Sie weist darauf hin, dass sich ihre Argumentation auf über tausend Jahre Koranauslegung stützt – auch wenn die früheren Denker, die sie zitiert, ihrer intellektuellen Mühen wegen wohl kaum als liederliche Schlampen gebrandmarkt wurden, wie es Youssef widerfahren ist. »Weshalb ist die Einstellung der jüngeren *'ulama'* [Gemeinschaft der islamischen Gelehrten] zur Sexualität viel engstirniger und rigider als die der alten?«, fragte sie rhetorisch. »Es ist erstaunlich. Die früheren Gelehrten befassten sich eingehend und ohne die geringste Scheu mit dem Thema Homosexualität.« Dann gab sie, ganz Lehrerin, eine Antwort. »Es gibt mehrere Gründe dafür, dass wir von einer offenen zu einer geschlossenen Interpretation übergingen. Da ist erstens die Tatsache, dass die Muslime von einer christlichen Sichtweise kolonisiert wurden. Im Christentum ist Sex nicht nur tabu, sondern weggesperrt«, meinte sie. »Ein weiterer Grund ist der Wahhabismus. Die Wahhabiten sind Muslime, die den wahren Kern des Islam völlig verfälschen. Um Macht zu haben, muss man Menschen unterwerfen. Und was ist der Inbegriff von Freiheit und allen Menschen gemeinsam? Sexualität. Kontrolliert man sie, unterbindet man jeden Wunsch, individuell und andersartig zu sein. Schließlich sollen wir alle gleich sein; deshalb braucht es die Kontrolle.« Was die Sache noch schwieriger macht, ist nach Youssefs Meinung der allgemeine Niedergang der religiösen Bildung. »Der andere Grund ist Unwissenheit«, sagte sie, wobei ihre Augen frustriert funkelten. »Die Menschen lesen nicht mehr – sie schauen fern; sie hören al-Qaradawi und Amr Khaled [zwei Fernsehpredigern] zu; sie lesen nicht, was al-Tabari und al-Razi [zwei frühislamische Gelehrte] geschrieben haben. Sie lesen nicht einmal das Leben Mohammeds.« Als sie den Namen des Propheten aussprach, wich ihre Entrüstung plötzlich einem Lächeln. »Ich mag diesen Mann. Er hatte nie ein Problem mit Sexualität.«

Es mag den Anschein haben, als stünde dieser Niedergang des individuellen religiösen Denkens – eine Art spirituelle und intellektuelle Malaise – im Widerspruch zu dem Aufstieg des islamischen Fundamentalismus und der Glaubensfrömmigkeit in den letzten Jahrzehnten. Aber wie Youssef und andere behaupten, ist bei vielen Muslimen religiöser Formalismus an die Stelle spiritueller Substanz getreten. »Wenn man in islamischen Ländern eine Person auf der Straße anspricht und sie fragt: ›Was ist *haram*?‹, wird sie antworten: Unzucht und Alkohol, also oberflächliche Dinge. Aber über alles andere reden wir nicht: die Liebe zum Nächsten, Ehre – vergiss es. Wir werfen Müll auf die Straße, kein Problem; wir reden schlecht über unseren Nachbarn, kein Problem. Die Religion dreht sich heute vor allem um das Thema Sexualität. Aber das hat mit der Institution Religion zu tun, nicht mit der Religion selbst.« Indem sie gängige islamische Bewertungen der Homosexualität und anderer gesellschaftlicher Phänomene in Frage stellt, versucht Youssef, dieses Nachdenken anzustoßen, auch wenn dieser Prozess mit einem wütenden Konter beginnt. »Ich würde Menschen gern davon überzeugen, dass es andere Formen des Nachdenkens gibt. Es wäre vermessen zu behaupten, ein Buch würde Dinge unmittelbar verändern. Aber es hat bei Menschen bereits etwas angestoßen. Und das ist gut, denn es ist Zeit, die Dinge anzusprechen. Wir können keine Veränderungen auf sexueller Ebene erreichen, wenn wir nicht sprechen. Gespräche führen nicht zu direkten Veränderungen, aber durch Gespräche kommt es zu Veränderungen.«

Es wird indes einer Menge Gespräche bedürfen, um selbst die aufgeschlossensten religiösen Führungspersönlichkeiten in der Region mit ins Boot zu holen. »Nein, nein, nein, [mit] Gott dem Allmächtigen [als meinem Zeugen].« Scheich Ahmad, Imam einer der größten Moscheen in Damaskus, schüttelte den Kopf und lachte, als ich diese verschiedenen Auslegungen mit ihm diskutierte. »Weshalb wollte das Volk von Lot die Engel vergewaltigen? Weil die Engel in der Gestalt von Knaben erschienen und die Leute mit den Knaben Sex haben wollten. Das steht fest. Meiner Meinung nach ist das unstrittig.«

Wenn irgendjemand bereit ist, Dinge zu hinterfragen, dann ist es Scheich Ahmad. Er spielt eine maßgebliche Rolle in einem Netzwerk religiöser Führungspersönlichkeiten und konfessionsgebundener Organisationen, das vom Entwicklungsprogramm der Vereinten Nationen gegründet wurde. Der Anstoß dazu kam von Khadija Moalla, einer Menschenrechtsanwältin aus Tunesien, die sich fast zehn Jahre lang darum bemühte, die Situation von HIV-Infizierten in der arabischen Region zu verbessern – gegen gewaltige Widerstände. Allzu oft wurde Religion als ein Vorwand für Untätigkeit herangezogen, speziell von Politikern, weil die Gruppen mit den höchsten Infektionsrisiken – Männer, die Sex mit

Männern haben, Sexarbeiterinnen und injizierende Drogenabhängige – zugleich diejenigen waren, die vom vorherrschenden religiösen Diskurs in Bausch und Bogen verdammt wurden. Daher begann Moalla im Jahr 2004 religiöse Führungspersönlichkeiten des Islam und des Christentums – Männer wie Frauen – anzusprechen, um sie für einen Dialog zu gewinnen, in dem es darum ging, die Furcht, Unwissenheit und Stigmatisierung zu durchbrechen, die ihre Einstellung zu HIV und HIV-Infizierten bis dahin kennzeichnete.

In diesem Rahmen hatten religiöse Führungspersönlichkeiten die Gelegenheit, in Workshops überall in der arabischen Region – einschließlich einer Reihe jährlicher Treffen in Kairo – mit Männern, die Sex mit Männern haben, zusammenzukommen. Wenn es HIV nicht gäbe, hätten sich Scheich Ahmad und seine Kollegen erst gar nicht beteiligt, aber die Konzentration auf Fragen des öffentlichen Gesundheitsschutzes macht diese Treffen für sie gesellschaftlich akzeptabel. Scheich Ahmad und einigen seiner aufgeschlosseneren Kollegen haben diese Gespräche wirklich die Augen geöffnet. »Das Wort ›homosexuell‹ ist für uns mit einer Menge sittlich verwerflicher Dinge verbunden. So schlimme wie die Belästigung von Kindern und die Vergewaltigung von Mädchen. Homosexuelle, das waren für mich schmutzige, sexversessene Menschen, die ein falsches Leben führen«, räumt er bereitwillig ein. Doch die jahrelange Zusammenarbeit hat seine Einstellung geändert. »Sie sind wie die religiösen Führer: Einige von ihnen sind nett, andere nicht. Der eine Sänger hat eine gute Stimme, der andere Sänger eine schlechte. Es gibt unter ihnen alle möglichen Arten von Menschen.«

Scheich Ahmad ist ein tief religiöser Mensch, und seine Überzeugung zwingt ihn dazu, alles in seiner Macht Stehende zu tun, um alle Winkel seiner Gemeinde zu erreichen. »Es ist nicht Aufgabe eines religiösen Führers zu sagen, dieser Mensch da kommt in die Hölle oder in den Himmel. Nein. Das ist nicht mein Auftrag. Mein Auftrag ist es, zu diesen Menschen zu sagen: ›Kommt, meine Freunde, lasst uns versuchen, eure Probleme zu lösen.‹« Ich fragte ihn, ob diese »Lösung« und diese »Probleme« den Versuch beinhalten, homosexuelle Männer in heterosexuelle zu verwandeln, nachdem es gegenwärtig unter manchen religiösen Führern en vogue ist, statt wie früher von Bestrafung nun von Behandlung zu sprechen. Keineswegs, sagte er mit Nachdruck. »Wenn er bereuen will, werde ich ihm helfen, so Gott will. Wenn er nicht bereuen will, sollte er wenigstens andere nicht schädigen.« Damit meint Scheich Ahmad ungeschützten Sex und die Verbreitung von HIV; obwohl er seinerseits den Gebrauch von Kondomen nicht offen befürwortet, empfiehlt er denjenigen, die in Not sind, diskret, ärztlichen Rat einzuholen, wohl wissend, dass Kondome mit zu dem Paket dazugehören.

Im Lauf meiner Gespräche mit Scheich Ahmad habe ich über die Jahre den Eindruck von einem Mann gewonnen, der auf einem schmalen Grat wandelt. Einerseits will er Männern, deren Sexualität gegen die heterosexuelle Norm verstößt, aufrichtig helfen, inneren Frieden zu finden. Bei diesem Dialog muss er sich bis zu einem gewissen Grad auf den anderen einlassen, aber zugleich darf er seine Gemeinde nicht verprellen. »Wir brauchen neue, innovative Denkweisen. Andernfalls wird es uns gehen wie den Christen, die der Religion den Rücken kehren«, bemerkte er. »Damit der Islam lebendig bleibt, muss er sich den Problemen der Gesellschaft stellen. Ich muss nicht unbedingt mit deiner Lebensweise einverstanden sein, aber ich muss mich mit dir auseinandersetzen. Es ist etwas anderes, mich mit dir auseinanderzusetzen, wenn ich enttäuscht und wütend auf dich bin – ich sollte mich mit dir auseinandersetzen, wenn ich glücklich bin. Möglicherweise finde ich offene Türen zwischen mir und ihm, und dann werde ich ihm gegenüber aufgeschlossener sein.«

Andererseits kann Scheich Ahmad angesichts seiner eigenen religiösen Überzeugungen diejenigen, die zu ihm kommen, nur bis zu einem gewissen Grad erbauen. »Ich sage ihnen: ›Ich liebe dich. Du bist mein Bruder und du bist willkommen in der Moschee.‹ Aber ich kann ihm nicht sagen, dass es nicht *haram* ist.« Und so greift Scheich Ahmad auf eine traditionsreiche Unterscheidung im Islam zurück: Die Anziehung durch das eigene Geschlecht wird akzeptiert, während die sexuelle Handlung als solche verurteilt wird – eine Strategie nach dem Motto »Hasse die Sünde, liebe den Sünder«. Es ist das Beste, was er unter den gegebenen Umständen tun kann. Und es ist der Kompromiss, den er seinen Schülern und der Gemeinde insgesamt zu vermitteln versucht. »Wir sagen den Gläubigen, die sexuelle Orientierung sei eine Sache, sexuelle Handlungen seien eine andere. Und dass das Vergewaltigen von Kindern nichts mit Homosexualität zu tun hat. Ein Vergewaltiger ist kein Homosexueller, so dass wir jetzt die Definition des Homosexuellen eingrenzen. Vielleicht wird er von seiner Umgebung, seinem Umfeld beeinflusst. Es ist vielleicht nicht zu hundert Prozent sein eigener freier Wille. Und dass die Menschen, die sich in dieser Welt bewegen, gar nicht von Gottes Weg abgewichen sind; sie sind nach wie vor unsere Brüder, und wir können weiterhin mit ihnen leben und zusammenleben.«

Viele Männer und Frauen, die ich in der Region kenne und deren Lebensweise von der heterosexuellen Norm abweicht, sind gegenüber religiösen Führern zutiefst misstrauisch. Weit oben auf der Liste ihrer Kritikpunkte steht Doppelzüngigkeit: Imame und Priester, die gern Toleranz und Mitgefühl predigen, wenn eine vollbezahlte Reise zu einem Workshop oder eine internationale Projektfinanzierung zu erwarten ist, aber in Freitags- und Sonntagspredigten oder in Interviews mit Medien schnell auf eine harte Linie umschwenken. Und in einigen Fällen bleibt es nicht bei der verbalen Heuchelei. Munir beschrieb einen Besuch bei einem Imam. »Ich wollte wissen, ob es schlimm ist, schwul zu sein, oder nicht; letztlich wollte ich wissen, ob ich in die Hölle komme oder nicht«, sagte er. Das trug ihm eine vierstündige Standpauke über die Übel von *liwat* und *zina* ein. »Er sprach mit mir, und dann wollte er es mit mir tun. Er sagte mir, es sei *haram*, und dann hatte er Sex mit mir«, erklärte Munir lachend.

Wie Munir selbst zugibt, ist er kein »frommer Mensch«, aber er glaubt an Gott, und dieser Glaube hat ihm geholfen, einen inneren Frieden zu finden, der vielen anderen Homosexuellen versagt bleibt. »Ich habe einen Bruder. Er ist hetero; er ist verheiratet und hat Kinder. Wir haben dieselbe Mutter. Weshalb sind die Gefühle in mir und alles, was damit verbunden ist, dann so anders als bei ihm? Was sind die Gründe?«, fragte er. »Vielleicht kommt es ja von Gott, ist es ein Befehl Gottes: Du hast mir dies geschenkt, und Du kennst meine Schwachstellen, die dunklen Winkel meiner Seele, zu denen ich keinen Zugang habe. Vielleicht ist es eine Prüfung. Er will herausfinden, ob ich diese Bürde tragen kann, weil ich machtlos bin. Ich habe mir diese Gefühle nicht ausgesucht. Aber wenn sie verwerflich sind und Du, Gott, sie geschaffen hast, wie kannst Du mich dann verurteilen?«

In die gleiche Kerbe schlägt Nasim, der der Meinung ist, dass religiöse Führer die sexuelle Toleranz in Ägypten und der arabischen Welt insgesamt durchaus ein gutes Stück voranbringen könnten, wenn sie sich diese Lektionen zu Herzen nehmen würden. »Sie haben ihre Religion nicht gründlich studiert. Gott ist Liebe, alle Religionen sagen das. Da Gott die Liebe ist, liebt er uns alle so, wie wir sind. Wie ein Vater, der seinem Sohn auch Fehler verzeihen kann, wird er nie zu einem Messer greifen und seinen Sohn töten«, bemerkte er. Nasims Rat rührt von seinem eigenen Ringen her, seinen Glauben mit seinem Sexualleben in Einklang zu bringen. »Wenn sie das Bild eines Gottes vermitteln, der Gesetze macht und nach Maßgabe dieser Gesetze bestraft, dann sind wir sehr weit weg vom Kern der Religion. Der Kern aller Religionen ist die Liebe Gottes zum Menschen. Ich halte mich selbst für religiös. Anfangs fühlte ich mich schuldig, doch als ich dies verstand, war es mit diesem Gefühl vorbei.«

Wie Nasim teilt auch Munir nicht die Auffassung, Religion und religiöse Führer müssten in den Hintergrund treten, damit homosexuelle Männer und Frauen in der ägyptischen Gesellschaft mehr Akzeptanz finden. »Die Scheichs können alles verändern; sie können alles erreichen. Schließlich geben religiöse Führer, Scheichs und Priester der ganzen Welt eine Richtung vor und beeinflussen die öffentliche Meinung.« Munir wünscht sich einen Geist der Toleranz. Er sucht keine Zustimmung, und er fordert auch nicht mehr Nachsicht, als er selbst gegenüber religiösen Führern zu üben bereit ist. Ungeachtet seiner hautnahen Begegnungen mit Gottesmännern erkennt Munir durchaus an, dass sie sich in einem Dilemma befinden. »Scheichs haben Angst, sich öffentlich für Schwule einzusetzen. Sie haben Angst vor den Leuten, davor, dass diese sie umbringen oder glauben, sie wären selbst schwul.«

Nach Munirs Meinung besteht die langfristige Lösung in Begegnungen, wie sie diese Workshops fördern, Gelegenheiten zum Dialog, die Munirs Sicht auf die Religion und die Möglichkeit einer Annäherung verändert haben. »Als ich mit [dem Imam einer der größten Moscheen Kairos] sprach, zeigte sich, dass er keine Ahnung davon hatte, was ich durchmachte und wie ich mich fühlte. Als ich mit ihm sprach und ihm all die Geschichten erzählte, standen ihm die Tränen in den Augen. Er sagte:

›Ich habe nicht geahnt, dass ihr so viel leidet. Ich habe immer geglaubt, ihr würdet euch nur amüsieren und miteinander schlafen, aber ihr werdet gefoltert. Ja, ich habe Vorbehalte dagegen, und ich billige nicht, was ihr tut, denn es ist *haram.* Aber ich sehe, dass ihr viele Ungerechtigkeiten erdulden müsst.« Munir ist sich vollkommen im Klaren darüber, dass er selbst und andere Homosexuelle einen Beitrag zum Einstellungswandel leisten können. »Selbst die Wissenschaftler und die Scheichs sind darauf angewiesen, dass wir ihnen zeigen, wie die Wirklichkeit aussieht, denn in den Kinofilmen sehen sie dieses hässliche Bild, das sie für bare Münze nehmen. Ich erlebe das Problem am eigenen Leib, also kann ich darüber sprechen. Wenn ich dir erzähle, was ich fühle, wird dich das im Innern berühren.«

Öffentliche Liebesbekundungen

»Dieses hässliche Bild«, wie Munir sagt, ist das Stereotyp homosexueller Männer und Frauen im ägyptischen Kino und Fernsehen: tuntig-schrill, komisch, innerlich zerrissen oder verdorben – suchen Sie sich aus, was Ihnen gefällt. Eine Studie über ägyptische Filme, die zwischen 1979 und 2009 produziert wurden und, wie kurz auch immer, das Thema Homosexualität streiften, kam zu dem Ergebnis, dass weniger als ein Zehntel davon homosexuelle Figuren auch nur annähernd sympathisch zeichneten.[33] Nur wenige Filmemacher sind bereit, das Risiko einzugehen, Zuschauer oder Geldgeber vor den Kopf zu stoßen, indem sie alte Stereotype in Frage stellen, wie etwa die Vorstellung, homosexuelle Männer und Frauen verdankten ihre Gelüste frühkindlichem sexuellem Missbrauch oder homosexuelle Männer lauerten permanent auf Sexkontakte.[34] Selbst solche oberflächlichen und wenig schmeichelhaften Porträts erregen den Zorn von Konservativen, die Filmemachern vorwerfen, unter dem Einfluss Amerikas oder Israels junge Menschen allein dadurch ins Verderben zu locken, dass sie solche Verhaltensweisen darstellen. Und homosexuelle Figuren auf der Leinwand erleben selten ein Happy End. Die Verfilmung des Romans *'Imarat Ya'qubian* (»Der Jakubijan-Bau«) von Alaa Al Aswany, dem bekanntesten zeitgenössischen Romancier Ägyptens, ist ein gutes Beispiel. Eine der Hauptpersonen in dem Film ist ein homosexueller Zeitungsherausgeber, der (Achtung: Spoiler) zur großen Freude der Zuschauer von einem seiner Liebhaber umgebracht wird. »Ich habe mir den Film viermal angesehen. Jedes Mal, wenn die Zuschauer [in der Mordszene] jubelten, kam es mir vor, als würden sie mich erstechen«, erinnerte sich Nasim. »Einmal, als ich im Kino saß, sagte jemand an der Stelle, wo die schwule Figur umgebracht wird: ›*Ahsan, ahsan* [Super, super]‹. Ich wandte mich um und sah, dass es eine Frau war, eine entfernte Verwandte, deren Ehemann mir einst Avancen gemacht und mit dem ich es getrieben hatte«, sagte er lachend.

Schon der leiseste Versuch, Homosexualität in einem weniger grellen Licht darzustellen, reicht aus, um einen Feuersturm zu entfachen. *Tul Omri* (»Mein ganzes Leben«), bei dem Maher Sabry Regie führte, ein in San Francisco lebender ägyptischer Filmemacher, ist ein selbstproduzierter Low-Budget-Film und einer der wenigen Filme in den letzten Jahren, der ein etwas ausgewogeneres Porträt des homosexuellen Lebens in Ägypten zeichnet – mit Geschichten und Figuren, die den Erfahrungen von Nasim und Munir entsprechen. Es ist unwahrscheinlich, dass der Film in naher Zukunft in einem Kairoer Multiplex-Kino gezeigt wird, aber das verhinderte nicht, dass es Fatwas hagelte, ohne dass die Richter das Corpus delicti überhaupt in Augenschein nahmen. »Sofort verbrennen!«, lautete das Verdikt eines ehemaligen Großmufti von Ägypten. »Diese Filme laden zur Ausschweifung ein, dazu, jene Taten zu begehen, die von Allah verboten wurden, und sie propagieren abweichende soziale Verhaltensweisen.«[35] Und nicht nur religiöse Autoritäten regten sich auf; ein hochrangiger UN-Beamter in Ägypten behauptete, der Film könne gar der Ausbreitung von HIV Vorschub leisten, indem er zu verbotenen Verhaltensweisen ermuntere.

Der ägyptische Film harrt noch seines *Brokeback Mountain*-Durchbruchs zur Homosexualität; angesichts des Aufstiegs islamischer Konservativer wird dieser vermutlich auch noch eine Weile auf sich warten lassen. Doch die Zunahme unabhängiger Filmproduktionen und die neuen, alternativen Vertriebsmöglichkeiten (einschließlich privater Vorführungen und Internet-Streaming) sowie die längerfristige Möglichkeit einer Lockerung der Zensur, sobald Ägypten seine post-Mubarak'schen

Krämpfe überwunden hat, lassen dies weniger unrealistisch erscheinen, als es unter dem festen Griff der Diktatur der Fall gewesen wäre. Es gibt bereits eine Reihe weiterer Programm- und Dokumentarfilme über das homosexuelle Leben in der arabischen Welt, die eine nuanciertere Sicht vermitteln, auch wenn sich kein größerer Filmverleiher für diese Produktionen fand.[36]

Mit der arabischen Literatur verhält es sich ganz ähnlich. Längst vorbei sind die Tage von al-Tifashi und seiner spielerischen Behandlung gleichgeschlechtlicher Beziehungen. In den letzten fünfzig Jahren wurden einige wirklich düstere Porträts der Homosexualität veröffentlicht, die ein Gefühl der Kastration symbolisieren, welche die kolonialen Besatzer, Israel, ihre eigenen Regierungen und eine globale Konsumkultur an der arabischen Gesellschaft verübt haben – der literarische »Ausbeutungsdiskurs«, in dem die Sodomie lediglich eine von vielen Variationen der Unterdrückung ist, die die Menschen der Region in den vergangenen Jahrzehnten erlebt haben.[37] Natürlich gibt es Ausnahmen – Bücher und insbesondere Romane, die der Komplexität des homosexuellen Lebens in der Region gerecht werden, ohne diesem alle Nöte der arabischen Welt aufzubürden. Eines dieser Bücher, die in den letzten Jahren in Ägypten erschienen sind, ist *The World of Boys* von Mostafa Fathi, einem ägyptischen Journalisten, das von einem kleinen unabhängigen Verlag publiziert wurde. Es ist die Geschichte von Essam, einem von Fathis Freunden, eine seltene Coming-of-Age-Geschichte, in der die Lebensumstände homosexueller Männer aus der Mittelschicht plastisch dargestellt werden. Es ist auch ein Plädoyer für Toleranz gegenüber sexueller, ethnischer und religiöser Vielfalt. Am Ende des Buchs schließt Essam Friede mit sich selbst, indem er den Sprung ins kalte Wasser wagt und seine Seele auf der Nil-Brücke, die zum Tahrir-Platz führt, entblößt: Er trägt ein T-Shirt mit der Aufschrift: ICH BIN SCHWUL. ICH BIN EIN MENSCH.[38]

Nasim und Munir würden so etwas nicht empfehlen. Dank des Internets ist es jedoch leichter geworden, Stellung zu beziehen. Nasim zum Beispiel outete sich online, wenn auch sehr diskret. »Ich schrieb in meinem Facebook-Account: ›Ich mag Frauen und Männer.‹ Meine Schüler sind nicht dumm – sie haben das gelesen. Sie begannen darüber zu sprechen, und auch ich begann darüber zu sprechen, und jetzt sprechen wir offen darüber.« Die Nachricht verbreitete sich schon bald in der gesamten Schule. »Die Direktoren wissen Bescheid, die Priester wissen Bescheid, alle Lehrer wissen es; wir scherzen sogar darüber. Natürlich gibt es ein paar, die ein bisschen verkrampft sind ... aber wenn sie mich angreifen, weiß ich mich zu wehren. Mein Privatleben ist meine Sache. Ich frage sie ja auch nicht, ob sie ihre Frau von oben oder unten, von rechts oder links vögeln.«

Nicht jeder Online-Eintrag zeichnet sich durch einen so resoluten Unterton aus. »Homosexuell zu sein bedeutet, ein elendes Leben zu führen, sich an verächtliche Blicke und verletzende, spöttische Bemerkungen zu gewöhnen ... ohne dass man sich selbst verteidigen könnte«, schreibt ein junger Marokkaner in seinem Blog *Ein vergessenes Leben*. Die Daseinsklage geht weiter: »Man sucht nach einem Partner seiner Träume in einer Gesellschaft, die dich oder deine Existenz nicht anerkennt und diese Beziehungen ungeachtet ihres edlen und aufrichtigen Charakters nicht akzeptieren will. Homosexuell zu sein bedeutet, mit tausendundeiner Maske zu leben, um zu zeigen, was man nicht empfindet, und seine wahren Gefühle zu verbergen. Homosexuell zu sein bedeutet, allein zu denken ... allein zu sprechen ... sich allein glücklich zu fühlen ... allein zu weinen ... allein wütend zu sein ... allein zu schlafen ... allein ... allein.«[39]

Für einige junge Männer und Frauen bringt der Internetzugang indes die überwältigende Erkenntnis, dass sie mit ihren Sehnsüchten nicht allein sind. Einige junge Männer sagen, schwule Pornofilme hätten ihr Leben verändert, da sie eine Welt gleichgeschlechtlicher Beziehungen enthüllten, von der sie bis dahin glaubten, nur sie allein interessierten sich dafür. Onlineportale für Partner- und Kontaktsuche können eine ähnliche Wirkung entfalten, einmal abgesehen davon, dass sie die konkrete Chance zu einem sexuellen Abenteuer bieten. Auf Manjam zum Beispiel findet man über hunderttausend Profile aus dem gesamten Nahen Osten (einschließlich Iran und Türkei) – Tops, Bottoms und Versatile, die auf Abenteuer aus sind, samt diskret zurechtgeschnittener Fotos ihrer Aktivposten. Tatsächlich sind solche Websites so populär, dass NGOs, die im Bereich der HIV-Prävention tätig sind, sie dazu nutzen, eine ihrer hauptsächlichen Zielgruppen zu erreichen: Männer, die Sex mit Männern haben. Frauen erleben das Internet als ein besonders nützliches Werkzeug, um potenzielle Partner zu finden, da ihre diesbezüglichen Chancen in der realen Welt beschränkter sind als die von Männern. Und eine zunehmende Zahl arabischsprachiger Websites, die Nachrichten, Meinungen und verlässliche Informationen über Homosexualität – aus soziologischer, psychologischer, medizinischer, juristischer und kultureller Sicht – anbieten, erleichtern es Männern und Frauen ganz enorm, ihre abweichende Sexualität zu akzeptieren.

Solche Online-Begegnungen sind besonders wichtig an Orten, wo reale Begegnungen riskant sind. Im Sommer vor dem Volksaufstand wollte eine Diskussionsgruppe in Kairo ihre Arbeit aufnehmen, mit nervenaufreibenden Folgen für die Teilnehmer, als ihr ausländischer Gastgeber ausgewiesen und sie im Regen stehengelassen wurden, worauf sie sich fragten, ob sie vielleicht als Nächste ins Fadenkreuz der Staatssicherheit geraten würden. Dieser ernüchternde Vorfall verdeutlicht eines der größten Risiken der Online-Kommunikation – die rasche öffentliche Bloßstellung mit potenziell verheerenden Folgen –, sofern die Vertraulichkeit nicht gewahrt wird. Ich kenne etliche Männer und Frauen, die sich versehentlich selbst outeten, als sie vergaßen, ihren Bildschirmschoner zu aktivieren, und Familienmitglieder auf ihre Profile bei Facebook oder GayRomeo stießen. Schlimmer noch ergeht es ihnen, wenn sie in eine virtuelle »Honigfalle« der Polizei tappen, die im Internet gern mit Lockvogelangeboten zu strafbaren Handlungen provoziert.[40] Trotzdem löste der Sturz des Regimes Mubarak eine Welle von Online-Aktivitäten aus, aber wie weit und wie schnell sich diese in Offline-Aktivitäten übersetzen lassen würden, war die Frage, vor der Nasim und seine Freunde in der sich verändernden neuen Ordnung standen.

Frauen, die Frauen lieben

Um zu verstehen, wohin das Internet, Entschlossenheit und ein förderliches Klima Nasim & Co. eines Tages bringen könnten, setzte ich mich in einem Theater im Stadtzentrum von Beirut in die vorderste Reihe. Der Saal war voll, Hunderte von Männern und Frauen bejubelten zwei junge Frauen auf der Bühne, die aus einem heißen neuen Buch lasen, das den

Titel *Bareed Mistazjil* (Eilpost) trug. Es handelte sich um eine Anthologie mit Beiträgen von vierzig jungen Libanesen und Libanesinnen, deren Erzählungen sich mit den gängigen Übergangsriten befassen – Problemen mit Eltern, Spannungen mit Freunden, der Druck zu heiraten, das Ringen mit dem Selbstbild, Probleme in der Schule, Gedanken über Religion, Träume und Enttäuschungen in Bezug auf Emigration und jenes uralte Lieblingsthema – Verlieben und Entlieben. »Ich werde wirklich schüchtern und nervös, wenn ich in jemanden verknallt bin. Ich werde sogar schüchtern, wenn ich über jemanden phantasiere. Bei einem Rendezvous bin ich total verkrampft, und ich mache nie den ersten Schritt«, lautete eine der Aussagen, mit einer letzten Wendung in der Erzählung: »Ich bin eine Lesbe.«[41]

Die Menge geriet aus dem Häuschen. Ich sah mich unterdessen nervös um, da ich meine Kairoer Ängste mitgebracht hatte und halb damit rechnete, die Polizei würde jeden Moment hereinstürmen. Aber ich hätte ganz beruhigt sein können. Beirut genießt eine Meinungs-, Rede- und Versammlungsfreiheit, wie es sie vor den Erhebungen von 2011 in Kairo und anderen Hauptstädten nicht gab, Freiheiten, die im Gefolge des »Arabischen Frühlings« noch immer eher Hoffnung als Wirklichkeit sind. Dennoch war es ein bemerkenswerter Abend, selbst nach Beiruter Maßstäben, nicht wegen der erotischen Bekenntnisse an sich, sondern weil er sich auf eine der am meisten vernachlässigten Facetten der Sexualität konzentrierte: gleichgeschlechtliche Beziehungen zwischen Frauen.

Während homosexuelle Männer in der arabischen Region oftmals in der Schusslinie stehen, tauchen ihre weiblichen Pendants meist nicht einmal auf dem Radarschirm auf. Immer wieder habe ich von allein lebenden Freundinnen (das Ausziehen aus dem Elternhaus ist für diejenigen, die über die erforderlichen Mittel verfügen, in Beirut etwas weniger stressig als in Kairo) gehört, dass sie von Nachbarn schroff zurechtgewiesen werden, wenn diese mitbekommen, dass männliche Freunde oder Kollegen bei ihnen übernachten, während weibliche Geliebte kommen und gehen können, ohne dass dies irgendwelche Kommentare hervorruft. Ganz allgemein gesprochen liegen gleichgeschlechtliche Beziehungen zwischen Frauen selbst im weltlichen Beirut einfach jenseits des Vorstellungsvermögens der meisten Menschen: Getreu der Logik des ehemaligen US-Präsidenten Clinton zählt es im Grunde nicht als Sex, wenn Penis und Penetration außen vor bleiben.

Gleichgeschlechtliche Beziehungen zwischen Frauen waren nicht immer so verborgen. Im Goldenen Zeitalter arabischer Erotika brachte man Liebe und Sex zwischen Frauen viel Verständnis entgegen: Diese Beziehungen wurden analysiert, anatomisch beschrieben und häufig in hohem Maße goutiert.[42] Für das Phänomen des »Reibens« wurden ausgeklügelte medizinische Erklärungen vorgebracht, und es gab Debatten darüber, ob weibliche Homosexualität angeboren oder erworben sei. Während mittelalterliche Erklärungen der Scheidenform oder Schamlippenreizung ein wenig veraltet sein mögen, sind die gesellschaftlichen Rechtfertigungen, die für gleichgeschlechtliche Beziehungen ins Feld geführt werden, für manche Frauen heute genauso zutreffend, wie sie es vor tausend Jahren waren: Bewahrung der Jungfräulichkeit und Vermeidung von Ehebruch und unehelichen Kindern.

Al-Tifashi war einer der verständnisvolleren Kommentatoren; obwohl er in *Ein Spaziergang der Herzen* das Reiben als eine Störung bezeichnete, straft sein bewundernder Tonfall sein Vokabular Lügen. »[Diese Frauen] lieben einander genauso leidenschaftlich, wie es Männer tun, aber mit noch größerer Intensität«, schrieb er. »Sie suchen sich die besten und schönsten Möbel, Speisen und Gegenstände aus, die sie sich leisten können, ganz egal, wo und wann sie hergestellt wurden.«[43] Die Frauen in al-Tifashis Buch scheinen erhebliche wirtschaftliche und gesellschaftliche Freiheiten genossen zu haben – sie sind mutig, schön, unabhängig und viel schlauer als die Männer in ihrem Umfeld, welche Damen, die ohne ihr »bestes Stück« auskommen, meist geringschätzig behandeln. Warda, einer der berühmten »Reiberinnen«, die von al-Tifashi zitiert werden, taten die Männer leid, schilderte sie doch in erregenden Einzelheiten den Weg zu einem umwerfenden Orgasmus, den eine Frau mit einer anderen zurücklegen kann. »Wenn Philosophen unsere Lust beobachten könnten, wären sie verblüfft. Und die Menschen, die Spaß und Musik mögen, würden [hoch am Himmel] fliegen«, bemerkte sie.[44]

Wardas Schwestern im 21. Jahrhundert sind weniger großspurig. Sie stecken in einem doppelten Dilemma, da sie homosexuell *und* weiblich sind, mit all dem Ärger, den das mit sich bringt. Wie wir gesehen haben, ist es für Frauen im arabischen Raum schon ein Problem, jegliche Form vorehelicher sexueller Aktivität zuzugeben, ganz zu schweigen von gleichgeschlechtlichen Beziehungen. Und unabhängig von ihrer sexuellen Präferenz stecken Frauen, die nicht dem Ehefrau-Mutter-Bild entsprechen, das eine patriarchalische Gesellschaft für sie definiert hat, ebenfalls in einer Klemme. Dann ist da die Einsamkeit der Lesbe, die Schwierigkeit, die viele Frauen, die ich kenne, allein aufgrund ihrer gesellschaftlichen Isolation bei der Suche nach einer Partnerin haben. »Es ist schwieriger, eine Lesbe zu sein als ein Schwuler. Ein Schwuler kann kommen und gehen, wie es ihm passt. Sie können nachts herumspazieren, sie können jederzeit ausziehen. Sie können mit sechzig Jahren unverheiratet und trotzdem noch begehrt sein. Sie können reisen. Sie haben bessere Chancen, eine Stelle zu finden. Ein Mann zu sein ist entscheidend.«

Nadine M. führte mich durch die Irrungen und Wirrungen der lesbischen Liebe. Sie sollte sie kennen, hat sie 2007 im Libanon doch Meem, eine Selbsthilfegruppe queerer Frauen, gegründet. (Dieses ganze Kapitel hindurch habe ich mich bemüht, die passenden Wörter für Männer und Frauen zu finden, die nicht der heterosexuellen Norm entsprechen – manchmal passten »schwul« und »lesbisch«, manchmal nicht. Aber bei Nadine ist es leicht: »queer« ist genau richtig.) »Als queere Frauen haben wir einen lesbischen Anteil, so weit, so gut. Aber wir befassen uns auch mit anderen Dingen, die uns betreffen, wie Ausdrucksformen unserer Geschlechtsrolle, also etwa die Art, wie wir uns kleiden, wie wir aussehen und wonach wir aussehen; der Druck zu heiraten; sexuelle Belästigung einschließlich Vergewaltigung; Heteronormativität und Familienstrukturen; Konfessionalismus und Religionen und Fundamentalismus. Sogar die Politik dieses Landes, sogar der Umweltschutz betrifft uns«, erklärte sie. »Wir begriffen allmählich, dass es nicht um Lesben geht. Es geht um etwas Größeres. Wenn wir uns als queer verstehen, müssen wir auch politisch queer sein. Es genügt nicht, dass ich für mich selbst oder für meine Freunde queer bin; ich wende mich gegen alle repressiven Systeme.«

Nadine ist sich sehr wohl der Schwierigkeit bewusst, eine sexuelle Identität mit allen anderen Zugehörigkeiten, in die Libanesen eingebunden sind, wie Religion, Ethnie und Gesellschaftsschicht, unter einen Hut zu bringen. Und da ist zudem die grundlegendere Schwierigkeit, die individuelle Sexualität mit den Forderungen und Verpflichtungen gegenüber der Familie in Einklang zu bringen. »Unsere Bindungen an unsere Familien sind viel stärker [als im Westen]. Nicht weil wir unsere Familie stärker lieben würden, als irgendein Amerikaner seine Familie liebt, sondern weil unsere Familien, nicht der Staat, unseren Lebensunterhalt sichern. Der Staat gibt mir kein Geld, wenn ich arbeitslos bin; der Staat beschützt mich nicht, wenn ich auf der Straße zusammengeschlagen werde. Wenn du die Polizei anrufst, kommen sie zwei Stunden später«, sagte sie. »Wir haben nicht den gleichen Schutz wie zum Beispiel jemand, der in Großbritannien lebt, wo der Staat seine Bürger schützt. Oder in Frankreich: Wenn du ein paar Monate lang arbeitslos bist, ist der Staat für dich da; ich existiere als einzelner Bürger innerhalb des Staates. Hier haben wir das nicht, weil wir hier als Töchter und Söhne und Ehefrauen und Ehemänner von anderen existieren. So leben wir. Ich werde in den Akten der libanesischen Behörden nicht unter meinem eigenen Namen ›Nadine‹ geführt. Ich firmiere dort unter dem Namen meines Vaters. Wenn ich heirate, werde ich in die Akte meines Ehemanns übertragen. Wie kann ich in diesem Land leben und mich mit Hilfe des Staates meiner Familie widersetzen, [wenn dieser Staat meine Rechte als Individuum nicht anerkennt oder verteidigt]?« Nadine hat völlig recht: Es ist schwer, an einer sexuellen Identität jeglicher Art festzuhalten, wenn man gar keine individuelle Identität besitzt. Dies bedeutet, ganz praktisch gesehen, dass die Familie weitgehend bestimmt, wo's langgeht, was es umso schwerer macht, sich ihren Normen zu widersetzen.

Bei der Bewältigung dieser komplexen Anforderungen bekommen die etwa 400 Mitglieder von Meem Hilfe im Womyn House, einer gemütlichen Wohnung im angesagten Beiruter Viertel Gemayze, wohin Sympathisantinnen aus dem gesamten Libanon kommen, um einen »Raum für sich« zu finden – einen Ort, an dem sie über ihre Probleme sprechen können (was in *Bareed Mistazjil* ausführlich dokumentiert ist), sich gegenseitig unterstützen und lernen, ihre sexuelle Orientierung anzunehmen. Es ist auch ein Ort, wo sie unkompliziert mit anderen Frauen in Kontakt kommen und ihre Isolation überwinden können. »Ich glaube, dass viele Frauen nicht deshalb zum Aktivismus kommen, weil sie Aktivistinnen sein wollen, sondern deshalb, weil es die einzige Möglichkeit ist, mit anderen sichtbaren Lesben in Verbindung zu treten. Ich glaube, dass das so ist, weil es auch bei mir so war«, sagte mir Shahira, eine queere Aktivistin über dreißig. Die »Meems«, wie die Mitglieder genannt werden, sind auch online äußerst gut vernetzt, was nicht weiter verwundert, wenn man weiß, dass die Gruppe aus einem Internet-Diskussionsforum hervorging. Sie tweeten, sie bloggen, sie posten auf Facebook und YouTube, und sie agitieren, organisieren und informieren online – dazu gehört auch die wöchentliche Publikation von *Bekhsoos* (*Mit Bezug auf*), einem der informativsten Magazine über sexuelle Diversität im Libanon und der arabischen Welt insgesamt.[45]

Meem ist eine von etwa einem halben Dutzend Organisationen, die in den letzten zehn Jahren entstanden sind, um Menschen, die sich selbst als LGBTQ (lesbisch, gay, bisexuell, transgender/transsexuell, queer) begreifen, im gesamten arabischen Raum zu unterstützen. Zu diesen gehören, wenn auch nur im Internet, Kifkif (die sich auf Marokko konzentriert), Abu Nawas (Algerien), Bedayaa (Sudan und Ägypten), Iraqi LGBT (mit Sitz in London) sowie Aswat und Al Qaws (die mit Palästinensern arbeiten). Außerdem gibt es Dutzende von NGOs, die sich der Bekämpfung von HIV widmen; eine Handvoll davon wenden sich auch an Männer, die Sex mit Männern haben, wobei der Schwerpunkt auf öffentlicher Gesundheit und nicht auf sexuellen Rechten an sich liegt. Wie die meisten dieser Gruppen ist auch Meem nicht als NGO registriert. In vielen arabischen Ländern ist die behördliche Registrierung einer LGBT-Gruppe angesichts des gegenwärtigen kulturellen und politischen Klimas ziemlich aussichtslos; obgleich im Libanon die Möglichkeit besteht, sieht Meem keinen Sinn darin, den offiziellen Weg zu gehen.

Meems Methode, um die eigene Botschaft rüberzubringen, besteht in einem subtilen Prozess der »Infiltrierung« von Organisationen, die sich anderen gesellschaftlichen Problemen widmen, etwa der Gewalt gegen Frauen oder der Drogensucht. Meem kann es sich erlauben, vorsichtig vorzugehen, weil Frauen, deren Sexualität die heterosexuelle Grenze überschreitet, nicht so sichtbar sind wie ihre männlichen Pendants und daher nicht dem gleichen gesellschaftlichen Druck ausgesetzt sind. Dieser Druck ist auch gesetzlich verankert. Libanon belegt (ebenso wie Syrien, Bahrain und Marokko) »widernatürlichen Geschlechtsverkehr« mit einer Freiheitsstrafe von bis zu einem Jahr; andere Strafgesetze, etwa gegen Herumlungern oder »Verstoß gegen die öffentliche Moral«, können ebenfalls herangezogen werden. Was genau unter Geschlechtsverkehr zu verstehen ist, ganz zu schweigen von einem »widernatürlichen«, und welche Beweise dafür vorgelegt werden müssen, ist weitgehend dem Auge des Betrachters überlassen: Laut einer Studie über das libanesische Gesetz werden zwar homosexuelle Männer aufgegriffen und strafrechtlich verfolgt, dagegen entgehen andere potenzielle Gesetzesverstöße, etwa gleichgeschlechtliche Beziehungen zwischen Frauen und heterosexueller Analverkehr, weitgehend dem polizeilichen Radar.[46]

Die Aufhebung dieses Gesetzes – Paragraph 534 des Strafgesetzbuchs, um genau zu sein – ist eines der Ziele von Helem, der Ahnin aller LGBT-Selbsthilfegruppen in der arabischen Welt.[47] Helem begann als eine Gruppe von Menschen, die sich per E-Mail miteinander austauschten; daraus wurde zunächst eine Art sozialer Treffpunkt, dann eine informelle Gruppe, die sich für persönliche Freiheitsrechte engagierte und aus der 2004 Helem hervorging (Meem ist ein Ableger von Helem). Helem ist die sichtbarste LGBT-Gruppe in der Region – es gibt dort nicht viele andere Organisationen, die den Internationalen Tag gegen Homophobie mit öffentlichen Veranstaltungen begehen – und beteiligt sich an einem breiten Spektrum von Projekten wie etwa Interessenvertretung, Studien über LGBT-Fragen, Information und Unterrichtung von LGBT-Männern und -Frauen und deren Familien, Betreuung von HIV-Infizierten (in Zusammenarbeit mit der Regierung), wöchentliche Diskussionsgruppen und eine Hotline. Obwohl Helem sowohl Männer als auch Frauen ansprechen und über die Grenzen der Hauptstadt hinaus wirken will, nutzen vor allem schwule Männer in Beirut die Angebote der Organisation.

In puncto Stil und Präsentation besteht zwischen Meem und Helem ein interessanter Gegensatz. Während Meem eine starke Internet-Präsenz hat, hält sie sich in der Offline-Welt eher bedeckt; die Mitgliedschaft ist vertraulich, und man muss Bescheid wissen, wenn man den Treffpunkt besuchen will. (Die *Bareed Mistazjil*-Veranstaltung wurde von Meems feministischer Schwesterorganisation Nasawiya abgehalten, die öffentlich präsenter ist.) Helem andererseits versteckt sich nicht und spricht mit lauter und deutlicher Stimme – worin sich zum Teil die allgemeinen Sexualnormen widerspiegeln, die es Männern erlauben, sich groß in Szene zu setzen, während Frauen schweigen sollen. Der Treffpunkt von Helem ist Zico House, ein weitläufiges altes Gebäude im Stadtzentrum von Beirut mit karamellfarbenen Wänden, roten Fensterläden und üppiger Vegetation. Es heißt alle Gäste willkommen, selbst Funktionäre der Hisbollah, die Helem einen Besuch abstatteten, um sich persönlich dafür zu bedanken, dass die Organisation sich an einer Koalition beteiligte, die während des Konflikts mit Israel im Jahr 2006 Flüchtlinge aus dem Südlibanon unterstützte. (»Sie sahen Bilder wie dieses da«, sagte mir ein ehrenamtlicher Mitarbeiter von Helem und zeigte auf eine Skizze über einer Tür, auf der zwei küssende Männer dargestellt sind. »Sie sagten: ›Was ist denn das hier?‹«, meinte er lachend. »Wir erklärten ihnen alles, und sie hatten kein Problem damit.«)

Helem bemüht sich, die Öffentlichkeit für den Paragraphen 534 zu sensibilisieren, indem ihre Mitglieder die Innenstadt von Beirut mit Postern vollkleistern und das Problem in den Medien diskutieren – die inzwischen vor allem aufgrund der Anstrengungen von Helem politisch korrekter sind und heute meist von »Homosexualität« statt von »abweichendem Verhalten« sprechen. Einige Journalisten unterstützen mittlerweile die Aufhebung von Paragraph 534, mehrere Stars haben ermutigende Worte gefunden, und einige Regierungsvertreter, darunter ein ehemaliger Gesundheitsminister, haben sich für die ersatzlose Streichung des Gesetzes ausgesprochen.[48] Aber in dem komplexen gesellschaftlichen und politischen Mosaik des Libanon brauchen Veränderungen Zeit. In der Zwischenzeit nehmen Menschen das Gesetz selbst in die Hand. Im Jahr 2009 stellte ein Richter in Batroun, einer Küstenstadt im Norden des Landes, einen Prozess gegen einen homosexuellen Mann ein, der gemäß Paragraph 534 angeklagt worden war; er tat dies nicht nur, weil die vorgelegten Beweise wenig aussagekräftig waren, sondern auch mit der Begründung, »widernatürlich« sei ein soziales Konstrukt, das in diesem Kontext nicht anwendbar sei. »Der Mensch ist Teil der Natur und eines ihrer Elemente und eine ihrer Zellen, und niemand kann sagen, dass irgendeine seiner Handlungen oder Verhaltensweisen wider die Natur ist, selbst wenn es um eine Straftat oder unerlaubte Handlung geht, einfach weil dies die Regeln der Natur sind«, stellte der Richter salomonisch fest. »Wenn es im Sommer regnet oder im Winter heiß ist oder wenn ein Baum ungewöhnlich viele Früchte trägt, steht dies im Einklang mit der Natur und ihren Gesetzen.«[49]

Einmal abgesehen von der bewundernswerten poetischen Qualität des Urteils ist dies genau jene Art von richterlichem gesundem Menschenverstand, den LGBT-Aktivisten in der gesamten Region fördern wollen – durch informelle Dialoge mit und formale Weiterbildung von Richtern und Anwälten –, um auf diese Weise die Auswirkungen repressiver Gesetze zu mildern, wo eine grundlegende Rechtsreform gegenwärtig unrealistisch ist. Helem seinerseits organisiert Workshops, bei denen die Teilnehmer über ihre gesetzlichen Rechte informiert werden und lernen, höflich, aber bestimmt auf polizeiliches Eingreifen zu reagieren. Sie besorgt auch Rechtsbeistände für Festgenommene und bemüht sich durch informelle Kontakte mit der Polizei darum, die Zahl der Verhaftungen auf ein Minimum zu beschränken.

Eine Rechtsreform ist ein nützliches symbolisches Anliegen, um Unterstützer zu mobilisieren, aber niemand gibt sich der Illusion hin, die Aufhebung von Paragraph 534 allein werde das Leben homosexueller Männer und Frauen von Grund auf verändern – dazu bedarf es intensiver weiterer Anstrengungen an vielen anderen Fronten. Nadine schüttelte den Kopf, als ich sie fragte, ob die Abschaffung des Gesetzes für sie eine Priorität sei. »Nehmen wir einmal an, [der Premierminister] gewährt uns morgen Schwulenrechte und hebt Paragraph 534 auf. Was wird geschehen? Gar nichts. Wird mich meine Mutter eher akzeptieren? Werden mich die Leute wegen meines Aussehens nicht mehr drangsalieren? Wenn [der Premierminister] aufsteht und sagt: ›Ich erlaube die Schwulenehe, Männer dürfen Männer heiraten und Frauen Frauen‹, dann muss ich jemanden mit meiner Konfession heiraten, oder? Was bringt es, über diese Dinge zu sprechen? Was bringt es zu sagen, es gibt ein Schutzgesetz für Homosexuelle in diesem Land, wenn Frauen gesetzlich nicht geschützt sind?«

Diese tieferen Brüche in der libanesischen Gesellschaft strafen Beiruts glänzende, scheinbar tolerante Fassade Lügen. Die Hauptstadt des Libanon war lange Zeit bekannt für ihren Glamour und ihren Sexappeal, und sie wird weithin – öfter mit Neid als mit ernstgemeinter Missbilligung – als die Lasterhöhle der arabischen Welt betrachtet. Die Stadt, die vor dem fünfzehnjährigen Bürgerkrieg als »Paris des Ostens« galt, hat sich mittlerweile wieder prächtig herausgeputzt. In Solidere, dem Schickeria-Viertel in der Innenstadt, bestaunte ich in den Auslagen von Designer-Boutiquen die neuesten tief ausgeschnittenen, figurbetonten Kollektionen und war fasziniert von Frauen, die auf Twin-Tower-Stilettos und mit den kürzesten Röckchen, die ich südlich des Bosporus je zu Gesicht bekommen habe, einherstöckelten. Die Unterhaltungsindustrien Beiruts – Talkshows, Seifenopern, Magazine und Musikvideos – vermitteln das Bild einer Gesellschaft, die sich in ihrer sexuellen Haut wohlfühlt. Aber wenn man sich ansieht, was empirische Studien über das Sexualleben in dieser unglaublich vielfältigen Stadt herausgefunden haben, kann man sich des Eindrucks nicht erwehren, dass all dies wie eine Botoxinjektion in das öffentliche Gesicht der Sexualität ist, die zwar Runzeln glättet, aber ohne die tiefen Furchen zu beseitigen, die Ausdruck der gesellschaftlichen Widersprüche sind. In Beirut und im Libanon allgemein gibt es Ehefrauen, die sexuell genauso eingeschränkt sind, unverheiratete Frauen, die genauso besorgt wegen ihrer Jungfräulichkeit sind, und junge Menschen, die genauso schlecht über Sex informiert sind, wie es in allen anderen arabischen Ländern der Fall ist.

Da sich Beirut aktiv als Spielplatz der arabischen Welt vermarktet und so etwas wie ein schwules Touristenmekka geworden ist, lässt man sich leicht vom quirligen Nachtleben der Stadt zu dem Fehlschluss verleiten, Homosexualität sei in dem Sündenbabel keine große Sache.[50] Einheimische dagegen weisen umgehend darauf hin, dass diese Orte für alle bis auf die Begüterten unerreichbar seien, ganz gleich, wie sie sexuell ausgerichtet sind, und außerhalb dieses Zirkels der Wohlhabenden sei das Leben für homosexuelle Männer und Frauen hart. »Es ist nicht alles eitel Sonnenschein hier. Homophobie ist nach wie vor anzutreffen. Die Leute werden noch immer vor die Tür gesetzt, wenn ihre Eltern dahinterkommen, sie verlieren deshalb nach wie vor ihren Arbeitsplatz. Es gibt Unterdrückung, und Menschen sitzen wegen ihrer sexuellen Orientierung im Gefängnis. Es ist kein sicheres Land für Homosexuelle«, erinnerte mich Shahira.

Der wirkliche Indikator für die Bereitschaft Beiruts, der sexuellen Vielfalt Freiraum zu lassen, ist nicht Bardo, eine ihrer bekannten »gay-friendly« Locations, sondern ein Büro zwei Stockwerke darüber. Hier befindet sich »Marsa«, das erste libanesische Zentrum für Sexualgesundheit für diejenigen, die das Korsett der gesellschaftlich sanktionierten Sexualität sprengen. Marsa ging aus einem Helem-Projekt zur gesundheitlichen Versorgung von Männern, die Sex mit Männern haben, hervor – einer Bevölkerungsgruppe, die in der gesamten arabischen Region jede Menge Erfahrungen mit vorurteilsbelasteten Ärzten hat.[51] Bei einer Studie über Mediziner im Libanon kam heraus, dass kaum 10 Prozent Homosexualität als ein »akzeptables« Verhalten betrachten, die große Mehrzahl sieht darin eine Erkrankung, die entweder medizinisch oder psychologisch behandelt werden sollte; die Hälfte gab an, sie würden sich weigern, homosexuelle Patienten zu behandeln.[52] Solche Einstellungen sorgen nicht gerade dafür, dass sich Klienten freiwillig testen und behandeln lassen – leider, da Studien zeigen, dass Männer, die Sex mit Männern haben, abgesehen von HIV auch ein hohes Risiko für eine Reihe weiterer gesundheitlicher Probleme haben.

Marsa bedeutet so viel wie »Hafen«, und das Zentrum bemüht sich, seinem Namen gerecht zu werden, indem es einen geschützten Raum für Patienten schafft. Es ist beliebt – und nicht nur deshalb, weil seine Dienstleistungen subventioniert werden und daher nur einen Bruchteil dessen kosten, was in anderen privaten Einrichtungen verlangt wird. Die jungen Mitarbeiter sprudeln über vor Begeisterung, während sie die Liste ihrer Leistungen durchgehen, unter anderem HIV-Tests, Behandlung von Genitalwarzen und von Hepatitis-C, psychologische Beratung und die übrigen Grundelemente der Sexualgesundheit. Sie führten mich durch ihre blitzsauberen Einrichtungen, zu denen auch ein gynäkologischer Untersuchungsraum gehört – nicht gerade ein dringendes Bedürfnis für homosexuelle Männer, dachte ich mir. Aber Marsa streckt seine Fühler in alle Richtungen aus und will nicht nur Männer, die Sex mit Männern haben, erreichen, sondern auch Frauen, unabhängig von ihrer sexuellen Orientierung. »Wir bieten ein schwulen- und sexfreundliches Umfeld, so dass Frauen offen über ihre Sexualität sprechen können«, sagte mir einer der psychologischen Betreuer der Klinik. Das fällt keiner Frau leicht, selbst dann nicht, wenn sie es in den magischen Kreis der Ehe geschafft hat. »Ich erinnere mich, dass gerade gestern [eine Frau] gesagt hat: ›Ich hätte nie gedacht, dass ich einmal mit einem Mann über Sex reden würde … Ich hätte nie gedacht, dass ich es tun würde, und jetzt kann ich es tun … keine Diskriminierung, keine Verurteilung.‹«

Marsa ist ein konkretes Beispiel für eine breiter angelegte Strategie, die von vielen LGBT-Aktivisten im Libanon und im arabischen Raum insgesamt unterstützt wird: Sie artikulieren ihre Bedürfnisse im Rahmen des umfassenderen Strebens nach Anerkennung grundlegender Menschenrechte. Eine Frau, die den Gesamtzusammenhang vor Augen hat, ist Rasha Moumneh, eine freundliche, äußerst eloquente Analytikerin der im Entstehen begriffenen LGBT-Bewegung in der arabischen Region. Moumneh beschäftigte sich mehrere Jahre lang im Auftrag von Human Rights Watch, einer NGO mit Sitz in New York, mit diesen Fragen. Ihre Position verschaffte ihr einen einzigartigen Überblick nicht nur über das, was im Libanon geschieht, sondern auch darüber, wie sich die Situation von außen darstellt.

Wie viele andere Aktivisten ist auch Moumneh eine erbitterte Gegnerin einer »Identitätspolitik«, was in diesem Fall bedeutete, dass man sich hinter der Regenbogenflagge versammelt und für spezifische LGBT-Rechte einsetzt. Sie weist darauf hin, dass die Lage von LGBT-Gruppen im Libanon und bei dessen arabischen Nachbarn lediglich Teil eines Spektrums der Ausschließung ist, wenn auch an dessen äußerstem Rand: »Diese ganze Verengung auf das schwule Doppelleben missfällt mir. Es geht wirklich darüber hinaus. Selbst als Heterosexueller muss man in den meisten Ländern eine Art Doppelleben führen. Wenn man daher die schwule Perspektive herauslöst und sagt, diese Leute sind zu einem Doppelleben gezwungen, dann lässt man den Gesamtzusammenhang außen vor, das soziale Gefüge insgesamt und womit Menschen im Allgemeinen klarkommen müssen, wenn sie im Spannungsfeld zwischen individuellem Wunsch und traditionellen und familiären Bindungen manövrieren. Das ist kein rein homosexuelles Problem; es ist ein gesellschaftliches Problem. Und ich bin überzeugt, dass Sie es von heterosexuellen jungen [unverheirateten] Leuten in Ägypten her kennen. Jeder muss damit zurechtkommen.«

Es steht für Moumneh außer Frage, dass sich dank der Bemühungen von Helem und Meem Beschränkungen gleichgeschlechtlicher Beziehungen in Beirut gelockert haben. »Ich erinnere mich, wie die Situation vor zehn Jahren war, und ich sehe, wie sie heute ist. Das sind große Fortschritte. Die LGBT-Probleme werden öffentlich thematisiert und in verschiedenen Teilen der Zivilgesellschaft positiv oder negativ diskutiert«, meinte sie. »Weil es immer mehr Räume gibt, wo Homosexualität akzeptiert wird, ob im sozialen Umfeld oder wo auch immer, fühlen sich die Betroffenen ermutigt – nicht unbedingt dazu, sich bei ihren Familien zu outen, sondern dazu, eine Nische für sich zu finden. Sie haben mehr Freiraum, schwul oder einfach nach ihrer Fasson zu leben. Das gilt natürlich nur für Beirut; nirgendwo im Rest des Landes lässt sich diese Dynamik beobachten. Die zunehmende Sichtbarkeit von Homosexuellen, die Freiräume in Beirut – all das hat wahnsinnig viel verändert. Nicht unbedingt im Sinne von Akzeptanz, sondern im Sinne einer Atmosphäre von Leben und Lebenlassen.«

Aber diese Toleranz hat ihre blinden Flecken. Lamia ist eine Studentin, die in Saudi-Arabien aufwuchs und jetzt in Beirut studiert. Als Teenager in Riad bemerkte sie, dass sie sich zu Frauen hingezogen fühlte. Anders als für viele der anderen Frauen, denen ich begegnet bin, war Einsamkeit für Lamia kein Problem – zumindest nicht so lange, wie sie in Saudi-Arabien lebte. »Wissen Sie, es gibt eine Menge Schwule und Lesben in Riad. Einige Frauen sind echte Lesben, andere sind es, weil Frauen offene soziale Kontakte mit Männern verboten sind. Es gibt eine Menge, eine Menge, eine Menge davon.« Und nach Lamias Erfahrung ist es relativ leicht, als Lesbe zu leben. »Sie haben kein Problem. Sie fühlen sich nicht diskriminiert. Sie führen ein normales Leben. Einige heiraten, andere nicht«, fuhr sie fort. »Niemand würde einem auf den Kopf zu sagen, du bist lesbisch, weil sie alle diese Phase durchmachen. Ich habe dort nie das Gefühl gehabt, anders zu sein.«[53]

Lamia empfindet ihren Glauben keineswegs als Hindernis, vielmehr ist sie der Meinung, der Islam habe ihr geholfen, mit ihrer Sexualität zurechtzukommen. »Der Koran enthält eine Passage über Heuchler. Ich kann einfach allen sagen, dass ich lesbisch bin. Ich kann heiraten, Kinder kriegen, ein glückliches Leben führen. Aber ich würde meinen Ehemann anlügen, ich würde meine Kinder anlügen, ich würde Gott anlügen«, erklärte sie. »Ich wäre eine schreckliche Heuchlerin. Und das will ich nicht.« Es hat auch ihren Eltern geholfen, sie zu akzeptieren, obwohl sie sich Sorgen um ihre Zukunft ohne Ehemann und Kinder machen. »Meine Mutter ist eine gläubige Muslima. Ihr Glaube an Gott ist so stark, dass sie alles Seinem Willen überlässt. Alles, was geschieht, geschieht, weil es Gottes Wille ist. Und daher hat sie meine Homosexualität nicht angezweifelt oder in Frage gestellt«, erinnerte sich Lamia. »Bald darauf sagte ich es meinem Vater, und er reagierte genauso: ›Wir können nicht ändern, was Gottes Wille ist. Wenn du dich ändern sollst, wirst du dich von selbst ändern.‹«

Für Lamia begannen die Probleme, als sie nach Beirut kam – weil sie einen Hijab trägt. »Wenn ich durch die Straßen gehe, fragt mich niemand nach meiner Sexualität, aber sie fragen mich über meine Kleidung aus. Ich dachte, der Libanon wäre aufgeschlossener«, sagte sie seufzend. »In Saudi-Arabien läuft alles im Verborgenen ab. Aber hier ist es offen. Ich bin ein Mensch, der gern Party macht. Aber die Leute hier haben kein Verständnis dafür; sie sehen nur eine verschleierte Frau in einer Disco. Sie verstehen dich nicht – sie fällen nur ein Urteil über dich.«

Gender-Bending

Randa, eine algerische Migrantin, die ich in Beirut kennenlernte, weiß alles über die Bedeutung von Pauschalurteilen und ersten Eindrücken. Sie ist eine großgewachsene, schlanke und attraktive Frau etwas über dreißig, mit einem Hauch von Make-up und seidigen, glatten schwarzen Haaren, die leicht ihre Schultern berühren. Im Vergleich zu der Hyperweiblichkeit und Supermännlichkeit der Schönen von Beirut war Randa ganz und gar unauffällig; sie trug ein schwarzes Tanktop, eine schlichte Strickjacke und Stöckelschuhe, die es nicht mit den Twin Towers aufnehmen wollten. Randa gab sich größte Mühe, möglichst wenig aufzufallen, denn sie bewegt sich am äußersten Rand des sexuellen Spektrums der arabischen Gesellschaft.

Randa kam als Mann zur Welt, ist mittlerweile jedoch dabei, eine Frau zu werden. Unter all den verschiedenen Ausprägungen sexueller Identität im arabischen Raum haben es diejenigen, die die Trennlinie zwischen den Geschlechtern sichtbar überschreiten – Transvestiten, Transgender und Transsexuelle –, am schwersten. »Die Situation von Transsexuellen ist viel schlimmer als die von Homosexuellen«, sagte mir Randa mit zitternder Stimme. »Es ist wirklich gefährlich und beklagenswert.«

Ihre eigene Lebensgeschichte beweist dies zur Genüge. Randa wuchs in einer Mittelschichtfamilie in Annaba an der algerischen Küste auf, und sie schien zunächst den gleichen Weg einzuschlagen wie alle jungen Männer: Wehrdienst, Heirat, Kinder. Randa wusste jedoch von klein auf, dass sie nicht so war wie andere Kinder, und die Armee erwies sich für sie als ein fruchtbarer Boden, um über sexuelle Beziehungen zu anderen Soldaten diesen Unterschied zu erkunden. Der blutige algerische Bürgerkrieg der 1990er Jahre schärfte ihr politisches Bewusstsein, und zehn Jahre später gründete sie gemeinsam mit anderen das erste LGBT-Unterstützungsnetzwerk des Landes, das passenderweise den Namen Abu Nawas trägt.[54]

In dieser Zeit beschloss Randa, dass sie sich als Frau in ihrer Haut wohler fühlte. »Meine Transsexualität war für alle sichtbar, weil ich meine Hormontherapie in Algerien begann und die Veränderungen rasch eintraten.« Randa, die gelernte Krankenpflegerin ist, hatte das Glück, diese Umwandlung unter ärztlicher Aufsicht zu beginnen, aber sie kennt Dutzende von Männern und Frauen, die es ohne fachliche Hilfe machen. »99 Prozent der [Mann-zu-Frau-]Transsexuellen, mit denen ich sprach, begannen mit einer brachialen Hormontherapie ohne die geringste medizinische Überwachung. Sie wissen nicht, welche Hormone sie einnehmen müssen; sie fahren auf irgendeine Pille ab, die schwere gesundheitsschädliche Nebenwirkungen hat.« Randa schilderte mir die Folgen mit erschreckender Anschaulichkeit: Diabetes, Herzkomplikationen, Leberversagen und Brustkrebs, um nur ein paar zu nennen.

Aufgrund ihrer politischen Militanz und ihres sexuellen Nonkonformismus mangelte es Randa in ihrem Heimatland nicht an Feinden. Sie erhielt jede Menge hasserfüllte Briefe, die in zwei allgemeine Kategorien fielen: »amtliche« Drohungen von Personen, die behaupteten, eine polizeiliche Akte über ihre Aktivitäten zu besitzen und sie für immer hinter Schloss und Riegel zu bringen, und religiöse Einschüchterungen durch

Leute, die sie eine Bedrohung für die muslimische Moral nannten und versprachen, ihr die Kehle durchzuschneiden. Bei all diesen Schwierigkeiten erhielt Randa nur wenig Unterstützung von ihrer Familie; tatsächlich war es ein Ultimatum von ihren Verwandten, das sie dazu veranlasste, aus Algerien zu fliehen. »Jemand suchte meinen Schwager auf und sagte ihm: ›[Randa] hat das, das und das getan. Du musst ihm sagen, er soll innerhalb von zehn Tagen das Land verlassen; andernfalls wird es dir und deiner Familie schlecht ergehen‹«, erinnerte sie sich. »Mein Schwager fügte seine eigene Drohung hinzu: ›Du solltest fortgehen. Wenn es zu einem Skandal kommt, weil du ein LGBT-Aktivist oder eine Transe bist, werden ich und [Randas zweiter Schwager] deine Schwestern mit Sicherheit verstoßen.‹ Eine Frau in Algerien oder einem anderen arabischen Land zu verstoßen ist eine Tragödie, denn sie ist dann kein menschliches Wesen mehr. Zu meiner Sicherheit, zur Sicherheit meiner Schwestern und zu ihrem Wohl musste ich fortgehen.«

Randa hatte Glück; dank Meem fand sie Zuflucht in Beirut. Aber das Leben in der arabischen Region ist alles andere als leicht, wenn man nicht der konventionellen Geschlechterlinie folgt. »Hier und in der übrigen arabischen Welt wird Transsexualität von der Gesellschaft, von allen als ein Extremfall von Homosexualität betrachtet. Sie unterscheiden nicht zwischen Homosexualität und Transsexualität. Dabei ist Homosexualität eine Frage des sexuellen Verhaltens, Transsexualität jedoch eine Frage der Geschlechtsidentität«, erklärte Randa. Auch Trans-Menschen selbst bringen das durcheinander. »Sie sagen: ›Ich bin ein Mädchen im Körper eines jungen Mannes.‹ Sie definieren einen Transsexuellen in ihren eigenen Worten. Aber sie sagen auch, sie seien ein *gay bottom* [passiver homosexueller Partner]. Aber das sind sie nicht. Sie sind Frauen. Sie wissen es nur nicht besser.«

Es gab eine Zeit, wo das anders war. Gender-Bending, also Geschlechterrollenwechsel bis hin zur – heute möglichen – dauerhaften Veränderung des biologischen Geschlechts, hat in der arabischen Welt eine lange Geschichte; im 7. Jahrhundert verkehrte der Prophet Mohammed in der Stadt Medina zum Beispiel regelmäßig mit Männern, die die Trennlinie zwischen den Geschlechtern überschritten. Dies waren die *mukhannathun*: Menschen, die in anatomischer Hinsicht Männer waren und als Jungen aufgezogen wurden, sich aber wie Frauen verhielten. Heute würden wir sie als Transvestiten oder möglicherweise auch als Transgender betrachten. Obgleich sie wie Frauen sprachen, aussahen und sich gebärdeten, nahm man nicht an, dass sie sich sexuell zu Männern hingezogen fühlten; allerdings interessierten sie sich nach allgemeiner Auffassung auch nicht für Frauen. Aus diesem Grund war ihnen der Zugang zu den Ehefrauen des Propheten erlaubt, und sie spielten eine anerkannte gesellschaftliche Rolle als Heiratsvermittler und Spaßmacher.

Diejenigen, die Transvestismus als unislamisch verurteilen, stützen sich auf die ihres Erachtens eindeutige Dualität der Schöpfung, wie sie im Koran festgeschrieben ist: »Bei der Nacht, wenn sie sich ausbreitet, beim Tage, wenn sein Licht sich weitet, bei dem, der erschuf, was männlich ist und weiblich! Siehe, euer Streben ist wahrlich mannigfach.«[55] Und sie verweisen auf die vielen Hadithe, in denen der Prophet Mohammed angeblich die *mukhannathun* verurteilte: »Der Prophet verfluchte verweiblichte Männer und maskuline Frauen« ist nur eine der vielen Variationen über dieses Thema.[56] Es gibt jedoch eine gewisse Diskussion über die genauen Gründe, die den Propheten überhaupt dazu veranlasst haben, gegenüber bestimmten *mukhannathun* diese harte Linie zu verfolgen, und über die Frage, ob diese Verdammung auf alle derartigen Individuen verallgemeinert werden kann. Einige Gelehrte behaupten, nicht der Transvestismus an sich habe die *mukhannathun* in Schwierigkeiten gebracht, sondern vielmehr der Umstand, dass der Prophet geargwöhnt habe, das Desinteresse an Frauen sei bei einem von ihnen nicht über alle Zweifel erhaben, oder ein anderer habe heimlich verbotene Rendezvous zwischen Männern und Frauen arrangiert – ein individuelles Verdikt, das dann auf all diese Personen ausgeweitet wurde.[57] Mit der Zeit verfestigte sich diese Bewertung der *mukhannathun*, und ihr weibliches Rollenverhalten wurde mit passiver Sodomie assoziiert – etwas, was frühere Generationen von Arabern auseinanderhalten konnten –, so dass das eine schließlich mit dem anderen gleichgesetzt wurde, ein Missverständnis, das sich bis heute hält.

Homosexuelle Männer und Frauen in der heutigen arabischen Welt haben ein schweres Päckchen zu tragen, keine Frage. Aber sie können ihre Neigungen wenigstens heimlich ausleben, wie Randa meint. Ein Comingout als Transsexueller dagegen ist der Gesundheit nicht besonders förderlich – einmal abgesehen von den Risiken einer Geschlechtsumwandlung in Eigenregie. Erst recht schlimm ist es in einer patriarchalischen Gesellschaft für Männer, die sich als Frauen fühlen. »Wegen Diskriminierung, Problemen in der Familie oder in der Gesellschaft gehen sie meistens früh von der Schule ab. Wenn sie sich keiner Hormontherapie unterzogen haben, können sie tagsüber als Jungen und nachts in den Klubs als Mädchen leben. Oder sie nehmen plötzlich Hormone ein, und sie werden von ihren Familien vor die Tür gesetzt. Sie sind gezwungen, sich zu prostituieren und zu einem Geschöpf der Nacht zu werden«, so Randas düsteres Fazit. »Diejenigen, die aus der Oberschicht kommen, können, wenn sie ihr eigenes Unternehmen, ihre eigenen Projekte oder eigenes Vermögen haben, in Frieden leben, wenn sie von ihrer Familie rausgeworfen und von der Gesellschaft ausgegrenzt werden. Sie können in Würde leben.«

In Teilen der Golfregion, wo Geschlechterunterschiede farbcodiert sind – Frauen in Schwarz und Männer in Weiß – und Transvestismus eine Quelle wachsender gesellschaftlicher Angst ist, mangelt es in ganz besonderem Maße an dieser Würde. So ergänzte Kuwait im Jahr 2007 sein Strafgesetzbuch um einen Paragraphen, in dem es heißt: »Wer das andere [nicht eigene] Geschlecht in irgendeiner Weise nachahmt, wird mit einer Freiheitsstrafe von bis zu einem Jahr und einer Geldstrafe von 1000 Kuwait-Dinar [etwa 2800 Euro] oder mit einer der beiden Strafen belegt.«[58] Seither wurden Dutzende von Mann-zu-Frau-Transgender oder -Transsexuelle verhaftet – dabei genügt oftmals schon, dass sie ein wenig anders aussehen, denn das Gesetz definiert nicht, was genau unter Nachahmung zu verstehen ist; nicht einmal eine ärztliche Bescheinigung über eine Geschlechtsidentitätsstörung, die behördlich anerkannt wird, schützt sie vor Festnahme. Wie Munir in Kairo erfahren musste, kann es in polizeilichem Gewahrsam zu Folter, sexuellem Missbrauch und Erpressung durch Beamte kommen; das Gesetz dient auch als Freibrief für Männer im Allgemeinen, diese Personen sexuell zu missbrauchen.

Die Frage lautet, weshalb die kuwaitische Regierung überhaupt beschlossen hat, so scharf gegen Transvestismus vorzugehen. Ein arabischer Kommentator wies darauf hin, dass das Land durchaus dringlichere Probleme hat: »Wer sind eigentlich die Perversen? Sind Vergehen wie die Zunahme und Ausbreitung von Bestechung, politische Korruption im

Abgeordnetenhaus, grassierende Korruption in den staatlichen Institutionen und der Verfall der Sitten in der kuwaitischen Gesellschaft eine größere oder kleinere Gefahr für das Gemeinwesen als das sogenannte Phänomen des … dritten Geschlechts [Mann-zu-Frau-Transmenschen]?«[59]

Kuwait steht, wie viele der kleineren Golfstaaten, im Zentrum der Globalisierung: Etwa zwei Drittel der Bevölkerung Kuwaits sind Ausländer. In den letzten Jahren sind unter dem lautstarken Protest islamischer Konservativer Frauen in Führungspositionen in Regierung und Wirtschaft aufgestiegen. Ängste bezüglich der Bewahrung der nationalen Identität und einheimischen Kultur machen sich oft an dem vermeintlich sichtbarsten Symbol westlicher Verwüstungen fest: denjenigen, die angeblich gegen traditionelle Sexual- oder Geschlechtsrollen verstoßen – seien es selbstbewusste Frauen, Homosexuelle oder Transvestiten. Die Tatsache, dass Frauen in der Vergangenheit bedeutende Positionen in der islamischen Gesellschaft bekleideten und dass alternative Sexualitäten lange Zeit ein fester Bestandteil des arabischen Lebens waren, wird unter den Teppich gekehrt. Hart gegen eine so verletzliche Gruppe wie das »dritte Geschlecht« durchzugreifen ist ein bequemer Weg, sein islamisches Image aufzupolieren, zumal die Gruppe ein viel leichteres Ziel ist als die gutvernetzte Frauenbewegung des Landes.

Aber nicht nur unangepasste Männer heizen das soziale Klima am Golf auf. *Boyat* ist der arabische Ausdruck für Frauen, die wie junge Männer aussehen und sich wie diese verhalten. In einigen Golf-Gesellschaften lösen *boyat* eine regelrechte Panik aus: In den Vereinigten Arabischen Emiraten zum Beispiel durchkämmen Polizeieinheiten Einkaufszentren und andere öffentliche Orte in organisierten Kampagnen, bei denen sie verdächtig aussehende Mädchen ins Visier nehmen: Diejenigen, die zum ersten Mal aufgegriffen werden, werden in die Obhut ihrer Eltern gegeben, aber Rückfalltäterinnen können wegen »Verstoßes gegen Normen der öffentlichen Moral« vor Gericht gestellt werden.[60] *Boyat* sehen sich einer breiten Palette von Vorwürfen ausgesetzt: Sie seien geisteskrank, sie verstießen gegen die göttliche Schöpfungsordnung, sie leisteten der moralischen Verderbnis durch »räuberische« Homosexualität und gleichgeschlechtliche Ehe Vorschub, ganz zu schweigen davon, dass sie Satan anbeten oder von einem *Dschinn* – einem bösen Dämon – besessen seien.[61]

Obwohl die *boyat* heute als ein gefährlicher Import aus dem Westen dargestellt werden, sind Frauen, die sich wie Männer kleiden, in der arabischen Region nichts Neues. Im Bagdad des 9. Jahrhunderts sahen die schärfsten Mädchen auf den Straßen wie Jungen aus. Es handelte sich um die *ghulamiyyat* – eine feminine Ableitung des arabischen Wortes für einen jungen Mann. Diese Frauen verknüpften auf eigenartige Weise Männliches und Weibliches. Die *ghulamiyyat* kleideten sich wie Männer und legten doch Make-up auf. Sie zupften sich die Augenbrauen und bemalten sich die Lippen, legten andererseits aber Schnurrbärte aus Moschus an. In einem Zeitalter der strengen Geschlechtertrennung verbrachten sie ihre Zeit mit Männern bei Hundekämpfen, Jagden, Pferderennen und Schachspielen, während sie auf solche typischen femininen Gepflogenheiten wie das Tragen von Schmuck und das Flechten ihres Haares verzichteten. Sie legten sich sogar Männernamen zu. Doch versuchten sie nicht, ihre Brüste einzuschnüren, sie waren hundertprozentig heterosexuell und malten oft die Namen ihrer Geliebten auf ihre Wangen.[62]

Ihren Höhepunkt erreichte die *ghulamiyyat*-Mode unter dem Abbasiden-Kalifat in Bagdad. Laut einigen Quellen hielten sich bis zu 4000 dieser Frauen am Hof des berühmtesten Sultans dieser Dynastie, Harun al-Rashid, auf. Dank Zubaydas, der Ehefrau al-Rashids, kam die Mode während der Herrschaft seines Sohnes al-Amin richtig in Schwung. Gleichgeschlechtliche Beziehungen florierten am Abbasiden-Hof, und al-Amin war bekannt für seine Vorliebe für Knaben. Zubayda war so besorgt über die schwindenden Aussichten, dass ihr Sohn noch einen Thronerben zeugen würde, dass sie einen Plan ausheckte: Sie verkleidete Sklavinnen als Jungen und ließ ihnen das Haar abschneiden, in der Hoffnung, ihr Sohn würde sie attraktiv finden. Es scheint funktioniert zu haben, zumindest teilweise. Al-Amin fand Gefallen an den *ghulamiyyat*, und einige von ihnen wurden sehr bekannt. Seine Favoritin, 'Arib, war nicht nur für ihre Schönheit berühmt, sondern auch für ihr Talent als Sängerin, Dichterin, Schachspielerin und tollkühne Reiterin.

Die heutigen Einstellungen zu Frauen, die sich wie Männer kleiden und benehmen, sind weniger tolerant; sie reichen von eindeutiger Verurteilung bis hin zu Bekehrungsversuchen. Was Letztere angeht, tut sich Katar besonders hervor: Im Jahr 2007 richtete die Regierung ein spezielles

Zentrum zur »gesellschaftlichen Wiedereingliederung« ein, das sich um Jugendliche mit Problemen wie Drogensucht, hoher Gewaltbereitschaft und »abweichendem Verhalten« kümmert, einer Kategorie, zu der auch die *boyat* gezählt werden. Als ich die Einrichtung am sandigen Stadtrand von Doha besuchte, wusste niemand genau zu sagen, wie verbreitet das Phänomen ist, was eigentlich dahintersteckt und ob die Mädchen diese Gewohnheit mit der Zeit ablegen.

Viele Leute, die ich in Doha traf, sprachen über die *boyat*, die sie in Einkaufszentren erspäht hatten, in dem gleichen ungläubigen Tonfall, der normalerweise der Schilderung von UFO-Sichtungen vorbehalten ist. Laut einer Psychologin, die mit *boyat* arbeitet, ist ein solches öffentliches Sich-zur-Schau-Stellen selten: Mädchen neigen dazu, ihre gegengeschlechtliche Bekleidung unter ihren Abayas zu verbergen und sich nur in der Schule oder bei Freunden, im privaten Kreis, als Jungen zu enthüllen. Diskretion ist die Regel, sagte man mir, da die familiären Bande in Katar sehr stark sind und sich Neuigkeiten rasch herumsprechen. »Der Prozentsatz der einheimischen Kataris beträgt nur etwa 16 bis 18 Prozent der Gesamtbevölkerung. Und sie sind miteinander verwandt; es gibt eine Menge – vielleicht fünfzig – Familien mit dem gleichen Namen. Jede Verfehlung ist daher ein Stigma für die gesamte Familie«, sagte die Psychologin.

Die meisten Teenagerinnen, die zur Beratung ins Zentrum gebracht werden, betrachten sich selbst nicht als gestört: »Frauen sehen darin kein Problem. Sie empfinden es als ein Stück ihrer Freiheit; sie sehen darin nichts Unrechtes.« Auf der Grundlage eigener Beobachtungen teilte die Psychologin die *boyat* in wenigstens drei Gruppen ein: diejenigen mit einer männlichen Geschlechtsidentität; diejenigen, die sich als Frauen fühlen, aber von ihrem eigenen Geschlecht angezogen werden; und diejenigen, die sich wie Jungen verhalten, um cool, modisch und bei den gutaussehenden Leuten in der Schule beliebt zu sein. Die Therapeutin beschrieb eine sechzehnjährige Patientin, die sich als Mädchen unwohl fühlte und ihren heranreifenden Körper dadurch zu verbergen suchte, dass sie sich anders anzog, sich dünn hungerte und die Brüste eng schnürte. »Sie wurde zu Hause als ein Junge behandelt und spielte mit anderen Jungen mit einem Ball«, sagte mir die Psychologin, die die Geschlechtskonfusion des Mädchens auf ihre Erziehung zurückführt. »Ihre Eltern versuchten nicht, sie dazu zu bringen, mit Puppen zu spielen, oder sie in der Küche zu beschäftigen. Die Familie hat keine Freunde mit jungen weiblichen Kindern, aber sie haben auch nicht versucht, andere Freundinnen für sie zu finden.«

Nach der Psychotherapie begann sich die junge Frau äußerlich zu verändern. »Sie fing an, sich weniger Fußball im Fernsehen anzuschauen, obwohl sie alles darüber weiß. Sie begann Make-up aufzulegen und versuchte sich anders zu kleiden. Sie begann über ihre Zukunft nachzudenken ... ›Letzten Endes muss ich in dieser Gesellschaft heiraten, also muss ich mich damit abfinden, darüber nachzudenken.‹« Aber handelt es sich dabei nur um oberflächliche Änderungen? Wenn eine *boya* mit ihrer Situation zufrieden wäre, würde die Psychologin sie dann zu ändern versuchen? »Nein«, lautete die Antwort, aber diese Expertin hatte Zweifel an einem Happy End in solchen Fällen. »Wenn man sich als etwas zwischen Mann und Frau fühlt, kann man sich nicht frei entfalten. Man unterliegt weiterhin denselben Zwängen, es ist keine Lösung.«

Für einige Transgender liegt die Lösung in einer Geschlechtsumwandlung. Es ist ein teurer Spaß: 30 000 bis 40 000 US-Dollar, sagt Randa, für das gesamte Programm von Hormonen, stundenlangen plastischen und rekonstruktiven chirurgischen Eingriffen und jahrelanger Psychotherapie. Diejenigen, die den Schritt wagen, suchen oft Hilfe außerhalb des arabischen Raums – Thailand und Singapur sind beliebte Ziele für jene, die es sich leisten können. Zwar ist es möglich, in der arabischen Region sein Geschlecht auf chirurgische Weise zu ändern, aber das Verfahren unterliegt zahlreichen Beschränkungen.[63] Hardliner, die solche Operationen grundsätzlich ablehnen, berufen sich auf einen Satz im Koran: »Keinen Ersatz gibt es für die Schöpfung Gottes.«[64] Aber eine Fatwa eines ehemaligen Großmufti von Ägypten, des verstorbenen Scheichs Sayed al-Tantawi, eröffnete denjenigen, die an einer klinisch definierten Geschlechtsidentitätsstörung leiden, einen gewissen Spielraum.[65] Einige schiitische Religionsgelehrte vertreten eine flexiblere Einstellung, der bekannteste von ihnen war Ayatollah Khomeini, der in den 1980er Jahren eine Fatwa erließ, die geschlechtsumwandelnde Operationen (auch für Transgender) erlaubte, mit der Begründung, diese Eingriffe seien im Koran nicht ausdrücklich verboten und sie würden die Disharmonie zwischen Seele und Körper beseitigen und verhindern, dass Transgender sündige Taten begingen – sprich: gleichgeschlechtliche Beziehungen aufnehmen.[66]

In der arabischen Region kann eine Geschlechtsumwandlung gleichwohl auf dem Papier genauso schwierig sein wie in der konkreten Umsetzung. In den Golfstaaten beispielsweise kann die behördliche Erlaubnis für geschlechtsangleichende Operationen und die Änderung der Geschlechtszugehörigkeit in Ausweisdokumenten – ein Verfahren mit weitreichenden rechtlichen Folgen etwa bezüglich Erbansprüchen, die je nach Geschlechtszugehörigkeit unterschiedlich sind – mit einem jahrelangen juristischen Hickhack verbunden sein. Im Libanon sei es etwas weniger formell, sagt Randa. »Für Libanesen ist es sehr kompliziert, aber es ist möglich. Es kostet Zeit und Geld, aber es geht.« Allerdings nicht in ihrem Fall. Randa war im Libanon ein ausländischer Staatsbürger, so dass sie ihre Papiere hier nicht umschreiben lassen konnte, und angesichts ihrer Vorgeschichte in Algerien war das in ihrer früheren Heimat ebenso aussichtslos. Am Ende ging Randa nach Europa, um dort ein neues Leben zu beginnen, eines, das sie als vollwertige Frau führen konnte.

Im privaten Bereich hatte Randa Glück, und es fehlte ihr selten an männlicher Gesellschaft. Beruflich dagegen hatte sie es viel schwerer. Ihre Bewerbung bei einer Privatklinik in Beirut blieb erfolglos, obwohl sie durch ihre Erfahrung als Fachkraft in der Krankenhausverwaltung in Algerien für die Stelle bestens qualifiziert war; ganz gleich, wie überzeugend sie als Frau ist, können Vorurteile gegen Transgender und Transsexuelle reguläre Beschäftigungsverhältnisse unerreichbar machen, wenn die geschlechtliche Anmutung des Bewerbers nicht der im Personalausweis festgestellten Geschlechtszugehörigkeit entspricht, denn potenzielle Arbeitgeber verlangen dessen Vorlage. Diejenigen, die Arbeit finden, werden mitunter von ihren Arbeitgebern ausgebeutet – sie müssen Überstunden machen, erhalten niedrigere Löhne und bekommen weniger Zusatzleistungen als andere Beschäftigte; hinzu kommt die Möglichkeit von sexuellen Übergriffen.[67]

Trans-Menschen in der arabischen Region sind von Organisationen, die LGBT-Gruppen unterstützen, weitgehend übersehen worden, auch wenn sich mittlerweile einige wenige Initiativen darum bemühen, ihre Bedürfnisse besser zu verstehen und sich ihrer anzunehmen. Viele Trans-Menschen lassen sich indes nur noch schwer erreichen. »Die Transsexuellen erwarten sich überhaupt nichts mehr von der Gesellschaft, sie haben die Nase voll, sie wollen nicht mehr«, sagte mir Randa. »›Was sagen Sie? Sie wollen, dass wir mitmachen, Sie wollen uns Rechte geben?‹ Sie glauben das nicht.« Aber sie versteht auch, weshalb die Gesellschaft Vorbehalte gegen sie hat. »Daran sind einige Transsexuelle mit schuld. Wenn man keine Grenzen kennt und sich extrem vulgär und überspannt aufführt, was kann man da an Respekt erwarten? Es ist die Frage von Huhn und Ei. Wenn du mich als Schlampe behandelst, gut, dann werde ich halt eine Schlampe, eine verdammt üble Schlampe. Aber man muss nur ein wenig bohren, um all das Leid zu sehen, das diese Überspanntheit hervorgebracht hat.«

Zukunftsmusik

Erfahrungen wie diese unterstreichen Forderungen von LGBT-Aktivisten in der Region, ihren Kampf in einen breiteren Kontext einzubetten. Diese Strategie verdankt sich zum Teil Ängsten vor einer konservativen Gegenreaktion, wenn der Fokus auf dem Schreckgespenst der »Schwulenrechte« liegt, aber mehr noch der Einsicht, dass Nonkonformismus und Vielfalt im Allgemeinen – ethnische, religiöse, rassische und sexuelle – bei vielen Menschen Unbehagen und Widerwille hervorrufen, und dies nicht nur in Beirut, einer Stadt, in der die konfessionelle Diversität sowohl Segen als auch Fluch, schöpferische und zerstörerische Kraft war und ist. Moumneh ist fest davon überzeugt, dass eine breiter angelegte Strategie zielführender ist. »Meines Erachtens wäre es für LGBT-Personen in unserer Region das Beste, wenn sie aufhören würden, in LGBT-Kategorien zu denken. Ich glaube, dass es einfach zu sehr einengt. Ich glaube, es wäre besser, wenn sich die Leute mit den grundlegenden Ursachen der Probleme, mit denen wir konfrontiert sind, befassen und sich die Zusammenhänge zwischen diesen Problemen und den allgemeinen gesellschaftlichen Problemen anschauen würden. Denn andernfalls ergibt sich über kurz oder lang eine Situation, in der jeglicher Fortschritt ein Fortschritt für einige wenige Privilegierte sein wird.«

Sie fuhr in diesem Tenor fort: »Was kann zum Beispiel ein Diskurs über LGBT-Rechte schon in einer Kultur erreichen, in der die Familie einen so überragenden Stellenwert hat? Ohne eine Kampagne für das Recht der Frau auf körperliche Selbstbestimmung und Unversehrtheit könnte ein solcher Diskurs nur wenig bewirken. Aber LGBT-Organisationen haben diese Fragen stets völlig ausgeklammert, weil sie in der Regel von schwulen Männern geleitet werden. Ich halte das ganz allgemein nicht für ein geeignetes Modell für die Region. Niemand wird Homosexualität entkriminalisieren, solange Frauen weiterhin wegen Ehebruchs bestraft werden. Es ist absurd; es wird nichts passieren. Es wird sich nichts bewegen, solange nicht die Frage des sexuellen Selbstbestimmungsrechts insgesamt angegangen wird.«

Shahira hieb in die gleiche Kerbe. »Als Ausgangspunkt zur Mobilisierung von Gemeinschaften müssen wir etwas anderes finden als das Schlagwort ›Wir sind alle homosexuell‹, und das ist einer meiner Kritikpunkte an der Identitätspolitik. Wenn man sich die Realitäten in der Region ansieht, weiß man, dass LGBT-Personen nicht so sichtbar sind, wie wir es glauben. Aber alle Menschen in der Region leiden unter der gleichen repressiven Moral, ob sie nun vom Staat, von der Religion oder von der Gesellschaft ausgeht. Weshalb sollte ich mich darum bemühen, eine Untergruppe, eine sehr kleine Teilmenge, zu befreien, wenn ich mich für die wirkliche Arbeit engagieren kann, die erledigt werden muss – was eine sehr langfristige Strategie ist?«, fragte sie mich mit stiller Entschlossenheit. »Als ich jünger war, habe ich mich nicht mit L oder B oder G oder T identifiziert … Ich war einfach jemand, der unterdrückt wurde, weil ich eine Frau war. Mir wurde Unrecht angetan, nicht weil ich queer bin, sondern weil ich eine Frau bin – eine arabische Frau, eine unverheiratete Frau.« Für Shahira ist das übergeordnete Ziel sozialer Gerechtigkeit letzten Endes gleichbedeutend mit dem, was sie für sich persönlich erstrebt. »Ich will eine Wohnung mieten können, ohne Hure genannt zu werden. Ich will mich frei auf der Straße bewegen können, ohne dass mich jemand angrapscht. Es spielt keine Rolle, was ich in meinem Bett tue – weil ich die Tür zumachen kann.«

In vielerlei Hinsicht ist der Libanon ein Sonderfall in der arabischen Region. Ich fragte Moumneh, was andere aus der Erfahrung von Meem und Helem lernen könnten, wenn es darum gehe, sich Freiraum für sexuelle Diversität zu erkämpfen. Ohne zu zögern gab sie mir ihren Rat. »Ich glaube, der Schlüssel ist hier die Vereinigungsfreiheit. In Ländern mit einem eher lockeren Vereinsgesetz haben Menschen mehr Freiraum, sich zu beliebigen Zwecken zusammenzuschließen, und darunter fallen auch Fragen der Sexualität oder der LGBT-Rechte. Aus diesem Grund gehörte der Libanon zu den Vorreitern, weil er ungeachtet all seiner Mängel über die Institutionen eines demokratischen Staates verfügt. Daher haben wir viele politische Parteien, eine aktive Zivilgesellschaft und ein sehr, sehr liberales Vereinsgesetz, das bei der Gründung eines Vereins nicht die Zustimmung der Behörden verlangt – die Behörden müssen lediglich informiert werden. Ohne diese Faktoren gäbe es heute im Libanon nicht diese vielfältigen Aktivitäten im Bereich Sexualität und sexuelle Rechte. Und das ist meines Erachtens auch in anderen Ländern der Punkt, auf den es ankommt.« Sie rät Nasim, Munir und deren Mitstreitern, es langsam anzugehen. »Jetzt ist in Ägypten nicht der geeignete Zeitpunkt, um zu sagen: ›Ich will eine LGBT-Organisation gründen.‹ Zuerst müssen die Fundamente gelegt werden. Wir sprechen über eine Gesellschaft, die sich in einem tiefgreifenden Übergangsprozess befinden, und zunächst müssen die Grundsteine für eine offenere und demokratischere Gesellschaft gelegt werden.«

So wie sich die Aufstände und deren Folgen von Land zu Land unterscheiden, so weichen auch die Strategien der LGBT-Gruppen in der Region voneinander ab – einige setzen sich für eine sofortige Rechtsreform ein, um einen günstigen Moment des Wandels zu ergreifen, während andere eine langsamere Gangart bevorzugen. Diese strategischen Planungen finden dagegen nicht isoliert voneinander statt; im Vergleich zur Zersplitterung und Konkurrenz unter zivilgesellschaftlichen Gruppen, die ich in anderen Bereichen gesehen habe – etwa Frauenrechtsorganisationen alter Schule –, sind die LGBT-Aktivisten der Region sowohl on- als auch offline bemerkenswert gut organisiert und vernetzt. Ein steter Strom von Workshops und Konferenzen über HIV in der gesamten arabischen Region (wie jene, die weiter vorn beschrieben wurde) führt sie regelmäßig zusammen, und bei diesen Gelegenheiten können sie Informationen austauschen und Strategien vergleichen. Insbesondere die Türkei hat sich als ein nützlicher Inkubator für angehende Sexualrechtsaktivisten aus dem arabischen Raum erwiesen; die dortigen Workshops und Netzwerke helfen ihnen, ihre Fähigkeiten weiterzuentwickeln, und bieten ihnen die Möglichkeit, von dem spezifisch türkischen Modell des gesellschaftlichen und sexuellen Wandels in einem islamischen Kontext zu lernen.[68] Die bekanntesten Aktivisten in der Region sind durch Einladungen zu internationalen Treffen über Sexualität oft auf Monate ausgebucht; und die steigende Zahl von Konferenzen über den »Arabischen Frühling«, bei denen der Status homosexueller Männer und Frauen innerhalb der neuen Ordnung zunehmend thematisiert wird, bedeutet, dass sich die Flugmeilen summieren.

Diese Männer und Frauen, die größtenteils unter vierzig sind, sind eindrucksvolle Persönlichkeiten – gebildet, nachdenklich und redegewandt. Sie halten nichts von Hierarchien, und in ihren Netzwerken und Organisationen zählt erfrischenderweise allein die Leistung. Mag ihre Zahl auch gering sein – eine Minderheit innerhalb einer Minderheit –, ihre Ambitionen sind es keineswegs. Sie wissen genau, wie sich die Welt dreht, und können einem mit umwerfender Genauigkeit sagen, was ihres Erachtens im Ausland funktioniert hat und was in ihren Heimatländern »geht«. »Der Globale Süden kennt zahlreiche Beispiele, von denen wir lernen können, seien es Afrika und die religiösen Fundamentalisten, seien es Lateinamerika und die dortige Trans[Transsexuellen]-Bewegung oder seien es Indien und die Entkriminalisierung der Sodomie. Der Globale Süden ist extrem reich an – erfolgreichen und erfolglosen – Beispielen«, sagte Shahira, während sie mir einen umfassenden Überblick über internationale Entwicklungen auf dem Gebiet der sexuellen Rechte gab. »Zu behaupten, der Westen habe perfekte Lösungen, ist extrem imperialistisch und extrem herablassend, und es ist lediglich eine neue Form der Kolonisierung und als solche problematisch.« Sie fuhr fort: »Wenn wir Hilfe wollen, können wir darum bitten – wir haben Stimmen, wir haben Computer, wir haben Verstand, und wir wissen, wie man Fragen stellt. Wenn es keine einheimischen Lösungen sind, werden sie nicht funktionieren. Wenn wir Hilfe brauchen, wissen wir, wo und wie wir darum bitten können. Genügend von uns haben studiert, sich in die Materie eingearbeitet und sind schon seit langem auf diesem Gebiet aktiv.«

Eine der interessantesten Gelegenheiten für LGBT-Aktivisten in der Region – und ein Gradmesser für ihre Fortschritte in den letzten Jahren – ist das Mantiqitna Qamb (»Camp Unserer Region«).[69] Seit 2010 treffen sich LGBT-Personen aus der gesamten Region einmal jährlich an einem »geheimen« Ort zu Workshops über Sexualität, Gender und Aktivismus sowie zur Schulung in Lebenskompetenzen und Beratung in persönlichen Fragen. Shahira, die regelmäßig an diesen Treffen teilnimmt, sagte, bei Mantiqitna gehe es vor allem darum, »nicht nur durch unsere schwul-lesbische, sondern auch durch unsere arabische Identität« eine enge Verbundenheit zueinander aufzubauen.

Und das zeitigt bereits Erfolge. Hassan, ein LGBT-Aktivist aus Tunesien, war von Anfang an dabei. »Es ist eine Initiative, die mir viel bedeutet. Ich habe Erfahrungen gesammelt und gelernt, wie man ein kleines regionales Netzwerk [namens Khomsa] aufbaut und koordiniert. Am letzten Tag des Camps von 2010 trafen sich die LGBT-Aktivistengruppen aus dem Großen Maghreb – Marokko, Tunesien, Algerien. Wir haben ähnliche Erfahrungen gemacht, aber wir kannten uns nicht. Bei dieser Gelegenheit wurde uns klar, dass wir gemeinsame Ziele haben. Wir arbeiten zusammen, tauschen uns über Erfahrungen aus und machen Konferenzschaltungen über Skype.«

Diese Solidarität ist für Hassan als Aktivist und als schwuler Mann von unschätzbarem Wert. »Was ist für uns als LGBT wirklich wichtig? Wir sind nicht sicher. Wir leben seit Jahren so – wir werden diskriminiert, stigmatisiert, ignoriert, und niemand will mit dir sprechen, die Familie hat dich verstoßen, du bist isoliert, ausgeschlossen«, sagte er. »Die Tatsache, dass du ein Netzwerk hast, das dich unterstützt, dass du nicht allein bist in dieser Welt – das gibt dir moralischen Rückhalt. Hinzu kommt die technische Unterstützung, dass man Erfahrungen sammelt, dass man hört, welche Aktivitäten ihre Ziele erreichten und welche nicht, so dass man aus diesen Misserfolgen lernen kann.«

Hassan macht seine Ziele unmissverständlich klar: als Erstes die Aufhebung jenes Paragraphen im tunesischen Strafgesetzbuch, der gleichgeschlechtliche Beziehungen unter Strafe stellt (bis zu drei Jahre Gefängnis), und die Gründung einer neuen NGO, die die Rechte von Minderheiten und ausgegrenzten Gruppen ganz allgemein voranbringen soll. Die Strategie seiner im Entstehen begriffenen Gruppe besteht wie die von Meem darin, sich anderen Organisationen anzuschließen, die im Bereich Frauenrechte, Kinderwohl – ja jedem beliebigen Menschenrechtsanliegen – tätig sind, um die eigenen Interessen dort einzubringen und auf subtile Weise ihre Botschaft in die umfassendere Debatte über soziale Gerechtigkeit einfließen zu lassen. »Wir versuchen, wo immer es eine Gelegenheit gibt, das Thema LGBT anzusprechen, damit die anderen Gruppen Verständnis dafür aufbringen. Wenn man eine verheiratete heterosexuelle Frau findet, die sich offen gegen Stigmatisierung oder Haftstrafen für Männer, die gleichgeschlechtliche Beziehungen haben, ausspricht, dann ist das Risiko einer Gegenreaktion geringer, als wenn man sich direkt outet und sagt: ›Ich bin schwul und stolz darauf.‹ Wir tun das nicht – es ist provozierend. Unsere Arbeit besteht darin, uns zu engagieren, Treffen zu organisieren und uns mit anderen zusammenzutun, die die Sache voranbringen und andere überzeugen können.«

Wie seine Mitstreiter in vielen anderen Teilen der Region weiß Hassan auch ganz genau, was er nicht will. »Ich kenne die tunesische Gesellschaft. Wir werden garantiert niemals die Schwulenehe fordern, weil die meisten von uns den klassischen Rahmen einer Beziehung, die Ehe, ablehnen; daran denken wir nicht. Nein, nicht das Recht, Kinder zu adoptieren, nein, nein, nein. Die meisten [der Männer] sind jung; sie wollen ein normales Leben führen, wie es sich gehört, ohne Stigmatisierung oder Diskriminierung. Das ist unser Ziel für die nächsten fünf Jahre und darüber hinaus.«

Hassan ist vorsichtig optimistisch, dass der Aufstand langfristig den Weg zu Veränderungen ebnen wird. »Die Revolution erlaubt uns Diskussionen über sexuelle Freiheit, aber wir könnten auch fünf Jahre zurückgeworfen werden. Es ist ein heikler Moment«, sagte er. »Und wir müssen sehr wachsam sein. Wir müssen rund um die Uhr auf der Hut sein – im Nu könnte sich alles ändern. Es gibt viele Tunesier, die Meinungsfreiheit, sexuelle Freiheit und so weiter fordern, und andere, die wollen, dass wir zu einer Gesellschaft zurückkehren, die von der Scharia und dem Islam regiert wird. Es gibt zwei Kräfte und ein Gleichgewicht zwischen ihnen«, fuhr er fort. »Als LGBT wissen wir genau, was wir wollen: eine lebendige Demokratie. Ich bin nicht gegen die Islamisten; ich bin gegen niemanden. Ich will eine echte Debatte anstoßen, bei der wir unsere Standpunkte gegenseitig respektieren und nicht versuchen, uns gegenseitig zu ändern. Wir leben in einem Land – Tunesien für dich, für mich, für uns alle.«

In Kairo sind kalkulierte Schritte an die Stelle des revolutionären Rauschs getreten. Für Munir, der von Anfang bis Ende auf dem Tahrir-Platz campierte, waren diese achtzehn Tage eine Erfahrung, die sein Leben verändert hat. »Ich hätte niemals gedacht, dass Ägypter so viel Mut zeigen können. Es war großartig, einfach großartig«, schwärmte er, während seine Stimme angesichts der Erinnerung einen warmen Tonfall annahm. Und eine Zeitlang sei alles Trennende in Vergessenheit geraten. »Es gab viele Schwule, die an der Revolution teilnahmen, aber niemand achtete darauf. Ganz ehrlich, ich vergaß, dass ich schwul war. Ich war nur noch Ägypter. Menschen wurden verwundet, starben, alle waren nur noch Ägypter, sonst nichts. Es gab keinen Unterschied zwischen Schwulen und Heteros; niemand spürte einen Unterschied.«

Die Zeit unmittelbar nach dem Aufstand war für Munir ein »Paradies«, unter anderem aufgrund des neu errungenen Respekts von Freunden und Nachbarn; früher wegen seiner weichen Art verachtet, bewies sein Einsatz auf dem Tahrir-Platz allen bösen Zungen seine Männlichkeit. Weitaus einschneidender aber war, dass Polizei und Sicherheitskräfte verschwanden und das Stadtzentrum von Kairo zu einer Art Spielplatz wurde. Überall wurden Privatpartys gefeiert, die in bestimmten Bars und Klubs eine kaufkräftige schwule Klientel anlockten. »Die Schwulen fühlen sich jetzt etwas freier«, bemerkte Munir, als wir in einem vollen Straßencafé in Borsa saßen, wo in den Straßen geschäftiges Treiben herrschte. Wie gerufen schlenderten zwei makellos gestylte, sexy gekleidete Männer über zwanzig Hand in Hand an uns vorbei, einander ins Ohr flüsternd. »All diese Leute da« – Munir wies mit der Hand über die gesamte Länge des Cafés – »sind gay.«

Die Frage ist, wie man dieses flüchtige Gefühl der Freiheit erhalten und ausweiten kann. Sie treibt Hossam Bahgat schon lange um; seine NGO, die Ägyptische Initiative für Grundrechte der Person (EIPR), kämpft seit Jahren für die rechtliche Anerkennung von persönlichen

Grundfreiheiten in allen Bereichen – einschließlich des Schlafzimmers. EIPR ist eine der wenigen NGOs in Ägypten, die sich für sexuelle Rechte einsetzen und zum Beispiel homosexuellen Männern, die bei polizeilichen Razzien aufgegriffen werden, einen Verteidiger besorgen oder Behörden wegen erzwungener Jungfräulichkeitstests zur Rede stellen.

Für Bahgat war der Tahrir-Platz die Verwirklichung all dessen, wofür EIPR gekämpft hat. »Es war ein Moment, in dem offen zutage trat, dass wir eine vielfältige Gesellschaft sind und Menschen ein Recht darauf haben zu tun, was ihnen Spaß macht, solange sie anderen keine Gewalt antun oder in die Privatsphäre anderer eindringen«, sagte er mir. »Aber es ist nicht so, als wäre das wahre Wesen der Ägypter ans Tageslicht gekommen«, schränkte er ein. »Nein, dies war ein Moment, ein guter Moment – wir müssen ihn lediglich am Leben erhalten.«

Menschenrechte sind zurzeit ein heißes Thema in Ägypten, und Bahgats Telefon steht nicht mehr still, seit Gruppen aus Europa und Amerika unbedingt mit ihm zusammenarbeiten wollen. Auch wenn das Interesse und die Gelder aus dem Ausland willkommen sein mögen, befürchtet Bahgat, dass der Fokus auf »Schwulenrechte« – ein zentrales Anliegen westlicher Gruppen – das übergeordnete Ziel des Aufbaus einer Gesellschaft, die persönliche Grundfreiheiten für alle Bürger anerkennt und respektiert, untergraben könnte. »Es gibt einen globalen Kampf um die rechtliche Gleichstellung von Homosexuellen. Diese globale Bewegung interessiert sich sehr stark für die arabische Welt. Sie sind viel mächtiger und kapitalkräftiger als die kleine Gruppe von Aktivisten, die glauben, wir sollten darauf hinarbeiten, dass das Recht auf Selbstbestimmung des Einzelnen und gesellschaftliche Vielfalt respektiert werden«, bemerkte er. »Ich bin zunehmend davon überzeugt, dass wir, je mehr Gelder sie hier investieren und je stärker sie sich einmischen, umso weniger Freiraum haben, sexuelle Rechte im Rahmen persönlicher Selbstbestimmung und der Vielfalt in einer pluralistischen Gesellschaft zu diskutieren.«

Wenn man einen Beweis dafür wolle, so Bahgat, solle man sich nur die sich abzeichnende Landschaft des sexuellen Aktivismus in der arabischen Welt ansehen. »Wenn wir eine Karte der Gruppen erstellen, die in der Region an diesen Fragen arbeiten, findet man vielleicht sieben oder acht Projekte, die MSM [Männer, die Sex mit Männern haben]/LGBT gewidmet sind, und vielleicht einen oder zwei Akteure, die sich mit Sexualität allgemein befassen«, meinte Bahgat. »Nennen Sie mir eine Organisation, die sich mit der Sexualität heterosexueller Frauen, der Sexualität von Jugendlichen oder der Sexualerziehung beschäftigt ... Sie werden im Vergleich zu den Mitteln, die für LGBT bereitgestellt werden, nur sehr wenige finden.«

Was Veränderungen angeht, steht Bahgat entschieden auf der Seite derjenigen, die behaupten, jetzt sei nicht der richtige Zeitpunkt, um eine öffentliche Debatte über die Rechte derjenigen zu eröffnen, die die heterosexuelle Linie überschreiten. Bahgat befürchtet, das würde höchstens eine »künstliche identitätspolitische Auseinandersetzung« schüren, in der die Verteidigung oder Ablehnung von »Schwulenrechten« als Parteinahme für die Errichtung eines islamischen oder eines säkularen Staates in Ägypten betrachtet würde, während das, was wirklich auf dem Spiel steht, über diese Spaltungen hinausgeht. Trotz seiner liberalen Einstellung fordert Bahgat nicht, die Religion solle zurückgedrängt werden. Er wünscht sich eine Verfassung, die auf vielen Säulen ruht: den »Grundsätzen des Islam« ebenso wie den persönlichen Grundfreiheiten, für die er sich einsetzt.

Der Schlüssel zu diesem Gleichgewicht ist die Durchsetzung des Schutzes der Privatsphäre – ein Grundprinzip im Islam. Der Koran ermahnt Muslime immer wieder, sich um ihre eigenen Angelegenheiten zu kümmern. »O ihr, die ihr glaubt! Vermeidet zu viel Argwohn! Siehe, so mancher Argwohn ist Sünde. Spioniert nicht! Verleumdet einander nicht!«[70] ist ein wiederkehrendes Thema. Meine Großmutter ermahnte ihre Nachkommen, das Gleiche zu tun, und verdeutlichte ihre Lebensklugheit mit einigen pointierten Sprichwörtern wie jenem, das diesem Kapitel als Motto vorangestellt ist. Diese Regeln fanden Eingang in eine berühmte Geschichte über einen der Gefährten des Propheten, ʻUmar bin al-Khattab, der nach dem Tod des Propheten Kalif – Oberhaupt der wachsenden muslimischen Gemeinde – wurde. ʻUmar, so erzählt man sich, spazierte eines Abends durch Medina, als er ein Geräusch hörte. Er spähte über eine Mauer und sah, wie jemand etwas Verbotenes tat – je nach Bericht hat der Übeltäter entweder Alkohol getrunken oder eine andere finstere Tat begangen. ʻUmar begann den fraglichen Mann zu tadeln und warnte ihn vor dem Zorn Gottes. Aber der Mann zahlte es ihm mit gleicher Münze heim, indem er sagte, wo er ein Mal gesündigt habe, habe 'Umar sich gleich dreier Vergehen schuldig gemacht, denn Gott habe ihm verboten zu spionieren, durch die Hintertür fremder Leute Häuser zu betreten und an jemanden heranzutreten, ohne ihn zuvor zu grüßen.[71]

Im Allgemeinen – auch wenn es natürlich Ausnahmen gibt, wie Munir zweifelsfrei bestätigen kann – setzen LGBT-Bevölkerungsgruppen in Ägypten und in der gesamten Region ihr Leben wie gehabt fort, unter der Voraussetzung, dass sie ihre Sexualität im Verborgenen leben; wenn ihr Sexualleben öffentlich wird, schreiten die Behörden ein. Das, worum es hier geht, ist nicht so sehr das »Coming-out« – das die meisten Frauen und Männer, die ich im arabischen Raum kenne, nicht besonders interessiert –, sondern vielmehr die Freiheit, in ihren eigenen vier Wänden zu tun, was ihnen beliebt. Dieser Wunsch, dass private Angelegenheiten privat bleiben sollen, ist nicht auf homosexuelle Männer und Frauen beschränkt; er bezieht sich auf die ganze Bandbreite des Sexualverhaltens – und er muss gegen die Belange demokratischer Meinungs-, Vereinigungs- und Versammlungsfreiheiten abgewogen werden.

Der Schutz der Privatsphäre war in der alten Verfassung (die vor der Volkserhebung von 2011 galt) und auch in den übrigen einschlägigen ägyptischen Gesetzen verankert – aber die Durchsetzung ist das Problem. Der hohe Stellenwert einer geschützten Privatsphäre sowie der Schutz vor Gewalt, Stigmatisierung und Diskriminierung zeichnen sich in Diskussionen zwischen Aktivisten und religiösen Führern als Punkte ab, in denen man sich einig ist. In Ägypten sind Bemühungen im Gange, diese Rechte auf einer individuellen Grundlage zu verwirklichen – Bemühungen im kleinen Rahmen, Rechtsanwälte weiterzubilden, damit sie diejenigen verteidigen, die festgenommen werden, sowie Selbsthilfegruppen nach dem Vorbild der Bewegung in Beirut zu gründen, die Männern und Frauen helfen, über ihre Probleme zu sprechen und sich über ihre Rechte zu informieren. Viele der Männer und Frauen, die ich kenne und die gesellschaftlich akzeptierte Basisarbeit im Bereich sexueller Rechte in Ägypten leisten – Sexualerziehung für Jugendliche und Betreuung von Opfern sexueller Belästigung zum Beispiel –, sowie die Mitarbeiterinnen und Mitarbeiter feministischer Gruppen, von Menschenrechtsorganisationen und neuer politischer Bewegungen sind selbst LGBT; wenn die Zeit reif ist, werden sie gut positioniert sein, um ihre Botschaft in den umfassenderen Diskurs gesellschaftlichen und politischen Wandels einzubringen.

Trotz all dieser willkommenen Schritte schätzen weder Munir noch Nasim die kurzfristigen Aussichten optimistisch ein. Für Munir ist persönliche Sicherheit ein zentrales Anliegen. »Wir fürchten uns jetzt voreinander, nicht mehr nur vor der Regierung. So habe ich zum Beispiel Angst, um zwei Uhr nachts durch die Straßen zu gehen; jemand kann mich mit einer Waffe bedrohen. Es geht nicht bloß darum, dass ich schwul bin, es geht darum, dass ich Ägypter bin.« Als einer von Millionen, die keine Festanstellung haben, ist Munir der Meinung, dass es sich hauptsächlich um ein wirtschaftliches Problem handelt, das Männer und Frauen in Klassen spaltet und sie gegeneinander aufbringt – eine weitere Spannung in einer zersplitterten Gesellschaft. »In der Revolution standen Reich und Arm zusammen, mehr als Sie sich vorstellen können«, erinnerte er sich. »Heute ist da eine Kluft, wenn einer Tag und Nacht auf der Straße unterwegs ist und sich verkauft, nur um etwas zu essen und zu trinken zu haben, während ein anderer Schwuler wie ein König lebt. Wenn sich die sozialen und wirtschaftlichen Verhältnisse verbessern, wird es keine Probleme mehr geben, es wird keine Leute mehr geben, die mit einem Reichen nach Hause gehen, um ihn umzubringen und sein Geld zu stehlen. Wenn ich zu essen und zu trinken habe und ein produktives Leben führe, weshalb sollte ich dann zum Mörder werden? Weshalb sollte ich stehlen?«

Als Angehöriger zweier Minderheiten – Christen und Schwule – konzentriert sich Nasim auf die lauter werdende Stimme und zunehmende politische Macht der Islamisten. »Es waren schwere Zeiten vor der Revolution … Diebstahl und Korruption grassierten. Es war furchtbar für LGBT; es war furchtbar für alle«, sagte er. Unmittelbar nach der Erhebung konnte man durchatmen, aber Nasim wappnete sich für ein hartes Durchgreifen, falls die Islamisten ihre Machtposition festigten. Als eingefleischter Optimist ist er jedoch davon überzeugt, dass diese Phase einer reaktionären Politik vorübergehen wird. »Es wird fünf, zehn oder zwanzig Jahre dauern. Wir werden eine muslimische Herrschaft, einen islamischen Staat haben. Aber wenn die Menschen unter dieser Herrschaft leben und merken, dass sie um ihre Rechte betrogen werden, wird es eine weitere Revolution geben, in der sich ein gemäßigter Islam und ein säkularer Staat durchsetzen werden.«

Langfristig sind sowohl Munir als auch Nasim zuversichtlich, dass bessere Zeiten kommen werden. Nasim, der früher einmal daran dachte auszuwandern, hat beschlossen zu bleiben. Sein Kontakt zu seinen Schülern stimmt ihn hoffnungsvoll, dass eine jüngere Generation mit besserer Bildung und besseren Chancen eines Tages mithelfen wird, dass seine Wünsche nach Veränderung wahr werden: »Erstens, dass Menschen keine Angst mehr haben, sich zu outen. Dass das Privatleben wirklich privat ist, kein Auswahlkriterium bei Freundschaften oder beruflichen Beziehungen. Dass es eine Straftat ist, jemanden wegen seines Privatlebens anzugreifen. Und die Religion wird Brücken zwischen den Menschen bauen und denjenigen, die homosexuell sind, Frieden bringen. Man wird sagen: ›Gut, du bist so – wir lieben dich trotzdem.‹«

Aber das ist eine Arbeit für Jahrzehnte. »In meinem kurzen Leben erwarte ich keine historischen Umbrüche. Vielleicht werde ich diese Veränderung nicht mehr erleben«, meinte Nasim seufzend. Munir setzt in ähnlicher Weise auf langfristigen Wandel. Angesichts all dessen, was er durchgemacht hat, hat er allen Grund, sich einen Bruch mit der Vergangenheit zu wünschen. Aber für Munir bedeutet dieser Wandel auch, sich von einem westlichen Weg der Schwulenbefreiung abzusetzen. »Ich will meine Rechte, aber nur im Rahmen der ägyptischen und orientalischen Gesellschaft und des Islam. Es kommt darauf an, Demokratie oder Freiheit nicht falsch zu verstehen. Einen Mann in aller Öffentlichkeit küssen? Nein, das hier ist ein islamisches Land«, betonte er. »Ich als Schwuler will das nicht sehen. Ich will Veränderungen, aber innerhalb der Grenzen, denen man als Muslim, Ägypter und Konservativer unterliegt. Wenn ich mich für Gay Pride einsetze, was fordere ich dann eigentlich?«

Munir sprach für viele, die sich heute für die Gleichberechtigung sexueller Minderheiten in Ägypten und darüber hinaus einsetzen. »Ich will Respekt – das ist alles, was ich verlange. Achtung vor mir als Mensch, nicht weil ich schwul bin.« Aber dieses kurze Wort – Respekt – enthält eine lange Wunschliste: gesetzlicher Schutz der Privatsphäre, Schutz vor willkürlicher Festnahme, vor Inhaftierung und Folter, das Recht auf ein faires Verfahren, Meinungsfreiheit, Vereinigungs- und Versammlungsfreiheit sowie Schutz vor Diskriminierung. Sollten Munir und seine Mitstreiter einen Beitrag zu diesen Veränderungen – für alle – leisten können, dann sprechen wir wirklich von einer Revolution.

7
DIE REVOLUTION KOMMT

In der Langsamkeit liegt Sicherheit, in der Eile Reue.

Meine Großmutter über den Vorteil der Evolution gegenüber einer Revolution

»Zitadelle! Zitadelle!«, rief mein Taxifahrer auf Arabisch, während sich unsere Blicke im Rückspiegel trafen. »Zieh dich aus!«

Ich war unterwegs zu einem der berühmtesten Wahrzeichen Kairos: der Zitadelle, einer mächtigen Festung, die vor rund tausend Jahren von Salah al-Din (»Saladin«), dem Bezwinger der Kreuzritter, erbaut wurde. Wir fuhren in einem klapprigen Panda, einem jener zahllosen betagten Schwarzweißtaxis in Kairo, die heute, da schnittige Limousinen mit allem modernen Komfort (einschließlich funktionierenden Taxametern und Scheiben, die hinuntergleiten statt runterzufallen) durch die Straßen streifen, zu einer vom Aussterben bedrohten Art geworden sind. Angesichts meiner Erfahrungen mit sexueller Belästigung in der Stadt hätte mich die Aufforderung des Fahrers schockieren müssen, oder ich hätte zumindest erleichtert sein müssen, dass er mir nicht auch noch dabei zur Hand ging. Tatsächlich aber war ich ihm dankbar. »Sie haben recht«, sagte ich lachend. »Tausend Dank«, fügte ich hinzu, denn das war weniger ein eindeutiges Angebot und mehr eine Lektion in richtiger Aussprache.

»Zitadelle«, so nennen wir im Westen dieses Bollwerk, im Arabischen heißt sie »Qal'a«, was in der Art, wie die Ägypter das Wort aussprechen, ein Zungenbrecher ist. Ich verhaspelte mich immer wieder, bis mein Fahrer mir, ganz verzweifelt, zu helfen versuchte, indem er meine Aufmerksamkeit auf ein ähnliches Wort mit ähnlicher Aussprache lenkte – »ausziehen« im ägyptischen Arabisch. Da es ein heißer Tag war und mir der

Schweiß den Rücken hinunterlief, war ich geneigt, diese Eselsbrücke in die Tat umzusetzen. Doch mittlerweile waren wir am Ziel angekommen.

Die Zitadelle thront auf einer Anhöhe im Osten von Kairo. Ehe Fernsehtürme und Wohnsilos aus Beton in den 1960er und 1970er Jahren aus dem Boden schossen, beherrschte sie die Silhouette der Stadt und wurde gekrönt von der Muhammad-Ali-Moschee, erbaut von jenem Herrscher, der im 19. Jahrhundert die Industrialisierung Ägyptens vorantrieb und eine Dynastie gründete, die bis zur Revolution von 1952 Bestand hatte. Jenseits der gewaltigen Kuppelgewölbe und hoch aufragenden Minarette der Moschee befindet sich eine Terrasse mit großartiger Aussicht. An klaren Tagen – die wegen der starken Luftverschmutzung in Kairo zugegebenermaßen selten sind – kann man die gesamte Stadt überblicken: Direkt unterhalb erstreckt sich das Gewirr der Gässchen von Khan al-Khalili, dem Suk, der einst das Handelszentrum der Stadt war; von dort wandert der Blick weiter nach Norden zu funkelnden Wolkenkratzern, seinen Nachfolgern im 21. Jahrhundert, über den Nil zu den Pyramiden in der Ferne, die umgeben sind von luxuriösen Wohnanlagen mit Namen wie Dreamland und Beverly Hills, und dann über die Schulter zu den baufälligen, wild wuchernden *'ashwa'iyya*, Kairos Pendants zu den südamerikanischen Favelas. Auf der Zitadelle beginnt man zu ermessen, wie schwer es ist, bis in die innersten – intimsten – Kernbereiche einer Kultur vorzustoßen: so viele Menschen, eine so große Vielfalt und so turbulente Zeiten. Kein Wunder, dass die bedeutenden Autoren arabischer Erotika den Segen Gottes erflehten, bevor sie sich an die Arbeit machten.

Was die Sexualität anlangt, so könnte man meinen, die arabische Welt gleiche einer Zitadelle, einer uneinnehmbaren Festung, deren Außenmauer jeden erdenklichen Angriff auf die Bastion heterosexueller Ehe und Familie abwehrt. Wie ich auf meinen Reisen herausfand, weist diese Mauer in Wirklichkeit aber eine Menge Öffnungen auf – nicht nur Neuerer, die im größeren politischen, gesellschaftlichen und kulturellen Rahmen auf Veränderungen hinarbeiten, sondern auch gewöhnliche Menschen, die versuchen, in ihrem kleinen persönlichen Lebensumfeld Glück zu finden. Auf all meinen Reisen habe ich mir kein einziges Mal eine Abfuhr geholt, wenn ich das Thema Sexualität anschnitt; tatsächlich habe ich festgestellt, dass gerade die ärmeren und weniger gebildeten unter meinen Gesprächspartnern zu einem besonders freimütigen und oftmals sehr amüsanten Meinungsaustausch bereit waren.

Dies galt insbesondere für Ehefrauen, die im Allgemeinen in diesen Dingen expliziter waren als ihre Ehemänner, teils weil sie im Gespräch mit einer Person des gleichen Geschlechts unbefangener waren, teils weil sie eine schwerere Bürde tragen; sie genossen es in jeder Hinsicht, sich unter Freundinnen natürlich geben zu können. Menschen öffneten sich mir in einer bemerkenswerten Weise, selbst Männer, von denen ich wusste, dass sie solche Themen niemals mit ihren Ehefrauen oder Schwestern, Müttern oder Töchtern ansprechen würden. Diese Offenheit verdankte sich unter anderem der Erleichterung darüber, jemandem aus einem Land zu begegnen, in dem Sex etwas ist, worüber man vorurteilsfrei und unzensiert sprechen kann, der aber auch mit ihrer Kultur vertraut ist. Ich war sowohl Insider als auch Outsider – eine Position, die äußerst undankbar hätte sein können, sich dann aber als überaus fruchtbar erwies.

Diese Bereitschaft, mit denjenigen zu sprechen und denjenigen zuzuhören, die nicht unbedingt den eigenen Standpunkt teilen, wird für die Zukunft Ägyptens von entscheidender Bedeutung sein. Der Wille zu Konformität und Konsens ist ein Merkmal autoritärer Regime; Demokratie erfordert das Respektieren anderer Meinungen und die Bereitschaft zum geistigen Wettstreit. Der Aufstand und anschließende politische Entwicklungen haben eine Spaltung in der ägyptischen Gesellschaft verstärkt, nämlich die zwischen einer Minderheit, die eine liberale Ordnung anstrebt, und einer Mehrheit, die an konservativen Werten festhält. Solche Unterschiede, die unter dem alten Regime einfach weggebügelt wurden, brechen nun unter den neuen Rahmenbedingungen mit umso größerer Wucht hervor. Das friedliche Miteinander dieser verschiedenen Gruppen wird die aufkommende politische, gesellschaftliche, wirtschaftliche und kulturelle Ordnung Ägyptens vor gewaltige Herausforderungen stellen.

Solange die islamischen Konservativen politisch weitgehend machtlos waren, haben sie das Thema Sex oft benutzt, um das Regime anzugreifen; die moralische Verwerflichkeit von Folter, wirtschaftlicher Ungerechtigkeit oder Korruption dagegen haben sie weit weniger kritisiert. Es steht zu hoffen, dass die neuen politischen Kräfte aller Couleur mehr Zeit darauf verwenden, diese und andere fundamentale Missstände der vergangenen sechzig Jahre zu beheben, als darauf, Männer, die Sex mit Männern haben, zu verhaften, Filme zu verbieten, das Internet zu zensieren oder Gesetze aufzuheben, die die Rechte von Frauen stärken, diesen Eckpfeilern des gesellschaftlichen Wandels. Doch ist realistischerweise davon auszugehen, dass das Thema Sex in den anhaltenden Auseinandersetzungen zwischen Liberalen und Konservativen in den kommenden Jahren weiterhin sein halb verlockendes, halb peinigendes Haupt erheben wird.

Wie Ägypten mit den in diesem Buch diskutierten sexuellen Fragen klarkommt, hat Auswirkungen weit über seine Grenzen hinaus. Obwohl die ägyptische Gesellschaft von den Nachbarländern, allen voran den Golfstaaten, stark beeinflusst wird, verfügt Ägypten seinerseits über eine gewaltige Soft Power in der Region; durch die Medien und durch Migration von Millionen von Arbeitern verbreitet Ägypten seine Kultur in der gesamten arabischen Welt. Ägypten befindet sich in der einzigartigen Position, Anregungen von außen aufnehmen, sie auf einen lokalen Kontext zuschneiden und dann an andere in der Region weitergeben zu können. Durch die Vereinten Nationen erstreckt sich sein Einfluss sogar noch weiter. Seit mittlerweile fast zwanzig Jahren bemühen sich zivilgesellschaftliche Akteure und Regierungen weltweit darum, sexuelle Rechte in internationalen Abkommen zu verankern – ein Schritt, der denjenigen hilft, die vor Ort für Veränderungen kämpfen; aber auf fast all diese Vorstöße hat Ägypten mit sofortigen Gegeninitiativen reagiert. Bei diesen Auseinandersetzungen stehen Ägypten und seine arabischen Nachbarn nicht allein. Länder mit muslimischer Bevölkerungsmehrheit, die sich unter dem Dach der Organisation für Islamische Zusammenarbeit (OIC) zusammengeschlossen haben, folgen der Parteilinie, worin sie vom Vatikan unterstützt werden, der seinen großen Einfluss dazu nutzen kann, jegliche Initiative zu vereiteln, die nach Einschätzung des Heiligen Stuhls seine Definition von Familienwerten untergräbt. Konservative christliche NGOs aus Amerika und Europa haben ebenfalls versucht, mit ihren arabischen und muslimischen Pendants Bündnisse einzugehen, was angesichts des Argwohns, den viele rechte Ideologen gegen den Islam hegen, großes Unbehagen bei ihnen hervorrufen muss. Weitere »unheilige Allianzen«, wie Sexualrechtsverfechter diese Interessenbündnisse nennen, wurden in den letzten Jahren zwischen schwarzafrikanischen und arabischen Regierungen zu dem Zweck geschlossen, eine gemeinsame Abwehrfront gegen gleichgeschlechtliche Beziehungen zu schmieden.

Es gibt zahlreiche aktuelle Beispiele dafür, wie sich arabische Regierungen Fortschritten bei sexuellen Rechten auf internationaler Bühne entgegenstellen. Bei diesen Gegenoffensiven spielt Ägypten eine Schlüsselrolle. Bei einer historischen Sitzung des UN-Menschenrechtsrats in Genf über die Diskriminierung und Gewalt, die Menschen wegen ihrer sexuellen Orientierung und Geschlechtsidentität erfahren – einer von etlichen wunden Punkten für arabische Staaten, die verhindern wollen, dass entsprechende Schutzrechte in internationalen Menschenrechtsabkommen ausdrücklich anerkannt werden –, erlebte ich die ägyptischen Überredungskünste live mit. Ägypten trommelte die arabischen Delegierten in dem Sitzungssaal zusammen und brachte sie dazu, aus Protest gegen eine ihres Erachtens gefährliche Entwicklung Richtung Schwulenehe, Adoptionsrecht für Schwule und den Zusammenbruch von Familienwerten den Saal zu verlassen. Ein Diplomat aus einem arabischen Staat sagte mir, seine Delegation habe eigentlich an der Aussprache teilnehmen wollen, aber der Gruppenzwang aus Ägypten sei einfach zu stark gewesen. »›Entweder ihr verlasst den Saal, oder ihr fahrt zur Hölle‹«, gab der Diplomat das ägyptische Ultimatum wieder. »Ich habe zuerst gedacht, sie scherzen.« Aber die ägyptische Delegation nahm ihren Einfluss sehr ernst. »Wir haben den Vorsitz in der Blockfreien-Bewegung, wir sind Mitglied der Arabischen Liga, der Afrikanischen Union und der Organisation für Islamische Zusammenarbeit«, legte mir einer ihrer Vertreter dar. »Ich will nicht prahlen, [aber] wir sind in allen Blocks einflussreich. Noch immer aufgrund der Tatsache, dass wir Ägypten sind.«

In der Vergangenheit erlaubten es die entschlossenen Lippenbekenntnisse zu »Familienwerten« in internationalen Foren ägyptischen Amtsträgern, bei islamischen Konservativen im eigenen Land zu punkten, ohne dass sie diesen Worten irgendwelche Taten folgen lassen mussten. Und sie erlaubten Ägypten, sich unter seinen arabischen und islamischen Bruderstaaten als ein Bollwerk gegen den vermeintlichen Ansturm »westlicher Werte« zu profilieren; in praktischer Hinsicht ist dieser Widerstand auch ein nützliches Unterpfand bei Verhandlungen mit jenen

Staaten, die entweder bei den Vereinten Nationen besonders nachdrücklich für sexuelle Rechte geworben haben oder entschieden dagegen sind, wobei sie für ein Entgegenkommen in diesem Bereich Konzessionen bei politischen oder ökonomischen Fragen fordern, die für Ägypten und seine Verbündeten von dringlicherem Interesse sind. Angesichts des neu gewonnenen politischen Einflusses der ägyptischen Islamisten mag dieser Widerstand sogar noch stärkeren ideologischen Rückhalt und neue Kraft finden. Es ist unwahrscheinlich, dass Ägypten und seine Nachbarn in dem internationalen Kampf um sexuelle Rechte in naher Zukunft die Seiten wechseln werden.

Auch in Ägypten selbst wird der Wandel – an allen Fronten – Zeit brauchen. Ich habe viele Wörter benutzt, um die Ereignisse zu beschreiben, mit denen dieses Jahrzehnt in Ägypten und der weiteren arabischen Region begann – »Revolte«, »Aufstand«, »Erhebung«, »Arabischer Frühling« oder »Arabisches Erwachen«, aber es sind auf diesen Seiten nur andere Personen, die es eine »Revolution« nennen. Dies hängt damit zusammen, dass der Weg Ägyptens zur Demokratie – voller Kurven, Umwege, Wenden, Fehlstarts und Vollbremsungen – kaum ein grundstürzender Bruch mit der Vergangenheit ist. Ja, der Jüngste – und, wie Ägypter hoffen, der Letzte – in einer Reihe von Militärdiktatoren wurde gestürzt, aber die Armee bleibt ein starker Machtfaktor im politischen und Wirtschaftsleben. Ja, islamische Konservative, die ehedem verfolgt wurden, verfügen heute über politische Macht, aber dies ist der öffentliche Höhepunkt eines langjährigen Trends, in dessen Verlauf viele Ägypter in ihrem persönlichen Leben in religiösen und gesellschaftlichen Fragen konservativer geworden sind.

Ihre gesamte Geschichte hindurch haben sich Ägypter in schwierigen, unsicheren Zeiten der Religion zugewandt, nur um diese Bindung zu lockern, sobald Wohlstand und Stabilität zurückkehrten. Die Salafisten, deren Anschauungen dem ägyptischen Islam im Grunde wesensfremd sind und von außen aufgepfropft wurden, bekamen die Reaktion ihres Wirtes rasch zu spüren, kaum dass sie einen starken politischen Bedeutungszuwachs verzeichneten; ihre plötzliche Kehrtwende im grellen Licht eingehender öffentlicher Untersuchung enthüllte auch ihre Schwächen, und ihre Versuche, Ägypten und viele seiner arabischen Nachbarn nach ihrem

Bild des Islam umzukrempeln, dürften auf lange Sicht kaum von Erfolg gekrönt sein. Ihre gemäßigteren Gesinnungsgenossen in der gesamten Region – einschließlich der Muslimbrüder – sind eine stärkere Kraft, mit der zu rechnen sein wird, aber ihr Aufstieg zur Macht ist auch ein Glücksspiel: Wenn sie die gewaltigen Probleme ihrer Länder lösen wollen, müssen sie sich von einigen ihrer Prinzipien verabschieden und sich auch politisch in wichtigen Punkten neu aufstellen, was den politischen Islam, wie wir ihn kennen, grundlegend verändern wird. Wenn sie hierbei scheitern, könnte der daraus resultierende Vertrauensverlust in der Bevölkerung nicht nur ihre eigenen Aussichten ruinieren, sondern auch den Glauben an den politischen Islam erschüttern. Ganz gleich, wie die Entwicklung der nächsten Jahre aussehen wird, hat der Aufstieg dieser Gruppen in einem aufkommenden demokratischen System bereits einfache Leute (die »Sofa-Partei«) dazu veranlasst, Einfluss und Rolle des Islam in der Gesellschaft zu hinterfragen und zu diskutieren – eine lebhafte öffentliche Partizipation, wie es sie unter dem alten Regime nicht gab. Dies hat diejenigen elektrisiert, die gegen eine Vermischung von Religion und Politik sind, und Liberale wurden aus ihrer jahrzehntelangen Apathie herausgerissen und kämpfen jetzt für ihre Vision von der Zukunft des Landes.

Seit der letzten Volkserhebung vor sechzig Jahren ist Ägypten ein brodelnder Dampfkessel von Korruption, Ungerechtigkeit und Unfähigkeit gewesen; im Jahr 2011 führten mehrere Umstände dazu, dass bei Protesten, die die gesamte Region erschütterten, der Druck so stark zunahm, dass der Deckel fortgeschleudert wurde. Doch brodelt es weiterhin in dem Kessel – und dies wird auch über das nächste Jahrzehnt so weitergehen –, so dass es schwierig ist, vorherzusagen, welche Form die Gesellschaft schließlich annehmen wird. Diese Ungewissheit zieht sich wie ein roter Faden durch die Aussagen der Personen, die in diesem Buch zu Worte kommen – einige blicken optimistisch in die Zukunft, andere befürchten, dass sich nur wenig beziehungsweise nur wenig zum Positiven verändern wird. Ich persönlich bin zuversichtlich, dass Ägypten, sobald sich der Tumult gelegt hat, über eine stärkere, produktivere Basis für künftige Generationen verfügen wird.

Was dies für die Sexualkultur des Landes bedeutet, hängt von einem komplexen Wechselspiel zwischen Recht, Wirtschaft, Religion und Tradition ab. Generationen von Ägyptern haben ihr Leben lang von den Mächtigen im In- und Ausland zu hören bekommen, was sie tun beziehungsweise nicht tun sollten; aufgrund ihres Mutes liegt es nun an ihnen zu entscheiden, wie es weitergehen soll. Wenn der Zeitpunkt kommt, an dem die Ägypter bereit sein werden, sich dieser Fragen anzunehmen – und ich bin mir sicher, dass er kommen wird –, dann brauchen wir eine Reihe von Veränderungen, damit sich die Sexualkultur in eine andere Richtung entwickeln kann.

Seit der Erhebung sind alle Augen auf das politische Machtgleichgewicht sowie auf eine Verfassungs- und allgemeine Rechtsreform gerichtet. Was Sexualität anlangt, so sind die ägyptischen Gesetze im Vergleich zu denen anderer Länder in der Region absolut liberal gewesen. Wie wir gesehen haben, sind beispielsweise voreheliche oder gleichgeschlechtliche Beziehungen gesetzlich nicht verboten; aber Aktivisten haben in diesem Buch zu Recht dafür plädiert, zunächst eine Reihe von Grundsteinen zu legen, ehe man direkt die rechtlichen Aspekte dieser brisanteren Fragen angeht. Auf dem Papier werden ägyptischen Frauen viel mehr Rechte gewährt als ihren Geschlechtsgenossinnen in anderen Ländern der Region – Rechte, um die Frauen von dem scheinbar offenen Libanon bis zum vermeintlich verschlossenen Saudi-Arabien heute kämpfen. In der Praxis aber bleiben diese Rechte Ägypterinnen weitgehend versagt – wegen Armut, wegen Vorurteilen und wegen der patriarchalischen Gesellschaftsordnung.

In vielen Punkten – sei es Abtreibung oder häusliche Gewalt oder andere politische, ökonomische und soziale Rechte – bietet das ägyptische Straf- und Personenstandsgesetz erheblichen Spielraum für Verbesserungen. Das eigentliche Problem ist nicht so sehr das Gesetz auf dem Papier, sondern seine Umsetzung und sein Vollzug. Während der langen Jahrzehnte der Diktatur hatten das Notstandsgesetz und die Befugnisse des Staatssicherheitsapparats, die willkürliche Festnahmen, Inhaftierung und Folter erlaubten, das gesellschaftliche Leben in all seinen Aspekten, einschließlich der Sexualität, weitgehend gelähmt. Nur eine Reform des gesamten Systems birgt die Chance, Freiräume zu schaffen; die Zeit unmittelbar nach dem Sturz von Mubarak hat jedoch gezeigt, dass autokratische Tendenzen sehr zählebig sind. Den langen Arm des Gesetzes zu zügeln –

unter anderem durch eine Reorganisation der Strafverfolgung und Gerichtsbarkeit – wird ein willkommener erster Schritt sein. Wichtig ist es auch, Rechtsanwälte dazu zu ermuntern, Personen aus allen gesellschaftlichen Bereichen zu vertreten, unabhängig davon, wer sie sind oder wie sie leben, und ihnen das dafür erforderliche Rüstzeug zu vermitteln.

Die größte Herausforderung besteht allerdings darin, den einfachen Leuten eine neue Sicht von Recht und Gesetz nahezubringen. Über Generationen hinweg haben Ägypter das Gesetz als ein Instrument der Kontrolle, nicht des Schutzes angesehen, als etwas, dem man möglichst ausweichen sollte, nicht als etwas, worauf man sich berufen sollte – eine Einrichtung zum Wohle der Elite, nicht des Mannes auf der Straße. Dies gilt auch für die Gesetze, die sich auf die Sexualität beziehen, sei es weibliche Genitalverstümmelung oder Abtreibung. Ein – gutes oder schlechtes – Gesetz ist nur so wirkmächtig wie die Achtung, die Menschen ihm entgegenbringen; wenn Menschen den staatlichen Institutionen vertrauen, dann vertrauen sie auch eher den Gesetzen, die diese verabschieden. Daher müssen nicht nur die Gesetze an sich geändert werden, sondern auch die Rechtskultur. Um dies in Ägypten und seinen Nachbarländern zu erreichen, bedarf es umfangreicher Änderungen jenseits der Regierungskorridore.

Ansetzen muss man bei der Bildung. Es ist eine Herkulesaufgabe – eine Generalüberholung eines Systems, das so erstarrt, phantasielos und korrupt ist wie die Regierung, die dafür zuständig ist. Das Bildungssystem in Ägypten ist dermaßen ineffizient, dass man geradezu den Eindruck gewinnt, dass es Schüler weniger kreativ und engstirniger macht, als es ihre schlechter gebildeten Altersgenossen sind. Und das betrifft nicht nur die Schulen, sondern auch die Hochschulen und die religiösen Lehranstalten – sie alle brauchen einen Neustart. Zu den vielen, vielen notwendigen Reformen gehört die Umstellung auf ein System, das kreatives Denken und nicht Anpassung in allen Bereichen – insbesondere der Religion und insbesondere dem Islam – vermittelt und belohnt. Wenn junge Menschen über das geistige Rüstzeug verfügen, um selbst kritisch über Religion nachzudenken, können sie vielleicht die inneren Spielräume, die ihnen ihr Glaube lässt, besser ermessen und dort Wahlmöglichkeiten erkennen, wo sie früher nur zwingende Gewissheiten sahen.

Aber es geht nicht nur um Gott, auch Geld wird eine große Rolle spielen. Ein Großteil der sexuellen Probleme, die Ägypter in den letzten Jahren erlebt haben, hängt auf die eine oder andere Weise mit der Wirtschaft zusammen. Dabei machte Ägypten unter Mubarak keineswegs eine schwere Wirtschaftskrise durch. Ganz im Gegenteil: Das Wirtschaftswachstum war ein vielgepriesener Erfolg seines Regimes und hielt es vermutlich so lange an der Macht, da die Elite mit lukrativen Chancen zum Gelderwerb ruhiggestellt wurde. Was alle anderen betraf, so wurden sie während dieser Jahre vielleicht nicht ärmer, hatten aber dennoch das Gefühl, dies sei der Fall, da die Wirtschaftsliberalisierung und globale Medien ihnen eine glänzende neue Konsumwelt vor Augen führten, die für sie unerreichbar war. Millionen von Ägyptern sind nach wie vor von Unterbeschäftigung betroffen, die in den letzten Jahren aufgrund des starken Bevölkerungswachstums in Ägypten und des Versagens des öffentlichen Sektors – der traditionell wie ein Schwamm einen Großteil der Erwerbsbevölkerung aufsaugt –, eine Flut immer besser ausgebildeter junger Menschen aufzunehmen, sprunghaft angestiegen ist. Leider geht ihre Ausbildung bislang weitgehend an den Anforderungen der wettbewerbsintensiven Weltwirtschaft vorbei, so dass Ägypten von der globalen Wirtschaftsdynamik kaum profitiert, und diejenigen, die das Glück hatten, Arbeit zu finden, sind oftmals für ihre Stelle überqualifiziert.

Eine Wirtschaftsreform ist eine gewaltige Aufgabe für das neue, verbesserte Ägypten – der Abbau von Bürokratie, die Bekämpfung der Korruption und die Förderung von Institutionen, Kompetenzen und Einstellungen, welche für eine unternehmerische Kultur, die Arbeitsplätze schafft, notwendig sind. Es herrscht kein Mangel an großartigen Plänen und klugen Konzepten, die von internationalen Beratern und einheimischen Reformern vorgeschlagen wurden, aber das Ganze ist ein Projekt für Jahre, wenn nicht Jahrzehnte. Bis dahin mögen freilich schon die ersten zarten Triebe einer wirtschaftlichen Wiederbelebung ausreichen, um das Alltagsleben zu verändern. Weniger ökonomische Unsicherheit könnte durchaus die Anziehungskraft einiger der strengeren Formen des Islam abschwächen, die in den letzten Jahrzehnten Millionen Ägypter materiellen und spirituellen Trost spendeten. Dieser Einfluss mag auch mit mehr Arbeitsplätzen im Inland schwinden. Wenn weniger Ägypter der Arbeit wegen in die Golfstaaten ziehen, so könnte dies den Stress, unter dem manche Familien stehen (etwa durch die Abwesenheit des Vaters), verringern. Kommerzielle Sexarbeit floriert selbst in den dynamischsten Volkswirtschaften, aber wenn Männer und Frauen eine faire Chance auf auskömmliche Arbeit erhalten, können sie wenigstens frei entscheiden, ob sie diesem Gewerbe nachgehen wollen oder nicht. Und es wird interessant sein zu beobachten, wie sich die Schaffung von Arbeitsplätzen auf das Heiratsverhalten auswirkt. Wie wir gesehen haben, wurden wirtschaftliche Faktoren und ganz konkret die hohe Arbeitslosigkeit unter jungen Männern, die die Gründung einer Familie unerschwinglich macht, für die sogenannte Ehekrise in Ägypten – ja der gesamten Region – verantwortlich gemacht. Wird das Heiratsalter sinken, wenn mehr Arbeitsplätze geschaffen werden?

Bessere Beschäftigungsaussichten könnten auch Frauen durch mehr wirtschaftliche Unabhängigkeit größere Handlungsspielräume eröffnen. Sie könnten aber auch dazu beitragen, Unsicherheiten von Männern zu lindern, mit der Folge, dass ihr Verhältnis zu Frauen – zu Hause, am Arbeitsplatz und auf der Straße – womöglich entspannter wird. Dies wiederum könnte der Sexualität innerhalb der Ehe mehr Entfaltungsmöglichkeiten verschaffen, insbesondere für Frauen, und die sexuelle Belästigung im öffentlichen Raum verringern. Befragungen, die im Anschluss an den Aufstand, in dem beide Geschlechter Seite an Seite kämpften, durchgeführt wurden, zeigen, dass Ägypter den Grundsatz der Gleichberechtigung von Mann und Frau unterstützen. Diese Sicht ist jedoch noch immer stark vom Islam geprägt, und durch diese Linse gesehen bedeuten gleiche Rechte nicht identische Rollen oder Erwartungen. Frauen werden meines Erachtens ihre Muskeln in der Chefetage spielen lassen, lange bevor sie die gleiche Chance im Schlafzimmer erhalten oder gewillt sein werden, sie offen einzufordern.

Die Bemühungen um die Stärkung der Rechte von Frauen in Ägypten und der weiteren arabischen Welt konzentrierten sich verständlicherweise auf Frauen – ihre Mitsprache, ihre Chancen, ihre Probleme. Für nachhaltige Veränderungen müssen jetzt aber auch Männer, und erst recht junge Männer, mit ins Boot geholt werden, um zu verstehen, wie sie diesen Wandel der Frauenrollen erleben, und ihnen zu helfen, diese gesellschaftlichen Veränderungen nicht nur hinzunehmen, sondern aktiv zu unterstützen. Auch hier werden Erziehung und Bildung der Schlüssel sein – sowohl innerhalb der Familie als auch in der Schule. Wie eine neue Generation von Eltern ihre Kinder erzieht – ob Mädchen und Jungen beigebracht wird, offen und respektvoll miteinander zu kommunizieren –, wird die Erwartungen an die Geschlechterrollen und das Miteinander der Geschlechter in der Ehe in den kommenden Jahren maßgeblich prägen.

All dies wirft Fragen nach der Zukunft des Patriarchats auf. Nur weil sich die Ägypter und ihre Nachbarn gegen das Staatsoberhaupt aufgelehnt haben, bedeutet das noch lange nicht, dass sie auch gegen das Familienoberhaupt rebellieren werden. Ungeachtet des Geredes über die »von der Jugend getragene Revolution« in Ägypten, gingen die Kinder oftmals mit dem Segen ihrer Eltern auf die Straße oder wurden sogar von diesen begleitet. Dem Vater der Nation zu sagen, er solle verschwinden, war weitgehend eine Angelegenheit der ganzen Familie. Am Ende dürften die jungen Ägypter die Erfahrung machen, dass es schwieriger ist, von zu Hause auszuziehen, als Mubarak aus dem Amt zu jagen. Und solange die Religion weiterhin eine zentrale Rolle im Leben der Menschen spielt und Gott als die höchste Vaterfigur das Sagen hat, dürfte das Patriarchat kaum wanken.

Trotzdem war der Aufstand ein echtes Erwachsenwerden der ägyptischen Jugend, und die ältere Generation weiß das. Für einen kurzen, strahlenden Moment verwandelten sich die jungen Leute in den Augen der älteren von Faulenzern in Führungsfiguren. Eines Tages könnten Eltern bereit sein, ihren Kindern etwas mehr Autonomie zu gewähren, was in Verbindung mit einer größeren ökonomischen Unabhängigkeit den jungen Menschen mehr Spielraum bei der persönlichen Entscheidungsfindung auch im Hinblick auf ihr Sexualleben eröffnen wird. Aber solange die Menschen dem neu aufzubauenden Staat nicht zutrauen, ihre politischen, sozialen und ökonomischen Rechte nicht nur anzuerkennen, sondern aktiv zu verteidigen, werden sie weiterhin Schutz im Kollektiv suchen, und so wird die Familie eine mächtige Kraft im Leben der Menschen bleiben – ganz besonders für Frauen. Dass Männer »obenauf« sind – insbesondere Väter und Ehemänner –, wird sich in der nahen Zukunft wohl kaum in nennenswertem Umfang verändern.

Auf lange Sicht aber mögen diese Aufstände eine stärkere Demokratisierung persönlicher Beziehungen befördern – das, was ein bekannter britischer Soziologe einmal den »Wandel der Intimität« genannt hat.[1] Freie und gleichberechtigte Beziehungen zwischen Individuen sind nicht nur der Schlüssel zu den sexuellen Rechten, sondern auch der Eckpfeiler der politischen Demokratie; indem man auf dem einen Feld Hierarchien einebnet, Unterschiede akzeptiert und individuelle Entscheidungen respektiert, fördert man das Gleiche auf dem anderen Feld.

Neue und alte Medien sind ein Werkzeug dieser Transformation. Ihre Rolle als Katalysator der arabischen Aufstände wurde groß herausgestellt. Wie wir gesehen haben, schufen die Kultur der relativen freien Meinungsäußerung und die dadurch begünstigte Diskussion sexueller Tabus – vorehelicher Sex, gleichgeschlechtliche Beziehungen und sexuelle Gewalt – schon lange vor den Erhebungen für einige einen vergleichsweise sicheren Ort (sicherer als die Politik jedenfalls), um überkommene Anschauungen zu hinterfragen und verborgene Lebensweisen ans Licht zu bringen. Als die Revolte schließlich die Massen ergriff, unterliefen Internet, Satellitenfernsehen und Mobiltelefone die Versuche der Regime, den Informationsfluss zu kontrollieren.

Schriftsteller, Filmemacher und Künstler, die heute die Möglichkeiten größerer politischer Freiheiten einschließlich der Meinungsfreiheit sondieren, stellen ebenfalls die Frage, wie weit sie beim Brechen von Tabus gehen können. Zweifellos fühlen sich Menschen, mich selbst eingeschlossen, seit dem Aufstand viel freier, offen auszusprechen, was sie denken. Die Grenzen dieser Meinungsfreiheit werden nicht nur von dem bestimmt, was die neuen Gesetze erlauben oder nicht erlauben, sondern auch davon, was die Gesellschaft in dem neuen Klima akzeptieren wird und wie schnell die jahrelange Selbstzensur verschwinden wird. Wie nahe können Künstler heute dem Sexualleben ihres Landes den Spiegel vorhalten, und wie mögen sich diese öffentlichen Spiegelbilder auf private Verhaltensweisen auswirken? Dies ist mehr als eine Frage der künstlerischen Freiheit: Es wird ganz konkrete Auswirkungen auf die Gesundheit und Wohlfahrt arabischer Gesellschaften haben. Was sexuell übertragbare Infektionskrankheiten, Abtreibung oder sexuelle Gewalt angeht, so besteht die Herausforderung darin, jenseits herkömmlicher Vorstellungen von Anstand und Sittlichkeit eine »behagliche« Sprache für Sexualität – ihre Probleme und ihre Freuden – zu finden.

Religion und Kultur haben die Menschen in der Region von jeher ermuntert, private Angelegenheiten unter Verschluss zu halten. »Jedem Mitglied meiner Gemeinde wird vergeben, außer denjenigen, die sich mit ihren Sünden brüsten«, bemerkte der Prophet Mohammed in einem bekannten Hadith. Denjenigen, denen dies etwas vage erschien, bot er eine Klarstellung an. »Zu den Prahlern gehört auch der Mann, der nachts etwas tut und morgens, obgleich er von Gott [gegen eine Enthüllung] abgeschirmt wurde, sagt: ›Leute, gestern Nacht habe ich dies und jenes getan.‹ Obgleich er, verhüllt von Gott, geschlafen hat, zieht er am Morgen den schützenden Schleier Gottes von sich.«[2]

Überall in der arabischen Welt besteht auch weiterhin eine beachtliche Kluft zwischen Schein und Sein, zwischen dem, was hinter verschlossenen Türen geschieht, und dem, was öffentlich zugegeben wird. In der Wohnungsgestaltung spiegelt sich die Lebensweise wider: makellose Empfangszimmer, um Besucher zu beeindrucken, aber unansehnliche Hinterzimmer, die dem allgemeinen Blick verborgen bleiben. Es gibt ein Wort für dieses Auseinanderklaffen zwischen privatem und öffentlichem Verhalten: »Heuchelei«. Männer, denen vorehelicher Geschlechtsverkehr freisteht, während von Frauen erwartet wird, dass sie unberührt bleiben; Jungfräulichkeit, die nicht als Keuschheit, sondern als anatomischer Zustand definiert wird; Sextourismus, der sich als Ehe ausgibt; Reisende, die daheim ihre Frömmigkeit zur Schau stellen, aber sobald sie im Ausland sind, fern von den Augen ihrer Landsleute, wüst über die Stränge schlagen; und viele weitere Beispiele für die Diskrepanz zwischen öffentlichem Auftreten und privater Wirklichkeit.

Im Westen gibt es – und selbstverständlich verallgemeinere ich hier – eine größere Überschneidung zwischen dem öffentlichen und dem privaten Gesicht der Sexualität als in Ägypten und seinen Nachbarländern. Tatsächlich braucht man nur Reality-TV anzusehen, auf Facebook herumzustöbern oder seine eingehenden Tweets zu überfliegen, um sich zu fragen, ob es überhaupt einen Unterschied gibt. Wie Michel Foucault in seiner berühmten Geschichte der abendländischen Sexualität schrieb: »In der Reihe ihrer Embleme führte unsere Gesellschaft das des sprechenden

Sexes. Des Sexes, den man überrascht, den man verhört und der, gezwungen und redselig zugleich, unablässig antwortet ... Wir alle leben seit Jahren im Reiche des Fürsten Mangogul: Beute einer ungeheuren Neugier auf den Sex, versessen darauf, ihn auszufragen, unersättlich darin, ihn sprechen zu hören, geschickt im Erfinden all der magischen Ringe, die seine Diskretion bezwingen können.«[3]

Foucault stellte die Theorie auf, der Sex sei im 19. Jahrhundert keineswegs unterdrückt worden, sondern gesund und munter gewesen und in einem medizinischen und wissenschaftlichen Diskurs kanalisiert und immer detaillierter erkundet worden, den er *scientia sexualis* nannte. Eine zentrale Rolle bei der Entstehung dieser neuen Art und Weise, über Sexualität zu denken und zu sprechen, spielte seiner Meinung nach eine uralte Institution: das Geständnis. Die christliche Beichte, eine religiöse Pflicht, hatte immer einen starken sexuellen Inhalt, aber um das 16. Jahrhundert herum, so Foucault, löste sie sich allmählich aus dem religiösen Bereich und wanderte in weltliche Disziplinen ein, wie die Medizin und die Psychiatrie. Foucault erlebte *Oprah* beziehungsweise YouPorn nicht mehr, aber der Geist der Beichte lebt unverkennbar in unserer 24/7-Medienwelt weiter.

Der Islam dagegen kennt keine Kultur der Beichte. Sowohl der Koran als auch die Hadithe ermahnen die Gläubigen eindringlich, sich um ihre eigenen Angelegenheiten zu kümmern und zu schweigen. Den Schutz der Privatsphäre gesetzlich zu verankern und durchzusetzen ist der Schlüssel zum Fortschritt im Bereich der Menschenrechte, vor allem für diejenigen, deren Verhalten, wie etwa kommerzielle Sexarbeit und gleichgeschlechtliche Beziehungen, nicht den gesellschaftlichen Normen entspricht. Wie wir gesehen haben, kann der Islam mit seiner Betonung der Privatsphäre hier hilfreich sein, und jede zukünftige Regierung, die den Islam als einen Eckpfeiler ihrer Rechtsordnung betrachtet, muss entschlossen an diese Tatsache erinnert werden.

Die Achtung der Privatsphäre und die islamische Pflicht, die Gemeinschaft vor »Unrecht« zu schützen – wie immer man dieses definiert –, muss gegen die Meinungsfreiheit abgewogen werden. Wie wir in diesem Buch immer wieder gesehen haben, gibt es in der Region Menschen, die einen Mittelweg zwischen Schweigen und Enthüllen beschreiten. Sie haben das gefunden – oder genauer gesagt, wiederentdeckt –, was Abdelwahab Bouhdiba, den wir im ersten Kapitel kennenlernten, einen Weg nannte, um »mit dem Anstand, den der Koran gebietet«, über Sexualität zu sprechen. Die lange Geschichte der arabischen Literatur zeigt mustergültig die Unbefangenheit, mit der die arabische Kultur ehedem ihr Sexualleben behandelte.

Dieser entspannte Umgang hatte unter anderem mit der Erzeugung und Vermittlung von Wissen über Sexualität zu tun. Wie wir gesehen haben, wurde die Erforschung der Sexualität – und der Soziologie im Allgemeinen – in Ägypten und vielen arabischen Ländern durch amtliche Zensur und Selbstzensur behindert. Ein klareres Bild vom Sexualleben der Ägypter würde letztlich den Ägyptern selbst nützen: denjenigen, die versuchen, die Ausbreitung von HIV zu verstehen und einzudämmen oder die Welle sexueller Gewalt aufzuhalten; denjenigen, die sich für Sexualerziehung oder ein liberaleres Abtreibungsrecht einsetzen; denjenigen, die für Toleranz gegenüber gleichgeschlechtlichen Beziehungen plädieren. Der Westen hat gezeigt, wie wichtig verlässliche empirische Daten über das Sexualleben sind, nämlich dank der bahnbrechenden Kinsey-Berichte über männliche und weibliche Sexualität in den 1940er und 1950er Jahren, deren Aussagekraft selbst der erzkonservative Islamist Sayyid Qutb widerwillig einräumte. Diese Studien öffneten ein statistisches Fenster auf das sehr private Leben von Amerikanern, und das in einer Weise, die das öffentliche Verständnis des Sexualverhaltens grundlegend veränderte. Die Leute konnten nicht länger behaupten, vorehelicher Sex, gleichgeschlechtliche Beziehungen und Masturbation seien abweichende Verhaltensweisen am Rande der Gesellschaft, nachdem Kinseys Studien, bei denen er Tausende ihrer Mitbürger befragte, gezeigt hatten, dass es sich um weitverbreitete Aktivitäten handelte.

Kinsey glaubte mit allen Fasern seines Herzens, das Wissen werde Menschen von Schuldgefühlen und dem Unglück befreien, die durch die Kultur des »Schweigens und Verstellens« der amerikanischen Gesellschaft, wie es einer seiner Zeitgenossen nannte, verursacht würden. Trotz ihrer methodischen Mängel sorgten seine Studien dafür, dass in der Öffentlichkeit ganz anders über Sexualität diskutiert wurde – sie war nicht länger ein anrüchiger Gegenstand von Moralpredigten, sondern ein Thema, das auf der Basis wissenschaftlicher Fakten sachlich erörtert wurde. Kinsey ermöglichte es, auf seriöse Weise über Sex zu reden. Obwohl seine Ergebnisse und Schlussfolgerungen auf erheblichen Widerstand stießen, ebneten seine Studien langfristig den Weg zu einem Einstellungswandel. Wie einer seiner Kollegen bemerkte: »Die Zeiten änderten sich sowieso, aber ich glaube, er hat dazu beigetragen, dass sich die Zeiten änderten.«[4]

In Ägypten sind heute zahlreiche Wissenschaftler gewillt, eine solche Veränderung zu beschleunigen. Aber es ist für sie schwierig, eine formale Ausbildung oder die Genehmigung von Universitäten oder Ministerien für großangelegte Studien zu erhalten, und selbst wenn sie grünes Licht bekommen, bleiben die Ergebnisse oftmals unter Verschluss. Diese Kultur der Verschleierung – nicht nur in sexuellen Fragen – wird noch verschlimmert durch die mangelnde Kooperations- und Mitwirkungsbereitschaft von Individuen und Organisationen, vermutlich ein Nebenprodukt des allgemeinen Klimas von Argwohn und Misstrauen und der Mentalität von »jede Familie für sich«, das durch jahrzehntelange politische Repression geschaffen wurde. Daher sind Forscher und Aktivisten damit beschäftigt, das Rad neu zu erfinden, da sie keine Kenntnis von den hervorragenden Studien haben, die in der Region oder sogar in derselben Stadt durchgeführt werden.

Die Förderung der Forschung und des offenen Austauschs von Informationen ist der Schlüssel zum neuen Denken. Es beginnt mit Wörtern – der Erneuerung des Arabischen als einer Sprache der Sexualität, worum sich viele der Schriftsteller und Pädagogen in diesem Buch bemühen. Es genügt nicht für Ägypten und seine arabischen Nachbarn, UN-Sitzungen aus Protest zu verlassen, gegen westliche Werte zu schimpfen oder die Probleme im Inland in Abrede zu stellen. »Sag einfach nein« ist kein zukunftsweisender Weg. Was die arabische Region dringend benötigt, ist ein kohärenter, positiver intellektueller Bezugsrahmen für Sexualität. Arabische Denker besaßen einst ein Verständnis von Sexualität, das sowohl der Religion als auch der Wissenschaft Rechnung trug und das ihrem Zeitalter entsprach, doch es gibt kein Zurück; ihre Nachfolger im 21. Jahrhundert müssen dringend ihr eigenes Verständnis erarbeiten, eines, das unserer Zeit gerecht wird.

Ein solcher Bezugsrahmen würde eine systematischere Herangehensweise an die Sexualität erlauben. Gegenwärtig findet die Sexualität nur dann öffentliches Gehör, wenn es zu einer Tragödie oder einem Skandal kommt. Die Medikalisierung der Sexualität durch Krankheit oder Funktionsstörung bietet einen seriösen, gesellschaftlich akzeptierten Rahmen für die öffentliche Diskussion, aber sie wirkt auch begrenzend, da sie eine breite Palette von Fragen und Gruppen ausklammert, die eine umfassendere Konzeption von Sexualität einbeziehen würde. Die Herausforderung besteht hier darin, Sexualität von einem Problem, das gelöst werden muss, in eine Quelle von Lust und Kreativität zu verwandeln.

Der Schlüssel zu einem Einstellungswandel in Gender- und Sexualitätsfragen in der arabischen Region ist eine dynamische und unabhängige Zivilgesellschaft, die sowohl weitgehend Handlungsfreiheit genießt als auch die Unterstützung von Regierung und Gemeinschaften, die die Zielgruppen von NGO-Aktivitäten sind. Es gibt eine Vielzahl bahnbrechender Initiativen im arabischen Raum, von denen ein paar in diesem Buch erwähnt wurden. Die Schwierigkeit liegt darin, diese Projekte auszuweiten, damit sie die Breitenwirkung erzielen, die sie verdienen. Während eine bessere Vernetzung wichtig ist, kommt es entscheidend auf eine nachhaltige, ausreichende Finanzierung an. Doch die Zeiten sind hart: Westliche Regierungen und wohltätige Organisationen kürzen ihre Fördergelder in vielen Bereichen – zum Beispiel der HIV-Bekämpfung und der Familienplanung – und gefährden dadurch viele hervorragende Projekte in der Region.

Bestimmte Aspekte der sogenannten Hilfskonditionalität, bei der Geberländer wie die USA oder Großbritannien ihre Finanzhilfe an inländische Reformen im politischen und praktischen Umgang mit LGBT-Gruppen und anderen sexuellen Rechten knüpfen, erwiesen sich als eher kontraproduktiv. Leider verstärkt eine solche Haltung nur das Vorurteil, dass diese Initiativen vom Ausland aufoktroyiert werden. Neue Finanzierungsquellen aus der Region selbst werden dringend benötigt, um die hervorragende Arbeit, die schon heute geleistet wird, zu unterstützen und zu erweitern. Wohlhabende Golfstaaten haben zweifellos eine dicke Brieftasche, aber sie haben auch ihre eigene Agenda. Die Hoffnung, sie und andere dazu zu bewegen, Programme zum Beispiel im Bereich Sexualität zu finanzieren, mag allzu optimistisch erscheinen, aber es ist nicht von vornherein vollkommen aussichtslos; wie wir in den Fällen sexueller Belästigung und Sexualerziehung gesehen haben, ist es möglich, selbst gesellschaftlich brisante Themen in einer Weise zu verpacken, die sie als Geschenk, nicht als Bürde erscheinen lassen.

Dies ist zugegebenermaßen die rosige Einschätzung einer liberalen Muslima darüber, wie sich das Sexualleben in Ägypten und der weiteren arabischen Region in den kommenden Jahrzehnten entwickeln könnte. Ich weiß, dass manche befürchten, die unerwarteten Umwälzungen der politischen Ordnung und der damit einhergehende Aufstieg des Islamismus werde für einige Länder Freiheit, Rechenschaftspflicht, Offenheit und Gleichberechtigung in noch weitere Ferne rücken lassen, während sich religiös sanktionierte Normen durchsetzen, und die gesellschaftlich auferlegten Einschränkungen der letzten Jahrzehnte – die vor allem Frauen und junge Menschen betreffen – könnten als formale Rechtsvorschriften noch wirkmächtiger sein. Ich persönlich bin jedoch davon überzeugt, dass die Ägypter – ob Muslime oder Christen –, wenn man sie frei gewähren lässt, schließlich zu einer pragmatischeren, nachsichtigeren und offen lustbejahenden Interpretation ihrer Religion zurückfinden werden. Diese »Heimkehr« zeigte sich deutlich bei dem Aufstand von 2011, wo die persönliche Frömmigkeit der Millionen von Demonstranten, die sich beim öffentlichen Gebet verneigten, ganz offensichtlich war, während ihre Erhebung weitgehend politischer, nicht religiöser Natur war.

Heute drängt der Westen Ägypten und seine Nachbarn zur Demokratie und projiziert dabei nur allzu leicht seine eigene Vergangenheit auf die Zukunft der arabischen Region; dabei sieht er in der organisierten Religion ein Hindernis für sexuelle Rechte, schließlich besiegelte die sexuelle Revolution im Westen den weitgehenden Machtverlust der Kirche. Die Situation in der arabischen Welt ist eine ganz andere. Selbst wenn, was durchaus möglich ist, die Macht des politischen Islam im Gefolge der Schwierigkeiten bei dem Versuch, ein so komplexes Land wie Ägypten zu regieren, schwinden sollte, so wird doch der Glaube stark bleiben – allerdings hoffentlich mehr eine Sache der persönlichen Frömmigkeit als der öffentlichen Politik, mehr Sein als Schein. Trotz der Bedenken von Sexualrechtsaktivisten, die die Religion aus dem Schlafzimmer heraushaben wollen, ist Gläubigkeit meines Erachtens keine Form der Regression. Wie ich dargelegt habe, können sexuelle Rechte in einem islamischen Bezugsrahmen verwirklicht und ausgeübt werden, solange Menschen die Freiheit haben, eigenständig zu denken und zu handeln.

Es gibt noch immer viele, die entschieden anderer Meinung sind, die sagen, es sei eine Kapitulation vor dem Westen, offen über Sexualität zu sprechen, ihre Probleme ungeschönt zu thematisieren und ihre Freuden zu rühmen, sich die ursprünglich vorhandene Flexibilität der Institution Ehe im islamischen Recht vor Augen zu halten und Toleranz gegenüber sexueller Vielfalt zu üben. Ich teile diese Auffassung nicht. Seit mehr als 200 Jahren, vom Einmarsch Napoleons in Ägypten über die Niederlage im Sechstagekrieg gegen Israel von 1967 bis zum Krieg im Irak, trägt Ägypten einen schweren Ressentiment- und Minderwertigkeitskomplex mit sich herum, der es konservativen Kräften erlaubt hat, unter dem Vorwand des Widerstands sogenannte westliche gesellschaftliche Konventionen abzulehnen. Die Ironie liegt darin, dass ein Großteil dessen, was sie als gefährliche ausländische Ideen brandmarken, schon lange bevor diese vom westlichen Liberalismus aufgegriffen wurden, geistiges Gemeingut der arabisch-islamischen Welt war.

Ich bin zuversichtlich, dass die Aufstände, mit denen dieses Jahrzehnt begann, langfristig die arabische Welt von diesem Komplex befreien werden. Diejenigen, die sich in den Tagen des Zorns auflehnten, sind mit vollem Recht stolz auf ihre Taten – unabhängig davon, ob sie bei der Beseitigung oder Reformierung ihrer erstarrten Regime erfolgreich waren oder nicht. Ungeachtet der Paranoia und der reflexhaften Neigung, für die Wirren im Anschluss an die Erhebung »verdächtige ausländische Elemente« verantwortlich zu machen, wird dieses Selbstbewusstsein langfristig helfen, etwas von den Ängsten und dem Argwohn gegenüber dem Westen zu zerstreuen, und Menschen erlauben, anderen Lebensweisen mit weniger Vorurteilen zu begegnen. Junge Ägypter und ihre Altersgenossen in der gesamten Region wissen ganz genau, wie Westler ihr Intimleben führen; es gibt Aspekte, die sie bewundern und nach denen sie streben, und andere, auf die sie gern verzichten. In einer Welt des sofortigen Zugriffs auf globale Informationen und Nachrichtenquellen über das Internet basieren ihre Entscheidungen auf Informationen, nicht auf Ignoranz – und es geziemt sich für Außenstehende, die mit großartigen Visionen von gesellschaftlichen, kulturellen und sexuellen Reformen in der arabischen Region aufwarten, die anderen Richtungen zu respektieren, für die sich die Einheimischen entscheiden mögen.

Die Welt hat sich verändert, seitdem ich mir vor fünf Jahren vornahm, das Intimleben der Ägypter und dabei auch mich selbst besser zu verstehen. Meine Reise durch die arabische Welt hat mich zweifellos verändert. Die überwältigende Herzlichkeit der Ägypter hat mir jegliche Reserviertheit und sämtliche Vorbehalte, die ich hatte, genommen, und ich bin dadurch zu einer leidenschaftlicheren, offeneren Person geworden. Als jemand, der fern von seinen Wurzeln in einem Ein-Kind-Haushalt aufwuchs, weiß ich jetzt, was es heißt, Teil einer Großfamilie zu sein, und kenne, bei allen Einschränkungen, die Zufriedenheit, die dies mit sich bringen kann. Ich habe jetzt viel größeren Respekt vor älteren Menschen als früher, wuchs ich doch in einer Gesellschaft auf, die Jugend über alles stellt. Und ich besitze ein viel besseres Verständnis des Islam, das meine Verbundenheit mit einem Glauben, der mir in meinem Leben Freiheit und Orientierung gibt, nur noch verstärkt hat.

Ich empfinde darüber hinaus nicht nur Zuneigung und Dankbarkeit, sondern auch eine tiefe Bewunderung für Menschen in der gesamten Region, die mich so herzlich in ihrem Leben willkommen hießen – es war nicht nur die übliche Gastfreundschaft gegenüber Fremden, sondern vielmehr haben sie mich wirklich als eine der Ihren akzeptiert. Das ist, oberflächlich betrachtet, nicht leicht. Ich sehe nicht im Entferntesten arabisch aus (ich habe die Hellhäutigkeit meiner Waliser Mutter und eine Figur, die eher pfeil- als arabesk birnenförmig ist); mein Arabisch ist alles andere als perfekt; und meine Erziehung ist meilenweit entfernt von der ihren. Aber die Menschen konnten über diese Unterschiede hinwegsehen, und es gelang uns, durch unseren gemeinsamen Humor und eine unerwartete persönliche Affinität einen guten Draht zueinander zu finden. Wenn sie es fertigbringen, dass selbst *ich* mich bei ihnen wie daheim fühle, dann bin ich zuversichtlich, dass Gesellschaften in der Region einen Weg finden, der Vielfalt einen Platz zu bieten.

Es gehörte schon ein erschreckender Mangel an Introspektion dazu, so viel Zeit damit zu verbringen, das Privatleben anderer Menschen zu ergründen, und nicht hin und wieder das eigene in Frage zu stellen. Bis ich Azza und Amany und die vielen anderen Frauen in diesem Buch kennenlernte, war mir nicht richtig klar, wie viel Glück ich mit meiner Erziehung hatte. Meine Eltern verankerten in mir die feste Überzeugung, dass ich alles erreichen und alles sein könne, und die Männer, die später in mein Leben traten – Freunde, Kollegen, Mentoren und mein Ehemann –, haben mich in jeder Hinsicht immer als vollkommen gleichberechtigt behandelt. Meine Jahre in Ägypten führten mir deutlich vor Augen, was für ein hoher Wert es ist, in einer freiheitlichen Demokratie aufzuwachsen, wo man mir Achtung vor Vielfalt und Toleranz gegenüber anderen beibrachte, wie stark sich ihre Lebensweise auch von meiner eigenen unterscheiden mochte.

Ich freue mich auf den Tag, an dem diese Werte sich nicht nur in der Politik der arabischen Welt, sondern auch im Privatleben der Menschen widerspiegeln. Es bedurfte eines Aufstands, um die Politik in Ägypten umzukrempeln, und selbst danach geht der Wandel nicht reibungslos und kontinuierlich über die Bühne. Ich bezweifle, dass es zu einem grundlegenden Wandel des Sexuallebens kommen wird. Einstellungen zur Sexualität und sexuelles Verhalten sind überall auf der Welt über zahllose Fäden der Vergangenheit und Gegenwart eng miteinander verwoben. Um einen anderen Teppich zu weben, braucht man ein neues Muster, und es wird Jahrzehnte dauern, um dieses umzusetzen. Der Wandel *kommt* nach Ägypten; nicht als sexuelle Revolution, wie ich glaube, sondern als eine sexuelle Neubewertung, bei der Menschen eines Tages über die Bildung, die Neigung und die Freiheit verfügen werden, um sich ohne Scheuklappen anzusehen, wer sie sind, wie sie zu dem geworden sind und welche Entwicklungsmöglichkeiten sie in der nahen Zukunft für sich sehen. Das Selbstbewusstsein und die Kreativität der arabischen Zivilisation spiegelten sich einst in ihrem Sexualleben wider. Zum ersten Mal seit langem haben wir eine Chance, dies wieder zu sehen – nicht dadurch, dass wir in unsere Vergangenheit starren, sondern dadurch, dass wir in unsere Zukunft schauen.

Als die Sonne über Kairo unterging, verließ ich die Zitadelle durch ein massives Tor und ging eine steile Auffahrt hinunter. Als ich in ein Taxi stieg, fragte mich der Fahrer, wohin ich wolle. Ich nannte ihm die Adresse, fügte aber hinzu, dass ich nicht wisse, wie man dorthin komme. »Kein Problem«, sagte er, »wir werden den Weg finden, so Gott will.« Und mit diesen Worten glitten wir in den schnell fließenden Verkehr und tauchten in die Stadt am Fuß der Zitadelle ein.

DANKSAGUNG

Dieses Buch wäre ohne die Mitwirkung von Gamal El Feki nicht möglich gewesen. Der zu meinem Forschungsassistenten gewordene ehemalige Neurochirurg ließ mich großzügig teilhaben an seinem – gelebten und angelesenen – Wissen über die ägyptische Geschichte und die ägyptische Gesellschaft sowie seinen fundierten und erkenntnisreichen Interpretationen des Islam. Ohne sein fachkundiges Verständnis des Arabischen und seine Ermunterung in jeder Phase dieses Projekts wäre ich vollständig »in der Übersetzung untergegangen«. Eine der Belohnungen, die mit den Recherchen zu diesem Buch und seiner Niederschrift verbunden waren, war die Gelegenheit, mit ihm zu arbeiten; die Tatsache, dass er zugleich mein Vater ist, ist mein großes Glück. Dank auch meiner Mutter, Gwyneth El Feki, die gütigerweise jahrelang die konzentrierten Gespräche tolerierte, in denen mein Vater und ich über die Feinheiten der arabischen Sexualität diskutierten. Es war meine Mutter, die, als ich noch ein Kind war, selbstbewusst vorhersagte, dass ich eines Tages ein Buch schreiben würde. Du hattest recht, Mama, auch wenn ich mir nicht sicher bin, ob dir ein Buch zu diesem Thema vorschwebte.

Ich danke auch den Mitgliedern meiner Großfamilie, die mich bei meinen Reisen durch die arabische Region bei sich beherbergten (und mich ertrugen). Ein besonderer Dank Abdel Fatah und Zizi El Feki und ihren Kindern in Kairo und Dubai; Leila El Feki und ihrer Familie in Alexandria; Ahmed Warda und Familie in Dschidda; und Bakr und Soheir Nour in Doha. Mein Onkel ermahnte mich immer wieder, mit Arabern bloß nicht über Politik oder Religion zu sprechen. Ich freue mich sehr, ihm versichern zu können, dass ich seinem Rat weitgehend gefolgt bin; zum Glück bat er mich nie, nicht über Sex zu reden.

Mein Agent Toby Eady, seine Partner Jamie Coleman und Zaria Rich und mein ehemaliger Kollege Samar Hamman waren unentbehrliche Helfer beim Schreiben dieses Buches; ihre Fachkompetenz und Freundschaft weiß ich sehr zu schätzen. Ich möchte auch meinen Lektoren bei Pantheon und Chatto & Windus, Dan Frank und Becky Hardie, danken. Meine Verlegerin Elisabeth Ruge und mein Lektor Ludger Ikas bei Hanser Berlin haben sich diesem Projekt mit bewunderungswürdiger Kompetenz und großer Begeisterung gewidmet; und Thorsten Schmidt hat das Original scharfsinnig ins Deutsche übertragen. Tim Rostron und seine Kollegen bei Random House Canada verdienen ein ganz besonderes Lob für ihre großartige Hilfe, als mein Manuskript auf dem Weg nach New York »verschwand« (das ist eine andere Geschichte) und die Arbeit von Wochen praktisch über Nacht nachgeholt werden musste. Wissam Shawkat und Fadila Hannouf leisteten ebenfalls wertvolle Beiträge in der Schlussphase der Produktion dieses Buches.

Ohne die vielen Menschen, die mir so großzügig ihre Zeit und ihren Sachverstand zur Verfügung stellten, hätte ich die Ziellinie niemals erreicht. Zusätzlich zu den bereits in dem Buch genannten Personen schulde ich den folgenden besonderen Dank: Khadija Moalla und Ehab El Kharrat, die früher für das UNDP HIV/AIDS Regionalprogramm in arabischen Staaten tätig waren und deren Arbeiten über die Epidemie den Weg für meine Recherchen ebneten; Montasser Kamal von der Ford Foundation, Nahla Abdel Tawab, Ali Rashad und Kollegen vom Population Council, Ghada Barsoum von der American University in Kairo, Chafik El-Chazli von der Universität Alexandria, Mahmoud Fathalla von der Universität Assiut, Sany Kozman von Friends of Life, Mervat Nesseim und Kollegen von CDS, Ahmed Ragab, Gamal Serour und Kollegen von der Al-Azhar-Universität, Hamidreza Setayesh, früher bei UNAIDS Kairo, Viola Shafik, Cherif Soliman und sein Team bei Family Health International, und Mamdouh Wahba von der Ägyptischen Gesellschaft für Familiengesundheit. Danke auch Iman Ahmed, Carol Ann Clouston, Ismail El Mokadem, Mawaheb El-Mouelhy, Amel Fahmy, Fatma Geel, Abeer Heider, Amal Zakaria Mattar und Khaled Samy für ihre Anregungen und ihre Freundschaft.

In Tunesien haben mir Sénim Ben Abdallah, Sara Ben Amarra, Monia Arfaoui, Wahid Al Farchichi, Saloua Ghrissa, Selma Hajri, Ridha Kamoun (von ATL), Aida Robanna (vom UNDP), Mongia Souahi und Abdelmajid Zahaf (von ATUPRET) bei meinen Recherchen sehr geholfen. Ich möchte auch Hoda Romdhani und ihrer Familie für ihre Gastfreundschaft und ein wirklich unvergessliches Eid al-Adha danken. In Marokko danke ich in gleicher Weise Hafida Al Baz (von SolFem), Abdessamad Benalla, Amal Chabach, Azzouz Ettoussi (von OPALS), Soumaya Naamane Guessous, Hakima Himmich, Nadia Rafif, Othman Mellouk und Kollegeb von ALCS sowie Nadia Kadiri und Soumia Berrada (von der Universitätsklinik Ibn Rochd). Ein besonderes Dankeschön an Chafik Chraibi und Abdessamad Dialmy.

Bedanken möchte ich mich auch bei Sally Shalabi und Mohammed El Nasser in Jordanien; Scander Abdelkader Soufi (von ANISS) in Algerien; Shireen Assaf im Westjordanland und Sanaa Felemban und Abdoo Khal in Saudi-Arabien. In Katar danke ich Laith Abu-Raddad und Ghina Mumtaz von der Weil Cornell Medical School sowie Yassir und Sufia Khan. Im Libanon wäre meine Arbeit ohne die Unterstützung von Georges Azzi von AFE, Jocelyn DeJong, Faysal Al-Kak und Brigitte Khoury von der American University in Beirut, Asma Kurdahi von UNFPA sowie Charbel Maydaa, Rabih Maher und Kollegen bei Helem nicht möglich gewesen. Danken will ich auch Chaza Akik, Azza Baydoun, Jad Choueiri, Claire Damaa, Lina Khoury, Marwan Nahle, Nina Lahham und Nizar Saghieh.

Zu den Freunden und Mitarbeitern etwas weiter weg gehören Muhammad Abdel Haleem von SOAS, Janet Afary von der University of California, Santa Barbara, Edwige Fortier, Leila Hessini von IPAS, Eszter Kismodi von der WHO, Tanya Kisserli, vormals bei der International HIV/AIDS Alliance und Kollegen; Mansoor Moaddel von der Eastern Michigan State University; Daniel Newman von der Durham University, David Patterson von IDLO; Lawrence Pintak von der Washington State University; Farzaneh Roudi-Fahimi von PRB; Everett Rowson von der New York University und Diane Singerman von der American University. Es gibt weitere Freunde und Kollegen, denen ich dankbar bin; eine vollständige Liste findet sich auf www.sexandthecitadel.com.

Schließlich ist da noch mein Ehemann. Als ich dieses Buch begann, war er mein Verlobter; nach all den Schwierigkeiten, die mit der Arbeit an diesem Erstlingswerk verbunden waren, und der Fernbeziehung, die wir während meiner Jahre auf Reisen führen mussten, war er Manns (oder vielleicht auch verrückt) genug, mich immer noch heiraten zu wollen. Ausnahmsweise fehlen mir die Worte, um die tiefe Liebe, Dankbarkeit und Wertschätzung, die ich für ihn empfinde, zum Ausdruck zu bringen.

ANMERKUNGEN

Vollständige bibliographische Angaben finden sich im Literaturverzeichnis.

Einleitung

1 Vgl. Bernard Lewis, einen bekannten Historiker der arabischen Region, zitiert in Horovitz, »A Mass Expression of Outrage Against Injustice«.
2 Foucault, *Der Wille zum Wissen – Sexualität und Wahrheit 1*, S. 103.
3 Ibn Hazm, *The Ring of the Dove*, S. 17.

1 (Ein)Stellungen im Wandel der Zeiten

1 Für weitergehende Informationen über den Geltungsrahmen sexueller Rechte vgl. *Defining Sexual Health*; International Planned Parenthood Federation, Sexual Health; und International Council on Human Rights Policy, Sexuality and Human Rights.
2 Ronald Inglehart, persönliche Mitteilung, 2012.
3 Norris und Inglehart, *Islam and the West*, S. 2.
4 Für eine unterhaltsame Geschichte europäischer Sichtweisen der arabischen Sexualität und umgekehrt siehe Hopwood, *Sexual Encounters in the Middle East.*
5 Flaubert, *Reise in den Orient*, S. 126.
6 Steegmuller, *Gustave Flaubert*, S. 41.
7 Steegmuller, S. 29.
8 Flaubert, *Reise in den Orient*, S. 49.
9 Ebenda, S. 97 f.
10 Vgl. ebenda, S. 102.
11 Ebenda, S. 46.
12 Ebenda, S. 67.
13 Steegmuller, S. 84.
14 Flaubert, *Reise in den Orient*, S. 71 ff.
15 Said, *Orientalism*, S. 3.
16 Al-Tahtawi, *An Imam in Paris*, S. 221.
17 Ebenda, S. 182.
18 Ebenda, S. 184.
19 Ebenda, S. 181 f.
20 Ebenda, S. 182.
21 Ebenda, S. 181.
22 Für eine faszinierende Schilderung Ägyptens im frühen 19. Jahrhundert, einschließlich der damaligen sexuellen Praktiken, vgl. die Chroniken von 'Abd al-Rahman Jabarti, einem berühmten ägyptischen Historiker, in Jabarti, *'Aja'ib al Athar* [Erstaunliche Berichte].

23 Für weiterführende Informationen über diese antiislamische Argumentation vgl. www.sexandthecitadel.com.
24 Für eine aufschlussreiche Chronik der sexuellen Revolution einschließlich einer ausführlichen Schilderung des sexuellen und gesellschaftlichen Klimas in Wales in der Jugend meiner Mutter vgl. Weeks, *The World We Have Won.*
25 Al-Munajjid, *Al-Hayat al-Jinsiyya 'ind al-'Arab* [Das Sexualleben der Araber], S. 10.
26 Bouhdiba, *Sexuality in Islam*, S. 247 f.
27 Ebenda, S. 231.
28 Ebenda, S. 248.
29 Für mehr über die Auseinandersetzungen arabischer Intellektueller mit ihrer kollektiven Sexualgeschichte vgl. Massad, *Desiring Arabs.*
30 Für eine detaillierte Darstellung einer parallelen Zu- und Abnahme der sexuellen Offenheit im Osmanischen Reich, dem ehemaligen Oberherrn der arabischen Region, siehe Ze'evi, *Hiding Sexuality* und *Producing Desire.*
31 Al-Khalidi, *Amrika min al-Dakhil bi-Minzar Sayyid Qutb* [Amerika von innen, aus der Sicht von Sayyid Qutb], S. 49.
32 Ebenda, S. 67.
33 Ebenda, S. 113.
34 Calvert, »The World is an Undutiful Boy«, S. 97.
35 Al-Khalidi, *Amrika min al-Dakhil bi-Minzar Sayyid Qutb* [Amerika von innen, aus der Sicht von Sayyid Qutb], S. 143.
36 Dialmy, *Susyulujivat al-Jinsiyya al-'Arabiyya* [Soziologie der arabischen Sexualität], S. 6.
37 Reich, »Die Sexualnot der werktätigen Massen«, S. 72.
38 Reich, *Die Massenpsychologie des Faschismus*, S. 67 f.
39 Ebenda, S. 49.
40 Ebenda, S. 226.
41 Bouhdiba, *Sexuality in Islam*, S. 248.

2 Desperate Housewives

1 El-Mahdi und Marfleet, »Introduction«, S. 5; Marfleet, »State and Society«, S. 17.
2 Handoussa, *Egypt Human Development Report*, S. 245; Unesco Institute for Statistics (www.uis.unesco.org). Wie in diesem Fall sind viele statistische Daten über Ägypterinnen in diesem Buch einer regelmäßigen, landesweit repräsentativen Umfrage unter Frauen entnommen, die verheiratet sind oder es schon einmal waren (»schon einmal Verheiratete« genannt) und zwischen 15 und 49 Jahre alt sind und deren Ergebnisse El-Zanaty und Way zusammenfassen in *Egypt. Demographic and Health Survey 2008.*
3 Obwohl das ägyptische Strafgesetzbuch weitgehend auf westlichen Gesetzen basiert, sind die Rechtsnormen über den Personenstand wie Ehe, Scheidung und Erbschaft von der Scharia abgeleitet. Weitergehende Informationen über ägyptische Gesetze, die Frauen betreffen, und ihre Beziehung zu internationalen Rechtsabkommen finden Sie unter www.sexandthecitadel.com.
4 Die Ergebnisse stammen aus einer Umfrage des Pew Research Center, die unter anderem in Ägypten, Jordanien, dem Libanon und Tunesien durchgeführt wurde. *Most Muslims Want Democracy* 2012; *Men's Lives Often Seen as Better* 2010.
5 Für weitere Informationen darüber, wer in ägyptischen Haushalten was entscheidet, vgl. El-Zanaty und Way, *Egypt. Demographic and Health Survey 2008*, S. 37–41; Bashier, »Knowing the Ropes«.

6 IDSC, *Istitla' Ra'ii al-Muwatiniin hawla Makanat al-Mar'a* [Befragung der Bürger über die Stellung der Frauen].

7 In den World Values Surveys, die von 2000 bis 2008 in der arabischen Region durchgeführt wurden, stand Ägypten an der Spitze (dicht gefolgt von Algerien, Marokko und Jordanien) in Bezug auf die Ablehnung der Aussage »die Ehe ist eine überholte Institution«; die befragten Saudis waren nur etwas weniger angetan von der Ehe. Siehe www.worldvaluessurvey.org.

8 Koran 24, 32 (Bobzin).

9 Wie von Abu Hamid al-Ghazali erwähnt, einem der bedeutendsten Denker des Islam (der im 11. und 12. Jahrhundert wirkte) und Verfasser des wichtigsten islamischen Eheführers überhaupt, des *Buchs der Ehe* (vgl. Farah, *Marriage and Sexuality in Islam*, S. 49).

10 Viele der statistischen Daten über junge Ägypter und Ägypterinnen in diesem Buch stammen aus einer landesweiten Befragung von 10- bis 29-Jährigen, die 2009 durchgeführt wurde und in Kapitel 4 genauer dargelegt wird. Die Ergebnisse dieser Umfrage wurden vom Population Council und dem IDSC unter dem Titel *Survey of Young People in Egypt* veröffentlicht. Einige der Daten wurden bereits veröffentlicht, so von Sieverding und Elbadawy, »Marriage and Family Formation«, S. 125.

11 Abgesehen von der Tradition ist das Heiraten einer Cousine auch ökonomisch sinnvoll, da es die Heiratskosten um etwa ein Viertel verringert und besonders hohe Einsparungen bei den Wohnungsausgaben erlaubt, da etwa zwei Drittel dieser Paare bei Verwandten wohnen (Singerman, *The Economic Imperatives of Marriage*, S. 23; Singerman, »Marriage and Divorce in Egypt«).

12 Population Council and IDSC, *Survey of Young People in Egypt*. Für mehr Informationen darüber, wie sich junge Ägypter den perfekten Partner vorstellen, vgl. www.sexandthecitadel.com.

13 Ebenda.

14 Über 90 Prozent der ägyptischen Männer unter dreißig Jahren behaupten, sie hätten bei der Auswahl ihrer Ehepartnerin das letzte Wort, aber nur die Hälfte bis zwei Drittel der ärmsten jungen Frauen in Ägypten haben eine vergleichbare Entscheidungsfreiheit, da ihre Väter bei der Auswahl ihres künftigen Ehemanns ein gewichtiges Wort mitzureden haben (Population Council und IDSC, *Survey of Young People in Egypt*).

15 Osman u.a., *Ta'khkhur Sinn al-Zawaj* [Der Anstieg des Heiratsalters].

16 Die jüngsten Statistiken über Ägypten einschließlich Ehe- und Scheidungsdaten sind erhältlich bei der Zentralbehörde für Öffentliche Mobilisierung und Statistik unter www.capmas.gov.eg. Für weitere Informationen über Heiratsmuster in Ägypten und der gesamten arabischen Region vgl. Osman und Girgis 2009.

17 Osman u.a., *Ta'khkhur Sinn al-Zawaj* [Der Anstieg des Heiratsalters], S. 3.

18 Singerman, *The Economic Imperatives of Marriage*, S. 13.

19 Zaiem und Attafi, »Les Mariages en Tunisie, 1991–2007« [Ehen in Tunesien, 1991–2007].

20 Sieverding und Elbadawy, »Marriage and Family Formation«, S. 122.

21 Kholoussy, *For Better, for Worse*, S. 27.

22 Koran 4, 34 (Bobzin).

23 Population Council and IDSC, *Survey of Young People in Egypt*.

24 Sabiq, *Fiqh al-Sunna* [Rechtslehre für sunnitische Muslime], S. 219.

25 Sieverding und Elbadawy, »Chapter 6: Marriage and Family Formation«, S. 127.

26 Singerman, »The Negotiation of Waithood«, S. 72.

27 Für weitergehende Informationen über Vorschläge der Jugend, die Eheschließung erschwinglicher zu machen, vgl. Sieverding und Elbadawy, »Marriage and Family Formation«, S. 128f.

28 Für weitergehende Informationen über konzertierte Anstrengungen in anderen Gebieten der arabischen Welt, Eheschließungen unter jungen Menschen zu fördern, vgl. www.sexandthecitadel.com.

29 Für mehr über den Ehe-Fonds der VAE und seine zahlreichen Kriterien vgl. www.zawaj.gov.ae/en.

30 Bristol-Rhys, *Emirati Women*, S. 80.

31 Bristol-Rhys, »Weddings, Marriage and Money«, S. 23 ff.

32 Abdulla und Ridge, *Where are all the Men?*

33 Tadmouri u. a., »Consanguinity and Reproductive Health Among Arabs«.

34 United Arab Emirates National Bureau of Statistics, *Marriage Contracts and Divorce Certificates.*

35 Für weitergehende Informationen über die Spannungen, die durch die Wahl ausländischer Ehegatten, insbesondere Ehemänner, in der arabischen Region entstehen, siehe www.sexandthecitadel.com.

36 Für mehr zu den Differenzen zwischen sunnitischen und schiitischen Muslimen bezüglich der *mut'a* -Ehe vgl. www.sexandthecitadel.com.

37 Für weitere Informationen über die Praxis der *mut'a*-Ehe in dem schiitischen Stammland Iran vgl. Haeri, *Law of Desire*, und Mahdavi, *Passionate Uprisings*; im Libanon vgl. Drieskens, »Changing Perceptions of Marriage in Contemporary Beirut«, und in den VAE vgl. Hasso, *Consuming Desires.*

38 Für weitere Informationen über die *'urfi*-Ehe in anderen arabischen Ländern vgl. www.sexandthecitadel.com.

39 El Tawila und Khadr, *Patterns of Marriage and Family Formation Among Youth in Egypt*, S. 88.

40 Al-Kordy, *Al-Zawaj al-'Urfi fi al-Sirr* [Die heimliche 'Urfi-Ehe], S. 40.

41 M. A. S. Abdel Haleem, persönliche Mitteilung, 2012.

42 Hasso, *Consuming Desires*, S. 1 ff.

43 »Der Mufti von Ägypten: Misyar ist gesetzlich erlaubt und verletzt nicht die Würde der Frau.«

44 Population Council und IDSC, *Survey of Young People in Egypt.*

45 Für mehr Informationen über die sexuellen Probleme marokkanischer Frauen und ihrer Ehemänner vgl. Chabach, *Le Couple Arabe* [Das arabische Paar]. Für neuere Studien über verheiratete Frauen in anderen arabischen Ländern vgl. www.sexandthecitadel.com.

46 Farah, *Marriage and Sexuality in Islam*, S. 106. Für weitergehende Informationen über die sexuellen Vorrechte in vorislamischer Zeit, die Rolle von Frauen in der frühislamischen Gesellschaft und moderne Appelle, einige dieser frühen Elemente wiederzubeleben, vgl. Al-Munajjid, *Al-Hayat al-Jinsiyya 'ind al-'Arab* [Sexualleben der Araber], S. 15–25; Mernissi, *Beyond the Veil*, S. 77–98; Ahmed, *Women and Gender in Islam*, S. 41–63; und www.sexandthecitadel.com.

47 Daniel, *Islam and the West*, S. 93. Zu heutigen Nachfolgern dieser frühchristlichen Verurteilung islamischer Sexualsitten vgl. www.sexandthecitadel.com.

48 Elnashar u. a., »Female Sexual Dysfunction in Lower Egypt«.

49 Hassanin u. a., »Prevalence and Characteristics of Female Sexual Dysfunction in a Sample of Women from Upper Egypt«.

50 Vgl. zu dieser Sichtweise El-Mouelhy, Fahmy und Ragab, *Investigating Women's Sexuality in Relation to FGM in Egypt*, wie in Kapitel 3 ausführlich erläutert wird.

51 Kotb, »Sexuality in Islam«. Für weitergehende Informationen über das ägyptische Gesetz über Ehebruch und Verbrechen aus Leidenschaft einschließlich der unterschiedlichen Beweisanforderungen und Strafen für Ehemänner und -frauen vgl. Abu Komsan, *Egypt Violence Against Women Study*, und www.sexandthecitadel.com.

52 'Ali Ibn Nasr al-Katib, *Encyclopedia of Pleasure*, S. 23. Für eine Übersicht über die Geschichte der arabischen erotischen Literatur einschließlich einer Zusammenfassung der *Enzyklopädie* vgl. Rowson, »Arabic: Middle Ages to Nineteenth Century«.

53 Vgl. zu diesen freimütigen weiblichen Ratschlägen auch www.sexandthecitadel.com.

54 Vgl. Koran 12, 23–34 (Bobzin).

55 'Ali Ibn Nasr al-Katib, *Encyclopedia of Pleasure*, S. 245.

56 Für Näheres über arabische Schriftstellerinnen und ihre Herangehensweise an Sexualität vgl. www.sexandthecitadel.com.

57 An-Nafzawi, *Der duftende Garten zur Erbauung des Gemüts*, S. 33.

58 Haddad, *Invitation to a Secret Feast*, S. 13.

59 Haddad, *I Killed Scheherezade*, S. 33f.

60 Ebenda, S. 73f.

61 Ebenda, S. 74.

62 Ebenda, S. 88.

63 Haddad, *Superman is an Arab*, S. 163–166.

64 Haddad, *I Killed Scheherezade*, S. 43.

65 Für weitergehende Informationen über das Auftauchen von Sextoys in der Geschichte der arabischen erotischen Literatur vgl. www.sexandthecitadel.com.

66 Vgl. zum Thema Sex im Ramadan auch Berrada u. a., »Sexuality in the Month of Ramadan«.

67 Abgesehen von der verwestlichten Elite verwenden die Ägypterinnen kaum Tampons; die Zunahme ihrer Verwendung wäre ein interessantes Maß des sozioökonomischen Wandels, auch wenn die Vereinten Nationen noch nicht bereit sein dürften, den Tampon-Gebrauch als einen ihrer Standardindikatoren der »menschlichen Entwicklung« zu benutzen. Für weitere Informationen über Tampons und Menstrualhygiene in Ägypten vgl. World Health Organization Task Force, »A Cross-Cultural Study on Menstruation«; El-Gilany, Badawi, und El-Fedawy, »Menstrual Hygiene Among Adolescent Schoolgirls«, und Yosri, *Mother-Daughter Communication.*

68 Diese und andere phantasievolle Kreationen werden in ihrem artistischen Wert angemessen gewürdigt in Halasa und Salam, *The Secret Life of Syrian Lingerie.* Für mehr über Dessous-Schlachten in Saudi-Arabien vgl. www.sexandthecitadel.com.

69 Hull, *The Sheikh*, S. 59. Mehr über die Geschichte der Wüstenromanze in Teo, *Desert Passion.*

70 Sellers, »Sheikh's Honour«, S. 145.

71 Taylor, »And You Can Be My Sheikh: Gender, Race and Orientalism in Contemporary Romance Novels«, S. 1043–1047.

72 Kendrick, *Promised to the Sheikh*, S. 41.

73 Sabiq, *Fiqh al-Sunna* [Rechtslehre für sunnitische Muslime], S. 245. Für weitere Informationen über das Thema Analsex zur Zeit des Propheten Mohammed vgl. www.sexandthecitadel.com.

74 'Ali ibn Nasr al-Katib, *Encyclopedia of Pleasure*, S. 240.

75 Koran 2, 223 (Bobzin).

76 Vgl. Alami, »Le Comportement Sexuel de la Femme« [Weibliches Sexualverhalten], S. 69, sowie Fakhreddine und Hichem, *La Sexualité des Hommes Tunisiens* [Sexualität tunesischer Männer].

77 Nassar, *Recent Trends of Egyptian Migration*, S. 4.

78 Für weitere Informationen über die schwierige Situation von ausländischen Hausbediensteten im arabischen Raum vgl. Human Rights Watch, *Slow Reform*, und Jureidini, *Domestic Workers in the Middle East.*

79 Koran 2, 222 (Bobzin).

80 Ali, *Planning the Family in Egypt*, S. 130.

81 Kotb, »Sexuality in Islam«.

82 Maghribi, *A Jaunt in the Art of Coition*, S. 129.

83 Für zwei hervorragende Beispiele dieser neuen Disziplin vgl. Dialmy, *Vers une Nouvelle Masculinité au Maroc* [Für eine Neue Männlichkeit in Marokko], und Inhorn, *The New Arab Man*.

84 El Sakka, »Erectile Dysfunction in Arab Countries, Part I«, S. 1.

85 Sengers, *Women and Demons*, S. 261.

86 Badran u. a., »Etiological Factors of Unconsummated Marriage«, und Shamloul, »Management of Honeymoon Impotence«.

87 In der Region ist Flitterwochen-Impotenz kein spezifisch muslimisches Phänomen. Für weitere Informationen über sexuelles Lampenfieber unter orthodoxen Juden in Israel vgl. Shalev, Baum und Itzhaki, »›There's a man in my bed‹«.

88 Die besondere Bedeutung des donnerstäglichen Abendessens ist tief in der islamischen Kultur Ägyptens verwurzelt. Laut der Sunna – den Worten und Taten des Propheten Mohammed – sollen die Gläubigen nach dem Geschlechtsverkehr ihre Körper gründlich reinigen, ein *tatahhur* genannter Vorgang. Die Sunna schreibt den Muslimen auch vor, die *ghusl al-jum'aa* vorzunehmen – eine gründliche Waschung, bevor sie zu den Freitagsgebeten in die Moschee gehen. Die pfiffigen Ägypter entwickelten die Gewohnheit, donnerstagsabends Sex zu haben, so dass sie zwei Waschungen in einer erledigten, was in Gegenden, wo Bademöglichkeiten knapp sind, eine äußerst praktische Maßnahme ist. Aus dem gleichen Grund sind Donnerstagabende auch die beliebtesten Hochzeitstermine in Ägypten.

89 Ibn Qayyim al-Jawziyah, *Medicine of the Prophet*. Für weitere unterhaltsame Ratschläge zur Erhaltung der männlichen Leistungsfähigkeit vgl. das wohl berühmteste Buch arabischer Erotika, al-Tifashis *Ruju' al-Shaykh ila Sibah* [Die Rückkehr des alten Mannes in seine Jugend].

90 Koran 16, 69 (Bobzin).

91 El-Zanaty und Way, *Egypt. Demographic and Health Survey 2008*, S. 68.

92 Population Council und IDSC, *Survey of Young People in Egypt*. Für weitere Informationen über den Wandel der Fruchtbarkeit in Ägypten und der weiteren arabischen Welt vgl. www.sexandthecitadel.com.

93 Inhorn, »Middle Eastern Masculinities«, S. 166.

94 Für mehr über die Noor-Manie und darüber, wie türkische Seifenopern die romantischen Erwartungen von Frauen in der Region prägen, vgl. Salamandra, »The Muhammad Effect«.

95 Inhorn, »Masturbation, Semen Collection, and Men's IVF Experiences«, S. 42.

96 Koran 23, 5–8 (Bobzin).

97 Mussallam, *Sex and Society in Islam*, S. 33.

98 Inhorn, »Masturbation, Semen Collection, and Men's IVF Experiences«, S. 41.

99 Chebel, *Encyclopédie de l'Amour en Islam*, Bd. 2, S. 85.

100 Für mehr über traditionelle Methoden der Umgehung solcher Beschränkungen vgl. www.sexandthecitadel.com.

101 Für mehr Informationen über die Position der schiitischen Autoritäten zur assistierten Reproduktion und ihre eigenen Meinungsunterschiede zu diesem Thema vgl. Inhorn, »Making Muslim Babies: IVF and Gamete Donation in Sunni versus Shi'a Islam«, und Clarke, »Kinship, Propriety and Assisted Reproduction in the Middle East«.

102 Für mehr Fakten und Zahlen über häusliche Gewalt einschließlich sexueller Gewalt in Ägypten und der ganzen arabischen Region vgl. www.sexandthecitadel.com.

103 Diese Zahlen sinken dramatisch mit Wohlstand und Bildung; für Details vgl. El-Zanaty und Way, *Egypt. Demographic and Health Survey 2008*, S. 43.

104 Population Council und IDSC, *Survey of Young People in Egypt.*

105 Koran 4, 34 (Bobzin).

106 Für eine weiterführende Diskussion alternativer Interpretationen dieses Verses vgl. Ammar, »Wife Battery in Islam«.

107 Für eine sorgfältige Bestandsaufnahme der Stärken und Schwächen der Reaktion der ägyptischen Regierung auf häusliche Gewalt vgl. Said u. a., *Egypt Violence Against Women Study. Overview of Services on Violence Against Women.*

108 Für weitere Informationen über solche Tauschgeschäfte vgl. Yount, »Women's Conformity as Resistance«.

109 In einer Reihe arabischer Länder kann Vergewaltigung ein Grund zur Eheschließung sein, so dass sich Vergewaltiger strafrechtlichen Sanktionen entziehen können, wenn sie ihr Opfer heiraten. In Marokko hat der jüngste Suizid einer Frau, der es so ergangen ist, eine hitzige Debatte um diese Praktik hervorgerufen und auch umfassendere Fragen über Geschlechterrollen und Sexualität in dem Land aufgeworfen (Mamarbachi, »Moroccan Women Demand Reform After Rape Victim's Suicide«).

110 Für weitergehende Informationen darüber, in welchen Ländern die Scheidungsraten ansteigen – den Golfstaaten – und die Faktoren, die dem zugrunde liegen, siehe www.sexandthecitadel.com.

111 Osman und Girgis, »Marriage Patterns in Egypt«, S. 23–25, und www.capmas.gov.eg.

112 Für weitere Informationen über historische Trends bei ägyptischen Scheidungen, die sich dem westlichen Muster widersetzen, vgl. Fargues, »Terminating Marriage«, und Cuno, »Divorce and the Fate of the Family in Modern Century Egypt«.

113 Für weitere Informationen über die Einstellungen junger Ägypter zur Scheidung vgl. www.sexandthecitadel.com.

114 Für die koptischen Christen Ägyptens ist das Scheidungsrecht stark eingeschränkt, und es wird innerhalb der Kirche sehr kontrovers diskutiert. Für mehr über diese Kontroversen vgl. Bishay, »Till Death (or Conversion) Do Us Part«.

115 Für mehr zu den Debatten über die islamischen Grundlagen von *khul'* vgl. Sonneveld, *Khul' Divorce in Egypt.*

116 Sholkamy, »Women are Also Part of this Revolution«, S. 170.

3 Sex und der arabische Single

1 Dhillon & Yousef, *Generation in Waiting*, S. 11. Der Jugendüberschuss wird in den kommenden Jahrzehnten aufgrund sinkender Fruchtbarkeitsraten zurückgehen (Courbage, »The Demographic Youth Bulge«).

2 Koran 24, 33 (Bobzin).

3 »Kitab al-Nikah« [Buch der Ehe], Buch 8, Nummer 3231; zit. nach http://www.way-to-allah.com/dokument/Auszuege_aus_Sahih_Al-Bukhari.pdf.

4 Für mehr über Gesetze in der gesamten Region, die, wenn sie angewendet werden, dem vorehelichen Sexualleben einen Dämpfer versetzen können, vgl. www.sexandthecitadel.com.

5 Für mehr Informationen über das harte Leben ägyptischer Straßenkinder vgl. *Behavioral Survey Among Street Children.*

6 Für Details über diese und andere Studien des Sexualverhaltens von Jugendlichen in der arabischen Region vgl. www.sexandthecitadel.com.

7 Landesweit nutzen nur wenige ägyptische Jugendliche das Internet: Weniger als 10 Pro-

zent der Männer und 5 Prozent der Frauen unter 29 Jahren sind online. Aber diese landesweiten Durchschnittswerte verschleiern große Unterschiede; unter den wohlhabendsten, am besten ausgebildeten und urbanen Jugendlichen beider Geschlechter haben viel mehr Internetzugang (Population Council und IDSC, *Survey of Young People in Egypt*).

8 Rakha, *The Poison Tree*, S. 138–145.

9 Population Council und IDSC, *Survey of Young People in Egypt.*

10 Für weitere Informationen über die Etikette des telefonischen Flirtens und staatliche Bemühungen, scharf gegen sexuell aufgeladene Anrufe und SMS vorzugehen, vgl. www.sexandthecitadel.com.

11 70 Prozent der Facebook-User in der arabischen Region sind zwischen 15 und 29 Jahre alt; diese Zahl hat sich seit Juni 2010, vor Beginn der arabischen Erhebungen, fast verdreifacht (»Social Media in the Arab World«, S. 7).

12 Vgl. »Nude Art«, http://www.arebelsdiary.blogspot.co.uk/2011_10_01_archive.html.

13 Fahmy, »Egyptian Blogger Aliaa Elmahdy«.

14 Kobeissi und Suleiman, »Ägyptische Jugendbewegung bestreitet jegliche Verbindung zu einem Mädchen, das eine Nacktaufnahme von sich veröffentlicht hat«.

15 Die »Zensur der Bürger« nimmt in Ägypten viele Formen an. Für weitergehende Informationen über eine *hisba* genannte Rechtsbestimmung, die gewöhnlichen Bürgern erlaubt, in Erfüllung ihrer islamischen Pflicht, »das Gute zu fördern und das Böse zu verbieten«, Anzeige zu erstatten, vgl. www.sexandthecitadel.com.

16 Ammar, »Legal Action Against Egypt ›Nude Revolutionary‹«.

17 Für mehr Informationen über diese aufschlussreiche Episode vgl. www.sexandthecitadel.com.

18 Sich globalen Trends widersetzend, sind in der arabischen Region doppelt so viele Männer wie Frauen auf Facebook (»The Role of Social Media in Women's Empowerment«, S. 2).

19 Für mehr über Marokko vgl. Axétudes, *Enquête »Connaissances, Attitudes et Pratiques des Jeunes«* [Studie »Wissen, Einstellungen und Praktiken Jugendlicher], S. 49; über Algerien vgl. Toudeft, *Étude sur les Connaissances, Attitudes et Comportements des Jeunes Universitaires* [Studie über Wissen, Einstellungen und Verhalten von jungen Dozenten], S. 25; und über Tunesien vgl. Ben Abdallah, *Enquête Nationale sur les Comportements à Risque auprès des Jeunes Non-scolarisés en Tunisie* [Nationale Studie zu Risikoverhalten unter Jugendlichen, die keine Schule besuchen, in Tunesien], S. 66 f.

20 Andere Länder im arabischen Raum haben ihre eigenen Rituale und Bräuche zur Erhaltung der Jungfräulichkeit. Für mehr zur Tradition der *tasfih* in Tunesien vgl. Ben Dridi, *Le Tasfih en Tunisie* [Tasfih in Tunesien]. Für eine Diskussion von *r'bit* in Algerien vgl. Ferhati, »Les Clôtures Symboliques des Algériennes« [Die symbolische ›Verschließung‹ algerischer Frauen], und Moussa, Masmoudi und Barboucha, »Du Tabou de la Virginité au Mythe de *›l'Inviolabilité‹«*[Vom Tabu der Jungfräulichkeit zum Mythos der *»Unverletzlichkeit«*].

21 Wyke, *Gender and Body in the Ancient Mediterranean.*

22 El-Zanaty und Way, *Egypt. Demographic and Health Survey 2008*, S. 197. Für mehr Informationen über weibliche Beschneidung in der arabischen Region vgl. www.sexandthecitadel.com.

23 Zu den verschiedenen Typen weiblicher Beschneidung siehe WHO, *Eliminating Female Genital Mutilation.*

24 Für Erlebnisberichte von Frauen unterschiedlicher Generationen über ihre Beschneidung in Ägypten vgl. El-Mouelhy, Fahmy und Ragab, *Investigating Women's Sexuality in Relation to FGM.*

25 El-Zanaty und Way, *Egypt. Demographic and Health Survey 2008*, S. 201.

26 Für mehr Informationen über die Auswirkungen der CNN-Sendung, die in Ägypten eine Welle der Empörung auslöste, und ihre komplexen Wechselwirkungen mit der arabisch-amerikanischen Geopolitik vgl. Malmström, »Just Like Couscous«, S. 33–66.

27 Vgl. Mostafa u. a., »What Do Medical Students in Alexandria Know About Female Genital Mutilation?«, und Rasheed, Abd-Ellah und Yousef, »Female Genital Mutilation in Upper Egypt«.

28 Im Jahr 1995 erließ Gad al Haq Ali, damals Präsident von Al-Azhar, eine Fatwa, in der es heißt: »Weibliche Beschneidung gehört zur islamischen Rechtsüberlieferung und ist ein lobenswerter Brauch, der den Frauen zur Ehre gereicht.« Mehr dazu und zu anderen religiösen Verlautbarungen zu FGM in Gruenbaum, *The Female Circumcision Controversy*, S. 62–66.

29 Moussa, »Coptic Religion and Female Genital Mutilation«, S. 24. Für weitere Informationen über die unterschiedlichen Erfolge von Kampagnen gegen FGM bei Christen und Muslimen vgl. Yount, »Symbolic Gender Politics«.

30 Population Council und IDSC, *Survey of Young People in Egypt.*

31 Die Kommentare des Großmufti zur FGM sind nachzulesen unter www.aligomaa.net/initiatives.html.

32 Population Council und IDSC, *Survey of Young People in Egypt.* Für eine Studie über die Schwierigkeiten, die damit verbunden sind, lokale muslimische Religionsführer dazu zu bringen, ihre privaten Überzeugungen und öffentlichen Verlautbarungen über weibliche Genitalverstümmelung zu ändern, vgl. El-Gibaly, Attar und Fahmy, »Is Change in the Attitude of Rural Imams Toward FGC [Female Genital Cutting] Happening?«

33 United Nations Population Fund Cairo, persönliche Mitteilung, 2009.

34 El-Zanaty und Way, *Egypt. Demographic and Health Survey 2008*, S. 204 ff.

35 El-Mouelhy, Fahmy und Ragab, *Investigating Women's Sexuality in Relation to Female Genital Mutilation in Egypt*, S. 15.

36 El Sayed, »Medical and Ethical Perspectives«, S. 27.

37 Diejenigen, die sich für die wichtigsten Ergebnisse dieser Forschungen interessieren, sollten www.sexandthecitadel.com konsultieren.

38 El-Mouelhy, Fahmy und Ragab, *Investigating Women's Sexuality in Relation to Female Genital Mutilation in Egypt*, S. 16.

39 Ebenda, S. 21.

40 Fahmy, El-Mouelhy und Ragab, »Female genital mutilation/cutting«, S. 184.

41 El-Mouelhy, Fahmy und Ragab, *Investigating Women's Sexuality in Relation to Female Genital Mutilation in Egypt*, S. 63.

42 Ebenda, S. 28.

43 Malmström, »Just Like Couscous«.

44 El-Zanaty und Way, *Egypt. Demographic and Health Survey 2008*, S. 197; Harbour und Barsoum, »Health«, S. 44.

45 Population Council und IDSC, *Survey of Young People in Egypt*, und Tag-Eldin u. a., »Prevalence of Female Genital Cutting Among Egyptian Girls«.

46 El-Zanaty und Way, *Egypt. Demographic and Health Survey 2008*, S. 202 ff.

47 Ebenda, S. 199.

48 »Ägyptische Abgeordnete und Anwälte attackieren die Regierung wegen des ›chinesischen Häutchens‹«, und Najjar, »China fördert den Absatz synthetischer Jungfernhäutchen in Ägypten«.

49 »Und Maria, die Tochter von 'Imran, die ihre Scham hütete. Da bliesen wir von unserem Geist in sie.« (Koran 66,12 [Bobzin]).

50 Koran 55, 56 (Bobzin). Für mehr über die uralte Debatte über Sex im Paradies vgl. www.sexandthecitadel.com.

51 Juynboll, *Encyclopedia of Canonical Hadith*, S. 496.

52 Für mehr Details über Meinungen zu vorehelichem Sex im gesamten arabischen Raum vgl. www.sexandthecitadel.com.

53 *Dukhla baladi* als gesellschaftlicher Kompromiss wird ausführlicher diskutiert in El-Kholy, *Defiance and Compliance.*

54 El-Mouelhy, Fahmy und Ragab, *Investigating Women's Sexuality in Relation to Female Genital Mutilation in Egypt.*

55 Ich danke Hinda Poulin dafür, dass sie mir ihre vorläufigen Ergebnisse zu Hymenalrekonstruktion in Ägypten mitgeteilt hat.

56 Für weiterführende Informationen über religiöse Argumente für und gegen die Hymenalrekonstruktion vgl. Rispler-Chaim, »The Muslim Surgeon«.

57 Eich, »A Tiny Membrane Defending ›Us‹ Against ›Them‹«, und Gomaa, »Fatwa Number 416: Hymen Restoration Surgery«.

58 Hinda Poulin, persönliche Mitteilung, 2009.

59 Zu vereinzelten Widerstandsnestern gegen voreheliche Tests in der arabischen Region vgl. Boutros und Bahgat, »Sexual Health and Human Rights«.

60 Shalboub-Kevorkian, »Imposition of Virginity Testing«.

61 Mit der Tatsache, dass bestimmte Vorstellungen über das Sexualverhalten der Menschen in der arabischen Welt zu Waffen im Krieg gegen den Terrorismus wurden, befassen sich Hersh, »The Grey Zone«, und Patai, *The Arab Mind*, S. 126–151.

62 Amnesty International, *Egyptian Women Protesters Forced to Take »Virginity Tests«*, und Human Rights Watch, *Egypt. Impunity for Violence Against Women.*

63 Vgl. www.marwarakha.com.

64 Population Council und IDSC, *Survey of Young People in Egypt.*

65 Zu mehr Informationen über Jugendliche und *wasta* vgl. Silatech und Gallup, *The Silatech Index*, 2009.

66 Koran 31, 14 (Bobzin).

67 Vgl. Harb, *Describing the Lebanese Youth*, Farhood, »Family, Culture and Decisions«, sowie Dwairy u. a., »Adolescent-Family Connectedness Among Arabs«. Siehe auch den World Values Survey unter www.worldvaluessurvey.org.

68 Osman u. a., *Ta'khkhur Sinn al-Zawaj* [Der Anstieg des Heiratsalters], S. 8.

69 Dagegen berichteten nur knapp über ein Drittel der jungen Frauen in ländlichen Gegenden von Belästigungen. Es kann sein, dass ländliche Umgebungen mit stärkeren gemeinschaftlichen Banden und Traditionen sexuelle Belästigung unter Kontrolle halten; es kann auch sein, dass Frauen in ländlichen Gebieten eine geringere Bereitschaft zeigen, über solche Belästigungen zu berichten, als ihre städtischen Geschlechtsgenossinnen (Population Council und IDSC, *Survey of Young People in Egypt*).

70 Für eine männliche Sichtweise auf sexuelle Belästigung vgl. Schielke, »Ambivalent Commitments«.

71 US-Außenministerium, »Egypt. Country-Specific Information«.

72 Hassan, *Clouds in Egypt's Sky.*

73 El-Kogali, Krafft und Sieverding, »Attitudes Toward Gender Roles«, S. 167.

74 Eine überwältigende Mehrheit junger ägyptischer Frauen sagte, sie trügen die Hijab aus freien Stücken und nicht etwa, weil sie von ihren Eltern oder Gleichaltrigen unter Druck gesetzt würden. Bei Niqabs zogen sie jedoch die Grenze: Nur 5 Prozent sagten, sie beabsichtigten einen das ganze Gesicht bedeckenden Schleier zu tragen (El-Kogali und Kraft, »Social Issues, Values and Civic Engagement«, S. 135).

75 Harbour und Barsoum, »Health », S. 24f.
76 Hassan, *Clouds in Egypt's Sky.*
77 Für mehr Informationen über kreative Versuche, das Problem der sexuellen Belästigung anzugehen, vgl. www.harassmap.org und www.ecwr.org.
78 Amar, »Turning the Gendered Politics of the Security State Inside Out«.
79 Für weitergehende Informationen über Ehrenmorde in der arabischen Region vgl. Kulczycki und Windle, »Honor Killings in the Middle East and North Africa«. Für Schwächen des Gesetzes gegen Ehrenmorde und verwandte »Verbrechen aus Leidenschaft« in Ägypten vgl. Abu Komsan, *Egypt Violence Against Women Study*; und für die gesamte arabische Region vgl. Welchman und Hossain, »Honour«.

4 Aufklärung

1 Für mehr über Selbstbefriedigung in der arabischen Region einst und heute vgl. www.sexandthecitadel.com.
2 Zu weiteren innovativen Anwendungen von Technologien zum Zweck der sexuellen Aufklärung in der arabischen Region vgl. www.sexandthecitadel.com.
3 Krafft und El-Kogali, »Education«, und Silatech und Gallup, *The Silatech Index*, 2011.
4 Für weitere Informationen über das Drama des Sexualunterrichts in Klassenzimmern vgl. www.sexandthecitadel.com.
5 Landesweit sagten weniger als 15 Prozent der Jungen und 5 Prozent der Mädchen in Ägypten, sie seien in der Schule sexuell aufgeklärt worden (Harbour und Barsoum, »Health«, S. 39). Für weiterführende Informationen darüber, aus welchen Quellen junge Menschen in anderen arabischen Ländern ihr Wissen über Sexualität beziehen, vgl. sexandthecitadel.com.
6 Internationale Konventionen und Abkommen zur Sexualerziehung werden diskutiert in UNESCO, *International Technical Guidance on Sexuality Education*, S. 30–33.
7 Für weiterführende Informationen zu historischen Debatten über die Sexualerziehung in Ägypten vgl. Jacob, »Overcoming ›Simply Being‹«.
8 Für mehr Details darüber, mit wem junge Menschen über Liebe und Sex reden, vgl. www.sexandthecitadel.com.
9 Für mehr über sprachlose Eltern und sexuelle Aufklärung vgl. www.sexandthecitadel.com.
10 Population Council und IDSC, *Survey of Young People in Egypt.*
11 Für mehr Informationen über die Herstellung, den Konsum und die Weitergabe von Pornofilmen in Ägypten vgl. Leonard, »Of Masculinity and Men«.
12 Für eine historische Darstellung des ägyptischen Kinos und seiner Behandlung von Frauen und ihrer Sexualität vgl. Shafik, *Popular Egyptian Cinema. Gender, Class, and Nation*, S. 119–238.
13 Für eine Diskussion des Aufstiegs des »sauberen Kinos« vgl. Tartoussieh, »Pious Stardom«.
14 Ezzat, Zain al-'Abidine und Mubarak, *Taqriir Hurriyya al-Fikra wa-l-Ibda'fi Misr* [Bericht über Meinungsfreiheit und Kreativität in Ägypten], S. 20–25.
15 Für spektakuläre Beispiele einer Zensur durch Untertitelung vgl. www.sexandthecitadel.com.
16 Für weitere Beispiele aus dem reichhaltigen arabischen Repertoire sexueller Beschimpfungen in Vergangenheit und Gegenwart vgl. www.sexandthecitadel.com.
17 Geel, »Improving Adolescents' and Youth Reproductive Health«.
18 Wahba und Roudi-Fahimi, *The Need for Reproductive Health Education in Schools in Egypt.*

19 UNESCO, *International Technical Guidance on Sexuality Education.* Ein Land im arabischen Raum, das auf dem Weg zu einem umfassenden Curriculum schon relativ weit gekommen ist, ist der Libanon; für mehr über die Herausforderungen dieses langwierigen, komplexen Prozesses vgl. Baydoun, »Sex Education in Lebanon«, und www.sexandthecitadel.com.

20 Für mehr über Muntada Jensaneya vgl. die Forumswebsite www.jensaneya.org.

21 Flaherty, »Reconstructing Sexuality and Identity Through Dialogue«, S. 165.

22 Ebenda, S. 159.

23 Das Buch ist im Arabischen unter dem Titel *Kitab al Nikah fi al-Lugha* bekannt und stammt von Ibn Al Qatta' (Al-Munajjid, *Al-Hayat al-Jinsiyya 'ind al-'Arab* [Das Sexualleben der Araber]).

24 Für einige der wirklich bemerkenswerten Missverständnisse, die in Ägypten auch nach dreißig Jahren öffentlicher Familienplanungskampagnen noch über die Verhütung kursieren, vgl. www.sexandthecitadel.com.

25 Omran, *Family Planning in the Legacy of Islam*, S. 85–112.

26 Für weiterführende Informationen über die Gründe für die Verhütung im Islam vgl. Mussallam, *Sex and Society in Islam.*

27 El-Zanaty und Way, *Egypt. Demographic and Health Survey 2008*, S. 93.

28 Es gibt nur wenige veröffentlichte Studien darüber, inwieweit unverheiratete Ägypterinnen Verhütungsmethoden verstehen oder anwenden; für mehr Information zum Gebrauch von Verhütungsmitteln durch junge Menschen in anderen arabischen Ländern vgl. www.sexandthecitadel.com.

29 El-Zanaty und Way, *Egypt. Demographic and Health Survey 2008*, S. 93.

30 Die Frage, ob bei Gebrauch eines Kondoms die Pflicht zur Waschung nach dem Geschlechtsverkehr wegfällt, wird kontrovers diskutiert. Einige religiöse Autoritäten behaupten, dass die männlichen und weiblichen Geschlechtsteile strenggenommen nicht miteinander in Kontakt kommen, wenn eine Abschirmung (etwa durch ein Kondom) erfolgt, andere vertreten die Auffassung, es bleibe eine Penetration – Kondom hin oder her –, und daher seien Waschungen notwendig. Für weitere Informationen über die verschiedenen Standpunkte vgl. »Islam QA«, http://islamqa.info/en/ref/37031. Einmal abgesehen von kunstvollen Frisuren, die beim Duschen Schaden nehmen können, lehnen viele Ägypterinnen, die ich kenne, Kondome ab und beklagen (wie ihre Ehemänner), diese würden ihr sexuelles Lustempfinden verringern.

31 Zum Kondomgebrauch und außerehelichen Sex in Ägypten und bei seinen arabischen Nachbarn vgl. www.sexandthecitadel.com.

32 Für eine umfassende Übersicht über die Epidemiologie von sexuell übertragbaren Krankheiten in der arabischen Region und die Rückschlüsse, die sich daraus auf das Sexualverhalten ziehen lassen, vgl. Abu-Raddad u. a., *Characterizing the HIV/AIDS Epidemic in the Middle East and North Africa*, S. 151–169.

33 Für weiterführende Informationen über die Schwierigkeiten HIV-positiver Frauen im arabischen Raum vgl. El Feki, *Standing Up, Speaking Out.*

34 Asman, »Abortion in Islamic Countries. Legal and Religious Aspects«, S. 85 ff. Eine Abtreibung im zweiten Schwangerschaftsdrittel ist in Tunesien bei strengerer Indikation wie Risiken für die Gesundheit der Mutter oder fötalen Missbildungen ebenfalls möglich, wegen der größeren klinischen Risiken, die mit einem späteren Eingriff verbunden wären.

35 Zu den Schwierigkeiten, denen junge Menschen begegnen, die eine der etwa drei Dutzend öffentlichen Kliniken für sexuelle und reproduktive Gesundheit Jugendlicher aufsuchen, siehe El-Damanhoury, *Exploratory Study of Attitudes and Communication Behaviors.*

36 Selma Hajri, persönliche Mitteilung, 2012; Blum u. a., »The Medical Abortion Experi-

ence«, und Bouchlaka, Bouaziz und Smida, »Profil des Femmes Célibataires Bénéficiaires d'IVG« [Profil unverheirateter Frauen, die eine Abtreibung vornehmen lassen].

37 Koran 17, 31 (Bobzin).

38 Koran 23, 12–14 (Bobzin).

39 Zum umfangreichen islamischen Diskurs über Abtreibung vgl. Bowen, »Contemporary Muslim Ethics of Abortion«, und Katz, »The Problem of Abortion in Classical Sunni Fiqh«.

40 Huntington, »Abortion in Egypt«, S. 180.

41 Zu den Abtreibungsgesetzen in Ägypten vgl. Lane, Jok und El-Mouelhy, »Buying Safety«, und Asman, »Abortion in Islamic Countries. Legal and Religious Aspects«.

42 Für weitere Informationen zu medizinischen Notlösungen und Abtreibungsbeschränkungen vgl. www.sexandthecitadel.com.

43 Für eine Auswahl der Rezepte vgl. www.sexandthecitadel.com.

44 El-Damanhoury, *Why Do Women Abort?*

45 Für eine umfassende Diskussion der Abtreibungsgesetze in der arabischen Region vgl. Hessini, »Abortion in Islam. Policies and Practice in the Middle East and North Africa«, und Hessini, »Islam and Abortion. The Diversity of Discourses and Practices.«

46 Dabash und Roudi-Fahimi, *Abortion in the Middle East and North Africa*, S. 2.

47 El-Mouelhy, »Maternal Mortality in the Last Two Decades in Egypt«.

48 Wegen der Eigenart der regionalen Untergliederung der Welt durch die UN-Organisationen bezieht diese Zahl auch eine Reihe nichtarabischer Staaten ein: Armenien, Aserbaidschan, Zypern, Georgien, Israel und die Türkei (Weltgesundheitsorganisation, *Unsafe Abortion*, S. 19).

49 Für mehr über solche »Kompensationsgeschäfte« vgl. Kandiyoti, »Bargaining with Patriarchy«.

50 Vgl. AMPF (Association Marocaine de Planification Familiale), *Étude Exploratoire de l'Avortement à Risque* [Erkundungsstudie über riskante Schwangerschaftsabbrüche] für weitere Details zum Umfang der Abtreibung in Marokko.

51 Zu dem gerichtlichen Verfahren, dem ausgesetzte Kinder in Ägypten unterliegen, vgl. Thomason, »On the Steps of the Mosque«.

52 Vgl. World Values Survey unter www.worldvaluessurvey.org.

53 Loza und Social, Planning, Analysis, and Administration Consultants, »Experiences, Attitudes, and Practices«, S. 31.

54 Für die islamische Einstellung zur Adoption vgl. www.sexandthecitadel.com.

55 Für weitergehende Informationen über »Girls of Agadir« (Heiße Mädchen aus Agadir), eine berüchtigte Porno-CD, vgl. www.sexandthecitadel.com.

56 Ergreifende Schilderungen des Lebens unverheirateter Mütter und die Organisationen, die ihnen zu helfen versuchen, finden sich in Naamane Guessous und Guessous, *Grossesses de la Honte* [Schwangerschaften der Schande].

57 Laut einer Studie von INSAF (Institution Nationale de Solidarité avec les Femmes en Détresse) und UN Women waren 2009 in Marokko bei etwa 4 Prozent sämtlicher dokumentierter Entbindungen unverheiratete Mütter beteiligt (INSAF, *Le Maroc des Mères Célibataires* [Unverheiratete Mütter in Marokko], S. 109–119).

58 Für weitere Informationen über die Schwierigkeiten, mit denen unverheiratete Mütter konfrontiert sind, vgl. Willman Bordat und Kouzzi, »Legal Empowerment of Unwed Mothers«.

59 Karam, »Moroccan Single Burns Herself in Protest«.

60 Ich danke Jamila Bargach dafür, dass sie mich auf diesen Aspekt der öffentlichen Positionierung von SolFem aufmerksam gemacht hat.

5 Wa(h)re Liebe

1 Für weitergehende Informationen über einen neueren Versuch, diese Praktik in Ägypten wiederzubeleben, vgl. Suleiman, »Erster Fall einer ›Was eure rechte Hand besitzt‹-Ehe«.
2 Ali, *Sexual Ethics and Islam*, S. 56–74.
3 Koran 23, 1–7 (Bobzin).
4 Für weiterführende Informationen über Gesetze, die Sexarbeit in Ägypten regeln, vgl. Al-Kardousi und Magdoub, *Darasa li-Shabakat al-Bagha' fi Misr* [Studie über Netzwerke von Prostituierten in Ägypten].
5 Oyoun Center for Studies and Development, *Modern Slavery*, S. 62–66.
6 Sieverding und Elbadawy, »Marriage and Family Formation«, S. 119.
7 Human Rights Watch, *How Come You Allow Little Girls to Get Married?*
8 »Fatwa des Großmuftis der Republik, Dr. Ali Gomaa, bezüglich der Kinderehe.«
9 *Trafficking in Persons Report 2012*, S. 146. Für mehr zum Sexhandel in anderen arabischen Ländern einschließlich solcher Krisenherde wie dem Irak vgl. www.sexandthecitadel.com.
10 Kairoer Streetworker, persönliche Mitteilung, 2012.
11 Cumming, *The Love Quest*, S. 144.
12 »Die Zahl der Eheschließungen zwischen Ägyptern und ausländischen Frauen ist in den letzten 5 Jahren um 355 Prozent gestiegen.«
13 Abdallah, *Beach Politics*, S. 140.
14 Ebenda, S. 61 f.
15 Für diese und andere traurige Geschichten vgl. www.1001geschichte.de.
16 Vgl. www.cibev.de.
17 Ein interessanter Bericht über einheimische Reaktionen auf westliche Bräute in anderen arabischen Ländern findet sich in Cauvin Verner, »Du Tourisme Culturel au Tourisme Sexuel« [Vom Kultur- zum Sextourismus].
18 Madkur, »Inas al-Delgheidy spricht über eine Kampagne gegen sie, weil sie die Legalisierung der Prostitution in Ägypten gefordert hat«.
19 Russell, *Egyptian Service 1902–1946*, S. 179.
20 Die schillernde Geschichte der Prostitution in Kairo wird ausführlich erläutert in Bakr, *Mujtama' al-Qahira al-Sirri* [Geheime Gesellschaft Kairos].
21 Larguèche und Larguèche, *Marginales en Terre d'Islam* [Frauen am Rand der Gesellschaft in der islamischen Welt], S. 31.
22 Taraud, *La Prostitution Coloniale* [Koloniale Prostitution], S. 321.
23 Für mehr über diese Geschichte vgl. Snoussi, »La Prostitution en Tunisie au Temps de la Colonisation« [Prostitution in Tunesien im Zeitalter der Kolonisation].
24 Für mehr über die Grauzone legaler Sexarbeit in anderen arabischen Ländern, darunter Algerien und Libanon, vgl. www.sexandthecitadel.com
25 Abid und Ghorbel, *Enquête sur l'Utilisation du Préservatif auprès des Jeunes Clients des Professionelles du Sexe Declarées* [Studie über den Kondomgebrauch bei jungen Kunden registrierter Sexarbeiterinnen], S. 11.
26 Znazen u. a., »Sexually Transmitted Infections Among Female Sex Workers in Tunisia«, S. 501.
27 Für mehr über Gewalt und andere Berufsrisiken der heimlichen Sexarbeiterinnen Tunesiens vgl. Ben Abdallah, *Enquête Comportementale sur les Travailleuses du Sexe Clandestines en Tunisie* [Verhaltensstudie über illegale Sexarbeiterinnen in Tunesien].
28 Für eine faszinierende Darstellung des Lebens einer legalen Sexarbeiterin in den 1940er und 1950er Jahren vgl. Aziz, *Les Chambres Closes* [Die Bordellzimmer], wo auch deutlich wird, wie wenig sich die Lebensbedingungen seither geändert haben.

29 Ben Abdallah, *Enquête Nationale sur les Comportements à Risque auprès des Jeunes Non-scolarisés en Tunisie* [Nationale Erhebung über Risikoverhalten bei Jugendlichen in Tunesien, die keine Schule besuchen], S. 67 ff.

30 Für weitergehende Informationen über die schwierigen Lebensbedingungen von Kairoer Sexarbeiterinnen vgl. Al-Zahid, *Tijarat al-Jins* [Sexgewerbe].

31 Eine Studie in Kairo aus dem Jahr 2010 fand keine HIV-Infektion unter den getesteten 200 Sexarbeiterinnen, aber Experten weisen darauf hin, dass aufgrund der beschränkten Reichweite der Tests die Infektionsraten durchaus höher sein könnten (Family Health International und ägyptisches Gesundheitsministerium, *HIV/AIDS Biological and Behavioral Surveillance Survey*, S. 31). In anderen arabischen Ländern belaufen sich die HIV-Infektionsraten unter Sexarbeiterinnen im Allgemeinen auf 1 bis 5 Prozent, wobei jedoch die Raten in bestimmten Regionen einer Reihe von Ländern viel höher sind (Abu-Raddad u. a., *Characterizing the HIV/AIDS Epidemic*). Für die aktuellsten Statistiken vgl. www.sexandthecitadel.com.

32 Family Health International und ägyptisches Gesundheitsministerium, *HIV/AIDS Biological and Behavioral Surveillance Survey*, S. 11. Weitere Informationen über Kondomgebrauch und Risikoverhalten bei Sexarbeitern und -arbeiterinnen in ausgewählten Ländern der arabischen Region finden sich bei Abu-Raddad u. a., *Characterizing the HIV/AIDS Epidemic*, und unter www.sexandthecitadel.com.

33 Etwa 40 Prozent der Marokkaner mit fortgeschrittener HIV-Infektion erhalten eine antiretrovirale Behandlung (Royaume du Maroc, *Mise en Œuvre de la Declaration Politique sur le VIH/SIDA* [Umsetzung der Politischen Erklärung zur Bekämpfung von HIV/Aids], S. 12), gegenüber einem regionalen Durchschnitt von etwa 10 Prozent (UNAIDS, *Together We Will End AIDS*, S. 23).

34 Akalay und Mrabet, »Study: Moroccan Women as Seen by the Arabs«.

35 Dialmy, »Prostitution et Traite des Femmes au Maroc« [Prostitution und Frauenhandel in Marokko].

36 Für eine detaillierte Übersicht über die vielen Spielarten der Sexarbeit in Marokko vgl. Ettoussi und Jebbour, *Les Travailleuses du Sexe et les IST/SIDA* [Sexarbeiterinnen und sexuell übertragbare Erkrankungen/Aids], und ALCS, *Surveillance des Comportements à Risque: Le Cas des Professionelles du Sexe* [Beobachtungsstudie über Risikoverhalten: Der Fall der Sexarbeiterinnen].

37 Für eine hervorragende Studie der Sexarbeit in Casablanca, Marokkos Wirtschaftskapitale, siehe Benito, *La Prostitution dans les Rues de Casablanca* [Prostitution auf den Straßen Casablancas].

38 Axétudes, *Enquête »Connaissances, Attitudes et Pratiques des Jeunes Concernant les IST et le SIDA«* [Studie über Wissen, Einstellungen und Praktiken von Jugendlichen im Hinblick auf sexuell übertragbare Erkrankungen und Aids], S. 60.

39 Die Folge ist, dass marokkanische Sexarbeiterinnen mit die höchsten HIV-Infektionsraten im Land haben, in einigen Regionen bis zu 6 Prozent, gegenüber weniger als 0,2 Prozent für die Allgemeinbevölkerung (Royaume du Maroc, *Mise en Œuvre de la Declaration Politique sur le VIH/SIDA* [Umsetzung der Politischen Erklärung zur Bekämpfung von HIV/Aids], S. 15).

6 Der Mut, anders zu sein

1 Zur Geschichte hinter diesem Sprichwort, die die Pointe eines berühmten Märchens in der ägyptischen Folklore ist, siehe www.sexandthecitadel.com.

2 Massad, »Re-Orienting Desire: The Gay International and the Arab World«, S. 383 f.

3 Massad, *Desiring Arabs*, S. 189.

4 Für eine ausgezeichnete und detaillierte Studie über männliche Sexarbeiter in Ägypten vgl. Orhan, »Men Selling Sex in Cairo and Alexandria«.

5 Human Rights Watch, *In a Time of Torture.*

6 Für eine Übersicht über die Gesetze bezüglich gleichgeschlechtlicher Beziehungen in der arabischen Region vgl. Al Farchichi und Saghiyeh, *Homosexual Relations in the Penal Codes.*

7 Für weitergehende Informationen über die Episode, auf die Munir anspielt und die einen internationalen Sturm der Entrüstung über die Festnahme, Inhaftierung, medizinische Zwangsuntersuchung und Verurteilung HIV-positiver Männer in Kairo auslöste, vgl. Human Rights Watch, *Egypt: 117 NGOs Slam HIV-Based Arrests and Trials.*

8 Für weitergehende Informationen über die Schwäche ägyptischer Sicherheitsorgane/-behörden für Analuntersuchungen vgl. Human Rights Watch, *In a Time of Torture.* Zu deren zweifelhafter forensischer Aussagekraft vgl. Al Farchichi und Saghiyeh, *Homosexual Relations in the Penal Codes*; und für ein Zurückdrängen dieser Praktik im Libanon vgl. 'Ilwah, »Die Zivilgesellschaft gewinnt«.

9 Für mehr über staatlich sanktionierte und soziale Gewalt gegen Männer, die nicht der heterosexuellen Norm entsprechen, einschließlich der mörderischen Auswüchse im Nachkriegsirak, vgl. www.sexandthecitadel.com.

10 El-Rouayheb, *Before Homosexuality*, S. 158f.

11 Ich danke Daniel Newman dafür, dass er mir Material aus seiner in Kürze erscheinenden Übersetzung von Al-Tifashi, *Sensual Delights of the Heart* zur Verfügung gestellt hat.

12 Für weitergehende Informationen über den Einstellungswandel junger Männer gegenüber aktiven und passiven Rollen beim Sex vgl. www.sexandthecitadel.com.

13 Die Einzelheiten und der Ton der arabischen Literatur über gleichgeschlechtliche Beziehungen vom 9. bis zum 13. Jahrhundert sind bemerkenswert und so umfassend und vielfältig, dass sie den Rahmen dieses Buches sprengen. Viele andere Autoren haben sich dieses Themas jedoch mit bewundernswerter Akribie angenommen. Für arabische Leser bieten Al-Munajjid, *Al-Hayat al-Jinsiyya 'ind al-'Arab* [Das Sexualleben der Araber], und Mahmud, *Al-Mut'a al-Mahzura* [Die verbotene Lust] eine hervorragende Einführung. Auf Französisch bieten die gesammelten Werke des algerischen Historikers Malek Chebel eine eindrucksvolle Übersicht; vgl. Chebel, *Encyclopédie de l'Amour en Islam* [Die Welt der Liebe im Islam. Eine Enzyklopädie], und Chebel, *Le Kama-Sutra Arabe* [Das arabische Kamasutra]. Außerdem gibt es eine Fülle von Werken auf Englisch, etwa Amer, *Crossing Borders*, Babayan und Najmabadi, *Islamicate Sexualities*, El-Rouayheb, *Before Homosexuality*, Murray und Roscoe, *Islamic Homosexualities*, und Wright und Rowson, *Homoeroticism in Classical Arabic Literature.*

14 Für weiterführende Informationen zum »pinkwashing« – ein Ausdruck, mit dem Aktivisten die Selbstvermarktung Israels als eine Insel der Toleranz für homosexuelle Männer und Frauen in einem Meer der arabischen Homophobie beschreiben – und seine politischen Implikationen für einen zukünftigen palästinensischen Staat vgl. www.sexandthecitadel.com.

15 Mumtaz u. a., »Are HIV Epidemics Among Men Who Have Sex with Men Emerging in the Middle East and North Africa?«, S. 3.

16 Family Health International und ägyptisches Gesundheitsministerium, *HIV/AIDS Biological and Behavioral Surveillance Survey*, S. 13–21. Biologisch-verhaltensorientierte Überwachungsstudien, die die sexuelle Aktivität und HIV-Infektionsanfälligkeit von Männern, die Sex mit Männern haben, erkunden, wurden in jüngster Vergangenheit in einigen anderen Ländern im arabischen Raum durchgeführt, darunter Jemen, Jordanien,

Libanon, Marokko, Sudan und Tunesien. Für weitere Details vgl. www.sexandthecitadel.com.

17 Wasfy, *Shifa' al-Hubb* [Heilung durch Liebe], S. 73.

18 Für mehr über die Erfolge solcher Versuche, sexuelle Minderheiten durch glaubensgestützte Therapien zu »reorientieren«, vgl. Jones und Yarhouse, »A Longitudinal Study of Attempted Religiously Mediated Sexual Orientation Change«.

19 APA Task Force, *Report of the Task Force on Appropriate Therapeutic Responses to Sexual Orientation*, und American Psychiatric Association, »Position Statement on Therapies Focused on Attempts to Change Sexual Orientation«.

20 Koran 11, 77–79 (Bobzin).

21 Koran 7, 80–81 (Bobzin).

22 Koran 4, 15–16 (Bobzin). Ich danke Everett Rowson dafür, dass er mir seinen unveröffentlichten Aufsatz »Straight or Gay? The Curious Exegetical History of Qur'an 4:15–16« zur Verfügung gestellt hat, in dem er alternative Interpretationen dieses Verses im Wandel der Zeiten darlegt.

23 Kugle, *Homosexuality in Islam*, S. 85.

24 Al-Qaradawi, *The Lawful and the Prohibited in Islam*, S. 165.

25 Ebenda, S. 165.

26 Youssef, *Hayrat Muslima* [Verwirrungen einer Muslima], S. 225.

27 Ebenda, S. 226.

28 Ebenda, S. 226.

29 Koran 29, 28–29 (Bobzin).

30 Youssef, *Hayrat Muslima* [Verwirrungen einer Muslima], S. 189.

31 Ebenda, S. 184.

32 Ebenda, S. 226.

33 Sayed, »Al-Mithliyyun wa-l-Mithliyya fi al-Sinima al-Misriyya« [Homosexuelle und Homosexualität im ägyptischen Film], S. 89–105.

34 Für eine Studie über Homosexualität in älteren und zeitgenössischen ägyptischen Filmen vgl. Hassan, »Real Queer Arabs: The Tension Between Colonialism and Homosexuality in Egyptian Cinema«, und Menicucci, »Unlocking the Arab Celluloid Closet«.

35 Suleiman, »Ägyptischer Film über das Leben devianter Menschen nimmt an ›queerem‹ Weltfestival teil«.

36 Für weitergehende Informationen über alternative Darstellungen gleichgeschlechtlicher Beziehungen auf der Leinwand vgl. www.sexandthecitadel.com.

37 Diese veränderte Darstellungsweise der Homosexualität im arabischen Roman und die Frage, wie sich darin allgemeine gesellschaftliche Anliegen widerspiegeln, wird ausführlich behandelt in Massad, *Desiring Arabs*, S. 269–334; Al-Samman, »Out of the Closet«, und Whitaker, *Unspeakable Love*, S. 77–113.

38 Fathi, *The World of Boys*, S. 45.

39 »Ein vergessenes Leben«, http:karimblog-karim.blogspot.com.

40 Die Internetfallen einschließlich falscher persönlicher Angaben in Syrien und Provozieren strafbarer Handlungen durch Lockspitzel in Ägypten werden ausführlich erörtert in www.sexandthecitadel.com.

41 *Bareed Mistazjil. True Stories* [Express Mail], Wahre Geschichten [Eilpost], S. 35.

42 Einen ausgezeichneten Überblick über die Geschichte gleichgeschlechtlicher Beziehungen zwischen Frauen in der arabischen Literatur liefert Habib, *Female Homosexuality in the Middle East*.

43 Al-Tifashi, *Sensual Delights of the Heart*.

44 Ebenda.

45 Für eine detaillierte Darstellung der Entstehung von Meem und der Rolle des Internets im LGBT-Aktivismus im Libanon und der weiteren arabischen Welt vgl. Moawad und Qiblaw, »Lebanon: Who's Afraid of the Big Bad Internet?«.

46 Al Farchichi und Saghiyeh, *Homosexual Relations in the Penal Codes*, S. 31–59.

47 Für weiterführende Informationen über Helem vgl. Dabaghi, Mack und Jaalouk, *Helem. A Case Study.*

48 Mikdashi und Moumneh, »The Emerging Discourse on Same-Sex Sexualities and Rights in Lebanon«.

49 Jernow, *Sexual Orientation, Gender Identity and Justice*, S. 43.

50 Für eine Analyse des schwulen Tourismus als Wirtschaftsfaktor im Libanon vgl. McCormick, »Hairy Chest, Will Travel«.

51 Für mehr Information über eine ähnliche Klinik in Marrakesch vgl. Harri u. a., »Expérience d'un Centre de Santé Sexuelle Destiné aux Hommes ayant des Relations Sexuelles avec des Hommes au Maroc« [Erfahrungen eines Zentrums für Sexualgesundheit für Männer, die Sex mit Männern haben, in Marokko].

52 Al-Kak, *Homophobia in Clinical Services in Lebanon*, S. 19 f.

53 Gleichgeschlechtliche Beziehungen unter saudischen Frauen sind für viele ausländische Schriftsteller eine Quelle atemloser Faszination. Für eine Innenansicht einer jungen saudischen Frau vgl. al-Herz, *The Others.*

54 Für mehr über Randas Leben vgl. Saghieh, *Mudhakarat Randa al-Trans* [Memoiren der Transfrau Randa].

55 Koran 92, 1–4 (Bobzin).

56 Rowson, »The Effeminates of Early Medina«, S. 673.

57 Für eine Diskussion von Trans-Menschen im Islam einschließlich alternativer Interpretationen des Korans vgl. Kugle, *Homosexuality in Islam*, S. 235–268.

58 Für weitere Informationen über die bedrückende Situation von kuwaitischen Trans-Menschen und die Motive hinter der strafrechtlichen Verfolgung vgl. Human Rights Watch, »*They Hunt Us Down for Fun*«.

59 Al-Baghdadi, »Wer sind … eigentlich die Perversen?«.

60 Fikri, »When Things get Topsy-Turvey«. In Kuwait kam bei einer Umfrage des Scientific Committee of the National Conference on Negative Trends, einer staatlichen Einrichtung, im Jahr 2006 heraus, dass die 6000 befragten Bürger *boyat* für das gesellschaftliche Problem Nummer eins hielten. Für mehr über diesen Trend in Kuwait vgl. Abdel Khalek, *Mushkila Adatarrab al-Hayat al-Jinsiyya lada al-Banat* [Geschlechtsidentitätsstörungen bei Frauen].

61 Nigst und Garcia, »Boyat in the Gulf«, S. 18 f.

62 Al-Zayyat, »Al-mar'a al-ghulamiyya« [Frauen als Ghulamiyya].

63 Über geschlechtsumwandelnde Operationen in der arabischen Region informiert ausführlich www.sexandthecitadel.com.

64 Koran 30, 30 (Bobzin).

65 Für mehr Informationen über diese Fatwa und den berühmten Fall, der ihr Anlass war, vgl. www.sexandthecitadel.com.

66 Najmabadi, »Transing and Transpassing across Sex-Gender Walls in Iran«, S. 26.

67 Ding, Jennings und Pan, *Employment Discrimination Against the Transgender Community in Lebanon*, S. 4–14.

68 Für mehr Informationen über Bemühungen, Sexualrechtsaktivisten im arabischen Raum und der islamischen Welt insgesamt zu vernetzen, vgl. die Coalition for Sexual and Bodily Rights in Muslim Societies unter www.csbronline.org.

69 Für mehr über das Camp vgl. www.mantiqitna.org.

70 Koran 49, 12 (Bobzin).
71 Al-Banna, *Jawaz Imamat al – Mar'a al-Rijal* [Über die Frage, ob es zulässig ist, dass eine Frau Männer beim Gebet anleitet], S. 107.

7 Die Revolution kommt

1 Giddens, *Wandel der Intimität.*
2 Al-Zubaidi, *Mukhtasar Sahih al-Bukhari* [Eine Zusammenfassung authentischer Hadithe laut Al-Bukhari], S. 523.
3 M. Foucault, *Der Wille zum Wissen*, S. 79.
4 Jones, *Alfred C. Kinsey*, S. 772.

LITERATURVERZEICHNIS

Abdalla, Mustafa: *Beach Politics. Gender and Sexuality in Dahab*, Cairo Papers in Social Science, Bd. 27, Nr. 4, Kairo 2007.

Abdel Khalek, Ahmed: *Mushkila Adatarrab al-Hayat al-Jinisiyya lada al-Banat* [Geschlechtsidentitätsstörungen bei Frauen], Kuwait 2010.

Abdulla, Fatma und Natasha Ridge: *Where are all the Men? Gender Participation and Higher Education in the United Arab Emirates*, Dubai 2011.

Abid, Faouzi und Chafik Ghorbel: *Enquête sur l'Utilisation du Préservatif Auprès des Jeunes Clients des Professionelles du Sexe Declarées* [Studie über den Kondomgebrauch bei jungen Kunden registrierter Sexarbeiterinnen], Tunis 2009.

Abu Komsan, Nehad: *Egypt Violence Against Women Study. Violence Against Women and the Law, A De Jure and De Facto Review of the Legal and Regulatory Structure*, Kairo 2009.

Abu-Raddad, Laith, Francesca Avodeji Akala, Iris Semini, Gabriele Riedner, David Wilson, David und Ousama Tawil: *Characterizing the HIV/AIDS Epidemic in the Middle East and North Africa: Time for Strategic Action*, Washington, D.C., 2010.

Ahmed, Leila: *Women and Gender in Islam. Historical Roots of a Modern Debate*, New Haven 1992.

Akalay, Aïcha und Ayla Mrabet: »Investigation. Moroccan Women as Seen by the Arabs« [in French], *TelQuel*, 11. September 2010, http://www.telquel-online.com/En-couverture/Enquete-Les-Marocaines-vues-par-les-Arabes/438.

Alami, Khadija Mchichi: »Le Comportement Sexuel de la Femme: Étude Épidémiologique sur un Échantillon Représentatif de la Population Générale de Casablanca« [Weibliches Sexualverhalten: Eine epidemiologische Studie an einer repräsentativen Stichprobe aus der allgemeinen Bevölkerung], PhD-Diss., Université Hassan II, Faculté de Médicine et de Pharmacie de Casablanca 2000.

ALCS (Association pour la Lutte Contre le SIDA): *Surveillance des Comportements à Risque: le Cas des Professionnelles du Sexe* [Beobachtungsstudie über Risikoverhalten: Der Fall der Sexarbeiterinnen], Casablanca 2008.

Ali, Kamran Asdar: *Planning the Family in Egypt: New Bodies, New Selves.* Austin: University of Texas Press 2002.

Ali, Kecia: *Sexual Ethics and Islam. Feminist Reflections on Qur'an, Hadith, and Jurisprudence.* Oxford 2006.

'Ali ibn Nasr al-Katib, Abul Hasan: *Encyclopedia of Pleasure* [Jawami' al-ladhdha], hrsg. von Salah Addin Khawwam, übers. von 'Adnan Jarkas und Salah Addin Khawwam, Toronto 1977.

Amar, Paul: »Turning the Gendered Politics of the Security State Inside Out? Charge the Police with Sexual Harassment in Egypt«, *International Feminist Journal of Politics* 13, 3 (2011), S. 299–328.

Amer, Sahar: *Crossing Borders. Love Between Women in Medieval French and Arabic Literatures*, Philadelphia 2008.

American Psychiatric Association: »Position Statement on Therapies Focused on Attempts to Change Sexual Orientation (Reparative or Conversion Therapies)«, *American Journal of Psychiatry* 157 (2000), S. 1719–1721.

Ammar, Manar: »Legal Action Taken Against Egypt ›Nude Revolutionary‹ Activist«, *Bikya Masr*, 17. November 2011, http://bikyamasr.com/48732/legal-action-against-egypt-nude-activist/.

Ammar, Nawal: »Wife Battery in Islam: A Comprehensive Understanding of Interpretations«, *Violence Against Women* 13 (5), 2007, S. 516–526.

Amnesty International: »Egyptian Women Protesters Forced to Take ›Virginity Tests‹«, 23. März 2011, http://www.amnesty.org/en/for-media/press-releases/egyptian-women-protesters-forced-take-'virginity-tests'-2011–03–23.

AMPF (Association Marocaine de Planification Familiale): *Étude Exploratoire de l'Avortement à Risque* [Erkundungsstudie über Schwangerschaftsabbrüche mit hohen Risiken], Rabat 2008.

APA Task Force on Appropriate Therapeutic Responses to Sexual Orientation: *Report of the Task Force on Appropriate Therapeutic Responses to Sexual Orientation*, Washington, D.C., 2009.

Asman, Oren: »Abortion in Islamic Countries-Legal and Religious Aspects«, *Medicine and Law* 23 (2004), S. 73–89.

Axétudes: *Enquête »Connaissances, Attitudes et Pratiques des Jeunes Concernant les IST et le SIDA* [Studie über Wissen, Einstellungen und Praktiken von Jugendlichen im Hinblick auf sexuell übertragbare Erkrankungen und Aids], Rabat 2007.

Aziz, Germaine: *Les Chambres Closes* [Bordellzimmer], Paris 2007.

Babayan, Kathryn und Afsaneh Najmabadi (Hrsg.): *Islamicate Sexualities. Translations Across Temporal Geographies of Desire*, Cambridge 2008.

Badran, W., N. Moamen, I. Fahmy, A. El-Karaksy, T. M. Abdel-Nasser und H. Ghanem: »Etiological Factors of Unconsummated Marriage«, *International Journal of Impotence Research* 18 (2006), S. 458–463.

Al-Baghdadi, Ahmad: »Wer sind … eigentlich die Perversen?« [in Arabisch], *Al Arabiya*, 3. März 2009, http://www.alarabiya.net/views/2009/03/03/67604.html.

Bakr, 'Abd al-Wahhab: *Al-Mujtama' al-Qahira al-Sirri 1900–1951* [Geheime Gesellschaft Kairos, 1900–1951], Kairo 2001.

Al-Banna, Gamal: *Jawaz Imamat al – Mar'a al-Rijal* [Über die Frage, ob es zulässig ist, dass eine Frau Männer beim Gebet anleitet], Kairo 2011.

Bareed Mistajil. True Stories [Express Mail], Beirut 2009.

Bashier, Naveen: »Knowing the Ropes: Autonomy in the Everyday Life of Egyptian Married Women«, MA.-Diss., American University in Kairo 2010.

Baydoun, Azzah Shararah: »Sex Education in Lebanon: Between Secular and Religious Discourses«, in: Pinar Ilkkaracan (Hrsg.): *Deconstructing Sexuality in the Middle East. Challenges and Discourses*, Aldershot 2008, S. 83–100.

Ben Abdallah, Sénim: *Enquête Comportementale sur les Travailleuses du Sexe Clandestines en Tunisie* [Verhaltensstudie über illegale Sexarbeiterinnen in Tunesien], Tunis 2009.

—: *Enquête Nationale sur les Comportements à Risque Auprès des Jeunes Non-scolarisés en Tunisie* [Nationale Erhebung über Risikoverhalten bei Jugendlichen in Tunesien, die keine Schule besuchen], Tunis 2009.

Ben Dridi, Ibtissem: *Le Tasfih en Tunisie. Un Rituel de Protection de la Virginité Féminine* [Tasfih in Tunesien. Ein Ritual zum Schutz der Jungfräulichkeit], Paris 2004.

Benito, Sara Carmen: *La Prostitution dans les Rues de Casablanca* [Prostitution auf den Straßen Casablancas], übers. von A. Bounou und M. Abdelhamid, Casablanca 2008.

Berrada, S., S. Dorhmi, L. Bouhaouli und N. Kadri: »Sexuality in the Month of Ramadan«, *Sexologies* 17 (2008), S. 83–89.

Bishay, Barbara Viktoria: »Till Death (or Conversion) Do Us Part: Coptic Divorces in Egyptian Courts and Their Implications«, MA-Diss., American University in Kairo 2010.

Blum, Jenna, Selma Hajri, Hela Chélli, Farouk Ben Mansour, Nabiha Gueddana und Beverly Winikoff: »The Medical Abortion Experience of Married and Unmarried Women in Tunis, Tunisia«, *Contraception* 69 (2004), S. 63–69.

Bouchlaka, Amel, Faouzi Bouaziz und Sihem Smida: »Profil des Femmes Célibataires Bénéficiaires d'IVG dans les Structures de l'ONFP« [Profil unverheirateter Frauen, die in Einrichtungen der ONFP einen freiwilligen Schwangerschaftsabbruch vornehmen lassen], *Famille et Population* 6–7 (2009), S. 145–176.

Bouhdiba, Abdelwahab: *Sexuality in Islam*, übers. von Alan Sheridan, London 2012.

Boutros, Magda und Hossam Bahgat: »Sexual Health and Human Rights: Middle East and North Africa«, unveröffentlichter Aufsatz 2009.

Bowen, Donna Lee: »Contemporary Muslim Ethics of Abortion«, in: Jonathan E. Brockoff (Hrsg.): *Islamic Ethics of Life: Abortion, War and Euthanasia*, Columbia 2003, S. 51–80.

Bristol-Rhys, Jane: »Weddings, Marriage and Money in the United Arab Emirates«, *Anthropology of the Middle East* 2 (1), 2007, S. 20–36.

—: *Emirati Women. Generations of Change*, New York 2010.

Calvert, John: »›The World Is an Undutiful Boy!‹: Sayyid Qutb's American Experience«, *Islam and Christian-Muslim Relations* 11 (1), 2000, S. 87–103.

Cauvin Verner, Corinne: »Du Tourisme Culturel au Tourisme Sexuel: Les Logiques du Désir d'Enchantement« [Vom Kultur- zum Sextourismus: Die Logik des Wunsches nach Verzauberung], *Cahiers d'Études Africaines* 49 (1–2), 2009, S. 123–145.

Chabach, Amal: *Le Couple Arabe au XXIe siècle. Les Secrets d'une Sexualité Plus Épanouie* [Das arabische Paar im 21. Jahrhundert: der Schlüssel zu einem erfüllteren Sexualleben], Aubagne 2011.

Chebel, Malek: *Encyclopedie de l'Amour en Islam.* [Die Welt der Liebe im Islam. Eine Enzyklopädie], 2 Bde., Paris 2003.

—: *Le Kama-Sutra Arabe* [Das arabische Kamasutra], Paris 2007.

Clarke, Morgan: »Kinship, Propriety and Assisted Reproduction in the Middle East«, *Anthropology of the Middle East* 2 (1), 2007, S. 70–88.

Cohen, Shaye J. D.: »Why Aren't Jewish Women Circumcised?«, in: Maria Wyke (Hrsg.): *Gender and Body in the Ancient Mediterranean*, London 1998, S. 136–154.

Courbage, Youssef: »The Demographic Youth Bulge and Social Rupture«, in: Samir Khalaf und Roseanne Saad Khalaf (Hrsg.): *Arab Youth. Social Mobilization in Times of Risk*, London 2011, S. 79–88.

Cumming, Anne: *The Love Quest. A Sexual Odyssey*, London 1991.

Cuno, Kenneth M. »Divorce and the Fate of the Family in Modern Century Egypt«, in: Kathryn Yount und Hoda Rashad (Hrsg.): *Family in the Middle East. Ideational Change in Egypt, Iran, and Tunisia*, New York 2008, S. 196–216.

Dabaghi, Lara, Alena Mack und Doris Jaalouk: *Helem: A Case Study of the First Legal, Above-Ground LGBT Organization in the MENA Region*, Beirut 2008.

Dabash, Rasha und Farzaneh Roudi-Fahimi: *Abortion in the Middle East and North Africa*, Washington, D. C., 2008.

El-Damanhoury, Hala: *Why Do Women Abort? The Determinants of Induced Abortion in Egypt*, Kairo 2009.

—: *Exploratory Study of Attitudes and Communication Behaviors of Providers in Youth Friendly Clinics in Egypt*, Kairo 2011.

Daniel, Norman: *Islam and the West. The Making of an Image*, Oxford 1993.

Dhillon, Navtej und Tarik Yousef: *Generation in Waiting. The Unfulfilled Promise of Young People in the Middle East*, Washington, D. C., 2009.

Dialmy, A.: »Prostitution et Traite des Femmes au Maroc« [Prostitution und Frauenhandel in

Marokko], in: Richard Poulin (Hrsg.): *Prostitution, la Mondialization Incarnée* [Prostitution, die verkörperte Globalisierung], *Alternatives Sud* XII (5) 2005, S. 97–215.

—: *Susyulujiyyat al-Jinsiyya al-'Arabiyya* [Soziologie arabischer Sexualität], Beirut 2009.

—: *Vers une Nouvelle Masculinité au Maroc* [Grundlagen einer neuen Männlichkeit in Marokko], Dakar 2009.

Ding, Jeffrey, Frederic Jennings und Susan Pan: *Employment Discrimination Against the Transgender Community in Lebanon. A Needs Assessment Report for Helem*, New York 2010.

Drieskens, Barbara: »Changing Perceptions of Marriage in Contemporary Beirut«, in: Barbara Drieskens (Hrsg.): *Les Métamorphoses du Mariage au Moyen-Orient* [Wandlungen der Ehe im Nahen Osten], Beirut 2009, S. 97–188.

Dwairy, Marwan, Mustafa Achoui, Reda Abouserie und Adnan Farah: »Adolescent-Family Connectedness Among Arabs: A Second Cross-Regional Research Study«, *Journal of Cross-Cultural Psychology* 37 (3), 2006, S. 1–14.

»Ägyptische Abgeordnete und Anwälte attackieren die Regierung wegen des ›chinesischen Häutchens‹« [in Arabisch], *Al Arabiya*, 10. Oktober 2009, http://www.alarabiya.net/articles/2009/10/10/87557.html.

Ägyptisches Kabinett, Informations- und Entscheidungsunterstützungszentrum (IDSC): *Istitla' Ra'ii al-Muwatiniin hawla Makanat al-Mar'a fi al-Mujtama' al-Misri: Taqriir Muqaran* [Bürgerbefragung über den Status von Frauen in der ägyptischen Gesellschaft: Eine vergleichende Untersuchung], Kairo 2009.

Eich, Thomas: »A Tiny Membrane Defending ›Us‹ Against ›Them‹: Arabic Internet Debate About Hymenorraphy in Sunni Islamic Law«, *Culture, Health and Sexuality* 12 (7), 2010, S. 755–769.

Elnashar, A. M., M. El-Dien Ibrahim, M. M. EL-Desoky, O. M. Ali und M. El-Sayd Mohamed Hassan: »Female Sexual Dysfunction in Lower Egypt«, *Royal Journal of Obstetrics and Gynecology* 114 (2007), S. 201–206.

Ettoussi, Azzouz und Mohamed Jebbour: *Les Travailleuses du Sexe et les IST/SIDA. Enquête dans les Régions du Souss, du Moyen Atlas et Rabat* [Sexarbeiterinnen und sexuell übertragbare Erkrankungen/Aids. Eine Studie in den Regionen Souss, Mittlerer Atlas und Rabat], Rabat 2008.

Ezzat, Ahmed, Riham Zain al-'Abidine und Emad Mubarak: *Taqriir Hurriyya al-Fikra wa-l-Ibda' fi Misr* [Bericht über Gedankenfreiheit und Kreativität in Ägypten, Januar–Juni 2009], Kairo 2009.

Fahmy, Amel, Mawaheb T. El-Mouelhy und Ahmed R. Ragab: »Female genital mutilation/cutting and issues of sexuality in Egypt«, *Reproductive Health Matters* 18 (36), 2010, S. 181–190.

Fahmy, Mohamed Fadel: »Egyptian Blogger Aliaa Elmahdy. Why I Posed Naked«, *CNN*, 20. November 2011, http://edition.cnn.com/2011/11/19/world/meast/nude -blogger-aliaa-magda-elmahdy/.

Family Health International und ägyptisches Gesundheitsministerium: *HIV/AIDS Biological and Behavioral Surveillance Survey: Round Two Summary Report*, Kairo 2010.

Farah, Madelain: *Marriage and Sexuality in Islam. A Translation of al-Ghazali's Book on the Etiquette of Marriage from the Ihya'*, Salt Lake City 1984.

Al-Farchichi, Wahid: *Law and Homosexuality. Survey and Analysis of Legislation Across the Arab World*, New York 2011.

Al-Farchichi, Wahid und Nizar Saghiyeh: *Homosexual Relations in the Penal Codes. General Study Regarding the Laws in Arab Countries with a Report on Lebanon and Tunisia*, Beirut 2009.

Fargues, Philippe: »Terminating Marriage«, in: Nicholas S. Hopkins (Hrsg.): *The New Arab Family*, Cairo Papers in Social Science, Bd. 24, Nr. 1/2, Kairo 2001, S. 247–273.

Farhood, Diana Nicole: »Family, Culture and Decisions: A Look into the Experiences of University Students in Lebanon«, MA-Diss., American University of Beirut 2009.
Fathi, Mostafa: *The World of Boys. A True Story of Youth*, übers. von W. Scott Chahanovich, Kairo 2009.
»Fatwa of the Grand Mufti of the Republic Dr. Ali Gomaa with regard to child marriage«, 13. Februar 2010, http://www.child-trafficking.info/upload/Files/13375926122.pdf.
El Feki, Shereen: *Standing Up, Speaking Out. Women and HIV in the Middle East and North Africa*, Kairo 2012.
Ferhati, Barkahoum: »Les Clôtures Symboliques des Algériennes: La Virginité ou l'Honneur Social en Question« [Die symbolische Verschließung algerischer Frauen zur Wahrung der Jungfräulichkeit beziehungsweise gesellschaftlichen Ehre], *Clio* 26 (2), 2007, S. 169–180.
Fikri, Rasha: »When Things Get Topsy-Turvey: Foreign Youth Cultures Invade UAE Society«, *999 Society and Security Monthly* (May 2010), S. 20–21.
Flaherty, Elizabeth: »Reconstructing Sexuality and Identity Through Dialogue: The Muntada's Actions for Palestinian Arab Citizens of Israel«, PhD-Diss., Ohio University 2008.
Flaubert, Gustave: *Voyage en Égypte*, Paris 1991 [dt. *Reise in den Orient*, Frankfurt am Main 1996].
Foucault, Michel: *Sexualität und Wahrheit*, Bd. 1: *Der Wille zum Wissen*, Frankfurt am Main 1983.
Geel, Fatma: »Improving Adolescents' and Youth Reproductive Health in Egypt: Lesson Learned from Europe«, PhD-Diss., Cairo University 2011.
El-Gibaly, Omaima, Ghada Attar und Amel Fahmy: »Is Change in Attitude of Rural Muslim Imams Toward FGC [Female Genital Cutting] Happening?«, unveröffentlichtes Paper, 2010.
Giddens, Anthony: *Wandel der Intimität. Sexualität, Liebe und Erotik in modernen Gesellschaften*, Frankfurt am Main 1993.
El-Gilany, Abdel-Hady, Karina Badawi und Sanaa El-Fedawy: »Menstrual Hygiene Among Adolescent Schoolgirls in Mansoura, Egypt«, *Reproductive Health Matters* 13 (6), 2005, S. 147–152.
Gomaa, Ali: »Fatwa Number 416: Hymen Restoration Surgery«, Dar Al-Ifta, 3. Juni 2007. http://www.dar-alifta.org/ViewFatwa.aspx?ID=416&text=hymen&Home=1&LangID=2.
Gruenbaum, Ellen: *The Female Circumcision Controversy. An Anthropological Perspective*, Philadelphia 2000.
Habib, Samar: *Female Homosexuality in the Middle East. Histories and Representations*, London 2007.
Haddad, Joumana: *Invitation to a Secret Feast. Selected Poems*, hrsg. von Khaled Mattawa, Dorset 2008.
—: *I Killed Scheherezade. Confessions of an Angry Arab Woman*, London 2010.
—: *Superman is an Arab. On God, Marriage, Macho Men and Other Disastrous Inventions*, London 2012.
Haeri, Shahla: *Law of Desire. Temporary Marriage in Shi'i Iran*, Syracuse 1989.
Haffani, Mohammed Fakhreddine und Troudi Hichem: *La Sexualité des Hommes Tunisiens* [Sexualität tunesischer Männer], http://haffani.blogspot.co.uk/, 2003.
Halasa, Malu und Salam, Rana: *The Secret Life of Syrian Lingerie. Intimacy and Design*, San Francisco 2008.
Handoussa, Heba: *Egypt Human Development Report 2010. Youth in Egypt. Building Our Future*, Kairo 2010.
Harb, Charles: *Describing the Lebanese Youth. A National and Psycho-Social Survey*, Beirut 2010.
Harbour, Catherine und Ghada Barsoum: »Health«, in: *Survey of Young People in Egypt. Final Report*, Kairo 2010, S. 12–33.
Harri, M., O. Mellouk, Y. Yatine, N. Rafif, N. Amine und M. Zagloul: »Expérience d'un Centre de Santé Sexuelle Destiné aux Hommes ayant des Relations Sexuelles avec des Hom-

mes au Maroc« [Erfahrung eines Zentrums für sexuelle Gesundheit in Marokko, dessen Zielgruppe Männer sind, die Sex mit Männern haben], Referat auf der 6. Konferenz der frankophonen Länder über HIV/Aids, Genf, 25.–28. März 2012.

Hassan, Omar: »Real Queer Arabs: The Tension Between Colonialism and Homosexuality in Egyptian Cinema«, *Film International* 43 (2010), S. 18–24.

Hassan, Rasha Mohammad: *Clouds in Egypt's Sky. Sexual Harrassment from Verbal Harrassment to Rape. A Sociological Study*, Kairo 2008.

Hassanin, Ibrahim M., Yasser A. Helmy, Mohamed M. F. Fathalla und Ahmed Y. Shahin: »Prevalence and Characteristics of Female Sexual Dysfunction in a Sample of Women from Upper Egypt«, *International Journal of Gynecology and Obstetrics* 108 (3), 2010, S. 219–223.

Hasso, Frances S.: *Consuming Desires. Family Crisis and the State in the Middle East*, Stanford 2011.

Hersh, Seymour M.: »The Gray Zone«, *The New Yorker*, 4. Mai 2004, http://www.newyorker.com/archive/2004/05/24/040524fa_fact?currentPage=all.

Al-Herz, Seba: *The Others*, New York 2009.

Hessini, Leila: »Abortion and Islam: Policies and Practice in the Middle East and North Africa«, *Reproductive Health Matters* 15 (29), 2007, S. 75–84.

—: »Islam and Abortion: The Diversity of Discourses and Practices«, *IDS Bulletin* 39 (3), 2008, S. 18–27.

Hirschfeld, Magnus: *Die Weltreise eines Sexualforschers*, Brugg 1933.

Hopwood, Derek: *Sexual Encounters in the Middle East. The British, the French and the Arabs*, Reading 1999.

Horovitz, David: »A Mass Expression of Outrage Against Injustice«, *Jerusalem Post*, 25. Februar 2011, http://www.jpost.com/Opinion/Columnists/Article.aspx?id=209770.

Hull, Edith Maude: *The Sheik*, Philadelphia 2001.

Human Rights Watch: *In a Time of Torture. The Assault on Justice in Egypt's Crackdown on Homosexual Conduct*, New York 2004.

—: *Egypt: 117 NGOs Slam HIV-Based Arrests and Trials*, New York 2008.

—: *Slow Reform. Protection of Migrant Domestic Workers in Asia and the Middle East*, New York 2010.

—: *How Come You Allow Little Girls to Get Married? Child Marriage in Yemen*, New York 2011.

—: *»They Hunt Us Down for Fun«. Discrimination and Police Violence Against Transgender Women in Kuwait*, New York 2011.

—: *Egypt. Impunity for Violence Against Women. Whitewash in Virginity Test Trial*, New York 2012.

Huntington, Dale: »Abortion in Egypt: Official Constraints and Popular Practices«, in: Carla Makhlouf Obermeyer (Hrsg.): *Cultural Perspectives on Reproductive Health*, Oxford 2001, S. 175–192.

Ibn Hazm, 'Ali ibn Ahmad: *The Ring of the Dove. A Treatise on the Art and Practice of Arab Love*, übers. von Arthur John Arberry, London 1994.

Ibn Qayyim al-Jawziyah, Muhammad ibn Abi Bakr: *Medicine of the Prophet*, übers. von Penelope Johnstone, Cambridge (UK) 1998.

'Ilwah, Sa'ada: »Die Zivilgesellschaft gewinnt: Die Abschaffung von ›Tests der Schande‹« [in Arabisch], *As-Safir*, September 2012, http://www.assafir.com/Article.aspx?ArticleId=57&EditionId=2244&ChannelId=53832.

Inhorn, Marcia C.: »Middle Eastern Masculinities in the Age of New Reproductive Technologies: Male Infertility and Stigma in Egypt and Lebanon«, *Medical Anthropology Quarterly* 18 (2004), S. 162–182.

—: »Making Muslim Babies: IVF and Gamete Donation in Sunni versus Shi'a Islam«, *Culture, Medicine and Psychiatry* 30 (2006), S. 427–450.

—: »Masturbation, Semen Collection and Men's IVF Experiences: Anxieties in the Muslim World«, *Body and Society* 13 (3), 2007, S. 37–53.

—: *The New Arab Man. Emergent Masculinities, Technologies, and Islam in the Middle East*, New Haven 2012.
INSAF (Institution Nationale de Solidarité avec les Femmes en Détresse): *Le Maroc des Mères Célibataires. Étude Diagnostique de la Situation. Ampleur et Réalités, Actions, Représentations, Itinéraires et Vécus* [Unverheiratete Mütter in Marokko. Situationsanalyse, Ausmaß und Fakten, Maßnahmen, Vorstellungen, Lebenswege und Erfahrungen], Casablanca 2010.
International Planned Parenthood Federation: *Sexual Rights. An IPPF Declaration*, London 2008.
Jabarti, 'Abd al-Rahman: *'Aja'ib al-Athar fi al-Tarajim wa'l-Akhbar* [Erstaunliche Berichte, Biographien und Nachrichten], Bd. 2, hrsg. von A. A. El Din, Kairo 1997.
Jacob, Wilson: »Overcoming ›Simply Being‹: Straight Sex, Masculinity and Physical Culture in Modern Egypt«, *Gender and History* 22 (3), 2010, S. 658–676.
Jernow, Ali: *Sexual Orientation, Gender Identity and Justice. A Comparative Law Casebook*, Genf 2011.
Jones, James H.: *Alfred C. Kinsey. A Life*, New York 1997.
Jones, Stanton L. und Mark A. Yarhouse: »A Longitudinal Study of Attempted Religiously Mediated Sexual Orientation Change«, *Journal of Sex and Marital Therapy* 37 (5), 2011, S. 404–427.
Jureidini, Ray: *Domestic Workers in the Middle East. Status Enhancement and Degradation in Arab Households*, London (noch nicht erschienen).
Juynboll, G. H. A.: *Encyclopedia of Canonical Hadith*, Boston 2007.
Al-Kak, Faysal: *Homophobia in Clinical Services in Lebanon. A Physician Survey*, Beirut 2009.
Kandiyoti, Deniz: »Bargaining with Patriarchy«, *Gender and Society* 2 (1988), S. 274–290.
Karam, Souhail: »Moroccan Single Burns Herself in Protest«, Reuters, 23. Februar 2011, http://ca.reuters.com/article/topNews/idCATRE71M4ZF20110223.
Al-Kardousi, 'Adel und Ahmad Magdoub: *Darasa li-Shabakat al-Bagha' fi Misr* [Studie über Netzwerke von Prostituierten in Ägypten], Kairo 2006.
Katz, Marion Holmes: »The Problem of Abortion in Classical Sunni Fiqh«, in: J. E. Brockopp (Hrsg.): *Islamic Ethics of Life. Abortion, War, and Euthanasia*, Columbia 2003, S. 25–50.
Kendrick, Sharon: *Promised to the Sheikh*, London 2008.
Al-Khalidi, Salah 'Abd al-Fattah (Hrsg.): *Amrika min al-Dakhil bi-Minzar Sayyid Qutb* [Innenansichten Amerikas aus der Perspektive von Sayyid Qutb], Dschidda 1986.
Kholoussy, Hanan: *For Better, for Worse. The Marriage Crisis That Made Modern Egypt*, Stanford 2010.
El-Kholy, Heba Aziz: *Defiance and Compliance. Negotiating Gender in Low-Income Cairo*, New York 2002.
»Kitab al-Nikah« [Buch der Ehe], in: *Translation of Sahih Muslim*, übers. von A. H. Siddiqui, zu finden unter http://www.iium.my/deed/hadith/muslim/008_smt.html.
Kobeissi, K. und M. Suleiman: »Ägyptische Jugendbewegung bestreitet jegliche Verbindung zu einem Mädchen, das eine Nacktaufnahme von sich veröffentlicht hat« [in Arabisch], *Al Arabiya*, 16. November 2011, http://www.alarabiya.net/articles/2011/11/16/177555html.
El-Kogali, Safaa und Caroline Krafft: »Social Issues, Values and Civic Engagement«, in: *Survey of Young People in Egypt. Final Report*, Kairo 2010, S. 133–147.
El-Kogali, Safaa, Caroline Krafft und Maia Sieverding: »Attitudes Toward Gender Roles«, in: *Survey of Young People in Egypt. Final Report*, Kairo 2010, S. 155–168.
Al-Kordy, Maha: *Al-Zawaj al-'Urfi fi al-Sirr bayn Tulabat al-Jami'at* [Heimliche Eheschließungen unter Studenten], Kairo 2008.
Der Koran, aus dem Arabischen neu übertragen von Hartmut Bobzin, unter Mitarbeit von Katharina Bobzin, München (C. H. Beck) 2010.
Kotb, H.: »Sexuality in Islam«, PhD-Diss., Maimonides University 2004.
Krafft, Caroline und Safaa El-Kogali: »Education«, in: *Survey of Young People in Egypt. Final Report*, Kairo 2010, S. 51–86.

Kugle, Scott Siraj al-Haqq: *Homosexuality in Islam*, Oxford 2010.
Kulczycki, Andrzej und Sarah Windle: »Honor Killings in the Middle East and North Africa: A Systematic Review of the Literature«, *Violence Against Women* 17 (11), 2011, S. 1442–1464.
Lane, Sandra, D., Jok Madut Jok und Mawaheb T. El-Mouelhy: »Buying Safety: The Economics of Reproductive Risk and Abortion in Egypt«, *Social Science and Medicine* 47 (8), 1998, S. 1089–1099.
Largueche, Dalenda und Abdelhamid Largueche: *Marginales en Terre d'Islam* [Frauen am Rand der Gesellschaft in der islamischen Welt], Tunis 2000.
Leonard, Sarah: »Of Masculinity and Men: Exploring Ambivalence, Pornographic Consumption and Sexual Desire in Cairo«, MA-Diss., American University in Kairo 2011.
Loza, Sara und Social, Planning, Analysis, and Administration Consultants: »Experiences, Attitudes, and Practices: A New Survey of 4,408 Women, Men, and Female and Male Youth«, in: *Egypt Violence Against Women Study. A Summary of Findings*, Kairo (USAID and National Council for Women) 2009, S. 25–36.
Madkur, Mona: »Inas al-Delgheidy spricht über eine Kampagne gegen sie, weil sie die Legalisierung der Prostitution in Ägypten gefordert hat« [in Arabisch], *Al Arabiya*, 5. August 2008, http://www.alarabiya.net/articles/2008/08/05/54309.html.
Al-Magribi, al-Samaw'al ibn Yahya: *A Jaunt in the Art of Coition*, hrsg. von Salah Addin Khawwam, übers. von 'Adnan Jarkas und Salah Addin Khawwam, Toronto 1978.
Mahdavi, Pardis: *Passionate Uprisings. Iran's Sexual Revolution*, Stanford 2009.
El-Mahdi, Rabab und Philip Marfleet: »Introduction«, in: Dies. (Hrsg.): *Egypt. Moment of Change*, London 2009, S. 1–13.
Mahmud, Ibrahim: *Al-Muta' al-Mahzura, al-Shudhudh al-Jinsi fi Tarikh al-'Arab* [Die verbotene Lust. Homosexualität in der arabischen Geschichte], Beirut 2000.
Malmström, Maria: »Just Like Couscous: Gender, Agency and the Politics of Female Circumcision in Cairo«, PhD-Diss., Universität Göteborg 2009.
Mamarbachi, Henri: »Moroccan Women Demand Reform After Rape Victim's Suicide«, *Agence France Press*, 17. März 2012.
Marfleet, Philip: »State and Society«, in: Rabab El-Mahdi und ders. (Hrsg.): *Egypt. Moment of Change*, London 2009, S. 14–33.
Massad, Joseph A.: »Re-Orienting Desire: The Gay International and the Arab World«, *Public Culture* 14 (2), 2002, S. 361–385.
—: *Desiring Arabs*, Chicago 2007.
McCormick, Jared: »Hairy Chest, Will Travel: Tourism, Identity, and Sexuality in the Levant«, *Journal of Middle East Women's Studies* 7 (2011), S. 71–97.
Menicucci, Garay: »Unlocking the Arab Celluloid Closet: Homosexuality in Egyptian Film«, *Middle East Report* 206 (1998), S. 32–36.
Men's Lives Often Seen as Better. Gender Equality Universally Embraced, but Inequalities Acknowledged, Washington, D.C. (Pew Research Center and Global Attitudes Project), 2010.
Mernissi, Fatema: *Beyond the Veil. Male-Female Dynamics in Muslim Society*, London 2011.
Mikdashi, Maya und Rasha Moumneh: »The Emerging Discourse on Same-Sex Sexualities and Rights in Lebanon«, unveröffentlichter Aufsatz 2011.
Miller, Alice M.: *Sexuality and Human Rights. A Discussion Paper*, Versoix, Schweiz (International Council on Human Rights Policy) 2009.
Moawad, Nadine und Tamara Qiblawi: »Lebanon: Who's afraid of the big bad internet?«, in: Jacsm Kee (Hrsg.): *://Erotics Sex, rights and the Internet. An Exploratory Research Study*. Melville 2011, S. 109–134.
Most Muslims Want Democracy, Personal Freedoms, and Islam in Political Life. Few Believe U.S. Backs Democracy, Washington, D.C. (Pew Research Center and Global Attitudes Project), 2012.

Mostafa, S., N. El Zeiny, S. Tayel und E. Moubarak: »What Do Medical Students in Alexandria Know About Female Genital Mutilation?«, *Eastern Mediterranean Health Journal* 12 (suppl. 2), 2006, S. S78–S92.
El-Mouelhy, Mawaheb: »Maternal Mortality in the Last Two Decades in Egypt«, *Saudi Medical Journal* 13 (2), 1992, S. 132–136.
El-Mouelhy, Mawaheb, Amel Fahmy und Ahmed Ragab: *Investigating Women's Sexuality in Relation to Female Genital Mutilation in Egypt*, Kairo 2009.
Moussa, Bishop: »Coptic Religion and Female Genital Mutilation«, in: *Afro-Arab Expert Consultation on Legal Tools for the Prevention of Female Genital Mutilation Cairo 21–23 June 2003*, Kairo (»Stop FGM« International Campaign) 2003, S. 24 ff.
Moussa, Fatima, Badia Masmoudi und Rania Barboucha: »Du Tabou de la Virginité au Mythe de l'Inviolabilité: La Rite du R'bit chez la Fillette dans l'Est Algérien« [Vom Tabu der Jungfräulichkeit zum Mythos der Unverletzlichkeit: Das R'bit-Ritual bei jungen Mädchen in Ostalgerien], *Dialogue* 185 (3), 2009, S. 91–102.
Mumtaz, Ghina, Nahia Hilmi, Willi McFarland, Rachel L. Kaplan, Francisca Ayodeji Akala, Iris Semini, Gabriele Riedner, Oussama Tawil, David Wilson und Laith J. Abu-Raddad: »Are HIV Epidemics Among Men Who Have Sex with Men Emerging in the Middle East and North Africa? A Systematic Review and Data Synthesis«, *PLoS Medicine 8* (2011), http://www.plosmedicine.org/article/ info%3Adoi%2F10.1371%2Fjournal.pmed.1000444.
Al-Munajjid, Salah al-Din: *Al-Hayat al-Jinsiyya 'ind al-'Arab, min al-Jahiliyya ila Awakhir al-Qarn al- Rabi' al-Hijri* [Das Sexualleben unter Arabern von der vorislamischen Zeit bis zum Ende des 4. Jahrhunderts der muslimischen Zeitrechnung], Beirut 1975.
Murray, Stephen O. und Will Roscoe: *Islamic Homosexualities. Culture, History, and Literature*, New York 1997.
Mussallam, Basim: *Sex and Society in Islam. Birth Control Before the Nineteenth Century*, Cambridge 1983.
Naamane Guessous, Soumaya und Chafik Guessous: *Grossesses de la Honte* [Schwangerschaften der Schande], Casablanca 2011.
Nada, Khaled, ElDaw Suliman und Nadia Zibani: *Behavioral Survey Among Street Children in Greater Cairo and Alexandria. Final Report*, Kairo 2008.
An-Nafzawi, Abu 'Abdallah Muhammad: *Der duftende Garten zur Erbauung des Gemüts. Ein arabisches Liebeshandbuch*, aus dem Arabischen übers. und hrsg. von Ulrich Marzolph, München (C. H. Beck) 2002.
Najjar, Mostafa: »China fördert den Absatz synthetischer Jungfernhäutchen in Ägypten« [in Arabisch], *Youm 7*, 13. September 2009, http://www.youm7.com/News.asp?NewsID=136135.
Najmabadi, Afsaneh: »Transing and Transpassing Across Sex-Gender Walls in Iran«, *Women's Studies Quarterly* 36 (3–4), 2008, S. 23–42.
Nigst, Lorenz und Jose Sanchez Garcia: »Boyat in the Gulf: Identity, Contestation, and Social Control«, *Middle East Critique* 19 (1), 2010, S. 5–34.
Norris, Pippa und Ronald Inglehart: *Islam and the West. Testing the ›Clash of Civilizations‹ Thesis*, Cambridge 2002.
Omran, Abdel Rahim: *Family Planning in the Legacy of Islam*, London 1992.
Orhan, Soad: »Men Selling Sex in Cairo and Alexandria: Perspective on Male Sex Work and AIDS in Egypt«, MA-Diss., American University in Kairo 2008.
Osman, Magued und Hanan Girgis: »Marriage Patterns in Egypt«, Referat auf der 26. Konferenz der International Union for the Scientific Study of Population (IUSSP) Marrakesch, 27. September bis 2. Oktober 2009.
Osman, Magued, Hussein Abdel Aziz, Mohammed Ramadan und Fatma Geel: *Ta'khkhur Sinn*

al-Zawaj. Hal 'Asbah Mushkila Tabhath 'an Hal? [Der Anstieg des Heiratsalters: Ein Problem auf der Suche nach einer Lösung], Kairo 2009.

Oyoun Center for Studies and Development: *Modern Slavery. Tourist Marriages in Egypt*, Kairo 2010.

Patai, Raphael: *The Arab Mind*, New York 1982.

Population Council and Information and Decision Support Center (IDSC): *Survey of Young People in Egypt*, Kairo 2009, www.popcouncil.org/projects/234_SurveyYoungPeopleEgypt.asp.

Al-Qaradawi, Yusuf: *The Lawful and the Prohibited in Islam*, Kairo 2001.

Der Koran, aus dem Arabischen neu übertragen von Hartmut Bobzin unter Mitarbeit von Katharina Bobzin, München 2010.

Rakha, Marwa: *The Poison Tree. Planted and Grown in Egypt*, Kairo 2007.

Rasheed, Salah M., Ahmed H. Abd-Ellah und Fouad M. Yousef: »Female Genital Mutilation in Upper Egypt in the New Millennium«, *International Journal of Gynecology and Obstetrics* 114 (2011), S. 47–50.

Reich, Wilhelm: *Die Massenpsychologie des Faschismus*, Frankfurt am Main 1981.

—: »Die Sexualnot der werktätigen Massen und die Schwierigkeiten der Sexualreform«, in: *Sexualnot und Sexualreform.* Verhandlungen des IV. Kongresses der Weltliga für Sexualreform, Wien 1930, S. 72–87.

Rispler-Chaim, Vardit: »The Muslim Surgeon and Contemporary Ethical Dilemmas Surrounding the Restoration of Virginity«, *Hawwa* 5 (2007), S. 324–349.

El-Rouayheb, Khaled: *Before Homosexuality in the Arab-Islamic World, 1500–1800*, Chicago 2005.

Rowson, Everett K.: »The Effeminates of Early Medina«, *Journal of the American Oriental Society* 111 (4), 1991, S. 671–693.

—: »Arabic: Middle Ages to Nineteenth Century«, in: Gaetan Brulotte und John Phillips (Hrsg.): *Encyclopedia of Erotic Literature*, New York 2006, S. 43–61.

Royaume du Maroc [Königreich Marokko]: *Mise en Œuvre de la Déclaration Politique sur le VIH/SIDA: Rapport National 2012* [Umsetzung der Politischen Erklärung zur Bekämpfung von HIV/Aids: Nationaler Bericht 2012], Rabat 2012.

Russell, Thomas Wentworth: *Egyptian Service, 1902–1946*, London 1949.

Sabiq, al-Sayyid: *Fiqh al-Sunna* [Rechtsgelehrsamkeit für sunnitische Muslime], Bd. 2, Kairo 1993.

Saghieh, Hazem: *Mudhakarat Randa al-Trans* [Memoiren der Transfrau Randa], Beirut 2011.

Said, Edward: *Orientalism. Western Conceptions of the Orient*, London 1995.

Said, Samar, Amal Zaki, Ashgan Abdel Hamid, Mozn Hassan und Hala Abdel Kader: *Egypt Violence Against Women Study. Overview of Services on Violence Against Women*, Kairo 2009.

El-Sakka, Ahmed I. »Erectile Dysfunction in Arab Countries, Part I: Prevalence and Correlates«, *Arab Journal of Urology* 10 (2), 2012, S. 97–103.

Salamandra, Christa: »The Muhammad Effect: Media Panic, Melodrama, and the Arab Female Gaze«, *Anthropological Quarterly* 85 (1), 2012, S. 45–77.

Salem, Fadi, Racha Mourtada, May Al-Dabbagh und Ghalia Gargani: »The Role of Social Media in Women's Empowerment«, Arab Social Media Report 1 (3), November 2011, Dubai.

Al-Samman, Hanadi: »Out of the Closet: Representation of Homosexuals and Lesbians in Modern Arabic Literature«, *Journal of Arabic Literature* 39 (2008), S. 270–310.

Al-Sayed, Ahmed: »Der Mufti von Ägypten: Misyar ist gesetzlich erlaubt und verletzt nicht die Würde der Frau« [in Arabisch], *Al Arabiya*, 22. Juli 2009, http://www.alarabiya.net/articles/2009/04/16/70794.html.

El-Sayed, Hamdy: »Medical and Ethical Perspectives«, in: *Afro-Arab Expert Consultation on*

Legal Tools for the Prevention of Female Genital Mutilation, Kairo 2003, S. 26–29 (»Stop FGM« International Campaign).
Sayed, Safaa: »Al-Mithliyyun wa-l-Mithliyya fi al-Sinima al-Misriyya« [Homosexuelle und Homosexualität im ägyptischen Film], in: *Al-Abhath al-Khassa bi-l-Ijtima'at al-Tashawuriyya hawla Afdal al-Subul li-l-Wusul li-l-fi'at al-Akthar 'Urdah li-l-Isabah bi al-AIDS fi al-Duwal al-'Arabiyya* [Ergebnisse von konsultativen Tagungen über die am stärksten HIV-exponierten Bevölkerungsgruppen in der arabischen Welt] 2, S. 89–105, Kairo 2011.
Schielke, Samuli: »Ambivalent Commitments: Troubles of Morality, Religiosity and Aspiration Among Young Egyptians«, *Journal of Religion in Africa* 39 (2009), S. 158–185.
Sellers, Alexandra: »Sheikh's Honour«, in: *The Desert Sheikh's Bride*, Richmond 2008.
Sengers, Gerda: *Women and Demons. Cult Healing in Islamic Egypt*, Boston 2003.
Shafik, Viola: *Popular Egyptian Cinema. Gender, Class, and Nation*, Kairo 2007.
Shalev, Ofra, Nahemi Baum und Haya Itzhaki: »›There's a man in my bed‹: The first experience of sex among modern orthodox newlyweds in Israel«, *Journal of Sex and Marital Therapy* 39 (1), 2013, S. 40-55.
Shalhoub-Kevorkian, Nadera: »Imposition of Virginity Testing: A Life-Saver or a License to Kill?«, *Social Science and Medicine* 60 (2005), S. 1187–1196.
Shamloul, Rany: »Management of Honeymoon Impotence«, *Journal of Sexual Medicine* 3 (2006), S. 361–366.
Sholkamy, Hania: »Women are Also Part of this Revolution«, in: Bahgat Korany und Rabab El-Mahdi (Hrsg.): *Arab Spring in Egypt*, Kairo 2012, S. 153–174.
Sieverding, Maia und Asmaa Elbadawy: »Marriage and Family Formation«, in: *Survey of Young People in Egypt. Final Report*, Kairo 2010, S. 118–132.
Silatech und Gallup: *The Silatech Index. Voices of Young Arabs*, Doha 2009.
—: *The Silatech Index. Voices of Young Arabs*, Doha 2011.
Singerman, Diane: *The Economic Imperatives of Marriage. Emerging Practices and Identities Among Youth in the Middle East*, Dubai 2007.
—: »Marriage and Divorce in Egypt: Financial Costs and Political Struggles«, in: Barbara Drieskens (Hrsg.): *Les Métamorphoses du Mariage au Moyen-Orient* [Der Wandel der Ehe im Nahen Osten], Beirut 2009, S. 75–96.
—: »The Negotiation of Waithood: The Political Economy of Delayed Marriage in Egypt«, in: Samir Khalaf und Roseanne Saad Khalaf (Hrsg.): *Arab Youth. Social Mobilization in Times of Risk*, London 2011, S. 67–78.
Snoussi, Mohamed Larbi: »Prostitution en Tunisie au Temps de la Colonisation« [Prostitution in Tunesien im Zeitalter der Kolonisation], in: J. Alexandropoulos und P. Cabanel (Hrsg.): *La Tunisie Mosaïque. Diasporas, Cosmopolitisme, Archéologies de l'Identité* [Das tunesische Mosaik. Diasporas, Kosmopolitismus, Archäologien und Identität], Toulouse 2000, S. 389–413.
Sonneveld, Nadia: *Khul' Divorce in Egypt: Public Debates, Judicial Practices, and Everyday Life*, Kairo 2012.
Steegmuller, Francis (Hrsg. u. Übers.): *Gustave Flaubert. A Sensibility on Tour. A Narrative Drawn from Gustave Flaubert's Travel Notes and Letters*, Chicago 1987.
Suleiman, Mustafa: »Ägyptischer Film über das Leben devianter Menschen nimmt an ›queerem‹ Weltfestival teil« [in Arabisch], *Al Arabiya*, 26. Juni 2008, http://www.alarabiya.net/articles/2008/06/26/52151.html.
—: »Erster Fall einer ›Was eure rechte Hand besitzt‹-Ehe« [in Arabisch], *Al Arabiya*, 3. Juli 2012, http://www.alarabiya.net/articles/2012/07/03/224214.html.
Tadmouri, Ghazi O., Pratibha Nair, Tasneem Obeid, Mahmoud T. Al Ali, Najib Al Khaja und Hanan A. Hamamy: »Consanguinity and Reproductive Health Among Arabs«, *Reproductive Health* 6 (2009), S. 7–26.

Tag-Eldin, Mohammed A., Mohnsen A. Gadallah, Mahmoud N. Al-Tayeb, Mostafa Abdel-Aty, Esmat Mansour und Mona Sallem: »Prevalence of Female Genital Cutting Among Egyptian Girls«, *Bulletin of the World Health Organization* 86 (2008), S. 269–274.

Al-Tahtawi, Rifa'a Rafi': *An Imam in Paris. Account of a Stay in France by an Egyptian Cleric (1826–1831)*, übers. und eingeführt von Daniel Newman, London 2011.

Taraud, Christelle: *La Prostitution Coloniale. Algérie, Tunisie, Maroc (1830–1962)* [Koloniale Prostitution: Algerien, Tunesien, Marokko (1830–1962)], Paris 2003.

Tartoussieh, Karim: »Pious Stardom: Cinema and the Religious Revival in Egypt«, in: Sylvia Tamale (Hrsg.): *African Sexualities. A Reader*, Oxford 2011, S. 217–230.

Taylor, J.: »And You Can Be My Sheikh: Gender, Race and Orientalism in Contemporary Romance Novels«, *Journal of Popular Culture* 40 (6), 2007, S. 1032–1051.

El Tawila, Sahar und Zeinab Khadr: *Patterns of Marriage and Family Formation Among Youth in Egypt*, Kairo 2004.

Teo, Hsu-Ming: *Desert Passions. Orientalism and Romance Novels*, Austin 2012.

Thomason, Laura M.: »On the Steps of the Mosque. The Legal Rights of Non-Marital Children in Egypt«, *Hastings Women's Law Journal* 19 (1), 2008, S. 121–147.

»Die Zahl der Eheschließungen zwischen Ägyptern und ausländischen Frauen ist in den letzten 5 Jahren um 355 Prozent gestiegen und betrug 2010 17000« [in Arabisch], *Al Arabiya*, 2. Januar 2011, http://www.alarabiya.net/articles/2011/01/20/134332.html.

Al-Tifashi, Ahmad ibn Yusuf: *Ruju' al-Shaykh ila Sibah fi al-Quwa 'ala al-Ba'h* [Die Rückkehr des alten Mannes in die sexuelle Leistungsfähigkeit seiner Jugend], Damaskus 2001.

—: *Sensual Delights of the Heart. Arab Erotica by Ahmed al-Tifashi*, übers. von Daniel Newman, London (noch nicht erschienen).

Toudeft, F.: *Étude sur les Connaissances, Attitudes et Comportements des Jeunes Universitaires en Matière de l'Infection à VIH/SIDA. Évaluation des Actions de Proximité* [Studie über die Kenntnisse, die Einstellungen und Verhaltensweisen junger Dozenten in Sachen HIV/Aids: Bewertung von Streetwork-Projekten], Algier 2010.

UNAIDS: *Middle East and North Africa Regional Report on AIDS 2011*, Kairo 2011.

—: *Together We Will End AIDS*, Genf 2012.

UNESCO: *International Technical Guidance on Sexuality Education. An Evidence-Informed Approach for Schools, Teachers and Health Educators*, Bd. 1, Paris 2009.

US-Außenministerium: *Egypt. Country-Specific Information*, http://travel.state.gov/travel/cis_pa_tw/cis/cis_1108.html#safety, 2012.

Vereinigte Arabische Emirate, Statistisches Bundesamt: *Marriage Contracts and Divorce Certificates Registered at Courts by Spouse Nationality and Emirate 2011.*

Wahba, Mamdouh und Farzaneh Roudi-Fahimi: *The Need for Reproductive Health Education in Schools in Egypt*, Washington, D.C., 2012.

Wasfy, Awsam: *Shifa' al-Hubb* [Heilung durch Liebe], Kairo 2007.

Weeks, Jeffrey: *The World We Have Won. The Remaking of Erotic and Intimate Life*, London 2007.

Welchman, Lynn und Sara Hossain (Hrsg.): *»Honour«. Crimes, Paradigms and Violence Against Women*, London 2005.

Weltgesundheitsorganisation: *Defining Sexual Health. Report of a Technical Consultation on Sexual Health, 28–31 January 2002, Geneva*, Genf 2006.

—: *Unsafe Abortion. Global and Regional Estimates of the Incidence of Unsafe Abortion and Associated Mortality in 2008*, Genf 2011.

Whitaker, Brian: *Unspeakable Love. Gay and Lesbian Life in the Middle East*, London 2011.

Willman Bordat, Susan und Saida Kouzzi: »Legal Empowerment of Unwed Mothers: Experiences of Moroccan NGOs«, in: S. Golub (Hrsg.): *Legal Empowerment: Practitioners' Perspectives*, Rom 2010, S. 179–201.

World Health Organization, Department of Reproductive Health and Research: *Eliminating Female Genital Mutilation. An Interagency Statement UNAIDS, UNDP, UNECA, UNESCO, UNFPA, UNHCHR, UNHCR, UNICEF, UNIFEM, WHO*, Genf 2008.

World Health Organization Task Force on Psychosocial Research on Family Planning, Special Programme of Research, Development and Research Training in Human Reproduction: »A Cross-Cultural Study on Menstruation: Implications for Contraceptive Development and Use«, *Studies in Family Planning* 12 (1), 1981, S. 3–16.

Wright, J., jr., und Everett K. Rowson (Hrsg.): *Homoeroticism in Classical Arabic Literature*, New York 1997.

Wyke, Maria: *Gender and Body in the Ancient Mediterranean*, London 1998.

Yosri, Yasmine: *Mother-Daughter Communication About Sexual and Reproductive Health Matters in Slum Areas in Alexandria, Egypt*, Kairo 2011.

Yount, Kathryn M.: »Symbolic Gender Politics, Religious Group Identity, and the Decline in Female Genital Cutting in Minya, Egypt«, *Social Forces* 82 (3), 2004, S. 1063–1090.

—: »Women's Conformity as Resistance to Intimate Partner Violence in Assiut, Egypt«, *Sex Roles* 64 (2011), S. 43–58.

Youssef, O.: *Hayrat Muslima* [Verwirrungen einer Muslima], Tunis 2008.

Al-Zahid, Medhat: *Tijarat al-Jins* [Sexhandel], Kairo 2010.

Zaiem, Mohammed Hedi und Jalila Attafi: »Mariages en Tunisie, 1991–2007« [Ehen in Tunesien, 1991–2007], Referat auf der Konferenz über »Jugend in einer Welt im Wandel: Entwicklungstrends bei den Geschlechtern« (Group on Population and Reproductive Health No. 9/2010), Tunis 2010.

El-Zanaty, Fatma und Ann Way: *Egypt. Demographic and Health Survey 2008*, Kairo 2009.

Zayyat, H.: »Al-mar'a al-ghulamiyya« [Frauen als Ghulamiyya], *Al Machriq* (März-April), 1956, S. 155–192.

Ze'evi, Dror: »Hiding Sexuality: The Disappearance of Sexual Discourse in the Late Ottoman Middle East«, *Social Analysis* 49 (2), 2005, S. 34–53.

—: *Producing Desire. Changing Sexual Discourse in the Ottoman Middle East, 1500–1900*, Berkeley 2006.

Znazen, Abir, Olfa Frikha-Gargouri, Lamia Berrajah, Sihem Bellalouna, Hela Hakim, Nabiha Gueddana und Adnene Hammami: »Sexually Transmitted Infections Among Female Sex Workers in Tunisia: High Prevalence of *Chlamydia trachomatis*«, *Sexually Transmitted Infections* 86 (2010), S. 500–505.

Al-Zubaidi, A. A.: *Mukhtasar Sahih Al-Bukhari* [Eine Zusammenfassung authentischer Hadithe laut al-Bukhari], Beirut 1993.

REGISTER

Dieses Buch wagt sich an ein großes Tabu. Über einen Zeitraum von fünf Jahren hat Shereen El Feki Menschen in den arabischen Ländern zum Thema Sex befragt: Welche Rolle spielt er in ihrem Leben, wie denken sie darüber und woher rührt ihre Einstellung? Ob Jungfräulichkeit, Prostitution oder sexuelle Gewalt, ob Abtreibung oder Impotenz, ob Homosexualität oder Verhütung – El Feki betrachtet ebenso unerschrocken wie kenntnisreich die verschiedenen Aspekte von Sexualität und findet so einen Zugang zum Innenleben der sich wandelnden, ja aufgewühlten arabischen Welt. Für ihre Recherchen hat sie nicht nur mit gewöhnlichen Frauen und Männern gesprochen, sondern auch mit Experten aus dem Gesundheitswesen und der Wissenschaft. Sie schildert bewegende Schicksale, erläutert historische Hintergründe und liefert aufschlussreiche Daten. Vor allem aber zeigt sie, dass den Islam durchaus eine positive Haltung zur Sexualität auszeichnet.

Shereen El Feki wuchs als Tochter einer Waliserin und eines Ägypters in Kanada auf und studierte Immunologie. Sie arbeitete als Journalistin u. a. für den Sender Al Jazeera und war stellvertretende Vorsitzende der von den UN eingesetzten Global Commission on HIV and the Law. Derzeit arbeitet sie mit der NGO Promundo an einer breiten Studie zu Sexualität im arabischen Raum. Sie lebt in London und Kairo.

Thorsten Schmidt übersetzt vorwiegend Sachbücher aus dem Englischen und Französischen, darunter Werke von Daniel Kahneman, Jeffrey Sachs, Dava Sobel und Joseph E. Stiglitz.